Reinhold Maier

Briefe und Tagebuchaufzeichnungen

1944 - 1946

Reinhold Maier

Ende und Wende

Briefe und Tagebuchaufzeichnungen 1944 – 1946

Mit einer biographischen Skizze von Prof. Dr. Paul Sauer

Neu herausgegeben von Andreas Brenke, Susanne Fingscheidt und Armin Schulte

Wuppertal, 2004

Die Originalausgabe erschien 1948 unter dem Titel „*Ende und Wende. Das Schwäbische Schicksal 1944-1946. Briefe und Tagebuchaufzeichnungen von Reinhold Maier*“ im Rainer Wunderlich Verlag Hermann Leins in Tübingen und Stuttgart.

Umschlaggestaltung, Bildbearbeitung und Satz: Herausgeber
Herstellung: bader druck gmbh, grafik media druck, Göppingen

Gedruckt auf säurefreiem, alterungsbeständigem Papier

Printed in Germany 2004

ISBN: 3-00-012883-2

Die Drucklegung dieses Werkes wurde großzügig gefördert von:

AKADEMISCHE GESELLSCHAFT STUTTGARDIA

Wir danken bei der Akademischen Gesellschaft Stuttgardia vor allem den Spendern:
Dr. Fritz Hafner, Dr. Friedrich Reinhardt, Dr. Burkhard Wildermuth, Dr. Hans Stracke, Prof. Dr. Dr. h.c. Peter Hans Hofschneider, Dr. Hans Dieter Mosthaf, Frau Ingedorit Oelhafen, Senator Dr. Manfred Prechtl, Dr. Joachim Heinemann, Minister a.D. Dr. Guntram Palm, Dieter Roller, Dr. Wolfgang Bühler, Inspecteur Dr. Siegfried Schumm, Dr. Ulrich Junker, Dagmar und Dieter Roth, Dr. Klaus-Peter Baatz, Dr. Jürg Arnold, Prof. Dr. Roland Schauer, Hans Friedrich Struck, Dr. Rainer Weiss, Prof. Dr. Hans-Dieter Klenk, Dr. Rainer Schilpp, Dr. Walter Spengler, Dr. Matthias Brösamle, Christoph Arnold

WÜRTTEMBERGISCHER
GESCHICHTS- UND ALTERTUMSVEREIN

Für die Vorbestellung von Exemplaren und damit die finanzielle Sicherstellung des Druckes bedanken wir uns bei:

BW BANK

westhausen
ostalbkreis

Haus der Geschichte Baden-Württemberg

Schwäbisch Gmünd

sowie bei den Städten **Schorndorf, Weinstadt** und **Welzheim.**

Danksagung

Die Neuauflage des Werkes „Ende und Wende“ konnte nur dank der Unterstützung zahlreicher Personen verwirklicht werden. Zu danken ist für die Hilfe bei den Recherchen und für die Zurverfügungstellung von Fotos Frau Franka Bigelow geb. May, dem Hauptstaatsarchiv Stuttgart (insbesondere Herrn Dr. Robert Kretzschmar, Herrn Dr. Albrecht Ernst), dem Landesmedienzentrum Baden-Württemberg (insbesondere Herrn Marcus Bugbee) und dem Stadtarchiv Heilbronn. Herrn Josef Schulte danken wir sehr herzlich für seine Hilfe bei den Korrekturarbeiten. Ganz besonderer Dank gilt Herrn Dr. Jürg Arnold, Archivar der Stuttgardia, und Herrn Dr. Günther Bradler, Archivar des Landtags von Baden-Württemberg, für ihre unermüdliche Unterstützung des Projektes sowie Herrn Prof. Dr. Paul Sauer für seine Bereitschaft, für die Neuauflage eine biographische Skizze zu erstellen. Dem Haus der Geschichte Baden-Württemberg, insbesondere Herrn Dr. Thomas Schnabel, Frau Dr. Paula Lutum-Lenger und Frau Karin Müller, sei für die umfangreiche Hilfestellung bei der Edition des Buches gedankt. Ohne die Hilfe der Nachfahren Reinhold Maiers, Frau Magda und Herr Georg Maier, wäre das Projekt schließlich nicht durchführbar gewesen. Ihnen gilt unser herzlicher Dank.

Inhalt

Grußwort

Noch immer, manche Beobachter meinen sogar immer mehr, beschäftigen die Menschen die Katastrophen der ersten Hälfte des 20. Jahrhunderts, sei es der Ausbruch des Ersten Weltkrieges, der „Urkatastrophe“, der Beginn eines zweiten 30-jährigen Krieges, der, was den militärischen Teil in Europa betraf, erst 1945 endete; sei es der vergebliche Kampf der Weimarer Republik, die parlamentarische Demokratie in Deutschland heimisch zu machen und die Probleme der Weltwirtschaftskrise in den Griff zu bekommen; sei es das Dritte Reich und der Zweite Weltkrieg, die Verfolgung und Ermordung der Juden, der viel zu schwache, aber trotzdem oder gerade deswegen bewunderungswürdige Widerstand gegen die Diktatur, das Kriegsende mit den Flächenbombardements von vielen deutschen Städten; sei es die Vertreibung der Deutschen, der mühsame Neubeginn nach 1945 unter alliierter Kontrolle oder der Kalte Krieg mitten in Deutschland.
All dies spiegelt sich in der Biographie Reinhold Maiers wider, der von 1889 bis 1971 lebte. Zunächst mit seiner freiwilligen Meldung zum Kriegsdienst im August 1914, der sich schließlich über vier Jahre erstreckte. Dann, nach seiner beruflichen Etablierung, in seinem politischen Engagement für die Weimarer Republik, zunächst als Stuttgarter Vorsitzender der linksliberalen DDP und von 1930 bis 1933 als württembergischer Wirtschaftsminister sowie 1932/33 als DDP-Reichstagsabgeordneter.
Mit der Kanzlerschaft Hitlers und dem schnellen Aufbau der NS-Diktatur verlor Maier nicht nur seine politischen Ämter und Perspektiven, sondern auch seine berufliche Situation verschlechterte sich. Zudem wurde er ganz persönlich von dem Rassenwahn der Nationalsozialisten betroffen. Seit 1929 war er mit Gerta Goldschmidt verheiratet, die nach nationalsozialistischen Begriffen „Volljüdin“ war. Auch seine beiden Kinder waren gefährdet. Kurz vor Kriegsausbruch 1939 konnte seine Familie glücklicherweise nach England ausreisen. Allerdings lebte sie dort unter schwierigen Bedingungen mit einer ungewissen Zukunft. Die Trennung endete erst 1946, als Reinhold Maier bereits Ministerpräsident von Württemberg-Baden war.

Nach 1945 gehörte Reinhold Maier zu den herausragenden Gründungsvätern der Bundesrepublik und vor allem natürlich Baden-Württembergs, dessen erster Ministerpräsident er war. Er verkörperte gerade auch in der Öffentlichkeit die Verbindung der demokratischen Politiker vom Ende der Weimarer Republik zum Beginn der Bundesrepublik wie kein Zweiter im Land.
Von seinen württembergischen Kabinettskollegen aus der Zeit vor dem Nationalsozialismus war Josef Beyerle sehr viel länger im Amt als Maier. Er wirkte von 1923-1933 als württembergischer Justizminister und bekleidete dieses Amt in Württemberg-Baden erneut von 1945 bis 1951. Aber er trat in der Öffentlichkeit wenig in Erscheinung. In der Weimarer Republik stand er im „Schatten" des herausragenden Politikers seiner Zentrumspartei und wohl auch des Landes, Eugen Bolz, der Anfang 1945 für seine Mitwirkung am 20. Juli 1944 hingerichtet worden war. Nach Kriegsende bestimmten andere Politiker als Beyerle das Bild der CDU im Südwesten. Kultminister Bazille war bereits 1934 gestorben und der deutschnationale Finanzminister Alfred Dehlinger wirkte von 1924 bis 1942 in seinem Amt, diente also auch bedenkenlos den Nationalsozialisten.
Reinhold Maier gehörte aber nicht nur zu den bedeutendsten südwestdeutschen Politikern des 20. Jahrhunderts, sondern er hinterließ auch, neben dem Sozialdemokraten Wilhelm Keil, die umfangreichsten Erinnerungen, in denen er seine Zeit als Ministerpräsident zwischen 1945 und 1953 schilderte. Diese 1964 (*Ein Grundstein wird gelegt. Die Jahre 1945-1947*) und 1966 (*Erinnerungen 1948-1953*) erschienenen Bände, die sich naturgemäß in erster Linie mit der politischen Entwicklung dieser entscheidenden Jahre befaßten, drängten aber ein außergewöhnliches Buch in den Hintergrund, das Reinhold Maier bereits im Dezember 1948 unter dem Titel „Ende und Wende. Das schwäbische Schicksal 1944-1946. Briefe und Tagebuchaufzeichnungen" veröffentlicht hatte. Dieses Werk schildert sehr persönlich die alltägliche Entwicklung in Württemberg in den letzten Kriegs- und die außergewöhnlichen Anfänge in den ersten Nachkriegsmonaten. Unter den autobiographischen Erinnerungen besitzt es einen außergewöhn-

lichen Stellenwert, sowohl was den Autor als auch den Zeitraum betrifft.
Reinhold Maier hat zwar in seinem ersten Erinnerungsbuch auch einige Seiten über die letzten Kriegsjahre und die ersten Nachkriegsmonate geschrieben, aber natürlich beileibe nicht mit dieser Intensität wie in „Ende und Wende“. Leider war dieses interessante, wichtige und gut zu lesende Buch seit Jahrzehnten vergriffen und auch im Antiquariat kaum erhältlich.
Es ist deshalb sehr verdienstvoll und erfreulich zugleich, daß dieses Werk nun 2004, also 60 Jahre nachdem es mit seinen Beschreibungen einsetzt, wieder erscheint. Damit kann es eine wichtige zeitgenössische Facette zum Erinnern an das Ende des Zweiten Weltkrieges beitragen, das sich nächstes Jahr zum sechzigsten Mal jährt.
Gleichzeitig bietet das Buch einen Einblick in das „Innenleben“ eines bedeutenden südwestdeutschen Politikers. Damit wird aber auch deutlich, was die geschichtlichen Veränderungen für die einzelnen Menschen bedeuten, wie sie in deren Leben eingreifen, einem Anliegen, dem sich auch das Haus der Geschichte Baden-Württemberg in besonderem Maße verpflichtet fühlt. Deshalb wünsche ich dem Buch viele interessierte und nachdenkliche, junge und alte Leser.

Dr. Thomas Schnabel
Leiter des Hauses der Geschichte Baden-Württemberg
Stuttgart, im Februar 2004

Vorwort der Herausgeber

Im Jahre 1948 erschienen im Rainer Wunderlich Verlag Hermann Leins unter dem Titel „Ende und Wende. Das Schwäbische Schicksal 1944 –1946“ die Briefe und Tagebuchaufzeichnungen des ersten baden-württembergischen Ministerpräsidenten Reinhold Maier. Sie enthielten zum einen Briefe, die Maier 1944 an seinen im Feld stehenden Neffen Wolfgang Liebendörfer geschrieben hatte, zum anderen Tagebuchaufzeichnungen und Briefe an seine Familie aus den Jahren 1945 / 1946. Seinem Neffen hatte sich Maier besonders verbunden gefühlt, da dieser nach dem frühen Tod seines Vaters im August 1942 auch noch seine Mutter – Maiers Schwester Emma, genannt Male - nach langer Krankheit verloren hatte. Die Briefe an Wolfgang Liebendörfer erfüllten dabei noch eine weitere Funktion. Maiers Ehefrau Gerta war aufgrund ihrer jüdischen Abstammung und der inzwischen in Deutschland immer bedrohlicheren Verfolgungssituation am 25.8.1939 mit den Kindern Magda und Georg nach England emigriert. Zu diesem Schritt hatte sich die Familie auf Anraten des im Reichssicherheitshauptamt tätigen ehemaligen Bundesbruders der Stuttgardia, Carlo Zindel, entschlossen. In England fanden die Kinder Aufnahme in der Wynstones School, einer neubegründeten Waldorfschule in Gloucestershire. Gerta Maier arbeitete zunächst als Hausmädchen und Köchin in Hertford Heath nördlich von London, bevor sie 1940 dank einer Geldspende zu den Kindern ziehen konnte. Überhaupt waren es Verwandte und Freunde – darunter vor allem die Geschwister May aus der Schweiz – die die Familie in der Emigration unterstützten. Nachdem der Kontakt zwischen Maier und seiner Familie während des Krieges fast vollständig abgerissen war, waren seine Briefe an Wolfgang Liebendörfer indirekt auch an seine Frau und Kinder gerichtet. Wie er selbst am 15. Juli 1945 in „Ende und Wende“ – nun wieder an Gerta Maier - schreibt: „Mein Tagebuch führe ich weiter. Es besteht in den Jahren 1943 und 1944 aus langen Briefen, die ich an den Neffen Wolf ins Feld, aber gleichzeitig im Geiste auch an Euch schrieb. Oftmals war die Düsternis um mich so groß, daß ich an ein Wiedersehen nicht mehr zu glauben vermochte. Diese Aufzeichnungen sollten Dir und den Kindern eine letzte Kunde von mir geben. Seit 1. Januar 1945 ist es ein richtiges Tagebuch, mit allem Bedacht geschrieben, früher vorsichtig der Nazis wegen, heute im Hinblick auf andere Einrichtungen. Auch das, was ich Euch hier schreibe, ist nicht frei, denn es geht durch allerlei Hände, bis es des 'Postgeheimnisses' teilhaftig wird." Diese Tagebuchaufzeichnungen und Briefe, die Maier bis zur Rückkehr seiner Frau am 7.1.1946 an seine Familie in England schrieb, wurden dann später im zweiten und dritten Teil von „Ende und Wende" veröffentlicht.

Die Veröffentlichung der Briefe und Tagebuchaufzeichnungen ist nach Maiers eigener Schilderung in dem 1966 erschienen zweiten Band seiner Erinnerungen vor allem Elly Heuss-Knapp, der Frau des Bundespräsidenten Theodor Heuss, zu verdanken: „Elly Heuss-Knapp hatte die Briefe und Tagebuchaufzeichnungen gelesen. Sie setzte sich mit Beharrlichkeit für die Veröffentlichung in Buchform ein. Ich hatte starke Hemmungen, einen doch recht persönlichen Lebensbericht der so oder anders denkenden Mitwelt vorzulegen. Schließlich brachte sie, eine verehrte Landtagskollegin und die Frau eines lieben Freundes, es doch fertig." (*Erinnerungen 1948 – 1953, Tübingen 1966, S.128; Band 1 der Erinnerungen: Ein Grundstein wird gelegt. Die Jahre 1945 - 1947, Tübingen 1964*). Auch Theodor Heuss plädierte vehement für die Herausgabe, und mit Hermann Leins, der auch die Werke des Ehepaares Heuss herausgab, war bald ein Verleger gefunden. Am 18. Juni 1948 schrieb Heuss an Leins: „Die Verbindung von Sachmitteilung, persönlichem Schicksal und die Transparens [sic] des Menschlichen hat mich selber stark bewegt. (...) Im ganzen erscheint mir die Sache als ein wichtiges und in sich rundes zeitgeschichtliches und menschliches Dokument. (...) „Die 'Objektivität' dieses Buches ist nicht Leidenschaftslosigkeit; aber Leid und Leiden, die durch dieses Leben gingen, sind beherrscht in dem Zwang zur Wahrhaftigkeit. Und daraus resultierte die den Leser bannende, ruhige Verhaltenheit des sprachlichen Vortrages, der sachlichen Urteilsfindung."

(*Hauptstaatsarchiv Stuttgart, Nachlaß Reinhold Maier, Bestand Q 1/8, Nr. 259*) Leins antwortete am 29. Juni 1948: „Sehr verehrter Herr Doktor Heuss, in der Anlage schicke ich Ihnen eine Abschrift meines Lektorats über das Manuskript des Ministerpräsidenten Dr. Maier. (...) Ich habe den dringenden Wunsch, das Buch so rasch wie möglich, gegebenenfalls noch zu Weihnachten dieses Jahres herauszubringen. Zu diesem Zwecke bitte ich Sie, das von Ihnen angestrengte Zusammentreffen in Reutlingen, zu dem ich mich mit einer Batterie Stettner 1946er gerüstet habe, in die Wege leiten zu wollen." (*Hauptstaatsarchiv Stuttgart, Q 1/8, 346*) Das von Leins erwähnte Gutachten des Lektorats war von der Lektorin Elfriede Kauffmann angefertigt worden. Nach einer kurzen Zusammenfassung des Inhaltes hob sie die Stärken des Buches hervor: „(...) charakteristisch ist die objektive Schilderung der Vorgänge. Nirgendwo wird etwas beschönigt oder übertrieben dunkel dargestellt, das Manuskript ist frei von Befangenheit in persönlichen Stimmungen. Diese Sachlichkeit bedeutet jedoch kein bloßes Registrieren von Tatsachen, das eigener Unbeteiligtheit entspringt, sondern sie geht aus einem intensiven Miterleben des Geschehens hervor, das in seiner Mächtigkeit keinen Platz für breite Ausmalung eigener Empfindungen überläßt. Dieses Zurückstellen der eigenen Person erinnert zuweilen an die Haltung antiker Geschichtsschreiber. Es entspringt einem gesunden Wirklichkeitssinn, der die Dinge eben so sieht, wie sie sind und sie nicht durch ein übermäßiges Wichtignehmen der eigenen Person verzerrt. Dabei sind freilich auch Dinge des persönlichen Lebens geschildert. Aber das Persönliche hat dabei durchaus exemplarischen Charakter, es ordnet sich (...) dem allgemeinen Zeitbild unter. Teil I und II erhalten dadurch ihre besondere Prägung, daß sich hier in der objektiven Darstellung des Untergangs der Stadt Stuttgart dem Autor unbewußt seine Haltung am menschlich bewegendsten spiegelt. Die männliche Gelassenheit, verwurzelt in unbetonter Frömmigkeit und humanistischer Bildung, mit der er den tiefsten Erschütterungen des Daseins begegnet, wird zum entscheidenden Erlebnis für den Leser. Der Schmerz über die Zerstörung des eigenen Hauses, über den Untergang der heimatlichen

Stadt, ist zugleich Ausdruck des Schmerzes über den Weg des deutschen Volkes seit 1933 und über die Existenz des Bösen überhaupt in der Welt, dem nur ein stoischer Gleichmut (nicht zu verwechseln mit resignierter Gleichgültigkeit) entgegengestellt werden kann. Es erscheint deshalb als ganz selbstverständlich, wenn Reinhold Maier z.B. Seneca zitiert, an anderen Stellen Hermann Grimm, Schiller oder andere Große, die sich zu diesem menschlichen Grunderlebnis entscheidend geäußert haben."
Elfriede Kauffmann empfahl jedoch, einige allzu persönliche Stellen zu streichen, die längeren Wiedergaben von Reden und Protokollen zugunsten einer besseren Lesbarkeit zu kürzen und zum Teil eine stilistische Überarbeitung vorzunehmen: „Lediglich solche mündlichen Wendungen sind zu ändern, die schriftlich nicht präzis genug wirken. Ebenso solche Ausdrücke und Satzkonstruktionen des Schriftlichen, die blaß sind oder gelegentlich an Kanzleistil erinnern. Diese einzelnen Mängel sind jedoch leicht durch den Autor selbst zu beheben." (*Hauptstaatsarchiv Stuttgart, Q 1/8, 346*).
Maier scheint diesen Empfehlungen weitgehend nachgekommen zu sein. Obwohl die Originale der Briefe und Tagebuchaufzeichnungen zum Teil verschollen sind, zum Teil wohl noch bei den Adressaten liegen, läßt sich dies anhand des im Hauptstaatsarchiv Stuttgart lagernden und frei zugänglichen Nachlasses von Reinhold Maier belegen. (*Zum Bestand Q 1/8 liegt ein von Wilfried Braunn bearbeitetes und 1980 erschienenes Findbuch vor.*) Die dort noch erhaltenen Manuskripte der Aufzeichnungen sowie die Vorarbeiten zu „Ende und Wende" (*Hauptstaatsarchiv Stuttgart, Q 1/8, 237-242*) zeigen, daß Maier Streichungen am Text vornahm oder Erläuterungen hinzufügte sowie den Text stilistisch überarbeitete. Die ursprünglich wohl zur Veröffentlichung bestimmten Briefe der Jahre 1942 und 1943 wurden später nicht mit abgedruckt (*Q 1/8, 235 und 236*). Er arbeitete zu diesem Zweck weiterhin eng mit Elfriede Kauffmann zusammen, wobei jedoch eine Korrektur der englischen Textstellen versehentlich unterblieb. (*Vgl. den Briefwechsel zwischen Verlag und Maier. Hauptstaatsarchiv Stuttgart, Q 1/8, 346*)

Das Werk, das wohl im Dezember 1948 in einer Auflage von 5.000 Exemplaren erschien und von Maier und dem Verlag gezielt auch an deutschsprachige Leser im Ausland verbreitet wurde, fand in der Presse seinerzeit fast einhellig positive Aufnahme. Die Stuttgarter Zeitung schrieb am 31.12.1948: „Die Stuttgarter erhalten nebenbei eine Chronik der Brände und Verwüstungen ihrer Stadt, die Schwaben ein unaufdringliches liebevolles Lob ihrer Landschaft, die Deutschen ein Beispiel, wie im Einzelschicksal innerer Ernst den Gefahren trotzt, die Europäer ein Zeugnis von der fortwirkenden Kraft der Stoa.“ Die Neue Württembergische Zeitung lobte am 17.2.1949: „(...) ein Buch, dessen Tatsachenfülle in feiner Unaufdringlichkeit von der Beständigkeit eines starken Herzens unter der Unbill des Schicksals kündet.“ Die Düsseldorfer Nachrichten resümierten am 30.3.1949: „(…) diese Schilderungen haben in ihrer reifen Menschlichkeit, ihrem tiefen Idealismus, verbunden mit der Liebe zur heimatlichen Landschaft, nicht nur das vergangene Schwere wieder aufgeweckt, sondern es gleichzeitig in die erträgliche Form des Mutvollen, Gläubigen und Starken gekleidet. Dieses Buch hat weitaus mehr als historischen Wert.“ Der Spiegel kommentierte am 26.2.1949 leicht ironisch: „Der schwabo-badische Hauspapa erinnert auf 415 Seiten an Beobachtungen und Erlebnisse zwischen 1944 und 1946. Der alte Seneca, stoisch und klug, hat ihm die Feder geführt. (…) Das Buch ist mit Geist und Witz angemacht. Es kann gleichwohl im Schlafrock gelesen werden. Es liest sich wie eine schwäbische Hauspostille.“ Eindeutig kritisch äußerte sich dagegen am 7.3.1949 das Schwäbisches Tageblatt: „Aber als historisches Dokument (...) ist es zu dünn, zu alltäglich, zu - wir bitten um Verzeihung, aber wir können keinen anderen Ausdruck wählen - nichtssagend, wenigstens für die große Mehrheit der Leser. Wir können verstehen, dass der Verleger Leins dieses Buch in seinen Verlag genommen hat; er hat schon immer Wert auf zugkräftige Namen gelegt. Ob er den Inhalt jedoch immer mit seinem verlegerischen Gewissen verantworten kann, ist eine andere Frage. Aber die muß er schließlich mit sich und seinen Lesern ausmachen.“ (*Zu den Rezensionen siehe Hauptstaatsarchiv Stuttgart, Q 1/8, 259.*)

Maier selbst erfüllten vor allem die zahlreichen zustimmenden Schreiben von Freunden, Bekannten und von den im Buch erwähnten Persönlichkeiten der Zeitgeschichte mit Freude. Stolz gab er den Brief des Bremer Senatspräsident Wilhelm Kaisen in seinen Erinnerungen wieder: „Die Schwaben sind reizende Menschen – sie arbeiten nicht, um zu leben, sondern sie leben, um desto nutzbringender arbeiten zu können. Daß Ihr Buch für die Geschichte Schwabens manch wichtigen Beitrag bringt, daß die persönlichen Erlebnisse sich treffen mit Erlebnissen, die wir in ähnlicher Lage verzeichnen – alles das ist nicht so entscheidend für mich wie der Umstand, daß mir aus Ihrem Buch viel Kraft zufloß. Dafür möchte ich Ihnen von Herzen danken." (*Erinnerungen 1948-1953, S.129*) An Hermann Leins schrieb er dankbar: „Resonanz ist etwas, was dem deutschen Politiker der Gegenwart selten zuteil wird. Zum mindesten ist man nicht verwöhnt. Seit dem Erscheinen des Buches hat sich eine Wandlung vollzogen. Es ist gut, daß ich das dornenvolle Amt habe; denn es verhindert täglich, daß ich mich einer Einbildung hingebe. Denn, lieber Herr Leins, auf Grund der täglichen Zuschriften – es gingen dieser Tage die ersten aus U.S.A. ein – würde ich vielleicht, in der Toga des Autors, in welche sie mich hineingesteckt haben, einherschreitend doch eingebildet werden. Zweifellos aber nicht länger als der Turmhahn in Cleversulzbach am Ende des Gedichts von Eduard Mörike." (*Hauptstaatsarchiv Stuttgart, Q 1/8, 346*)

Warum nun im Jahre 2004 eine Neuausgabe des Werkes „Ende und Wende"? Die Entscheidung zu diesem Vorhaben fiel nicht schwer. Das Werk war uns seit einer universitären Abschlußarbeit zum Luftkrieg gegen das nationalsozialistische Deutschland bereits seit dem Jahre 1991 bekannt und wurde in den darauffolgenden Jahren von uns oft als bedeutendes Werk der Erinnerungs- und Tagebuchliteratur aus der Zeit des „Dritten Reiches" zur Lektüre empfohlen. Da das Werk seit langem vergriffen und nur über einige wenige Bibliotheken einzusehen war, blieb dies jedoch in der Regel eine Empfehlung ohne Wert. Erst mit der vom Internet offenbarten Möglichkeit zum bundesweiten Erwerb antiquarischer Bücher gelang es, einige wenige Exemplare der Erstauflage aufzutreiben. Die Tatsache, daß das Buch nur noch auf diesem Wege vermittelbar war, erschien um so bedauerlicher, als das Buch bis heute nichts von seiner Aktualität eingebüßt hat. Die von Maier geschilderten Ereignisse umfassen die Jahre 1944 bis 1946, die sich 2004 bis 2006 zum sechzigsten Male jähren. Maier beschreibt unter anderem den Untergang der Städte Stuttgart, Ulm und Heilbronn im Bombenkrieg, die letzten Monate des nationalsozialistischen Regimes in Württemberg und die amerikanische Besetzung. Er schildert die ersten Monate der Besatzung und dann - als von den Amerikanern berufener Ministerpräsident und damit Zeitzeuge ersten Ranges - die Regierungsbildung in Württemberg-Baden. Maiers Briefe und Tagebücher bilden somit die Zeitläufte um das Epochenjahr 1945 ab, das, wie sich gerade auch in den letzten Jahren zeigt, nicht endgültig vergangen ist, sondern einer lang andauernden Gegenwart angehört. Doch das Buch war und ist viel mehr als nur ein bedeutendes Zeitdokument. Die innere Befindlichkeit und die Grundhaltung des Autors werden über seine Reflektionen über Zeitumstände und das Leben im allgemeinen vermittelt, finden sich oft aber auch in den Landschaftsbeschreibungen der zahlreichen Wanderungen durch die württembergische Natur widergespiegelt. In einer Zeit, in der der Buchmarkt oft genug bei der Herausgabe einer Biographie auf die Affäre, die Indiskretion, den Verrat der Freundschaft, kurz den Skandal um jeden Preis setzt, ist es vor allem seine Wertgebundenheit, die dieses Buch so lesenswert macht. Der Autor gründet in einer festen philosophisch und religiös geprägten Weltsicht, die die humanistische Bildung und christlichen Werte dem Wüten der Welt entgegensetzt. Schließlich ist das Buch ein großartiges Zeugnis der Freundschaft, des Dankes an Menschen, die in bedrängter Zeit Maier und seiner Familie halfen. Dieses Buch sollte nach unserer Meinung neue Leser finden.

Bei der Herausgabe, die in enger Zusammenarbeit mit den Nachfahren Maiers geschah, war von vornherein klar, daß der Charakter des Buches erhalten bleiben sollte. Es sollte eben keine kommentierte Ausgabe im streng wissenschaftlichen Stil entstehen, die dem

Leser die Lektüre einer große Menge textkritischer und historischer Anmerkungen auferlegt hätte. Dies wäre vor allem auch deswegen unnötig gewesen, weil aus der Feder von Paul Sauer (*In stürmischer Zeit. Lebensbild des Menschen und Politikers Reinhold Maier (1889-1971), Stuttgart 1989*) und von Klaus-Jürgen Matz (*Reinhold Maier (1889-1971). Eine politische Biographie, Düsseldorf 1989*) zwei hervorragende Biographien zur Person Reinhold Maiers vorliegen. Dementsprechend wurden Anmerkungen zumeist nur dann gesetzt, wenn zum besseren Verständnis des Erzählten oder der Hintergründe eine zusätzliche Erläuterung notwendig oder wünschenswert war. Die Angaben zu den Opfern der Luftangriffe wurden der wissenschaftlichen Literatur zum Bombenkrieg entnommen. Wo die Zahlen stark voneinander abwichen, wurden Näherungswerte gefunden. Die Anmerkungen wurden zumeist in den Text mittels eckiger Klammern integriert. Ebenso wurden alle ehemals mit Initialen abgekürzten Namen zur besseren Lesbarkeit aufgelöst. Der Text wurde - nicht zuletzt auf Anregung der Angehörigen - durch Streichung von überflüssigen Erläuterungen und Redundanzen sowie von einigen zu ausführlich geratenen Schilderungen von Wanderungen und durch die Kürzung der von Maier wiedergegebenen Protokolle und Briefe an die Besatzungsmacht leicht gestrafft. Die Kürzungen wurden mit runden Klammern ausgewiesen: (...). Orthographische und Zeichensetzungsfehler der Erstausgabe wurden stillschweigend bereinigt, sprachliche Eigenarten und der häufige Wechsel des Tempus jedoch belassen. Zitate aus klassischen Texten, die Maier in der Regel aus dem Gedächtnis zitierte, wurden bei Abweichungen von den entsprechenden Klassiker-Ausgaben diesen angepaßt. Schließlich wurden „Fehler" in englischen Zitaten verbessert, obwohl nicht immer ganz klar war, ob Maier nur wiedergab, was Amerikaner zu ihm in sprachlich vereinfachter Form gesagt hatten. Kriterium war jedoch, daß Maier selbst sich wohl seinerzeit über die unterlassene Korrektur der englischen Textstellen geärgert hatte.

Über den Autor Reinhold Maier, den es neu zu entdecken gilt, hat Paul Sauer bereits 1989 die passenden Worte gefunden: „Hier stellt sich ein Mann vor, der sich durch eine seltene Geradheit und Redlichkeit, durch Mut, hohes Verantwortungsbewußtsein, Fleiß, Zielstrebigkeit, Liebe zu allem Schönen, Freude an der Natur und vor allem durch eine warmherzige Mitmenschlichkeit auszeichnet." (*in: Reinhold Maier – Briefwechsel mit seiner Familie 1930 bis 1946, herausgegeben von Paul Sauer, Stuttgart 1989, S.12.*) Dem ist nichts weiter als eine erneute Empfehlung zur Lektüre seiner Werke hinzuzufügen.

Wuppertal, im Juni 2004

Die Herausgeber:
Andreas Brenke, Susanne Fingscheidt, Armin Schulte

TEIL I

WIE STUTTGART UNTERGING

Stuttgart, den 18. Januar 1944

An den Neffen [Wolfgang Liebendörfer]

Dein anschaulicher Bericht, mit welch drastischen Mitteln Du über Weihnachten und Neujahr hinübergekommen bist, hat Schmunzeln erregt, und ich kann mir so ungefähr schon vorstellen, wie es Dir zu Mute war. Mein Parallelfall war das Weihnachtsfest 1914 und der Neujahrstag 1915 in Polen, ebenfalls unter sehr unangenehmen Umständen zusammen mit Onkel Hermann [Prof. Maier-Leibnitz, Bruder von RM]. Die späteren Jahre waren zivilisierter: Weihnachten 1915 hinter der Front bei Ypern, Neujahrstag 1916 mein erster Tag als vorgeschobener Beobachter im Schützengraben bei Hooge, gegenüber die Ruinen von Ypern im Scherenfernrohr. Fünfzig Meter trennten mich von der englischen Infanterie. 1916/1917 und 1917/1918 hatte ich Glück. Beide Jahre verdankte ich es glücklichen Zufällen, daß ich im Fronturlaub zu Hause sein konnte. Seit einigen Tagen denken wir besonders viel an Dich, seitdem die Kämpfe sich bis zum Nordteil der Ostfront hinaufgefressen haben. Man wagt gar nicht mehr recht, von dem Zivilsektor, in dem wir uns immer noch bewegen, zu schreiben, vollends nachdem unsere Gegend im Luftkrieg zur Zeit nicht dran zu sein scheint.

Von Deinem geliebten Ravensburg werde ich Dir erzählen dürfen. Ich war über Weihnachten fünf Tage dort. Es war schön wie immer. Ich reiste am 24. Dezember morgens, wollte eigentlich um 9 Uhr 12 mit dem Personenzug nach Ulm fahren. Als ich um 8 Uhr 30 den Bahnsteig betrat, waren die Schnellzüge, die um 5 Uhr morgens und später nach München fahren sollten, noch nicht da. Ich kam gerade recht auf den Schnellzug Rheinland-Stuttgart-Innsbruck, der 3 ½ Stunden Verspätung hatte, reiste behaglich in einem Abteil I. Klasse. Zehn Minuten vor 1 Uhr

kam ich in Ravensburg an. Also, die Reise hin, sie war geschafft. Im Gegensatz zu Dir verbrachten wir einen wirklich friedlichen und harmonischen Heiligen Abend. Tante Selma* spielte die Weihnachtslieder am Klavier, Agathe und Lina [Haushaltshilfen] sangen wie die Stare, und ich brummte mit. Die Geschenktische waren noch recht beachtlich. Auch ein Tischchen für Dich war gerichtet.
Meine Gedanken streiften in die Ferne. Das sechste Weihnachtsfest ohne die Familie!
Am Weihnachtsfestmorgen gingen wir zunächst auf den Friedhof, dann in Richtung Schlier und schließlich über Hinzistobel wieder zurück und ließen uns dann zu einer (...) Gans nieder, an der ich eigentlich die ganze Zeit zu essen hatte, denn Selma ißt ja so gut wie nichts. Nachmittags versammelten wir uns zum Kaffee bei Schwarzens [Freunde der Familie]. Es waren zwei gemütliche Stunden. Sämtliche vier Töchter waren zu Weihnachten nach Hause gekommen, ferner der Mann von Erika. Der zweite Feiertag war fast schon ein Vorfrühlingstag: Wir wanderten in Richtung Kemmerlang und noch weiter über Fildenmoos und Gornhofen, vor uns immer der Säntis, die Churfirsten, die Drei Schwestern, die Bregenzerwald-Berge. Wir waren beinahe fünf Stunden unterwegs und kamen erst gegen 3 Uhr zurück. Am Montag mußte Selma schon wieder arbeiten, denn ihr männlicher Mitarbeiter hatte „natürlich" Urlaub genommen, einen Kurzurlaub über Weihnachten, eine so ganz kleine Woche. Und so mußte ich allein fort. Um 9 Uhr mit der Bahn nach Tettnang, von dort zu Fuß über Laimnau, Bad Laimnau, Degersee in zusammen 4 ½ Stunden nach Wasserburg, eine von mir in fünfundzwanzig Jahren oft gemachte, so sehr geliebte Wanderung. Man muß sich schon etwas auskennen, um den kürzesten Weg durch die Dutzende von Höfen und Weilern hindurchzufinden. Um 4 ½ Uhr nachmittags saß ich schon wieder an Eurem Tische, obwohl ich von Wasserburg sogar noch nach Lindau hineingefahren war. Ein herz- und

---

* *Schwester Reinhold Maiers; führte nach dem Tode der Schwester Emma Sophie (Male) Liebendörfer die Löwenapotheke in Ravensburg*

gemüterfreuendes Wiedersehen mit dem Bodensee und ein wohltuender Rundgang durch die alte Stadt im Bodensee. Den nächsten Tag machten Selma und ich einen Ausflug über den Wald nach Weingarten und zum Münster dort. Unterwegs stießen wir auf die Haslachburg, nach der Überlieferung die Geburtsstätte Barbarossas, ein mir bis dahin unbekannter Ruinenrest. Am anderen Tag reiste ich wieder zurück. Unterwegs stieg ich aus beruflichen Gründen in Aulendorf aus, machte auf dem Waldgut Wildpark einen Besuch, ein wunderbarer, sehenswerter Besitz, wohin ich Dich auch einmal gerne führen würde. Am späteren Nachmittag traf ich in Stuttgart ein, wo ich zwei Arbeitstage einschaltete, um dann am 31. Dezember zusammen mit Konrad [Wittwer]* und Elisabeth [Kneer, Freundin Konrad Wittwers] eine gemütliche Fahrt mit einem Aufenthalt in Schwäb. Gmünd zu einer gemütlichen Sylvester- und Neujahrsfeier in der Mühle [bei den Freunden Otto und Suzanne May in Westhausen bei Aalen] anzutreten.

Das neue Jahr hat mit viel Arbeit angefangen, aber am Schaffen ist noch niemand gestorben. Doch es kommen auch die Musen zu ihrem Recht. Wir sind zwar sehr solide, aber manchmal, im Durchschnitt in der Woche einmal, greift entweder Konrad Wittwer oder ich zum Kellerschlüssel. Oder man trifft sich im [Hotel] Zeppelin oder man geht aufs Land. So z.B. letzten Samstag nachmittag von Oberesslingen über den Schurwald in tiefem Nebel nach Aichelberg, wo ich bei meinem Kriegskameraden [vermutlich Ernst Ritter] einkehrte und ein Krügle 1943er, frisch abgelassen zwar, aber fein, vorgesetzt bekam. Dann weiter nach Beutelsbach, herunter zum Bahnhof. Als ich schon bei völliger Nacht durch das verdunkelte Dorf Beutelsbach schritt, stapfte vor mir ein äußerlich und innerlich überladener Zivilist, der immer wieder die Worte vor sich hinsprach: „Jahrgang 1894 und k. v.

---

* *Der Buchhändler war ein langjähriger Freund Maiers, u.a. hatten sie bis 1933 der Verbindung Stuttgardia angehört. Auf Grund seiner jüdischen Abstammung gehörte Wittwer zu den Verfolgten des Regimes. Seit 1940 wohnte er bei RM in der Dillmannstraße 16.*

(kriegsverwendungsfähig), das ist ein Schicksalsschlag." Um 8 Uhr war ich zu Hause, und es lag ein Briefchen da von Magda [Tochter von RM], abgesandt am 16. Oktober, mit folgendem Inhalt: „Deine Drei schicken allerbeste Geburtstags-Wünsche, gedenken Deiner in Liebe. Großeltern sind jetzt abgereist.* Ich habe Konfirmandenunterricht bei Miß Francis. Bist Du einverstanden Konfirmation Ostern?" Fünfundzwanzig Worte in einem Vierteljahr sind nicht viel. Trotzdem ist jeweilig die Freude groß.

Stuttgart, den 4. Februar 1944

An den Neffen

Frühlingssonne scheint heute, am 31. Januar, über ganz Stuttgart. Als ich heute Nachmittag aufs Büro ging, waren in den Gärten der Dillmannstraße die Vorboten des Frühlings sichtbar. Überall hängen die „Würstchen" an den Sträuchern, und der Magnolienstrauch am Herdweg vor der Ecke der Azenbergstraße trägt schon ganz pralle Knospen. Ein verrücktes Wetter im wörtlichen Sinn! Unsere Gedanken und alle unsere guten Wünsche sind bei Dir, nachdem Du in dem Brennpunkt der Kämpfe an der russischen Nordfront stehst, und täglich stellen Konrad und ich die Frage aneinander, wie es Dir in diesen schweren Tagen ergangen sein mag. Man kann gar nichts für Euch da draußen tun. Ich vertraue auf Deinen guten Stern und schreibe eben meine Briefe weiter an Dich, im Vertrauen auf Dein Soldatenglück. Der Kommiß ist ewig, und so wird Dich derselbe Landsknechtsspruch in der großen S..erei trösten, der mir im kleinen Weltkrieg oft geholfen hat. Er lautet: „Es kommen auch wieder andere Tag, wo das Bier wieder schmeckt und der Tubak."
Was können wir Euch an die Front von der Heimat schreiben? Unser beiderseitiges Leben spielt sich auf einer so verschiedenen Ebene ab, daß man nach den Anknüpfungspunkten geradezu suchen muß. Es ist in letzter Zeit manche Tonne Sprengstoff

---

* *Eduard Goldschmidt, ehemals Rechtsanwalt in Stuttgart, war 1939 mit seiner Frau Magda nach England emigriert. Im Herbst 1943 durften sie endlich in die USA (Philadelphia) übersiedeln.*

auch auf die deutsche Heimaterde herabgeprasselt. Mancher Notschrei dringt von Berlin und anderswo zu uns. Aber man ist unfähig zur Hilfe. Man steht ratlos und auch tatenlos dabei. Man hofft, daß es einen selbst nicht oder wenigstens nicht erbarmungslos hart trifft, daß man eben irgendwie selbst Glück haben wird. Nichts ist mir beim Studium der menschlichen Lebenspsychologie in diesem Krieg mehr klar geworden als der Satz: Es glaubt der Mensch, was er sich wünscht. Mit dem Selbsterhaltungstrieb hat die Natur dem Menschen einen unverwüstlichen Optimismus mitgegeben, der ihn bis zur Selbsttäuschung dahinleben läßt, selbst wenn er sich von morgens bis abends sagen muß, daß das, was Berlin, was Mannheim, was die Dutzende von Orten erlebt haben, früher oder später auch hier passieren muß. Fast allnächtlich brausen unsere Jäger über das Stuttgarter Tal, irgendwelchen und irgendwo im Westen einfliegenden Bombern entgegen, beinahe jeden Abend schaltet sich dieser oder jener Reichssender ab, sicheres Zeichen für dicke Luft in irgend einem Reichsgebiet, hie und da (aber selten) ertönt die Sirene. Aber vorläufig steht Stuttgart noch, man genießt sein Heim; man streckt sich doppelt wohl in seinem Bett, solange man es noch hat. „Carpe diem quam minimum credula postero." Pflücke den Tag, traue dem künftigen nicht. So sagt schon Horaz. Und, lieber Abiturient des Ravensburger Gymnasiums, warum sagt er nicht: „quam minimum credulus postero?" Weil es sich (wie meistens in solchen Fällen) um ein „Fräulein" handelt, mit dem schönen Namen: Leuconoe. Diese Verhältnisse machen einen sehr, sehr häuslich. Wenn ich nicht verreist bin, so würdest Du mich Abend für Abend zu Hause finden. Jedermann bleibt zu Hause. Man möchte doch zu Hause sein, wenn „es" losgeht. Obwohl es gar nicht sicher ist, ob Du in diesem „Daheim" etwa den Prügel besonders schonend auf den Kopf bekommen wirst. Diese Zeiten bringen mir oft ein Wort unseres Mathematiklehrers am Dillmann-Realgymnasium, Prof. Dr. Krug, ins Gedächtnis. Wenn er zum Ausdruck bringen wollte, daß ein Schüler über eine besonders lange Leitung verfüge, so pflegte er zu sagen: „Wenn mer dem do mit ma Krupp'sche Dampfhammer auf da Kopf schlaga würd, so würde

er sagen: Aha, es scheint was vorzugehen." Der letztere Satz in bestem Hochdeutsch! Also Du siehst, ich suche in all den Wirrnissen dieser Zeit, in ähnlicher Weise wie Du und in ähnlicher Weise wie wir dies alle machen müssen, mich auf ein höheres Piedestal zu erheben. Die beste Mischung ist Philosophie plus Kenntnis des Menschlichen und Allzumenschlichen plus Humor; dies alles miteinander addiert - und dann dividiert durch drei trägt dazu bei, daß wir die Heiterkeit der Seele nicht ganz verlieren. Was ist Deine Antwort auf diesen plumpen Versuch Deines Onkels, Dir Deine derzeitige Lage umzudeuten?
Von unserem sonstigen Erleben ist nicht sehr viel zu berichten. Hie und da eine Reise, z.B. heute vor acht Tagen zu einer Sitzung. Abfahrt 11 Uhr, 27 Personenzugstationen, Ankunft 14 Uhr 30. 15 Uhr Sitzung mit vielen Herren in Zivil und Uniform mit und ohne den sogenannten Fernkampforden (Kriegsverdienstkreuz I. Klasse) und in allen Sprachen des Großdeutschen Reiches, ab 19 Uhr ein Abendessen, Qualität gut, entsprechend der Entfernung von 27 Personenzugstationen, um Mitternacht eineinhalbstündige Fahrt mit einem autobesitzenden Teilnehmer bis Göppingen durch die düstere Nacht. Dort nach einer halben Stunde Aufenthalt mit dem Schnellzug nach Stuttgart, Ankunft 2 Uhr 35 früh; rasch mit einem Taxi nach Hause. Oder: Letztes Wochenende. Besuch Deiner geliebten Gönnerin [Katharina Huschke] auf Bühlerhöhe bei Baden-Baden. Dieser Besuch war schon eine Art Stoßtruppunternehmen und vollzog sich folgendermaßen: Schnellzugfahrt mit dem bekannten Zug Wien-München-Stuttgart-Straßburg, auf die Minute abgehend. Aber mit der Abfahrt hörte und sah ich die Regentropfen an das Fenster klopfen. Westwetter. In Baden-Oos stieg ich aus, nicht in die Eisenbahn nach Baden-Baden, sondern gleich in die Straßenbahn direkt nach Lichtental. Es regnete trostlos, hoffnungslos, wie es nur in einem solchen Kurort regnen kann. An dem Kreuzungspunkt Langemarkplatz fielen mir all die schweren Gänge ein, die wir miteinander an jenem 20. August 1942 machen mußten [Beisetzung der Schwester Male]. Es sind ca. 3 ½ Stunden auf die Höhe, und es gilt, 550 m Höhenunterschied zu überwinden. Am Brahmsplatz in Lichten-

tal verließ ich den Straßenbahnwagen. Mit dem Mut der Verzweiflung knöpfte ich all die vielen Knöpfe am Kleppermantel zu, und dann, frisch gewagt, halb gewonnen, begann ich den Marsch. Es regnete erbarmungslos weiter. Zuerst bewegte ich mich auf der Landstraße. Nach einer Stunde nahmen mich auf einem Fuß- und Abkürzungsweg die Schwarzwaldtannen unter ihre Obhut. Es wurde nachmittags um ½ 3 Uhr so dunkel wie in der Dämmerung, fast konnte ich die Landkarte nicht mehr lesen. Überdies begleitete mich den ganzen Weg eine wehmütige Erinnerung, nämlich daran, wie ich ihn in fröhlicheren Zeiten einst mit Gerta im Jahre 1929, als wir verlobt waren, in entgegengesetzter Richtung auf Schneeschuhen zu Tal gefahren war. Aber es bewahrheitete sich auch an diesem Tag, daß auf Regen Sonnenschein folgt. In der zweiten Hälfte hörte der Regen auf. Ich vollendete den Anstieg in tiefstem Nebel, mit dem Maultier in Goethes Mignon vergleichbar. Also Du verstehst: Zuerst Regen, dann nicht sofort Sonnenschein, sondern Nebel!

Eine Prophezeiung nimmt das Interesse der Stuttgarter in Anspruch. In eine Straßenbahn von Stuttgart nach Feuerbach steigt eine Zigeunerin ein. Von der Schaffnerin werden ihr die 20 Pfg. Fahrgeld abverlangt, mit dem man heute unter der Herrschaft des Einheitstarifs von einem Ende von Stuttgart zum anderen fahren darf. Die Zigeunerin gibt zur Antwort, sie sei arm, der Herr, der ihr gegenübersitze, könne dies leicht bezahlen, er habe eben 400,- RM eingenommen. Der Herr ist baff und erklärt, er habe tatsächlich vor zehn Minuten auf der Bank in Feuerbach 400,- RM abgehoben. Das Publikum ist ebenfalls baff, und schließlich fragt einer: „Wenn Sie alles so gut wissen, dann können Sie bestimmt sagen, wann der Krieg aus ist." Die Zigeunerin antwortet, das könnte sie gut, aber sie tue es nicht, denn der Herr neben ihr sei ein Kriminalbeamter. Der Herr neben ihr ist perplex und bestätigt, daß er Kriminalbeamter ist, er fügt jedoch hinzu: „Sie können sagen, was Sie wollen, es passiert Ihnen nichts", worauf wie eine Kugel aus dem Rohr die Prophezeiung aus dem Munde der Zigeunerin herausschießt: „Am 31. März. Aber bis dahin steht in Stuttgart kein Stein mehr auf dem anderen." Die

Jahreszahl überschlug das Weib. Überall kursiert die Geschichte. Viele Leute behaupten, sie persönlich mitangehört zu haben. Es ist an sich schon interessant, wie solche Prophezeiungen weitererzählt und geglaubt werden. Im letzten Krieg ging Jahr für Jahr die romantische Prophezeiung um: Unsere siegreichen Soldaten werden mit blühenden Kirschzweigen am Helm aus dem Krieg heimkehren. Es wurde daran noch geglaubt, als der alte Lederhelm längst abgeschafft und der Stahlhelm eingeführt war. Wo und wie willst Du an einem Stahlhelm Kirschenblüten befestigen?
Folgendes Kuriosum wird Dich interessieren: Ich führe für Klientenfreunde in der Pfalz einen sehr umfangreichen, schwierigen Prozeß am Landgericht in Frankenthal. Die Gegenseite ist durch ein Berliner Anwaltsbüro vertreten. Die Prozeßordnung macht es notwendig, daß sowohl ich wie der Berliner Kollege durch einen beim Landgericht Frankenthal zugelassenen Anwalt den Prozeß führen. Das heißt, wir machen die Schriftsätze, und die Kollegen dort reichen sie ein, nehmen die Termine wahr usw. Mein Vertreter wohnt in Frankenthal, der Vertreter der Berliner Kollegen ist in Ludwigshafen ansässiger Justizrat. Zuerst wurde dessen Kanzlei samt allen Akten und auch den Akten des in Frage stehenden Prozesses zerstört. Er selbst bekam einen Nervenschock und siedelte ins Krankenhaus nach Frankenthal über. In einer Nacht wurde sowohl das Landgerichtsgebäude in Frankenthal zerstört, wie auch die Kanzlei meines Vertreters, wiederum mit sämtlichen Akten. Der von Ludwigshafen ins Krankenhaus nach Frankenthal geflüchtete Justizrat wurde dort nochmals ausgebombt. Neuerdings sind auch die Akten des Berliner Kollegen mit seiner gesamten Kanzlei verbrannt, sodaß ich als einsame Größe, als der Mann, der die Akten - vorläufig! - noch hat, emporrage.
Zur Zeit bekämpfen wir alle die Grippe mit Infludo, Chinin-Novalgin und allem Möglichen, nur nicht mit dem Naturheilmittel Rotwein, der ist radikal ausgegangen. Ich habe Dir wieder viel geschrieben. Wir wünschen Dir alles, alles Gute und Herzliche.

Stuttgart, den 16. Februar 1944

An den Neffen

Heute, an Deinem 22. Geburtstag, trafen zwei Briefe von Dir ein. Mit der Vormittagspost einer vom 3. Februar und mit der Abendpost einer vom 30. Januar. Ich kann Dir sagen, daß „man" schon etwas auf Nachrichten vom Neffen an der Nordfront wartet und sich sehr freut, wenn der Briefträger ein Briefchen abgibt. Wenn ich die Dinge richtig beurteile, so vermute ich Dich unter den Verteidigern von Narwa? Stimmt's? Ich kann mir vorstellen, was sich dort tut. Wir vertrauen auf Dein gutes Glück. Und in diesem Sinne mußt Du meine herzlichsten Glückwünsche zu Deinem Geburtstag entgegennehmen. Wie erinnere ich mich, wie ich - es muß wohl am 17. Februar 1922 gewesen sein - an einem Samstag Nachmittag zu einem Besuch meiner Eltern nach Schorndorf kam, da stand meine Mutter am Geländer der Hausstaffel und rief mir freudestrahlend entgegen: „Der Bub ist auch schon da, in Ravensburg!"
Das war meine erste Kunde vom Neffen Wolf. Man hat damals gewiß nicht daran gedacht, daß man 22 Jahre später diesem neuen Erdenbürger nach Narwa, ins Artilleriefeuer, Bordwaffenbeschuß usw. seine Geburtstagsglückwünsche werde senden müssen. Es ist ja überhaupt gut, daß man nicht alles weiß. Von Stuttgart ist nicht viel zu berichten. Ehe ich Dir einen längeren Brief schreibe, muß ich zuerst Verschiedenes „zusammenkommen" lassen.

Stuttgart, den 22. Februar 1944

Dieser Brief blieb einige Tage liegen. Inzwischen war ein Großangriff, der das bisher Dagewesene überbot.* Zuvor: Wir sind alle wohlbehalten. Hauptangriffsziele: Die Industrien in Feuerbach, zwischen Feuerbach und Cannstatt, in Bad Cannstatt selbst,

---

* *Im Rahmen der „Big Week" griffen alliierte Flugzeuge vom 20. bis 25.2.1944 Zentren der Luftrüstungsindustrie an, u.a. Schweinfurt, Augsburg, Regensburg und am 20./21.2. Stuttgart.*

Untertürkheim und, für uns Stuttgarter von Hauptinteresse, das Stadtgebiet von Stuttgart um den Bahnhof herum. Schwere Schäden. Mein Weg zum Büro geht zunächst mit Konrad zur Buchhandlung [laut Adreßbüchern der Zeit: Schloßstraße 14 oder Fürstenstraße 2]. Dort beginnt eine große Wüstenei: Die Häuser in der spitzen Ecke zwischen Friedrichstraße und Rote Straße sind alle zerstört, ein qualmender Trümmerhaufen: Die Deutsche Bank in der Friedrichstraße, dann die alten guten Stuttgarter Geschäfte: Schmid-Stammbach, Hermann und Meyding, Albert Martz in der Kanzleistraße. Schwer beschädigt das Haus der Deutschen Arbeitsfront, das Postscheckamt. Dann der große Komplex des Oberen Museums zwischen Kanzleistraße, Rote Straße und Lindenstraße völlig zerstört, das Wirtschaftsministerium ausgebrannt. Im Hause meines Büros [Gymnasiumstr. 18 A] hatten sich auch Brandbomben eingenistet, wurden aber gelöscht. Eine Arbeit war gestern nicht möglich, denn das übernächste Haus Ecke Gymnasiumstraße und Rote Straße brannte lichterloh, gegenüber, bei dem Bäumchen im Dekanatsgarten, brannte es auch. Die Turmspitze der Hospitalkirche ist ebenfalls abgebrannt. Zwei Schadenstellen waren sehr beeindruckend: Olgabau, Girokasse rauchend und brennend, die Eberhardskirche noch am Tage in hellen Flammen und das Kunstgebäude durch Sprengbomben in Trümmer gelegt. Die zweite: Beim Katharinenstift Ecke Schiller- und Neckarstraße das Palais Weimar ausgebrannt. Die Münze durch Spreng- und Brandbomben zerstört, ein Flügel der Gemäldegalerie ausgebrannt. Der hintere (Bühnen-)Teil des Kleinen Hauses rauchend und brennend. Über allem ein kalter Ostwind und eine Wintersonne, die immer wieder den Versuch machte, über dieses Elend und diesen Jammer ihre Strahlen scheinen zu lassen, ein vergebliches Bemühen; sie wurde immer wieder durch die Rauchwolken verdeckt und vertrieben. An den Brandherden überall rasch gefrierende Wasserpfützen, so daß die Straßen vor Glätte teilweise kaum passierbar waren.

In der Dillmannstraße ist es ruhig und friedlich. Ich hatte während des Angriffs die „geistige Leitung", bemerkte wieder bald, daß der „Markt" wo anders war, und beschaute mir den Vorgang von den bekannten Fenstern im sogenannten Bügelzimmer und später von der Veranda aus. Entwarnt konnte nicht werden wegen eines zentralen Schadens in der Sirenenanlage.

Stuttgart, den 6. März 1944

An den Neffen

Herzlichen Dank für Deinen lieben Brief. Ich atmete ordentlich auf, wie ich Dich von Deiner exponierten Stellung vor Leningrad nun hinter der Narwa wußte, und gab die Nachricht sofort telefonisch an Selma weiter. Auch Dein Brief vom 22., der (...) am 3. März ankam, hat mich herzlich gefreut und das ganze Haus, wo Du im besten Andenken bist, mit. Hoffentlich kommen die beigepackten Zigaretten gut an. Es ist wenig, was ich zur Steigerung Deiner Lebensfreude beitragen kann. Aber es kommt von Herzen. Auch wir stehen mitten im Kriegsgeschehen. Nicht so wie bei Euch. Aber uns langt's. Der zivile Bedarf ist völlig gedeckt. Von dem Angriff in der Morgenfrühe des Montag, des 21. Februar 1944, habe ich Dir schon berichtet. Diesen Gang aufs Büro werde ich nicht vergessen. Durch Rauch und Qualm mußte ich mich richtig durcharbeiten. Die Spitze des guten Hospitalkirchturms abgebrannt! Wie ein brennendes Kerzenlicht war in der Nacht, scheinbar im leeren Raum stehend, ein unerklärbares Feuer über den sonstigen Brandherden gestanden. Der andere Tag brachte die Erklärung: Dieses hochragende Kerzenlicht war die Spitze des Hospitalkirchturms gewesen. Wie oft habe ich in meinem Leben seit meiner Gymnasialzeit zu seiner Uhr mit dem großen Zifferblatt hinauf geblickt. Schön ist der Turm gewiß nicht, schön war auch nicht seine Spitze. Aber er war einem ans Herz gewachsen, und wenn man jetzt hinaufblickt, ein Blick ins Leere, ein Vermissen. Der Weitergang zum Büro war zunächst durch einen Polizeiposten gesperrt und mußte durch ein energisches Wort erzwungen werden. Es brannte gegenüber meinem Büro ein älteres Hintergebäude, das an den Dekanatsgarten angrenzt, und auch das übernächste Haus in der Gymnasiumstraße, ein Büromöbellagerhaus, stand in hellen Flammen. Gegen Mittag war es ganz heruntergebrannt, wie im übrigen diese ganze Seite der Rote Straße bis einschließlich zu dem bekannten Damenkleidergeschäft Haueisen und Reyscher. Zuerst machte ich den Versuch, in der gewohnten Weise meine Berufsarbeit zu beginnen. Aber ich mußte ihn aufgeben. Das Büro füllte sich immer mehr mit Rauch und Qualm.

Das folgende Wochenende, nämlich Donnerstag, 24. Februar, bis Samstag, 26., vormittags, war die Zeit der Groß-, Dauer- und Rekord-Alarme. Die beiden Nächte von 9 Uhr abends bis etwa 2 Uhr früh im Keller oder in dessen Nähe: In der einen Nacht Hin- und Rückflüge der Royal-Air-Force-Flieger, die Schweinfurt angriffen, in der anderen Nacht Angriff der Engländer auf Augsburg [Angriff vom 25./26. mit über 700 Toten] und deren Hin- und Rückflüge. Daß der Humor nicht fehlt, sei Dir auch von folgender Begebenheit berichtet: Als die ganze Stuttgarter Bevölkerung am Samstag in den Morgenstunden nach den angekündigten Rückflügen sehnlichst auf die Entwarnung wartete, kam durch den Drahtfunk die Mitteilung: „2 Uhr 18 Übungsschießen der leichten Flak." Erst als dieses vorüber war, wurde Zapfenstreich geblasen und entwarnt. Am dazwischenliegenden Freitag kurz nach dem Mittagessen zweieinhalbstündiger Tagesalarm. Die Nordamerikaner flogen nach Regensburg. Nach Aussagen zuverlässiger Beobachter waren drüben im Bottwartal und im Remstal Hunderte fliegender Festungen in einer Höhe von 4.000 bis 5.000 m mit dem bloßen Auge sichtbar. Von den zurückfliegenden Staffeln ging in einem Augenblick, als schon Vorentwarnung gegeben war, also mit einem Angriff nicht mehr gerechnet wurde, eine Staffel im Sturzflug auf Cannstatt zum Angriff auf eine Kugellagerfabrik nieder. Du kannst Dir denken, daß die Verblüffung der Bevölkerung nicht klein war.

Den folgenden Sonntag, Montag und Dienstag verbrachte ich auf einer beruflichen Reise in Speyer und Heidelberg, kehrte also unserer guten Stadt den Rücken, nachdem ich ihr während der „Süddeutschen Bomberwoche" nicht untreu geworden war. Diese Reise war etwas anstrengend, und so legte ich mich am Mittwoch sehr früh ins Bett. Um ½ 2 Uhr erwachte ich am Geräusch

der nach Nordwesten ziehenden Nachtjäger. Ich setzte mich ans Radio, schaltete den Drahtfunk ein und er „tat". Sehr starke Einflüge von Westen! Zuerst Vorwarnung, Gefahr eigentlich vorüber, dann Alarm. Der Himmelsraum über Stuttgart füllte sich mit Fliegern, die kreuz und quer dahinflogen. Kurz vor 3 Uhr hatte ich meine Schäflein alle im Luftschutzkeller versammelt, und als fürsorglicher pater familias verschloß ich die Luftschutztüre hinter mir. Schon schlugen die ersten Sprengbomben ein, die ich jedoch zur Beruhigung meiner Gemeinde für Abschüsse der schweren Flak bei der Charlottenbuche erklärte. Die späteren waren nicht mehr umzudeuten. Man konnte den Eindruck nur abschwächen mit dem Trostwort, daß die Bombe, die man sausen hört, einen nicht trifft. 3 Uhr 15 wagte ich einen kleinen Kontrollgang und einen Blick in die Stadt: Entlang der ganzen Talsohle vom Bahnhof bis nach Heslach und die Hasenbergsteige hinauf und in Degerloch Brände im Entstehen. 3 Uhr 25 war der Angriff beendigt, der schwerste, den Stuttgart bisher erlebt hatte.* In der Stadt wüteten viele durch den Westwind stark angefachte Großbrände. Die große Fabrik zu unseren Füßen (Firma Robert Bosch) brannte lichterloh und brannte, soweit sie verbrennbar ist, bis zum Erdgeschoß aus. Sie brannte in allen Farben, je nachdem der Brand dieses oder jenes Metallager erreichte.
Ich saß zuerst mit den Mietern des Erdgeschosses in unserem Wohnzimmer bei einem Glas stärkenden Rotweins. Das elektrische Licht versagte zwar, trotzdem war es im Wohnzimmer taghell durch den Schein der Feuersbrünste rund umher. Dann machte ich mich um 6 Uhr auf den Weg zum Büro: Falkertstaffeln, Hegelstraße, Hegelplatz. Dort stoben die Funken von dem brennenden Werk her, die Flammen hatten schon den Hoppenlaufriedhof übersprungen, die Landesturnanstalt hinter dem Eberhard-Ludwig-Gymnasium, das sehr gefährdet war, erreicht. Ich ging die Lindenstraße vor, erblickte, auf der Höhe des Landesgewerbemuseums angekommen, im unteren Teil der Lindenstraße

---

* *Die Royal Air Force (RAF) setzte mehr als 500 Flugzeuge ein, die 1.700 t Bomben abwarfen. Über 120 Menschen starben.*

in ihrem Ausgang zur Königstraße nur Feuer, links das Wirtschaftsministerium und das historische Cottahaus und rechts sämtliche Häuser der Lindenstraße zwischen Calwer Straße und Königstraße, besonders das staatliche sogenannte Stockgebäude, alles brennend. Die Gegend bei meinem Büro war unversehrt. Von der Ecke Gymnasiumstraße-Calwer Straße blickte ich in das Flammenmeer bei der Kreuser'schen Apotheke, die inmitten des Brandes verschont blieb, bis herunter zu dem ebenfalls brennenden Gebäude der Tuchhandlung Keller Söhne, das zu den schönsten alten Häusern Stuttgarts gehörte. Zur Königstraße hinaustretend, gewahrte man Brände in der oberen Königstraße und wenn man die Königstraße hinabblickte vor allem den Brand des Kronprinzenpalais. Ich ging weiter an der unversehrten Stiftskirche vorbei. Blick zum brennenden Waisenhaus, und nach Passieren des Alten Schlosses Blick auf das in beiden Seitenflügeln und im Mitteltrakt in seinem ganzen Umfang gleichzeitig in Flammen stehende Neue Schloß. Hier war nichts mehr zu retten: Die Feuerwehrleute, welche die Stadt vor der drohenden Katastrophe bewahrt haben bei dem starken Westwind, der unaufhörlich wehte, waren an dieser Stelle ohnmächtig. Das war wohl das grandioseste Feuer in Stuttgart seit je. In solchen Schlössern stecken hinter der massiven Fassade ungeheure Mengen an Holz. Das brannte wie Zunder. In der Platanenallee in den Anlagen beim Oberen Anlagensee lagen zwei von den riesigen Platanen. Nicht etwa entwurzelt, die ungeheuere Kraft einer Mine hatte beide dicht am Boden abgeknickt. Um 7 Uhr war ich von meinem Rundgang zurück, und den ganzen Tag über liefen die Hiobsbotschaften aus Stuttgart, den Neckarvororten, Fellbach und den Fildervororten ein.

Onkel Hermann [Maier-Leibnitz] ist zur Zeit zur Badekur in Baden-Baden. Ich nahm mit Tante Marianne sofort die Fühlung auf. An dem Tage erschien Heinz*, und der Physiker-Gelehrte bewährte sich als Dachdecker und Fensternotverglaser. Zwei neue

---

* *Sohn von Hermann und Marianne. Der Atomphysiker und spätere Präsident der Deutschen Forschungsgemeinschaft (DFG) war seit 1942 Dozent in Heidelberg.*

Fachausdrücke sind zum Wort „ausgebombt“ hinzugekommen: l. „Ausglasen“, d.h. ein Fenster von den Glasresten und dem Kitt so gut befreien, daß der Glasermeister nur noch die Mühe hat, das neue Glas einzusetzen. 2. „Ausblasen“, „durchblasen“, das bedeutet: In einer Wohnung sind durch den Luftdruck alle Fenster, Fensterkreuze und Türfüllungen herausgerissen worden, so daß schlechterdings nichts mehr vorhanden ist.
Vorläufig bin ich nicht ausgebombt, nicht ausgeblasen. Aber: Während ich schreibe, starten die Briten vielleicht gerade zum Luftangriff auf den Stadtteil nördlich des Nesenbachs. In all dem Elend richte ich mich auf die 14 Tage Erholungsurlaub in St. Anton ein. Hoffentlich komme ich noch gesund aus dem Städtle hinaus.

z. Z. St. Anton am Arlberg, 25. März 1944

An den Neffen

Am 23. ds. Mts. kam Dein Brief an Selma hier an, in welchem Du so nebenbei mitteilst, daß Du das Eiserne Kreuz erhalten hast. Wir wollen es nicht so unwichtig behandeln, sondern Dir herzlich gratulieren; denn es ist Dir nicht von ungefähr zugeflogen, sondern Du mußtest Dir's sicher hart verdienen, und deshalb wird es Dich, obwohl Du hiervon nicht sprichst, doch auch irgendwie gefreut haben. Da unser sehr schöner Aufenthalt im Hochgebirge sich seinem Ende nähert, ist ein längerer Bericht von mir fällig.
Am Montag, dem 13. ds. Mts., läutete in Ravensburg der Wecker schon um 4 Uhr morgens. Wir machten uns unabhängig von dem mit großer Unpünktlichkeit eintreffenden Schnellzug Köln-Innsbruck und fuhren um 5 Uhr 26 mit dem Personenzug, stiegen in Friedrichshafen um, hatten in Lindau allerdings einen eineinhalbstündigen Aufenthalt, konnten uns aber bald in den in Lindau abgehenden Schnellzug nach Wien setzen, der, ein Privatzug der „Ostmark“, bis Bregenz nahezu leer war. Es herrschte an jenem Morgen ein richtiges Weltuntergangswetter. In schweren Flocken fiel der Märzschnee in den Bodensee, und man pries sich

glücklich und fühlte sich wohlgeborgen in dem warmen Abteil. In richtigem Schneesturm trafen wir in St. Anton ein, und zwar infolge unserer vorausschauenden Reisepolitik schon um 11 Uhr vormittags. Eine gegenüber dem Herbst, in dem wir sie verlassen und wo wir uns so wohlgefühlt hatten, völlig veränderte Landschaft. 1 ½ m bis 2 m beträgt die Schneedecke, und seit wir hier sind, hat es mindestens einen Meter dazugeschneit. Das winterliche Hochgebirge ist mir vertraut, aber solche Schneemassen habe ich noch nie erlebt. Man spricht also mit Recht vom schneereichen Arlberg. Wir widmeten uns einer methodischen Erholung. Viel Schlaf und viel Spazierengehen. Es mag das Wetter auch noch so toben und der Schneesturm das Gelände rein von Menschen fegen: Wir gehen vormittags und nachmittags hinaus. Beide sind wir kleidungs- und fußbekleidungsmäßig so ausgerüstet, daß uns die Wetterunbilden nichts anhaben können. Vormittags geht's die durch Schneepflüge und eine Schneefräse offen gehaltene Arlbergstraße hinauf, soweit wir kommen. Letzten Samstag und Sonntag waren strahlendste Sonnentage, und wir genossen Luft, Licht, Sonne, Schnee in vollen Zügen. Am Samstag gelangten wir bis in die Nähe des Passes, und am Sonntag gingen wir ganz hinauf bis St. Christoph, 7 km Entfernung, also 14 km hin und zurück und 500 m Höhenunterschied. Nachmittags geht es die Arlbergstraße hinab. Da wir uns niemand angeschlossen haben und abends sehr früh, meistens schon um 8 ½ Uhr, ins Bett gehen, haben wir beide viel Zeit zum Lesen. Morgens um 8 Uhr zählen wir jedoch zu den ersten Frühstücksgästen. Um 2 Uhr morgens wache ich nachtnächtlich auf, nämlich am knurrenden Magen. Das Hotel ist voll besten Willens - aber wie sollen aus den abgegebenen Marken zwei vollgültige Essen mittags und abends bereitet werden? Doch ich schlafe auch wieder ein, und zwar mit frohem Mut dem Frühstück entgegen, dem großen Ereignis des Tages: Nescafé, Butter, Marmelade und drei Milchbrötchen, hierzulande Semmeln genannt; ein café complet der Schweizer Hotelküche hätte Mühe, mit dieser den Tag eröffnenden Mahlzeit in Wettbewerb zu treten. Wir verbrauchen hier im Urlaub, was wir uns den Winter über zusammengespart haben.

Die Aussicht auf diesen Genuß treibt einen aus den Federn. Und denke Dir! Selbst Selma macht Anläufe zum Essen und zum Trinken, nicht nur, wie wir dies gewohnt sind, zum Herumknabbern und zum Zunge benetzen. „Mir ist's ganz schwach“, - aus dem Munde dieser Nichtesserin eine ungewohnte Redensart, hier wird sie Ereignis. Wie ich mich da gerechtfertigt finde bei der Gestattung einer Sondermahlzeit! Mußt Dir übrigens Deinen Onkel als zur Zeit recht schlanken Herrn vorstellen, beinahe Astheniker-Typus.

Das Hotel Post ist Hotel der Fronturlauber und beherbergt ganz große Namen. Der berühmte Jagdflieger Nowottny reiste zwei Tage nach unserer Ankunft ab. Ein besonderes Hausrecht genießen die Schlachtflieger, denen ein großer Teil der Zimmer vorbehalten ist. Die Offiziere dürfen ihre junge Frau, Braut, Freundin, Schwester, Mutter mitbringen, und diese Paare geben dem gesellschaftlichen Leben des Hotels das Gepräge. Tagsüber wird Ski gefahren, abends versammelt sich dieser Kreis zu fröhlichem Tun. Die jungen Offiziere sind tadellos gekleidet, die Verbeugungen vor Vorgesetzten, die noch tieferen vor den Damen mit Handkuß klappen wie einst auf den Hofbällen. Die Schlachtflieger sind exklusiv wie einst die Garde, und es wird strengste Distanz vor anderen Waffengattungen gewahrt, z.B. der Panzerwaffe, der Marine, vollends vor gewöhnlichen Marschierern.

Aber diese geschniegelte und gebügelte Hochstimmung des Abendanfangs hält in der Regel nicht sehr lange an. Die Herren sind im Besitze beachtlicher Qualitäten und Quantitäten von Alkoholika. An jenem Abend gab es Grog. Die Rumflasche, der Zucker, Kannen mit heißem Wasser machten die Runde, und nach zwei Stunden sind alle miteinander von dem hohen Kothurn steifer gesellschaftlicher Form herabgestiegen in die sympathischeren Gefilde allgemein menschlicher Benehmigung. Eine Dame rief: „Wir da oben trinken ihn schon pur!“ (nämlich den Rum). Ein junger Leutnant: „Dummes fades süßes Zeug, Kirsch oder Korn her!“ Um 11 Uhr ist Sperr- (d.h. Polizei-)Stunde. Wie das wilde Heer ergießen sich die Angehörigen der Tafelrunde in irgendwelche Hotelzimmer, wo sie - wehe den Anlieger-Zivilisten! - weitermachen, bis der Tag anbricht.

Ab morgens um 8 Uhr trifft man die Männer schon wieder im Sportdreß hinauf auf den Galzig trotz der Brummschädel. Es sind Naturburschen. Zum Frühstück bestellen sie schon ein großes Glas Bier, das zischt, wenn sie es sich einverleiben. Warum sollen sie auch ihren Kaffee so trocken hinunterwürgen!
Wir sind mit unseren am Ende eines langen Ganges einander gegenüberliegenden Zimmern 76 und 77 diesen nächtlichen Stürmen entrückt. In der Person der Hotelsekretärin, Fräulein Hadwig E. [Ender], Tochter des früheren Landeshauptmanns von Tirol und Vorarlberg und späteren Bundeskanzlers [Otto Ender, 1930/1931 Bundeskanzler], haben wir hier im Hause eine gute Fee. Ihr verdanken wir eine bis heute ungestörte Nachtruhe, womit wir uns von vielen schwerbetroffenen Hotelgästen unterscheiden. Nur einmal versuchten sie es nachts um 2 Uhr in dem an Tante Selmas Zimmer anstoßenden Raum mit einem Koffergrammola, was sich aber abstellen ließ.
Der andere Großteil der Hotelgäste sind die Österreicher, die ganz für sich bleiben und es zu keiner Art von Berührung mit den Leuten aus dem Altreich kommen lassen. Sie lehnen uns grundsätzlich ab, den Berliner, Rheinländer in der gleichen Weise wie den Schwaben. Im übrigen meist sehr gut gewachsene Menschen mit natürlicher Eleganz der Kleidung, natürlicher Grazie im Benehmen, kurzum Leute mit einem gesicherten einheitlichen Stil, der für die Gesamtheit der Deutschen noch nicht gefunden ist.
Im übrigen fühlen wir beide uns wirklich sehr wohl. Für Selma ist das Wintererlebnis ganz neu. Nie hat sie früher Zeit gefunden für einen Winterurlaub. Mir selbst fallen die Aroser Tage von einst ein.* Wir erfreuen uns an der ganz herrlichen Natur tagtäglich ohne Unterschied, ob es stürmt und schneit oder ob die Sonne von einem wolkenlosen blauen Himmel auf uns herunterstrahlt.
Du wirst Dich nach den Wehrmachtsberichten dem Eindruck nicht verschließen können, daß es nicht ganz unklug war, in der Zeit zwischen den Iden des März und den Kalenden des April

---

* *Seit 1925 besaß RM zusammen mit seinem Bruder das Chalet „Schöneck" in Arosa, das er letztmals im Sommer 1940 besuchen konnte.*

1944 sich etwas aus dem Staub zu machen. Die Luftoffensive marschiert. Über Stuttgart und Ulm nach Friedrichshafen, also auch näher an Dein geliebtes Ravensburg heran. Der Angriff auf Stuttgart am 15. März war hier so gut hörbar, daß ich Tante Selma kurz nach 11 Uhr weckte und wir miteinander 20 bis 25 Minuten den Höllenlärm uns anhörten.* Schon nachmittags kam ein Blitzgespräch von Konrad: „Alles in Ordnung." Später hörten wir, daß die Dillmannstraße ordentlich gewackelt habe, die Insassen des Kellers sich auf den Boden legen mußten, eine Brandbombe am Kellerausstieg abgebrannt ist. Vaihingen a. F. [auf den Fildern] und Möhringen waren besonders dran. In Stuttgart selbst Hauptschäden in der Schulstraße, in der Nähe Friedrichsbau. Hotel Banzhaf schwerbeschädigt. Der Besitzer zusammen mit dem mir befreundeten Willy Bareth (aus Weingarten gebürtig), Besitzer der Regina-Teestube, tot.
Heute kam Dein Eisernes Kreuz in natura hier oben an. Der eingeschriebene Brief wurde Selma nachgeschickt, und wir haben es natürlich sehr bewundert.

Stuttgart, den 5. April 1944

An den Neffen

Seit Mittwoch, dem 29., bin ich wieder hier. Selma und ich waren am Montag vorher von St. Anton nach Ravensburg gereist. Du kannst einen persönlichen Erfolg unserer Reise nach St. Anton für Dich buchen. Seit Deine liebe Tante mit eigenen Augen gesehen, mit eigenen Ohren gehört hat, was die dort versammelten, in meinem letzten Brief näher beschriebenen Fliegersoldaten anstellen, meint sie, daß dagegen die Streiche ihres Neffen ganz und gar nichts bedeutende Harmlosigkeiten darstellen.
Hier geht alles den alten Gang. Die Stuttgarter sind sehr beeindruckt durch das Schicksal, das dem 15 Flugminuten entfernten Frankfurt a. M. bereitet wurde.** Da von Stuttgart noch 88 Prozent

---

* *Angriff der RAF mit über 800 Flugzeugen und ca. 2.600 t Bomben.*

** *Bei den zwei schweren Angriffen der RAF wurden am 18./19. und am 22./23.3. über 1.500 Menschen getötet und die Stadt schwer zerstört.*

stehen, sagt man sich hier mit Recht: Wieso soll uns das Schicksal Frankfurts erspart bleiben? „Ich kann gar nicht so schnell zittern, wie ich Angst habe.“ Das ist das Wort eines Freundes, dem die Luftlage schwer in die Glieder gefahren ist und der sich mit diesem Spruch selbst ironisiert. Der Vorrat an luftkriegstüchtigen Männern in der Dillmannstraße ist kein sehr großer. Neulich fragte am Telefon eine Klientin aus Reutlingen, ehe sie hierher reiste, ob auch ein guter Bunker in der Nähe meines Büros sei, und rückte dann mit dem Vorschlag heraus, ich möchte zu der von ihr gewünschten Besprechung in den Wagenburgtunnel (Ecke Neckarstraße-Schillerstraße) kommen.
Palmsonntag verbrachte ich in der Mühle, und voraussichtlich werde ich Ostern auch dorthin fahren.* Die Kälte ist seit zwei Tagen gebrochen. Frühlingslüfte säuseln, und der Frühjahrsregen vertreibt die letzten Schneereste. In den Gärten blüht der Krokus. Ich gedenke, auf einem Osterspaziergang von Aalen über die Kapfenburg und von dort nach der Mühle über diese Welt und ihren Jammer zu meditieren.

Stuttgart, den 8. Mai 1944

An den Neffen

Du bist sehr neugierig und willst alles genau wissen vom Heimatkriegsschauplatz. Wenn man eine Reise macht, so kann man was erzählen. Dieses Wort gilt gegenwärtig für meine beruflichen Reisen. Neulich z.B. im Auto von Speyer über Ludwigshafen zum Bahnhof Mannheim, eine Autofahrt an Zerstörungsstätten allergrößten Ausmaßes vorbei. Nachdem im letzten Jahr sich in den Schnellzügen Rheinland-Stuttgart-München die Kölner Bombengeschädigten, dann die Düsseldorfer, Wuppertaler, Hamburger abgelöst hatten, traf man diesmal die Frankfurter Evakuierten. Es saßen in meinem II.-Klasse-Abteil sechs Personen. Ein älterer Mann aus Ludwigshafen, der zuerst dort sein Wohnhaus, dann seine Fabrik verloren hatte, eine 78jährige Frau aus einem Vorort

* *Die Faulenmühle in Westhausen gehörte dem Freund Otto May, der dort die Collis Metallwerke leitete.*

von Frankfurt mit Tochter, die dort abgebrannt waren und jetzt in Rottenburg wohnen, eine weitere Tochter, deren Haus in Frankfurt durch Luftmine des Daches beraubt, ausgeblasen war. Es regnete draußen in Strömen, und die Frauen stießen immer wieder den Seufzer aus: „Oh, mein Haus, mein Haus, seit 24 Stunden regnet's hinein, es fällt vollends zusammen." Der fünfte Fahrgast war ein tadellos gewachsener Feldwebel von den Gebirgsjägern, jedoch ohne Bein. Ich, der sechste, war allein noch ganz. Aber schließlich habe ich am frühesten ein Opfer in diesem Zeitgeschehen bringen müssen. Mittelbar bin ich neuerdings ebenfalls betroffen. Ein Tabakwarengroßhändler, dessen Geschäftsräume unterhalb meines Büros abgebrannt sind, Blockwalter, warf sein Auge auf mein Büro, bohrte und bohrte. Ergebnis, daß ich am 1. Juni mein mir sehr liebes Büro verlassen muß; allerdings nur um zwei Hausecken herum. Ich bekomme die Räume des jüngst verstorbenen Geigenbaumeisters Dr. Gärtner, Ecke Büchsen- und Hospitalstraße. Einzelheiten über die Vorgänge, die diesem Hinauswurf vorangingen, erspare ich Dir. Vertraulich gesprochen: Mein Gegner heißt Rauß, und er hat seinem Namen Ehre gemacht. Wie soll auch ein Mann des Rechts in diesen Zeiten der Zigarren- und Zigarettennot einem Tabakwarenhändler, ja einem Tabakwarengroßhändler die Stirne bieten können!* Der Gescheiteste gibt nach. Hoffen wir, daß am 1. Juni, dem Tag meines Auszugs und seines Einzugs, sowohl Gymnasiumstraße 18 A wie Büchsenstraße 26 A noch stehen und daß Du mir in Deinem hoffentlich bald beginnenden Fronturlaub oder gar Studienurlaub bestätigen kannst, daß ich ob diesem Schicksalsschlag nicht zusammengebrochen bin.

Deine Grüße an Konrad habe ich ausgerichtet. Er ist nicht so bombensicher, wie ich's glücklicherweise bin. Er läuft sozusagen den ganzen Tag mit leicht eingezogenem Genick herum, stets auf Luftlagemeldungen und auf ein noch mehr „jaloux" machendes Tü-Tü des Drahtfunks lauschend oder auf den Kuckuck des Reichssenders, was bedeutet, daß sich feindliche Flugzeuge

---

* *Anmerkung der Erstausgabe: Der Mann war der Zigarrenlieferant der Gauleitung und konnte mit Blankounterschriften des Reichsstatthalters arbeiten.*

„unserem Gebiet nähern". Bei einem der letzten Angriffe war „Die lustige Witwe" auf dem Programm, und der Fürst bekannte gerade: „Mein Vaterland macht mich nervös." Mit diesem Satz, der das richtige Stichwort gab, brach die Sendung jäh ab, der Drahtfunk tönte, und bald darauf hieß es: „Starke Verbände im Anflug auf unsere Stadt, mit Alarm ist zu rechnen."

In der vorletzten Woche, also in der letzten Woche im April, wurden die Stuttgarter ganz verrückt gemacht, weniger durch unmittelbare Angriffe als durch drohende, die sich als Durch- und Rückflüge erwiesen. Am Montag jener Woche saßen wir beim Mittagessen im „Ritter" in Degerloch, welches Lokal wir gewählt hatten, um in der Nähe des Flughafens Echterdingen zu sein, von dem ein automobilberechtigter und -besitzender Freund [vermutlich Otto May] am frühen Nachmittag nach Zürich fliegen wollte. Wir hatten eben gegessen, als Fliegeralarm ertönte. Wohin? Wir fuhren nach Süden, Richtung Tübingen, und machten über dem Siebenmühlental bei Steinenbronn an einer aussichtsreichen Stelle Halt, nicht ohne uns für Mensch und Auto einer Deckung gegen Fliegersicht und gegen anderes zu vergewissern. Wie ein Fliegenschwarm hingen die Bomberstaffeln und Bombergeschwader der Amerikaner am Frühlingshimmel, Hunderte an der Zahl, Kurs Osten. Die ganze Woche ging es weiter. Wir saßen nachts drei bis vier Stunden im Keller, manchmal auch schon wieder morgens um 9 Uhr auf ein bis zwei Stunden. Für alle Kriege der vergangenen Jahrhunderte gibt es bekanntlich eine aus dem 15. Jahrhundert stammende Weissagung, die sogenannte Prophezeiung des Nostradamus. Für unseren Krieg soll das pythische Wort gelten, daß der Krieg sein Ende finde, „wenn die Krähen sieben Stunden auf Ziegelsteinen krähen". Findige Köpfe legen das so aus: Im 15. Jahrhundert war der Begriff der Sirene noch nicht bekannt, und deshalb soll der Prophet zum siebenstündigen Krähen der Krähen seine Zuflucht genommen haben. In jener Woche fanden die Tages- und Nachtangriffe gegen Schweinfurt, München und Friedrichshafen statt. München berührt uns, die wir es so gut kennen, innerlich doch mehr als

Berlin,* und über Friedrichshafen könnte man weinen, „die zerstörteste Stadt Deutschlands", was die Wohnviertel der Stadt selbst anbelangt.** Konrad fuhr am nächsten Tag hin, besuchte auf dem Rückweg Tante Selma. Sein Stand am Stadtbahnhof ist wie durch ein Wunder erhalten und diente den ersten Tagen der Reichsbahn als Fahrkartenschalter. Schlimm muß auch der Hafenbahnhof aussehen. Erinnerst Du Dich noch, wie dort bei der Ausreise nach England [im Juli 1939 über die Schweiz] die Taschentüchlein von Magda und Georg gezählt wurden? Der Dampfer Württemberg im Hafen gesunken. Keine Wirtschaft, kein Metzger, kein Gas, keine Elektrizität, kein Wasser, aber gottlob noch der Bodensee. In der Nacht des Angriffs auf Friedrichshafen fielen auch Bomben auf Stuttgart, z.B. eine 50-Zentnermine auf den Wilhelmsplatz hier. Doch mit dem Wochenende wurde es ruhiger. Wir erlebten einen geruhsamen 1. Mai; langsam kamen die aufgeregten Gemüter der Stuttgarter Bevölkerung wieder zur Ruhe.
Ein Tatsachenbericht: Ostern verbrachte ich in der Mühle. Ich fuhr am Karsamstag bis Aalen, wo mich meine Gastfreunde [Otto und Suzanne May] abholten. Wir marschierten über die Alb hinüber ins Jagsttal an einem wunderbaren Vorfrühlings-Nachmittag. An Ostern regnete es in Strömen, so daß mir stille Stunden zum Gedenken an die auf diesen Tag angesetzte Konfirmation von Magda verblieben. Wir hörten an diesem Tag die Luftlagemeldungen über den Tagesangriff auf Posen, und wir priesen das Landleben und die einem immer noch verbleibende Möglichkeit, sich in dieses friedliche Tal der Jagst nahe von deren Ursprung zurückzuziehen. Ich war kaum nach Stuttgart zurückgekehrt, als Dr. M. [May] am Mittwochabend anrief. Er stand noch sichtlich unter dem Eindruck eines Erlebnisses, das nur mit knapper Not noch zu einem Happy-End geführt hatte. An jenem Tag war großer Durchflug amerikanischer Bomber nach Osten. Dr. M. [May] und zwei seiner Direktoren fuhren während des

---

* *Bei dem Angriff vom 24./25.4. mit 136 Toten und ca. 4.000 Verletzten wurden weite Teile der Münchener Innenstadt zerstört.*

** *In der Nacht zum 28.4. wurde die Altstadt fast völlig vernichtet.*

Alarms durch die letzten württembergischen Dörfer in Richtung Nördlingen, also durch eine Gegend, über die wir in unseren ersten Geographiestunden dereinst erfuhren, daß die Welt dort mit Brettern vernagelt sei, weil sie nach dem noch württembergischen Ort Pflaumloch - bayerisch wird. Sie waren auf der Reichsstraße ausgestiegen, um einen rückfliegenden Pulk amerikanischer Bomber zu beobachten, nachdem sie sieben im Fallschirm niedergegangene Amerikaner gesichtet hatten. Wie sie so standen und guckten, flitzten plötzlich zehn Zwanzigpfundbömbchen (aus fingerdickem Vierkantstahl geflochtene Bomben mit hochbrisantem Sprengstoff außerordentlicher Rasanzwirkung) auf sie und ihr Auto. Mit Geschwindigkeit in den Straßengraben und Gott sei Dank in den zur linken Hand; in den rechts gelegenen fielen Volltreffer. Auto durchlöchert, sie selbst unverletzt. Eine der Bomben war vier Meter von ihnen entfernt eingeschlagen.
Von solchen und ähnlichen Vorkommnissen ist das Land voll von Berichten und Gerüchten. Ein Brief voll Bombenerlebnissen. Ich würde weniger davon schreiben, aber ich entnehme Deinen Briefen, wie sehr Du Dich für dies alles interessierst. Schließlich haben wir beide die - vom heutigen Stand der Entwicklung aus gesehen - urgemütlich sich ansehenden Anfänge dieser Misere miteinander erlebt. Wie ich schon schrieb, bin ich persönlich von dem Luftkrieg nicht so sehr beeindruckt wie viele andere. Es ist mir noch die Freude an dem Frühling 1944 geblieben, in großen und kleinen Wanderungen habe ich ihn in vollen Zügen genossen. Aber auch hier verlassen dich die Gedanken an das Zeitgeschehen nicht ganz. Zum Beispiel, wenn du zwischen dem Dorf Beutelsbach und der Haltestelle Beutelsbach alle Arten der Alarme: Öffentliche Luftwarnung, Alarm, Vorentwarnung, Entwarnung, vernehmen mußt und du, unbewußt, stets nach einem Straßengraben Ausguck hältst, in den du dich notfalls werfen kannst. Oder wenn du über Engelberg, Goldboden, Manolzweiler ins Schnaiter Tal hinunterschreitest und du beim Eintritt in das Dorf Schnait links und rechts der Fahrstraße ebenso die Schutthaufen von Dachplatten und Fensterscheiben siehst wie in Stuttgart und du hören mußt, daß dort Luftminen gefallen

sind und daß es in diesem stillen Tal Tote gegeben hat. Du erfährst dies alles später in der „Post“, der Schreck der Vorgänge wird jedoch in ein milderes Licht getaucht durch die dir dort kredenzten Viertele, zuerst Genossenschaftswein und dann zum Zuspitzen noch einen 1937er Riesling, Eigenbau. Gestern und vorgestern zog ich meine Kreise weiter: Das ferne Kochertal zwischen Untergröningen und Abtsgmünd und der Rechberg und der Hohenstaufen waren meine Ziele.

Stuttgart, den 13. Mai 1944

[Lieber Wolf]

Nach meinem erst vor kurzem abgesandten ausführlichen Bericht kann ich nicht viel Neues erzählen. Der üppige Frühling ist jetzt eingezogen: Das Wochenende des Flieders. Die Wohnung ist angefüllt mit Fliederzweigen und Fliederduft. Ich schreibe den Brief auf der Veranda. Die Stuttgarter Landschaft liegt da im Sonnenlicht wie im tiefsten Frieden. An einem solchen Tag hat der Dichter Karl Gerok unsere Stadt gesehen, als er zu ihrem Preise die Worte fand:

So liegst du nun im Sonnenglanz,
Schön, wie ich je dich sah,
In deiner Berge grünem Kranz,
Mein Stuttgart, wieder da!

[aus: „Gruß an Stuttgart“]

Oft sagen wir, d.h. Konrad und ich, wenn wir an solchen Tagen auf den Balkon hinaustreten: „S’ wär schad ums Schtädtle.“ Aber leider spricht die Wahrscheinlichkeitsrechnung für Nichtverschonung. Eine Art Abschiedsstimmung, besser gesagt, eine Abschiedsvorahnung befällt einen oftmals in deutlicher Weise, ähnlich wie es mir an Weihnachten 1938 erging, wo mir, ins Licht der Christbaumkerzen schauend, es aufging, daß das letzte Weihnachtsfest im Kreis von Frau und Kindern im Ablaufen begriffen war. Mir ging den ganzen Abend das Bidassoa-Lied durch den Kopf: „Jedem ist das Elend (die Fremde) finster, jedem glänzt sein Vaterland.“ [aus: „Die Bidassoabrücke“ von Ludwig Uhland]

Im Hintergrund aus der Radioecke heraus tönt die langsame Wiederholung des Wehrmachtsberichtes: Ablenkungs- und Fesselungsangriff größten Stils an der süditalienischen Front, und selbst dieser zur Genüge martialische Bericht wird unterbrochen und die Allgegenwart des Krieges noch gesteigert. Luftlagemeldung: „Achtung, Achtung! Feindliche Kampfverbände in Nordwest-, Nord- und Südostdeutschland." Ein Nachmittagskaffee bester Beschaffenheit dampft auf dem Tisch; so sucht man die Sorgen abzutöten.
Mittwoch, Donnerstag, Freitag dieser Woche war ich beruflich in Speyer und Heidelberg, d.h. ich wohnte im Europäischen Hof in Heidelberg und arbeitete in Speyer. Ich konnte im Auto von Heidelberg nach Speyer fahren, wobei ich einen Blick in den über und über in Fliederblüten prangenden Garten des Schwetzinger Barockschlosses zu werfen vermochte, ehe ich in Speyer von der Arbeit erdrückt wurde. Am Freitagmorgen hatte ich frei; ich genoß den Heidelberger Frühling mit allen Poren am Königsstuhl und auf dem Schloß. Ich habe mir dort ein Lieblingsplätzchen ausgesucht; es trägt eine Inschrift, die daran erinnert, daß Goethe an dieser Stelle „mit Vorliebe sinnend und dichtend in den Herbsttagen 1814 und 1815 verweilte". Angefügt ist ein Gedicht von Marianne Willemer (Suleika), das im Jahr 1824 im Gedenken an ihren großen Freund an dieser Stelle entstanden ist:

Auf der Terrasse hochgewölbtem Bogen
War eine Zeit sein Kommen und sein Gehn;
Die Chiffre, von der lieben Hand gezogen,
Ich fand sie nicht, sie ist nicht mehr zu sehn.
O schließt euch nun, ihr müden Augenlider!
Im Dämmerlicht der fernen, schönen Zeit
Umtönen mich des Freundes hohe Lieder;
Zur Gegenwart wird die Vergangenheit.

Dieses Gedicht beweist, daß Marianne Willemer es sehr wohl auch konnte; es gilt übrigens als erwiesen, daß Goethe in seinem west-östlichen Diwan eine Reihe von Gedichten aufgenommen hat, die nicht er, sondern Suleika verfaßte.

Ich hatte im Hotel vorher schon bezahlt und alles so eingerichtet, daß ich möglichst lang im Frühling spazieren konnte. Für einige Stunden wenigstens war ich herausgerissen aus dieser ungeheuerlichen Spannung, welche die bevorstehende oder vielleicht in ihren ersten Zügen schon begonnene Invasion [der Alliierten an der Westfront] auf die Bevölkerung legt. Im Hotel ergriff ich das ganz kleine Gepäck, mit dem man zu reisen sich angewöhnt hat. Voralarm und Drahtfunk Mannheim: Feindliche Jägerverbände nähern sich unserer Stadt. Auf dem Bahnsteig Alarm. Während ich in den Schnellzug einstieg, Luftkämpfe über dem Bahnhof, zwei Jäger, darunter ein Amerikaner, werden abgeschossen, ein Pilot hing im Fallschirm am Himmel. Dann dampfte der Schnellzug los. Wir kamen beinahe pünktlich in Stuttgart an, in der Taxe auf dem Heimweg Entwarnung.
Übrigens der Luftschutzkeller bei uns entleert sich. Unten in der Dillmannstraße (Dürrstraße) ist jetzt ein Stollen (Falkertbergstollen) bis zur Zeppelinstraße durchgestoßen; alles wandert jetzt zum Stollen. Es gibt Wettläufe: Wer ist Stollenerster? Das heißt, wer hat so Angst, daß er auf den Flügeln dieser Angst zuerst am Stollen anlangt? Der Verkehr im Stollen ist geregelt: Frauen Sitzplätze, Männer Stehplätze. Jedermann braucht eine Zulassungs-Dauerkarte. Im Hause Dillmannstraße 16 mit heute neun Personen, von denen ich der Älteste bin, erhielten sämtliche Bewohner diese Karte mit einer einzigen Ausnahme, nämlich des Endesunterzeichneten. Ist Anlaß vorhanden, daß ich meine Standfestigkeit den englischen und amerikanischen Sprengbomben gegenüber besonders erprobe? Also eine Art negative Verteilung des Kriegsverdienstkreuzes. Nein, ich nehme keine Absicht an, nur ein Versehen.*

* *Anmerkung der Erstausgabe: Der Stollenwart hatte RM mit Absicht als einzigem eine Einlaßkarte verweigert: „Der soll zu seiner Frau nach England!"*

Fortsetzung am 14. Mai 1944

Der heutige Sonntag ließ sich nicht so strahlend an, wie man dies hoffen konnte. Um ½ 8 Uhr jedoch schon auf dem Bahnhof. 8 Uhr 15 verließ ich in Altbach den Zug, hinauf zum Weißen Stein, Hohengehren - Goldboden - Kaiserstraße, und nun nicht hinunter ins heimatliche Remstal, sondern hinüber ins Filstal nach Ebersbach. Diese Heimat des Sonnenwirtles habe ich in den letzten Jahren mehrfach auf meinen ungezählten Alleinwanderungen aufgesucht und die Lebensgeschichte dieses eigenartigen Menschen nicht nur in dem ganz vorzüglichen Roman von Hermann Kurz und in Schillers „Johann Friedrich Schwahn, Der Verbrecher aus verlorener Ehre“ studiert, sondern auch in urkundlichem Material und an den Stätten seines Wirkens als Räuber. Dies fing an mit meiner Fahrt nach Vaihingen an der Enz, die ich am letzten Sonntag vor ihrer Abreise mit Magda und Georg noch gemeinsam unternahm. Dortselbst saß der Sonnenwirt im Haspelturm, ehe er gerädert wurde, gefangen.

Die Kirschen haben schon angesetzt. Die Birnen sind auf der milderen Remstalseite schon im Verblühen; die Äpfel hingegen sind noch nicht soweit, meine Schätzung bestätigte sich. Im rauheren Filstal gelangte ich, wie dies mein Plan war, in das Gebiet noch üppigster Birnenblüte, der Tag wurde zu einer wohlgelungenen Frühlingswanderfahrt. Fünf Minuten vor dem Bahnhof fing's zu regnen an, eine von mir vielgeübte Spezialität, solche Wanderungen nicht zu früh aber auch nicht zu spät zu beendigen. Um 14 ½ Uhr saß ich schon wieder zu Hause.

Gesprochen habe ich seit gestern, Samstagnachmittag, Persönliches mit niemand, und vor morgen, Montag, werde ich hierzu auch keine Gelegenheit haben. Das Haus ist ganz leer. Konrad ist bei seinem Freund in Etzlenswenden [dem Künstler Rudolf Yelin], in einem Nebental des Bottwartales bei Beilstein gelegen. Etzlenswenden soll der Ort sein, an dem König Etzel „gewendet“ haben soll, als er nicht weiter nach Westen marschieren konnte. Wahrscheinlich ist diese Auslegung des Ortsnamens Etzlenswenden eine Ausgeburt der Volksetymologie. Attila dürfte allerdings geschichtlich ungefähr an die schwäbisch-fränkische Grenze gekommen sein. Sein Reich stand allein auf ihm; an einem Nasenbluten ist er plötzlich verschieden, und mit ihm ging seine Macht dahin. Ich las neulich bei Frank Thieß in „Reich der Dämonen" folgendes:

„Worin liegt das Wesen fürstlichen Machtwillens? Er muß sein Ich zur Welt erweitern, er muß seine Vorstellung zur ehernen Form aushämmern, in welche die Wirklichkeit hineinzuwachsen hat. Er *wünscht* nicht den Schwachen zu überwältigen, wie man gemeinhin glaubt, sondern er *muß* es, weil größere Stärke auf dieser Erde naturgesetzlich zur Herrin des Schwachen wird. Der Schwächere aber muß sich hingeben oder überwältigt werden. Doch auch die Welt des Schwächeren ist eine solche unbestimmbarer Mächte. Und wo es nicht gelingt, diese Mächte vollkommen aufzusaugen oder restlos zu vernichten, werden sie zu schwer greifbaren, bakterienhaften Gegenkräften, die unsichtbar wegen ihrer Kleinheit von innen her die Machtwelt zerfressen. So ist jede Machtausübung, weil ihr Anspruch etwas Gottähnliches hat - denn nur Gott kann das Chaos vollkommen in kosmische Ordnung umschmelzen - tragisch. Entweder muß sie Kräfte zerstören, die wertvoll sind, oder es gelingt ihr nicht, dann sind es diese Kräfte, an denen sie eines Tages zu Grunde gehen kann."

Stuttgart, den 7. Juni 1944

An die Schwester [Selma]

Über die letzte Urlaubsstunde unseres Neffen Wolf auf schwäbischem Boden möchte ich Dir berichten. Ich hatte mich verspätet, ging gerade durch die Sperre und stieß schon auf unseren Urlauber in voller feldmarschmäßiger Ausrüstung mit einem Riesenrucksack und Gewehr. Man muß es Euch lassen: Ihr habt aus dem abgerissen zurückgekommenen Landser der Ostfront, vielmehr aus dessen Mütze und Uniform, gemacht, was zu machen war. Gereinigt und mit Bügelfalten, wo solche überhaupt anzubringen sind, stand er vor mir. Wir betraten dann den Bahnsteig, auf dem der Fronturlauberzug Karlsruhe-Stuttgart-Warschau abfuhr. Es erschien noch Konrad. Wolf war in guter Stimmung, und es fiel noch mancher Spruch, zum Beispiel: „Wenn ich dann mit Holzfüßen und Glasaugen zurückkomme" und ähnliche von ihm geliebte, trocken vorgebrachte Redensarten. - Der Bahnhof füllte sich langsam mit ebenfalls abreisenden Urlaubern, viele mit ihren Angehörigen. Alle sehr ernst, beinahe kein lautes Wort. Hier und da lebhaftere Begrüßungen von Kameraden, die sich freuten, miteinander „hinein in die S..erei" fahren zu können. Gewiß keiner verzweifelt, aber erkenntlich lag auf allen den Abreisenden und den Dableibenden die Stimmung eines schweren Abschieds. Wir hatten Zeit. Konrad erschien mit einer eingewickelten Literflasche Untertürkheimer. Mit den Worten: „Die sauf ich gleich nachher!" nahm sie Wolf in Empfang. Dann verabschiedeten sich die andern [Konrad Wittwer und seine Schwester Lore], sodaß Onkel und Neffe noch etwas miteinander allein waren. Wolfs Hauptsorge und überhaupt die Sorge der zurückfahrenden Soldaten war die, wieder zu ihrem Truppenteil, der draußen ihre Heimat ist, zu kommen und nicht unterwegs herausgeholt und in irgendeine Ecke der Ostfront gesteckt zu werden. Wolf war sehr befriedigt über seinen Urlaub. Er fand einen guten Platz im Abteil. Mit allen guten Wünschen drückte ich dem lieben Kerl noch durch das Fenster der Wagentür die Hand. Das Bild, das der Bahnsteig bot, als der Zug hinausfuhr, wird man so leicht nicht vergessen. Teilweise herzzerreißende Abschiedsbilder, Tränen über Tränen der zurückbleibenden Frauen, Mütter, Kinder. - Ein böser Krieg. Ich erinnerte mich an die vielen Male, die ich selbst im Weltkrieg in vier Frontdienstjahren wieder hinausgefahren war. Es wurde damals immer noch viel gelacht, gerufen. Man war nicht gerade übermütig, aber doch eher laut. Die Stille um diesen abfahrenden Zug herum griff einem ans Herz. Nun heute, Freitag früh, wird Wolf wohl gerade im Begriff sein, Warschau zu verlassen.

Ich selbst war gestern, Donnerstag, in Heilbronn. Nach vielen Regentagen ein schöner, wolkenloser Sommertag, noch nicht zu warm; es war eine schöne Fahrt. Ein Vormittag in Stuttgart voller Spannung. Alle Telefone erwiesen sich als abgeschaltet. Beim Wehrmachtsbericht kam des Rätsels Lösung: Der Tag der Invasion [6. Juni 1944 in der Normandie].

Stuttgart, den 18. Juli 1944

An den Neffen

Was hast Du, was haben wir in den kaum zehn Tagen, die seit Deiner Rückfahrt zur Ostfront verflossen sind, schon wieder erlebt. Ich kann mir denken, wenn auch im einzelnen kaum vorstellen, in welchen Strudel Du hineingerissen worden bist. Vollends seit wir wissen, daß Pinsk in der Zwischenzeit geräumt worden ist. Unsere Gedanken konnten Dich noch einigermaßen begleiten bis Warschau, wo wir wußten, daß Du nach 28stündiger Fahrt ankommen würdest. Dann verloren sie sich ins allgemeine, in die große Leere des Ostraumes. Urlauberzug Stuttgart-Wolkowysk! Wo bist Du geblieben? Fahrtziel wahrscheinlich in Bialystok verwandelt, seitdem auch Wolkowysk verloren gegangen ist, einst im September 1915 von der württembergischen 26. Infanteriedivision erobert. Wie an gestern erinnere ich mich noch an den Tag, als unsere Batterie über die Rossa hinüberschoß, um einem stürmenden Bataillon der neben uns vorrückenden Garde-Reserve-Division den Weg zu ebnen. Wir marschierten von dort noch weiter ostwärts, aber nach einigen Tagen waren wir wieder in Wolkowysk, auf dem Rückmarsch nach Lyk in Ostpreußen, und von dort ging es nach Serbien.

Wir, d.h. die auf dem Stuttgarter Hauptbahnhof zurückbleibende Begleitmannschaft, wandten uns in den ersten Tagen nach Deiner Abfahrt zunächst zu den Werken des Friedens. Konrad steuerte auf seinen Geburtstag, seine Geburtstagsfeier und seine Vorgeburtstagsfeiern zu. Ich begab mich am Sonntag in die Kirschen nach Aichelberg, kehrte von dort mit einer Traglast von 15 Pfund Kirschen zurück und reihte mich in die Heimatfront der Körbleströger und Krettlesfahrer malerisch ein. So 8 km zu zweit, 15 Pfund Kirschen in einem Spankorb, den Stock querdurch! Man weiß, was man getragen hat.

Aber dann fing des Lebens Ernst an: Dienstag, 11., Mittwoch, 12., Donnerstag, 13., je dreistündige Fliegertages-Alarme. Hin- und Rückflüge von jeweils vielen Hunderten von Bombern [der

Amerikaner], nach und von München, begleitet von Jägern.*
Während der Anflug noch andauerte, hieß eine Meldung: „Spitze der rückfliegenden Feindflugzeuge über unserem Gebiet." Die ersten beiden Tage war der Alarm um die Mittagszeit. Am dritten Tage wurden schon um 8 ½ Uhr 1.000 Bomber über Brüssel gemeldet, und der Alarm war schon 8 Uhr 45. Ich eile jeweils zu Fuß vom Büro noch nach Haus. Aus den Fenstern der Häuser im Herdweg erschallen die Rundfunkmeldungen. Meistens gelange ich mit den ersten amerikanischen Jägern zu Hause an. Außer Flakfeuer ereignete sich an diesem Tage nichts. Man konnte aber auf der Veranda von Dillmannstraße 16 das Bombardement von München hören und das Vibrieren des Hauses gut wahrnehmen. Die Einwohnerschaft unserer Stadt war etwas sorglos geworden, was am darauffolgenden Sonntag, dem 16., sich rächte. Ein von München zurückfliegender Pulk lud am frühen Vormittag in Stuttgart ab: Spreng- und Brandbomben gerade in unserer Gegend: Dillmannstraße 28 brannte, in der Hölderlinstraße größere Zerstörungen. Dort und auch in der Seestraße gab es Tote. Der ganze mittlere Herdweg ist mit Brandbomben übersät, jedoch ohne Schaden. Im Neckartal wieder ziemlich große Schäden. Ich selbst hatte der Tapferkeit besten Teil gewählt. Ich war 24 Stunden vorher nach Ravensburg abgereist, wo wir zwar Alarm aber keinen Angriff hatten, allerdings durch die in großer Zahl und mit großem Geräusch zurückfliegenden Bomber ziemlich beeindruckt waren. Es regnete in Strömen um diese Zeit. Selma und ich blieben gemütlich weiter im Wohnzimmer sitzen, verfolgten die Luftlagemeldungen und vertrauten weiter auf die Schutzmantelmadonna in der dortigen Liebfrauenkirche, die Deine geliebte Heimatstadt schon jahrhundertelang durch Kriegsnöte, Feuersbrunst und Pestilenz hindurchgeführt hat. Man vertraut auf sie auch in dieser Kriegszeit wieder, vollends, nachdem gestattet wurde, daß sie in der diesjährigen Fronleichnamsprozession wieder das Gotteshaus verlassen und in der nächsten Umgebung der

* *Am 16. und 31.7. wurde München erneut von US-Bombern angegriffen, die Angriffsserie forderte über 2.000 Menschenleben.*

Kirche öffentlich sich zeigen durfte. Ein in Basel notgelandeter englischer Fliegeroffizier - relata referro - habe ausgesagt, daß bei dem Angriff auf Friedrichshafen seine Staffel den Auftrag gehabt habe, Ravensburg anzugreifen. Es habe sich aber im Luftraum der Stadt eine glänzende Gestalt erhoben und sich schützend vor die Stadt gestellt, so daß den Engländern es unmöglich gewesen sei, den Angriff durchzuführen. Alles dies, einem Ondit zufolge, das ich Dir nicht unterschlagen möchte. Diese Geschichte hat allerdings einen Haken: Die Schutzmantelmadonna der Liebfrauenkirche steht gar nicht dort. Sie ist ein Meisterwerk schwäbischer Holzbildhauerkunst und ist aus der Hand eines gewissen Schramm um 1480 entstanden. Sie schmückte früher die Mühlbruckkapelle vor dem Unteren Tor und steht seit Jahren im Deutschen Museum in Berlin, d.h., sie ist sicherlich längst evakuiert und ruht irgendwo im Reich wohlverpackt. In der Liebfrauenkirche steht lediglich eine Nachbildung, und nur die Nachbildung wurde in der Prozession herumgetragen. Aber dennoch hat sie sich den englischen Fliegern entgegengestellt.
Nicht versäumen möchte ich, auch das Lied der wundertätigen Schutzmantelfrau hier festzuhalten:

Maria, breit den Mantel aus,
Mach Schirm und Schild für uns daraus;
Laß uns darunter sicher stehn,
Bis alle Feind vorüber gehn.
Patronin voller Güte,
Uns allezeit behüte.

Dein Mantel ist sehr weit und breit,
Er deckt die ganze Christenheit,
Er deckt die weite, weite Welt,
Ist aller Zuflucht und Gezelt.

Wenn alle Feind zusammen stehn,
Wenn alle grimmig auf uns gehn,
Sei Du mit uns, sei unser Schutz,
So bieten jedem Feind wir Trutz.

Du Ravensburger Mantelfrau,
Voll Liebe auf uns niederschau.
Wir schenken eine Heimat Dir,
Bleib Du bei uns jetzt für und für.

Du unsere Zuflucht, Zuversicht,
Sei Du im Dunkel unser Licht,
Wenn Du uns deckst, dann hat's kein' Not,
Dann ist gesegnet Leid und Tod.*

Gerade am gestrigen Sonntag und am heutigen Montag habe ich die schöne Stadt und ihre Umgebung wieder sehr genossen, gestern Nachmittag bei einem Gang mit Selma über das Häusle, dann auf der Höhe bis zur Strietachebene und zurück und heute früh allein ebenfalls wieder hinauf nach St. Christina. Kaum waren wir dort angekommen, ertönte schon wieder die Sirene. Dies hielt mich aber nicht ab, in den herrlichen Sommermorgen hinein weiter zu wandern. Wie lag die Stadt mit ihren Toren und Türmen da, teils in vollem Sonnenlicht, teils in den Wolkenschatten! Und dazu das ganze oberschwäbische Land bis hinunter zum See, im Dunst nur angedeutet die Voralpenwelt. Ein Tag der reifenden Ähren, der blühenden Kartoffel- und Mohnfelder, der Sonnenblumen in den Bauerngärten, und über allem Sonnenschein und weiße Sommerwolken. Wie ich den Fahrweg zur Veitsburg hinunterschritt, traf ich auf Rita [Maier-Leibnitz], in einem Sportwägelchen die zweijährige Dorothee vor sich herführend, flankiert von Hanna [Misch] und Christinchen, auf dem Weg zum Häuschen, das sie auf einige Wochen beziehen wollen. Sie waren um 2 Uhr morgens in Heidelberg abgefahren, um 10 Uhr angekommen und zunächst verpflegt worden. Bei den heutigen Reiseverhältnissen eine Riesenstrapaze für eine Frau mit drei kleinen Kindern.

---

* *Bei den Strophen 3 und 5 handelt es sich vermutlich um eine zeitgenössische Version des Liedes. Die Strophen entsprechen nicht der heute von der Liebfrauenkirche veröffentlichten ursprünglichen Version von 1640.*

W. [Westhausen], den 27. Juli 1944

An den Neffen

Das ist der Sturm, der sich auf Lilien wiegt! So sagte man einst in Hochfriedenszeiten vor dem Weltkrieg (...) in Ravensburg. In der Zwischenzeit haben sich bei uns die Ereignisse überstürzt. Sehr mitgenommen waren wir allesamt von den politischen Vorgängen. Im Nachthemd saßen wir am Freitag, dem 21. Juli, morgens um 1 Uhr am Radio.* Freitag Vormittag rauschten wieder die Amerikaner über die Stadt Kurs Ost und Südost: Kleinerer Angriff auf Zuffenhausen und Feuerbach, jedoch viele Tote in einem Splittergraben in einem Wald dort durch Fehlabwürfe. Großer Angriff an diesem Tag auf Friedrichshafen, ebenfalls mit vielen Opfern.

Am Samstag hatte ich nachmittags bei meinen Freunden in meiner Vaterstadt [Schorndorf] zu tun, wo ich in einem 36 Stunden lang strömenden wolkenbruchartigen Regen ankam. Nach Erledigung von beruflichen Besprechungen gingen wir dort zum gemütlichen Teil über bei einheimischem Grafenberger, dem Edelerzeugnis eines jener wohlgeformten, sanft abfallenden Keuperhügel, der östlichsten Weinberge im Remstal. Um 8 Uhr schied ich von dort bei immer weiteren Regengüssen. Ich fuhr nicht nach Stuttgart zurück, sondern weiter nach W. [Westhausen], wo ich über den Sonntag in die Mühle eingeladen war. Zwischen Schorndorf und Urbach war am Tag vorher die Eisenbahnstrecke durch Abwurf von etwa 70 Sprengbomben unterbrochen worden. Der Schaden war bald behoben und der Betrieb schon wieder eingleisig möglich geworden. Hinter Schwäb. Gmünd lag ein weiteres Hindernis auf den Schienen, ein amerikanischer Großbomber, am Tag vorher abgeschossen; das war aber bald zur Seite geräumt. Mit Verspätung kam ich nach 23 Uhr

---

* *Am 20. Juli 1944 scheiterte das Attentat von Oberst Graf Schenk von Stauffenberg auf Hitler. Der Versuch eines Staatsstreichs brach in den Abendstunden in Berlin zusammen. Im Zuge des 20. Juli kam es zu zahlreichen Verhaftungen und Hinrichtungen von Widerstandskämpfern.*

an. Kalt fegten Wind und Regen über Härtsfeld und Jagsttal, keine Julinacht, schon eher Novemberstimmung. Zur Mühle ist's eine halbe Stunde - und diese hat der Fuchs gemessen! Zuerst durch das Dorf und dann in voller Dunkelheit auf einem Fußweg zur Mühle. Hinein in die Pfützen, den Hut in die Stirn gedrückt, den Kleppermantel gerafft - so schritt ich los. Der Westwind warf einen beinahe um, und man mußte aufpassen, denn der Fußweg bewegt sich zwischen der hochgehenden, über die Ufer getretenen Jagst und dem Mühlkanal, oft noch verdüstert durch Weidenbäume und Erlenbüsche. Echte Erlkönigstimmung lag auf dieser Nachtwanderung; und dazu kamen noch all die schweren Gedanken, zu denen die Woche Anlaß gegeben hatte. Ich erreichte wirklich den Hof nur mit Mühe und Not. Doch nach Öffnen der Haustüre strahlte mir Licht entgegen, freundliches Willkommen trotz der Ankunft zu mitternächtiger Stunde und noch ein gemütliches Stündchen. Der Sonntag war der Ruhe und Erholung gewidmet, doch abends setzte der Regen aus, und es gab noch einen schönen, zweistündigen Marsch in den Wald mit meinen Gastfreunden.
Am Montag früh fuhr ich nach Stuttgart. Im zweiten Teil dieser Reise geriet ich in neuen Fliegeralarm. Unser Zug wurde nach der Station Waldhausen, dem Geburtsort meines Vaters, an einen Berghang gestellt, bis die Rückflüge der Amerikaner beendigt waren. Bei diesem Einflug ereignete sich in Deiner Vaterstadt [Ravensburg] folgendes: Der vom See herkommende Personenzug war fahrplanmäßig um 12 ¾ Uhr in die Station eingefahren und hielt. Ein amerikanischer Jäger näherte sich im Tiefflug und schoß die Lokomotive zusammen, unter den Augen von Rita, die dies alles vom Häusle aus betrachten konnte. Dann flog er weiter, dem um diese Zeit fälligen Berliner Schnellzug entgegen. Auch hier zerstörte er die Lokomotive. Dann noch eine dritte Lokomotive, die auf dem Industriegleis Niederbiegen-Weingarten stand. Ich kam mit großer Verspätung an, eilte noch aufs Büro, beriet noch einige Klienten, den Abend verbrachte ich mit Konrad am Radio. Wir gingen früh ins Bett. Kurz vor ½ 2 Uhr nachts Alarm. Es reichte gerade dazu, sich anzuziehen und die Haupt-

richtung zum Keller zu nehmen, als schon die ersten Bomben fielen. Konrad kam sogar noch bis zum Stollen. Bald war der Bombenhagel im Gange. Der größere Teil der Bomben kam nicht, wie gewohnt, nach dem Fallgesetz vom Himmel zur Erde, sondern die Mehrzahl rauschte in einer Art Gleitflug schräg durch die Luft, anscheinend eine neue Art des Bombenabwurfs von Flugzeugen, die ziemlich außerhalb des Angriffszieles sich bewegen können. Es krachte in allen Ecken der Umgebung. Einige Nahtreffer waren gefallen, die das Haus erzittern ließen. Die Glasscheiben klirrten. Um 2 Uhr sandte mich die Luftschutzgemeinschaft hinaus und hinauf. Ich kam mit schlimmen Botschaften zurück. Haus Dillmannstraße 17, das von Klein-Magda, als ihr Vetter und ihr Bäschen und ihr Onkel und ihre Tante noch drin wohnten*, das „Im siebzehn" genannt war, lag teils auf sich selbst, teils auf der Straße, ein einziger Trümmerhaufen. Brände überall, besonders im Westen gegen Hasenberg und Botnanger Sattel. Ein eigenartiger Anblick war das Abbrennen des Polizeisenders in der Moltkestraße. Es sah aus, wie wenn ein feuerroter Eiffelturm mitten in die Stadt hineingestellt worden wäre. Die brandgewohnte Stuttgarter Feuerwehr konnte vielfach nicht in Tätigkeit treten, weil es an Wasser mangelte.

Seit langer Zeit folgte das erstemal in diesem Sommer ein Tag mit gutem Wetter. Ehe ich auf's Büro ging, ein Rundgang: Gedächtniskirche außer dem Turm völlig zerstört und schwerste Schäden an den Häusern um sie herum. Die Staffel zur russischen Kirche hinunter ganz zugedeckt von den beiden geborstenen Eckhäusern der Hölderlinstraße. Das Katharinenhospital brannte in dem inneren Teil des Komplexes noch, schwere Schäden in der Kriegsbergstraße, das Hotel Zeppelin wieder ausgeblasen. Der Bahnhof äußerlich immer noch ungebrochene Festung. Der große Quertrakt vor den Kopfbahnsteigen ist dieses Mal ausgebrannt. Vielfach sind die Straßen gesperrt: Achtung, Blindgänger! Vier-

---

* *Rudolf und Elisabeth Goldschmidt wanderten im Oktober 1938 mit ihren vier Kindern nach Kalifornien aus. RM begleitete die Familie seines Schwagers bis ins französische Le Havre.*

telstündlich folgen die Detonationen der Zeitbomben. Eben ein richtiger, echter und gerechter Morgen nach einem Großangriff. Das Haus Dillmannstraße 16 hat in dieser Nacht noch verhältnismäßig wenig gelitten. Ungefähr ein Drittel der Scheiben war zerbrochen, und im Dach fehlten an der Straßenseite ungefähr 100 Dachplatten. Von den Kinder- und Familienbildern, die ich auf dem Kamin aufgestellt hatte, war nur eines, Magda mit Klein-Georg, zu Boden gefallen. Es war aber in diesem Rähmchen nichts zu zerbrechen; denn schon lange fehlte gerade diesem und nur diesem das Glas. Die Gegend meines Büros war ganz verschont. Ich konnte mich sogar zu einer an diesem Morgen angesetzten Besprechung auf dem Oberfinanzpräsidium einfinden.

Stuttgart blutete erneut aus vielen Wunden, doch es gab noch ein Stuttgart an jenem Morgen. Aber jedermann hatte das Gefühl, daß, nach dem Münchner Beispiel, das Forte dieser Nacht sich bald zu einem Fortissimo steigern werde.* Otto, der Freund von der Mühle, ließ mir am späteren Nachmittag mitteilen, daß mich abends 7 Uhr sein Chauffeur, der einen Berliner Herrn nach Ludwigsburg zu bringen habe, abholen werde. Ich bin kein Freund vom Durchgehen; ich schwankte kurz, doch schließlich gab ich am Telefon die Antwort, daß ich diese freundliche, sehr sehr wohlgemeinte Einladung annehme. Der Wagen mußte oben, Ecke Herdweg, halten, da die Dillmannstraße wegen eines unten an den Anlagen liegenden Blindgängers gesperrt war. Dieser Blindgänger krepierte kurz nach meiner Abfahrt, und so war in der folgenden Katastrophennacht die ganze Gegend ohne Wasser. Mit einem Rucksack auf dem Rücken verließ ich das Haus. Luftgefahr 20, feindliche Kampfverbände im Anflug auf Südwestdeutschland verkündete der Drahtfunk. Oben begegnete mir noch Konrad, ich lud ihn zum Mitfahren ein. „Wenn's heut Nacht passiert, no holscht mich raus!“ war seine Antwort. Ich fuhr mit Holzgas im eleganten 2,3 Liter Cabriolet ab. Es war schwierig,

* *Tatsächlich folgten dem Bombardement vom 25.7. in den Nächten zum 26. und zum 29.7. weitere schwere Angriffe mit verheerender Wirkung: fast 900 Tote, etwa 2.000 Verletzte und mehr als 63.000 Obdachlose.*

den Weg aus Stuttgart hinaus durch all die vielen Absperrungen hindurch zu finden. Aber bald lag Cannstatt hinter uns, und das Remstal und seine vertrauten Höhen zu beiden Seiten leuchteten vor mir im Abendsonnenglanz. In Schorndorf stieg ich kurz aus, bestellte Träuble zum Einmachen unter dem Vorbehalt, „daß es heute Nacht nicht passiert." Ich genoß den wundervollen Sommerabend, den 10-Sekundenblick auf den Hohenstaufen, versenkte mich in das Landschaftsbild. Langsam trat die Dämmerung ein. Das Ziel der Fahrt rückte näher. Immer stiller wurde es. Wie luden die zu den Höfen und Weilern von der Hauptstraße wegführenden Weglein ein, auszusteigen, ihnen zu folgen „im Abendfrieden der Heimat trautem Hüttlein zu", wie es am Denkmal der Winzerliesel an der Lenzhalde zu lesen ist; wohl das erste Gedicht, das Magda auswendig konnte. Als ich in der Mühle angelangt war, konnte ich ohne Übertreibung sagen: Ich habe Hunger, Durst und Schlaf. Allen dreien wurde abgeholfen. Um 8 ¾ Uhr erwachte ich. Alles sagte: Was ist mit Onkel Reinhold, er ist doch immer der erste beim Frühstück?

Um 10 Uhr brach ich auf zum Werk*, gerade auf dem Wiesenweglein am Bach den Weidenbäumen entlang, wo mich in der Samstagnacht düstere Erlkönigsgedanken hatten bedrücken wollen. Doch dieses Mal ein Sommermorgen wie selten, dazu eine Brise von Osten, die keine Sommerhitze aufkommen ließ. Vor mir das Jagsttal mit seinen Pappelreihen, die Kapfenburg als Talabschluß, die vielen kleinen Blumenfreuden am Wege. Mit Mörike hätte ich mir wünschen wollen:

Möcht' es dieser geben,
Und mein ganzes Leben
Wär' im leichten Wanderschweiße
Eine solche Morgenreise!

[aus: „Fußreise"]

---

* *Die Collis Metallwerke waren 1934/35 in Reichenbach bei Westhausen vom Deutschen Reich errichtet worden. Nach einem von Dr. May patentierten Verfahren wurden hier Geschoßhülsen hergestellt. Im Werk arbeiteten über 1.500 Menschen.*

Doch so harmonisch war es mir nicht zumute. Schon auf halbem Wege war mir eine Spinne über den Weg gekrochen: Spinne am Morgen, Kummer und Sorgen.
Im Werk erfuhr ich, daß die Fernsprechleitungen nachts 1 Uhr 49 unterbrochen wurden und es seither nicht möglich war, Verbindungen mit Stuttgart zu bekommen. Die Einwohner des unteren Remstales habe es beinahe aus den Betten geworfen, so schwer seien die Detonationen gewesen. Keine genauen Nachrichten, aber es war kein Zweifel, der Großangriff auf Stuttgart war in dieser Nacht [25./26.7.] über die Bühne gegangen. Wir aßen noch in der Kantine des Werks zu Mittag, dann fuhren wir zu zweien los nach der nahe - über der württembergischen Grenze drüben - gelegenen alten Reichsstadt Nördlingen, am Ipf vorbei. Bald war der historische Daniel, der Kirchturm dieser Stadt, in Sicht. Ich dachte an die Schlacht von Nördlingen 1634. Dreihundertzehn Jahre später wieder ein Dreißigjähriger Krieg, nicht in der Dauer diesem ganz gleichzusetzen, aber weit schlimmer mit seinen Zerstörungen und Verwüstungen. Als wir mitten in der Besichtigung des Werks [Rüstungswerk unter der Leitung Otto Mays] begriffen waren, wurde Otto ans Telefon gerufen: Konrad hatte angerufen, daß er auf der Flucht von Stuttgart in Göppingen angelangt sei und abends in Schwäb. Gmünd eintreffen werde, seine Buchhandlung sei gänzlich zerstört und Dillmannstraße 16 durch schwere Sprengbomben, die auf die Straße und den oberen Garten gefallen, sämtlicher Türen und Fenster und vor allem des Daches beraubt. Das benachbarte Haus Hornschuch sei abgebrannt, ohne daß bei dem Mangel an Wasser ein Mensch habe helfen können, Stuttgart sei „hin".
Am späteren Nachmittag hatten auch wir in Schwäbisch Gmünd zu tun. Wir konnten Konrad die Hand drücken und einen umfassenden Bericht mitanhören; selbst im Falkertbergstollen sei es „saumäßig" gewesen. Er schilderte seinen Weg zum Kriegsbergturm, zu dem er über all die Trümmer und an all den Blindgängern und Zeitbomben vorbei 1 ½ Stunden gebraucht habe, und dann seinen Weg über das Postdörfle, die Heilbronner Straße, die Anlagen nach Cannstatt, von wo der Zugverkehr ins Neckartal

noch funktionierte. Er sprang in den ersten nach Göppingen fahrenden Zug und nahm den ungewöhnlichen Umweg gern in Kauf, da es ihm auf diese Weise erspart blieb, die Koffer nach Fellbach zu schleppen.

Den 31. Juli 1944

Fortsetzung

Über den Zustand meines Büros war ich noch ohne jede Nachricht. Es bot sich eine Fahrgelegenheit nach Stuttgart; so trat ich morgens gegen 11 Uhr die Heimreise an. Es war der Tag, an dem vor fünf Jahren jener Auszug stattfand, an dem Du mit Deiner Mutter von Friedrichshafen nach Romanshorn auf dem Dampfer Thurgau teilgenommen hast [Emigration der Familie]. Auf der Fahrt durch das in sommerlicher Schönheit daliegende Remstal konnte ich mich den sich aufdrängenden Gedanken, Erinnerungen, Vergleichen ungestört überlassen. Wie behütet sind damals diese drei noch geschieden! Der Gedanke drängt sich einem stündlich auf beim trostlosen Anblick der armen Menschen, die übernächtigt, schmutzig und am Ende ihrer Kraft die Reste und Restchen ihrer Habe durch die Straßen tragen oder auf Hand- und Kinderwägelchen ziehen, die mit ihrem Notgepäck völlig erschöpft in die Züge steigen.
Die Umgehungsstraße bei Schorndorf war gesperrt wegen 70 Sprengbomben, die amerikanische Bomber einige Tage vorher dort ins freie Feld und auf die Eisenbahn hatten niederfallen lassen. Sonst ging die Fahrt gut vonstatten. Nach Fellbach wurde die noch an vielen Stellen brennende Stadt sichtbar. Bald galt es vorsichtig zu fahren. Von Cannstatt an war der Reichsbahn- wie der Straßenbahnverkehr eingestellt. Nach der König-Karls-Brücke bogen wir nach rechts ab und fuhren über das Weißenhofgelände hinauf zur Gegend der Reichsgartenschau (seit früheren Angriffen schon ein Ruinengelände). Auf dem Weg zur Doggenburg, also dem Kräherwald entlang, war es schon schwer durchzukommen, überall Sprengtrichter auf der Straße. Auch den steilen Herdweg hinunter muß man mehrfach auf dem Gehsteig fahren;

die Bäumchen rechts und links sind in diesem Fall kein Hindernis, denn wo Bombentrichter sind, sind auch keine Bäumchen mehr. Die Dillmannstraße war befahrbar. Zuerst ging's an einem Trichter vorbei, und dann bildete der Hausrat (d.h. klägliche Überreste) des am 25. Juli abgebrannten Hauses Hornschuch ein Verkehrshindernis, einschließlich der um die Bergung bemühten, gleichsam zum Inventar gehörenden beiden dienstbaren Geister des Hauses.
Von außen steht Dillmannstraße 16 unerschüttert. Es ist vor allem ein Koloß gegenüber 17, das als Trümmerhaufen daliegt. Doch auf das Dach darfst Du nicht sehen, und wenn Du hinsiehst, dann siehst Du eben nichts. Für dieses Dach ist es tröstlich, daß es Genossen im Unglück hat, denn ohne schwere Dachschäden ist kein Haus in der näheren Umgebung geblieben. Ich stieg die Treppen hinauf und konnte mich sogar des Hausschlüssels bedienen, um die schwer mitgenommene Haustüre aufzuschließen. Also, den Hausschlüssel nicht wegwerfen bei Deinen gegenwärtigen vielen Stellungswechseln! Immerhin könntest Du durch die Hintertüre ohne Schlüssel und ohne Läuten und Pockeln herein! Die Flügeltüren am Eingang fehlen, so hatte ich gleich freien Blick in die Küche im Erdgeschoß. Dort saßen friedlich vier Leute am Küchentisch* beim Feldküchengericht, geliefert vom Reichsarbeitsdienst unter der Gegenleistung: Mithilfe beim Kartoffelschälen. Es gibt keine Elektrizität, kein Gas, kein Wasser, kein Telefon, kein Radio, keine Sirene, keine Zeitung. Die Bäckereien und Metzgereien sind größtenteils zerstört, wo sie aber erhalten sind, können die Gasbacköfen und die betriebswichtigen elektrischen Geräte nicht benutzt werden. Die fliegergeschädigte Bevölkerung muß aus der Feldküche ernährt werden, aber auch die nichtfliegergeschädigte; denn keine Hausfrau kann kochen, es gibt ja kein Gas und kein Wasser. Die Bevölkerung kann sich auch nicht oder nur unzureichend waschen, das Wasser wird nur in ganz kleinen Mengen verteilt.

---

* *Laut Manuskript: Lore Wittwer, der „völlig ausgebombte" Dr. Hugo Bühler (Abwehrbeauftragter bei Robert Bosch), Maiers Haushälterin Ida und Frl. Betz, die Haushälterin von Konrad Wittwer.*

Also, es war großes Hallo, als ich erschien. Zunächst wurde ich im Hause herumgeführt. Wo Glas war, mußt Du Dir Luft vorstellen, gemäß dem Gedicht von Morgenstern, in welchem die Hausfrau das Dienstmädchen Cäcilie anwies, die Fenster zu putzen. „Durch meine Fenster muß man", spricht die Frau, „so durchsehen können, daß man nicht genau erkennen kann, ob diese Fensterscheibe Glas oder bloß Luft ist, merk dir das." Hierauf schlug das Mädchen die Scheiben ein; am Morgen aber sagte die Hausfrau: „So schön hat Cäcilie noch nie geputzt." Morgenstern war die Kehrseite der von der Magd Cäcilie vorgenommenen Arbeitsvereinfachung nicht bekannt: die Glassplitter, mit welcher Landplage die deutsche Hausfrau gesegnet ist, einschließlich des sonstigen Drecks, Bauschutts usw. Doch alles war schon aufgeräumt. Die Fensterrahmen, die Türen, auch die Innentüren und besonders die Rolläden in schlimmer Verfassung. Aus meinem Wohnzimmer ist noch mehr ins Untergeschoß verfrachtet worden. An der Wand hängt nur noch der Schwabenkalender vom Freitag, 28. Juli 1939.

Dann wurde die Tür zum Dachboden geöffnet. Du siehst ins Freie, zum Himmel. Sieben Zehntel der Dachplatten fehlen. Die Hausgemeinschaft führte mich nunmehr mit Stolz zu der sensationellen Errungenschaft. Oben zu einem Viertel auf meinem Eigentum, ein Viertel auf dem Grundstück von Nachbar Späth (Dillmannstraße 14) und zur Hälfte auf dem Gelände der Gäubahn hat sich ein Sprengtrichter niedergelassen, sieben Meter breit, vier Meter tief. Dieser und ein weiterer, der unten vor Haus 12 auf der Straße liegt, waren die Missetäter. Doch die Aussicht auf die immer noch (am dritten Tag nach dem Angriff) brennende und rauchende Stadt ist unbestreitbar verbessert. Aber es regnet in einem fort seit Tagen, wie wenn die Elemente sich verschworen hätten. Es regnet unerbittlich in dieses Haus ohne Dach.

Der kleine Georg sagte einmal in einem Wutanfall voller Komik: „Wenn Ihr jetzt nicht brav seid, dann schmeiß' ich Euch auf die Dillmannstraße hinunter, aber vom obersten Stock." Er könnte jetzt die Leute noch von weiter oben herabschmeißen. Doch es ist gut, daß man die Freunde hat, es rollt ein Lastauto mit einigen tausend Biberschwänzen heran; es ist gut, daß ein anderer Freund mir einen Zimmermann von auswärts schickt, ein anderer einen Schreiner, und es ist gut, daß im Hause gegenüber die Glaser sitzen. Ganz wohl ist es einem bei diesen Instandsetzungsarbeiten nicht, denn am Schluß dieses Kapitels vom 25./26. Juli steht, was wir alle fühlen, dick unterstrichen: „Fortsetzung folgt."

Anschließend schritt ich zur Stadt, an meiner Seite Lore [Wittwer], einen Rucksack auf dem Rücken, weißes Blüsle, elegante blaue Hose, die letztere über und über beschmutzt. Die Gute hatte in Stetten im Remstal genächtigt, sich einem Motorradfahrer anvertraut, und dieser hat sie am Hauptbahnhof in den Dreck fallen lassen. Doch sie fiel damit wirklich nicht auf, sie paßt in das Gesamtbild, das die Bevölkerung bietet. Wir machten uns auf zu einer Art Trauerparademarsch auf den alten Weg „zum Geschäft". Oben an der Kreuzung Herdweg, Relenbergstraße, Lessingstraße war große Aufregung. Zwischen diesem Platz und ungefähr der Haltestelle Hölderlinstraße waren gerade zwei Blindgänger explodiert. Also Absperrung nachher anstatt Absperrung vorher. Selbst der die Posten aufstellende Offizier der SA-Panzerdivision Feldherrnhalle war leicht nervös.

Wir gingen die in ihrem Anfang ziemlich unbeschädigte Lessingstraße hinunter. An der Ecke der Haussteintrümmer der Gedächtniskirche war Essensausgabe. Großer Andrang, viele bekannte, oft früher recht hochmütige Gesichter aus der feudalen Linie 7, in wenigen Tagen alle zu einem Häuflein Elend herabgemindert. Später bogen wir wieder in den Herdweg ein, sämtliche Häuser mehr oder weniger aus- und durchgeblasen. Teile des Katharinenhospitals noch in Brand und Rauch, andere Teile anscheinend noch zu retten.

Nachdem wir die längst in Schutt und Asche gesunkene Gewerbehalle passiert hatten, bogen wir in die Kanzleistraße ein. Linker Hand das Stadtgartengebäude abgebrannt, rechts die Handelskammer, das Hotel am Stadtgarten völlig zerstört, ebenso die Baugewerbeschule und die Landessparkasse. Vgl. das Plakat anläßlich des hundertjährigen Jubiläums, das einen Knaben darstellt: „Schon Dein Urgroßvater hat bei der Landessparkasse gespart."

Schon der Urgroßvater, ja ganze Generationen vorher haben an diesem Stuttgart gebaut, das in einer halben Stunde ausgetilgt worden ist. Durch die teilweise wegrasierten Bäume des Stadtgartens erblickt man die völlig abgebrannte Technische Hochschule und bald darnach die Trümmer des Hotels Viktoria. Die beiden Quadrate: Schellingstraße, Friedrichstraße, Schloßstraße, Kanzleistraße, Seestraße sind gänzlich vernichtet: Landeskreditanstalt (Schellingstr. 15), Dresdner Bank, Kreditanstalt, Friedrichsbau und leider, leider auch die Buchhandlung Wittwer. Außer dem halben Ladeneingang steht von ihr gar nichts mehr. Marquardt, Reichspost, Königsbau, Olgabau sind nichts mehr als brandgeschwärzte Ruinenstätten. Die ganze Innenstadt, also ungefähr Achse Hauptbahnhof - Königstraße - Marienstraße - Silberburg, eingerahmt durch Olgastraße einerseits und Schloßstraße andererseits, ist zu 87 Prozent gänzlich vernichtet.
Auf der ganzen Königstraße steht, soviel ich sah, nur noch die Commerzbank. Auch massive Bauten, wie Großer Bazar, Mittnachtbau, Salamanderbau, Württ. Metallwarenfabrik, Tietz, sind rauchende Trümmer. Die anderen Häuser dazwischen, Fachwerkbauten, sind zumeist bis auf den Grund niedergebrannt. Die Stiftskirche zerstört, beide Türme ausgebrannt. Der 1931 nicht abgebrannte Teil des Alten Schlosses, also der Nord- und Ostflügel, ist dieses Mal verlorengegangen. Marktplatz zusammengeschlagen. Rathaus zur Hälfte zerstört. Der Rathausturm steht, die Turmuhr ist auf 1 Uhr 35 stehen geblieben. 26. Juli 1 Uhr 30 bis 2 Uhr war die Sterbestunde der geliebten schönen Stadt Stuttgart. Der Oberbürgermeister soll am anderen Tag eine Ratsherrensitzung im Freien in den Anlagen am Denkmal des Grafen Eberhard mit dem Hirten gehalten haben. Dieses Denkmal steht noch und ruft uns Uhlands Kampf um das gute alte Recht ins Gedächtnis: „In Fährden und in Nöten zeigt erst das Volk sich echt, drum soll man nie zertreten sein altes, gutes Recht.“ [aus: „Graf Eberhard der Rauschebart“] Dagegen liegt Danneckers Brunnennymphe am oberen Anlagensee zerschmettert am Boden. Das Schillerdenkmal beim Alten Schloß ist zum Glück evakuiert.

Die ganze Gegend nördlich der Königstraße, Fürsten-, Kanzlei-, Linden-, Büchsen-, Lange Straße, bis weit hinauf ein geschlossenes Trümmerfeld, in dem nach den Sprengbomben noch ein Flächenbrand gewütet hat. Mein Büro, Büchsenstraße 26 A, ist verschwunden. Es ist nicht ein Fetzchen übrig geblieben von all den Akten, meiner ausgezeichneten Fachbibliothek usw. Mit meinem Rausschmeißer Rauß, der mich noch am 1. Juni in solch widerlicher Weise aus meinem alten Büro verdrängte, ist es auch aus.
Ich schied sehr bedrückt von Stuttgart. In Schwäb. Gmünd machte ich Konrad einen Besuch und berichtete. Er ist dort in vollem Neuaufbau und ungemein tätig. Schon hat er ein neues Lager gemietet und alle Genehmigungen durchgedrückt. Und wahrhaftig, die Ausgebombten haben es nicht leicht, denn der Bürokratie ist ein weites Feld neu erschlossen. Spät in der Nacht trafen wir in der Mühle ein. Zwei Kilometer vor dem Ziel hatten wir mit unserem Auto noch eine Panne und mußten im Schein des Halbmonds der Jagst entlang vollends zu Fuß gehen.
Am Samstag früh bemühte ich mich, die schwachen Gedanken abzuschütteln. Ich hatte meinem Gastfreund schon vor einiger Zeit versprochen, die Landschaft um die Mühle herum mit der Leica aufzunehmen, nachdem wundervolle Aufnahmen der Innenräume aus der Hand eines Berufsphotographen schon vorliegen. Ein Sommermorgen mit hell leuchtender Sonne und riesigen Wolken zog herauf. Einen solchen Tag brauchte ich, um von der sehr flachen Landschaft - abgesehen von der ziemlich entfernten Alb - eine reizvolle Aufnahme machen zu können, Vordergrund die üppig blühenden Mohnfelder und die Weiden an der Jagst. Ich kam wirklich weg von den grauenvollen, entsetzlichen, schmerzlichen Bildern des Vortages.
In der Mühle bin ich, wie ich schon schrieb, im Geist der alten Freundschaft aufgenommen worden, von der ich täglich neue Beweise erhalte. Am heutigen Montag habe ich die Berufsarbeit wieder begonnen. Ich schrieb, diktierte und telefonierte wie in meinen besten Zeiten; ich kann hier ein großes Arbeitspensum schon allein für die hiesigen Leute erledigen. Die Sekretärin meines Freundes steht mir zur Verfügung. Morgens bereite ich alles

vor; nachmittags marschiere ich ins Werk (je ¾ Stunden hin und zurück), und dort wird dann geschrieben. Als ich heute das Werk verließ, erhielt ich als ersten Beitrag zum Neuaufbau meines Büros einen Radiergummi, je einen Blau- und Rotstift, einen Kopierstift, einen Bleistift, zwei Notizblocks und etwas Schreibpapier. Das Von-vorn-anfangen hat begonnen. Innerlich bin ich, Gott sei Dank, über alles ohne weitere Anfechtung hinüber. Man muß heute über den Dingen stehen, sonst geht man sowieso unter. Ich werde noch einige Zeit hier in der Mühle bleiben. Am Tage der Lieferung der Dachplatten fahre ich nach Stuttgart, um dort die bekannte „geistige Leitung“ beim Wiederaufbau des Daches, Wiederherstellung der Wohnung usw. zu übernehmen.

Stuttgart, den 14. August 1944
Dillmannstraße 16

An den Neffen

Von Dir kommen Nachrichten, wenn auch nur kurze; aber ob unsere ankommen? Dauerte doch z.B. die Post von Reutlingen nach Heilbronn in letzter Zeit, also von Orten außerhalb Stuttgarts, hie und da acht Tage. Lowitsch ist die letzte Stadt, von der Du schriebst. Heimatgefühle sozusagen steigen in mir auf. Unser Etappenort im Winter 1914/15, als wir in der Bzura und Rawka lagen. Die Kämpfe um die Blonjestellung vor Warschau und Sochaczew, Bolimov und Humin, Kampfstätten der 26. württ. Division treten aus der Erinnerung hervor. Doch nach Lowitsch selbst kamen wir nie. Erst als wir im März 1915 von dieser Front abgezogen wurden, passierten wir bei einem Nachtmarsch nach Süden das Städtchen des Nachts um halber drei. Eine gottverlassene Gegend mit ihrem Sand, ihren Kiefern, Strohschobern und Windmühlen. - Von den Kriegsabenteuern in der Heimat habe ich Dir schon geschrieben. Anbei die zweite Lese:

Am Samstag, dem 5. August, stand ich sehr früh auf. Schon 4 Uhr 15 verließ ich die Mühle und wanderte im Schein des Vollmonds zur Bahnstation. In Aalen traf ich meine beiden Zimmerleute, zwei erstklassige Männer vom Fach. Gegen 9 Uhr kamen

wir im Stuttgarter Hauptbahnhof an. Er ist bös mitgenommen. Wir verließen ihn durch den Nordausgang. In der ganzen Runde dieses Teils des Bahnhofsvorplatzes (Hotel Zeppelin, Hotel Württemberger Hof, frühere Lipp'sche Fabrik, Reichsbahn-Direktion) Zerstörungen über Zerstörungen, jedoch manche wieder reparierbar, da es nur Sprengbombenschäden gab. Der tiefste, amtlich vermessene Sprengtrichter ist 8,10 m tief. Solche Löcher sind zwar die selteneren, Normalgröße ist 4 m tief und 7 m breit. Der Weg führte uns durch die Kriegsbergstraße, in der die vielen massiven Häuser bis zum Katharinenhospital Trümmerhaufen auf Trümmerhaufen bilden und von wo sich ein trauriger Blick zu dem Ruinenviertel der Technischen Hochschule und deren Umgebung auftut. Von hier aus sieht man auch, wie sehr das Katharinenhospital notgelitten hat. Die Häuser rechts des Katharinenhospitals, insbesondere die Villen rechts der Kastanienreihe in der Seestraße, dort wo diese etwas steil ansteigt, sind verschwunden, und die Seestraße, von der Sattlerstraße bis hinauf zur Azenbergstraße und noch weiter, ist ein trostloser Ruinenweg. Er ist kaum begehbar. Meine beiden Zimmerleute, als solche erkennbar an ihrer Kleidung und ihrem Handwerkszeug, erregten den hellen Neid der Passanten, wie ich überhaupt an jenem Samstagvormittag mit zwei solchen Fachhandwerkern und mit meinen vor dem Hause liegenden 3.500 Dachplatten - und weiteren in der Anfuhr - vielen Mitbürgern als einer der reichsten Leute unserer Stadt erschien. An der Straßenmauer unseres Hauses lehnte Fensterrahmen an Fensterrahmen, denn in der Autogarage des Nachbarn hat sich die Glasernotstelle niedergelassen, und das ganze Viertel liefert dort die Fenster ab. Diese werden jedoch nur angenommen, wenn sie von sämtlichen Glasscherben und vom Kitt befreit sind, eine Heidenarbeit, vor welcher die Stuttgarter Hausfrauenschaft mit Recht großen Abscheu hat.
Auf dem Dach von Dillmannstraße 16 befanden sich einstens 15.000 Dachplatten; rund die Hälfte ist nicht mehr vorhanden. Wie im Struwwelpeter in Bezug auf den fliegenden Robert heißt es auch hier: „Wo der Wind sie hingetragen, ja das weiß kein Mensch zu sagen." Ich nehme an, daß diese Tausende von Dach-

ziegeln - sagen wir einmal: auf dem Marienplatz - wieder zur Erde herabgekommen sind. Der Dachboden ist jedoch nicht, wie man denken sollte, mit ihnen oder ihren Überresten bedeckt; die Aufräumungsarbeiten sind in dieser Hinsicht gering. Ich wies meinen Zimmerleuten ihr Quartier für die nächsten Tage auf dem Sofa im Wohnzimmer und einer Chaiselongue im Schlafzimmer an und zog mich auf die bewährte Position der geistigen Leitung zurück, mit Erfolg für die Sache und mit Erfolg für mich. Du weißt, daß man beim deutschen Kommiß von dem Dienstgrad des Unteroffiziers an nicht mehr anfassen muß. Und das Privileg dieses Dienstgrades suche ich mir zu erhalten, solange es geht.
Über das Schicksal von Selmas Häuschen in der Albert-Schäffle-Straße 95 war immer noch nichts in Erfahrung gebracht worden; so machte ich mich auf den Weg dorthin, bei der Schwüle dieses Samstags, bei der fehlenden Straßenbahn und den schwer begehbaren Straßen kein unbedeutendes Unterfangen. Am Herdweg zwischen Lessing- und Hölderlinstraße sieht es (...) besonders übel aus. Dort ist der Senior der Stuttgarter Anwaltschaft, Dr. Daur, ums Leben gekommen. Von Deiner Stuttgarter Zeit her ist Dir dieser sehr alte Herr mit dem großen Vollbart sicher in Erinnerung. Er begegnete uns am frühen Morgen öfters, wenn er zusammen mit seinem Jagdhund von seinem Spaziergang zurückkehrte. Er schien mit seinen 93 Jahren gefeit vor dem Tod, und nun ist er auf diese Weise umgekommen. Wie ein zusammengestürztes Kartenhaus liegt seine Villa in dem Garten. Er war, wie er sagte, ein „Verehrer" von Tante Gerta, stets zu ihr besonders liebenswürdig; ich erinnere mich gut an seinen humorvollen Brief mit seinen Wünschen zu ihrer Verlobung. Und diese freundliche Gesinnung hatte er auf mich übertragen, und es störte nicht, wenn dieser Patriarch des Herdwegs mit einer gewissen Regelmäßigkeit alle paar Jahre sich wieder erkundigte, wen er eigentlich begrüßt, mit wem er sich unterhalten habe. Weiter unten im Herdweg bestanden immer noch Absperrungen, und die Arbeiten zur Entschärfung von Blindgängern, d.h. von Spätzeitbomben, waren noch im Gange. Mittags um 2 Uhr krepierte in der Nähe der Kriegsbergstraße volle 10 Tage nach dem Angriff eine

solche Spätzeitbombe mit großem Getöse, und neuer Schreck legte sich auf die ganze Stadt. Die Garnisonskirche ist erhalten, auch das Eberhard-Ludwig-Gymnasium. Vor dem Dillmann-Realgymnasium liegt hochgeschichtet ein ganzer Berg von riesigen Steinquadern. Gerade das Mittelstück, der griechische Fries, ist von einer Sprengbombe getroffen und auf die Straße gefegt worden. Sonst ist das Gebäude, in welchem ich in den Jahren 1902 bis 1907 in die Schule ging und das einst aus den dem Staat Württemberg zugeflossenen Mitteln aus der französischen Kriegsentschädigung 1871 gebaut worden ist, verhältnismäßig gut erhalten; das anschließende chemische Institut der Technischen Hochschule ist völlig zertrümmert.
Ich lenkte meine Schritte nochmals zum Hause meines Büros, Büchsenstraße 26 A, wo ich nur die kurze Gastrolle vom 1. Juni bis 26. Juli 1944 gegeben habe. Neun Personen haben in diesem Haus den Tod gefunden. Darunter ein 31jähriger Professor der Musikwissenschaft an der Universität München, der, auf einer Berufsreise begriffen, in einem der Stuttgarter Hotels keine Unterkunft hatte finden können und sich darum bei der ihm bekannten Familie Gärtner in der Büchsenstraße 26 A für die Nacht einquartiert hatte und dort im Keller getötet wurde. Die Hospitalkirche hat sehr gelitten; schon längst fehlte die Turmspitze. Jetzt ist die Kirche selbst auch schwer getroffen. Besonders betrüblich ist der Anblick des von Brüllmann geschaffenen Reformations-Denkmals. Die Reformatoren Brenz und Melanchthon sitzen unbeschädigt auf ihren Plätzen zur Rechten und zur Linken, aber die Statue des Heilands ist am Unterteil durch den Druck einer Luftmine abgebrochen, und im Leeren stehen die Worte: „Ich bin der Weg und die Wahrheit und das Leben." Vom Hospitalplatz ging ich die Büchsenstraße abwärts. Über die Königstraße hinweg und durch die Schulstraße hindurch und über den Marktplatz bis zum Leonhardsplatz stößt man auf kein Haus mehr, das auf diese Bezeichnung Anspruch erheben könnte; alle durch Spreng- und Brandbomben, die einen etwa ein Quadratkilometer großen Flächenbrand hervorriefen, gänzlich zerstört. An der Stauß-Häffner'schen Brunnenecke, der Kreuser'schen Apotheke

gegenüber, machte ich halt. Dr. Geyer, den ich traf, ist natürlich sehr bekümmert. Im Scherz sagte er: Mir ist es so, wie wenn ich meine Apotheke verkauft hätte - und er fügte hinzu: „An den Staat".
Auf den Trümmern ihres Hauses saßen die Inhaber des Hutgeschäfts Groner (...). Du kennst den Mann, der Dir auf Anhieb den richtigen Hut verpaßte. Nicht mehr lesen werden wir den uralten, auf das 14. Jahrhundert zurückgehenden Innungsspruch, der am Hausgiebel aufgemalt ist:

Der Scharlach- und der Doktorhut
Und der die Musen schirmt vor Glut,
Ein Hut, gleichviel und welcher Art,
Ist jedem Menschen aufbewahrt.

Diese Lebensphilosophie des Hutmachers hat mich, auf die Linie 7 wartend, stets angesprochen. Ein rührendes Zwiegespräch mit den Hutmachersleuten entwickelte sich. Wie überhaupt alle Menschen in diesem großen Unglück ungemein herzlich sich erzeigen. Überall Händedrucke; in dem Leid und der Trauer treten die menschlichen Seiten deutlicher hervor.
Der Inhaber des Uhrenhauses Kutter ist ebenfalls umgekommen. Er scheint ein Kunstsammler von Rang gewesen zu sein und hatte, unter anderem, seinen Gemäldebesitz, darunter z.B. einen echten Franz Hals, zu retten. Er meinte, daß es nirgends auf der Welt einen sichereren Platz gebe als im zweiten Kellergeschoß unter dem massiven achtstöckigen Beton des Mittnachtbaus. Diese Ansicht hat vor dem Angriff wahrscheinlich jeder Stuttgarter geteilt. Bei dem Versuch, seine Gemälde dort unten aus den Flammen zu holen, erlitt er so schwere Brandwunden, daß er drei Stunden später unter gräßlichen Schmerzen gestorben ist. Ich verfolgte meinen Weg weiter durch die von ungelöschten, immer noch schwelenden Bränden glühend heiße Schulstraße. Der Marktplatz und seine Häuser sind allesamt zerstört und größtenteils nicht mehr zu erkennen. Desgleichen die Breuninger-Häuser, von denen das Herrenhaus schon früher ausgebrannt ist. Leonhardsplatz, Leonhardskirche, Hauptstätterstraße, Eberhardstraße bis

zum Tagblatt-Turmhaus, das unbeschädigt zu sein scheint, sind ein einziges Trümmerfeld.
Drüben in der Charlottenstraße wird es besser. Im Schweiße meines Angesichts, bald bei Regen, bald bei wieder scheinender Sonne, stieg ich zum Bubenbad hinauf. Dort und kurz vorher in der Heidehofstraße fehlen viele Häuser. In der Albert-Schäffle-Straße kommst Du jedoch in eine Oase. Selmas Haus Nr. 95 ist völlig unbeschädigt, kein Dachziegel und keine Fensterscheibe fehlt. Möge es so bleiben. Nach diesem Augenschein lenkte ich meine Schritte wieder rückwärts. Von der Galathea [Galatheabrunnen am Eugensplatz] aus bot sich mir der Blick auf Stuttgart sozusagen aus der Vogelschau. Alles, was der guten Stadt Stuttgart ihr Gepräge gab, ist dahin: Die Stiftskirche von Sprengbomben getroffen und zerstört, beide Türme ausgebrannt, das Alte Schloß viel schlimmer zugerichtet als bei dem Brand im Dezember 1931. Wie hat man damals im Württ. Staatsministerium gerechnet und getüftelt, um die zwei Millionen Mark Wiederherstellungskosten in dem Staatshaushalt unterzubringen! Wie hat der Finanzminister damals seinen Rechenstift gespitzt und gejammert, daß der ganze Staatshaushalt über den Haufen geworfen sei. Das Neue Schloß und die Akademie dahinter, am 1. März schon ausgebrannt, hochragende Steinruinen. An der Königstraße steht noch das Universum, Café Behr, Hahn & Kolb. Sonst steht auf dieser Seite, also zur rechten Hand, wenn man vom Bahnhof herkommt, überhaupt kein Haus mehr als das allerletzte, Ecke Königstraße und Rotebühlstraße (Schildknecht), und gerade in diesem ist mir ein Büro, bestehend aus zwei wirklich ansprechenden Räumen, angeboten. Ob ich es nehmen werde, ist ungewiß, denn was nützt ein Büro in einer sogenannten Geschäftslage, wenn es die dazugehörenden Geschäftshäuser nicht mehr gibt? Auf der anderen Seite der Königstraße steht überhaupt kein Gebäude mehr als die Commerzbank. Sonst ist hier vom Marstallgebäude unten bis zum sogenannten Kleinen Bazar oben alles kaputt.
Wie ich schon schrieb, ist die amtliche Zahl der total zerstörten Gebäude der Innenstadt, also der Stuttgarter City, wenn man von einer solchen sprechen will, 87 (siebenundachtzig) Prozent. Immer wieder wird sich unser Leben lang das unvergeßliche Bild

der schönen, gepflegten, sauberen Stadt vor unsere Seele stellen, und wir alle werden nie aufhören, sie zu vermissen. Doch wir müssen darüber hinwegkommen. Dort oben auf der Galathea habe ich mein Herz in beide Hände genommen und mich bemüht, dieses allgemeine Unglück einzureihen in die Reihe äußerer Schicksalsschläge, die einen vom inneren Weg nicht abbringen dürfen. Seneca schrieb ungefähr in den Jahren zwischen 60 und 70 nach Christi Geburt:

„Unser Freund Liberalis ist sehr niedergeschlagen über die Nachricht von dem Brande, der unsere Pflanzstadt Lugdunum eingeäschert hat. Dieses Unglück schmerzt jeden, zumal einen Mann, der sein Vaterland liebt. Und ihn hat dieses Ereignis derart erschüttert, daß er seine sonstige Geistesstärke nicht ganz bewahrt hat, denn wohl hätte er bei jedem anderen Unglück mannhaft seine Selbstzucht bewiesen, aber auf diesen unerwarteten, fast unerhörten, beispiellosen Schlag war er nicht gefaßt. Allerdings hat schon häufig eine Stadt durch Feuer schwer gelitten, aber ganz vernichtet wurde noch nie eine. Hier aber hat *eine* Nacht eine ganze Menge von Prachtbauten niedergeworfen, von denen jedes einzelne Bauwerk die Zierde einer Stadt gewesen wäre. Gewöhnlich kann man sich doch auf ein solches Unglück, das die Allgemeinheit trifft, einigermaßen vorbereiten. Alles Große hat immer eine gewisse Dauer des Untergangs; hier war es anders. Gestern noch war die Stadt eine Großstadt, heute existiert sie gar nicht mehr.
Dies alles hat unseren Liberalis sehr niedergedrückt, ihn, der in eigenen Angelegenheiten immer fest und aufrecht dasteht. Darum ist es klug, sich auf alles gefaßt zu machen, an alles im Voraus zu denken, sich zu vergegenwärtigen, nicht was geschieht, sondern was geschehen kann. Kann das Schicksal nicht, wenn es will, alles zu Boden schmettern, auch wenn es in der höchsten Blüte steht, und gerade das, was am schönsten strahlt, am heftigsten angreifen und niederreißen? Nichts ist ihm zu hoch oder zu schwer. Ginge alles ebenso langsam zugrunde, wie es entsteht, so hätten wir in unserem Elend und unserer Hilflosigkeit doch noch einigen Trost; aber während das Wachstum ein langsames ist, ist der Einsturz ein plötzlicher. Nichts ist von Dauer, weder das Eigentum einzelner, noch das des Staates. Der Menschen und der Städte Geschicke wechseln. In tiefstem Frieden erhebt sich der Schrecken; von dort, wo man es am wenigsten erwartete; Reiche, die in inneren und äußeren Kämpfen feststanden, stürzen zusammen, ohne daß jemand daran stößt.

Alle Möglichkeiten von Menschenschicksalen muß man sich vor Augen halten, an alles denken, was irgend geschehen kann, nicht bloß an das, was häufig geschieht, sonst wird man überrascht und von ungewöhnlichen Schlägen als von Niedagewesenem betäubt. Wir müssen uns erheben gegen alles Zufällige und bedenken, daß das Gerücht alles vergrößert. Eine reiche Stadt ist in Flammen aufgegangen, eine Zierde der Provinz. Doch die Zeit wird die Spuren aller Städte tilgen, die man jetzt als stolz und herrlich preist. Ja, nicht nur das vergeht, was Menschenhände gemacht haben, nicht nur das wirft die Zeit um, was menschlicher Kunstfleiß aufgebaut hat, nein auch Berge stürzen ein und ganze Gegenden senken sich.

Die Werke der Natur bestehen, um zu fallen, auf alle wartet dieses Ende. Unmöglich können alle Wege aufgezählt werden, die dem Schicksal zu Gebote stehen.

Das und Ähnliches sage ich unserem Liberalis zum Troste, der mit unbeschreiblicher Liebe an seiner Vaterstadt hängt, die doch vielleicht bald aus Schutt und Asche schöner wieder erstehen wird."

Die Lehre der Stoa, mehr als 2.000 Jahre alt, muß herhalten, uns Trost zu spenden. Stuttgart, wie wir es kannten und liebten, ist dahin, und wie nach einem Todesfall müssen wir uns mit dem bitteren „Unwiederbringlich" der Ruinen abfinden. Der eine auf diese, der andere auf andere Weise. Die Spinnen am Morgen haben mich in der Mühle geradezu verfolgt. Schon beim Aufstehen fand ich im Waschbecken eine große Spinne. Mit einem starken Wasserstrahl spülte ich sie aus dem Hahnen den Ablauf hinunter, ich sagte der Sorge sozusagen den Kampf an, ich unterfing mich, die Sorge zu ersticken. Am anderen Morgen befand sich wiederum eine Spinne im Waschbecken. Mit der Kette des Ablaufverschlusses leistete ich ihr Hilfestellung, und erst nach ihrer Rettung begann ich die Morgentoilette. Ich kultivierte also die Sorge, davon ausgehend, daß die Sorgen den Himmel, damit aber auch ihren Zenith erreicht haben, wenn sie sich turmhoch häufen; darnach wird das Licht dann wieder scheinen. Die Sorgen, welche überall auf die Familien gelegt werden, sind von einer Art und einem Ausmaß, daß man ihren Druck nicht sprengen, sich höchstens mit Geduld unter sie beugen kann. Das waren so meine Gedanken dort oben über der Stadt. Und nun galt es,

durch Dreck, Schmutz und Staub wieder die andere Talseite zu gewinnen. Der Weg hinüber lag wirklich wie eine unüberwindliche Mühsal vor mir, und ich war sehr froh, als in der Neckarstraße ein Auto anhielt: „Herr Doktor, wollen Sie nicht einsteigen?" Es war ein mir bekannter Taxi-Chauffeur, der mich geradewegs nach Hause führte. Er erzählte, daß er sein einziges Eigentum, ein Haus mit acht Wohnungen, verloren habe. Zwanzig Jahre habe er an diesem Haus und für dieses Haus gespart. Die Wirkung der Zerstörungen des Gebäudebesitzes ist bei uns viel tiefer als sonst im Reich, denn 60 Prozent der württembergischen Bevölkerung wohnt im eigenen Haus, und die Schwaben hängen mehr als sonstwo an „ihrem Sach"". Hungrig und durstig kam ich im Hause an. Der Gaumen ist durch den Staub wie mit einer Zementschicht überzogen. Es gab aber kein Wasser, kein Gas, keine Elektrizität. So holte ich aus dem Keller die letzte „Eiserne Hand", die ich alle die Jahre hindurch eigentlich für eine besondere Wiedersehensfeier zurückgestellt hatte, und es blieb wenig von ihr übrig.
Mit vollgepacktem Rucksack, zur Zeit mein ständiger Reisebegleiter, trat ich den Weg zum Bahnhof an. In Schwäb. Gmünd stieg ich aus. Ich fand ein gutes Quartier. Morgens blieb auf dem Boden der Badewanne eine Schicht von Sand zurück. Das ganze Stuttgarter Tal ist eben erfüllt von dickem Staub, Rauch, Ruß und Qualm. Jeder geschäftliche Verkehr in Stuttgart ist ins Stocken geraten; außer den Vorortslinien ruht der ganze Straßenbahnverkehr. Jeder Gang in die Stadt muß zu Fuß zurückgelegt werden. Die Telefonanlagen sind gründlich zerstört. Weder Orts- noch Ferngespräche sind möglich; und dieser Zustand wird sehr lange dauern. Das Wasser, wo es vorhanden ist, wurde als seuchenverdächtig erklärt. Selbst vor dem Zähneputzen mit ihm wird gewarnt. Es darf nur gekocht genossen werden. Aber womit soll man kochen ohne Gas? Überall in den Gärten und Höfen lodern die Brennstellen, behelfsmäßig mit Backsteinen hergestellt. An Brennholz mangelt es nicht. Allüberall liegt das Bauholz der zerstörten Häuser; in unseren Garten ist von anderen Häusern so viel Holz geschleudert worden, daß man hiervon monatelang kochen könnte. Ich sehe mich jetzt nach einem Kochherd alten

Stils um. Ob's gelingt? An den Häusern steht mit Kreide die neue Anschrift der Ausgebombten. Ich glaube, jede der 2.000 schwäbischen Ortschaften von Vorder- und Hintermurrhärle bis Krehwinkel im Wieslauftal ist vertreten. „Wir leben alle" oder „Die ganze Hausgemeinschaft lebt". Die Toten allerdings, sie schreiben nicht mehr, und für sie schreibt keiner die neue Adresse. An industriellen Gebäuden sieht man von der Deutschen Arbeitsfront Inschriften: „Unerschütterlich, kampfentschlossen, siegesgewiß." Und vieles andere mehr. Aber mein Herz rührte ein Kreidegekritzel in der Seidenstraße: „Wer mein Kätzchen gesehen hat, bitte um Nachricht an Restaurant Bollwerk." Im übrigen sind in Stuttgart nicht weniger als 1.100 Einzelhandelsgeschäfte (Läden) zerstört, 18 Hotels und 12 Apotheken bis jetzt. Nun bin ich aber doch wieder auf Stuttgart und sein Elend zurückgekommen.
Am andern Tag, dem Sonntag, verließ ich Schwäb. Gmünd. Um 3 Uhr nachmittags kam ich an, nahm den Weg unter die Füße und betrat, von niemand bemerkt, die in tiefe Sonntagnachmittagsstille eingehüllte Mühle. Eine andere Welt! Gottlob, daß man dort hinfliehen kann zu solch bewährten und wiederum aufs neue sich bewährenden guten und treuen Freunden.

Stuttgart, den 26. August 1944

An den Neffen

Ich schrieb Dir das letzte Mal am 14. August. Ich hatte damals auf einige ruhige Tage in der weltabgeschiedenen Mühle gehofft. Aber schon andern Tages wurde ich der Idylle entrissen. Ein Klient aus Tuttlingen wollte mich nachmittags in Ulm treffen. Ein guter Kerle ist man, und ich sagte zu: Nachmittags 3 Uhr Ulm, Russischer Hof, auf deutsch Hotel Fetzer. Ich fuhr mitten in einen Alarm hinein, und wie ich über Aalen in Ulm ankam, rauchte es im Westen der Stadt, und es drang auch das Geräusch ständiger leichterer Explosionen aus der Richtung Söflingen herüber. Mein Mann aus Tuttlingen hatte nicht kommen können, weil die Donautal-Eisenbahn unpassierbar geworden war. Also ein Metzgersgang, und was für einer! Ich wartete drei Stunden und begab mich dann auf den Bahnsteig Richtung Ravensburg.

Der Fahrplan war natürlich stark aus dem Konzept geraten. Man wartete und wartete. Der Lautsprecher ertönte: „Der fahrplanmäßig um 17 Uhr 37 nach Munderkingen abfahrende Personenzug fällt aus betrieblichen Gründen auf der Strecke Ulm-Herrlingen aus." Rhabarbergemurmel des sicht- und hörbar enttäuschten Publikums. Doch die Stimmung schlug rasch um, als fortgefahren wurde: „Von Ulm nach Herrlingen werden die Reisenden in Omnibussen geführt." Lebhafter Beifall. Und schon schießt die Meute los, die Bahnsteigtreppe hinunter, als er endigt: „Die Reisenden begeben sich auf den Bahnhofsvorplatz." Ich fuhr nicht nach Munderkingen und war somit von diesem Wettlauf ausgeschlossen; ich wartete weiter. Mit gut zwei Stunden Verspätung kam ich in Ravensburg an, doch Selma hatte mir trotz der vorgerückten Nachtstunde noch etwas Gutes aufgehoben.

Ich blieb dort zwei Tage, rührend von ihr umsorgt. Freitagnacht kam ich wieder sehr spät in der Mühle an. Samstag morgens fuhr ich mit Otto ins Werk, wir kamen mit dem Wagen an einem Leichenzug vorüber. An eben diesem Vormittag, an dem ich auf meiner Reise nach Ulm in den Fliegeralarm geraten war, hatten sich amerikanische Jäger auch in der weltfernen Gegend zwischen Nördlingen und Dinkelsbühl betätigt. In Wilburgstetten, einer kleinen und unbedeutenden Ortschaft, war die Frau eines Gefolgschaftsmitgliedes des Werks, ein einhalbjähriges Kind im Arm, ihr zweijähriges Kind an der Hand, auf der Dorfstraße einhergegangen. Die Mutter erhielt einen Bauchschuß und war sofort tot, die beiden Kinder blieben unverletzt. An jenem Morgen trug man sie zu Grabe.

Ich selbst hatte an diesem Samstag frei, und es zog mich mit Macht zur Kapfenburg. Es ist dies eine besonders schöne, etwa zweistündige Wanderung auf der Albseite des Jagsttales. Ich hatte diesen Weg mit meinen Freunden und Gerta, als wir einst im November 1935 die ersten Gäste im sogenannten Bohler* waren,

---

* *Maiers waren zu Gast bei dem Ehepaar May im Bohlerhof in Westhausen. Die Villa war 1934/35 nach den Plänen eines Architekten des Stuttgarter Weißenhofs gebaut worden.*

gemacht, und ich mußte hauptsächlich nachsehen, ob die prächtigen Bäume auf der Höhe noch stehen. Es gibt dort oben einige Dutzend Riesenexemplare von Fichten, die Freude jeden Naturfreundes. Hochbefriedigt konnte ich die Feststellung treffen, daß sie noch stehen. Säge und Axt raffen allüberall unsere Wälder dahin. Oben bot sich unverändert jener Blick auf die Kapfenburg im Vordergrund, die Landschaft der Jagst und die Ausläufer der Alb im Hintergrund, den ich so sehr liebe. Eine lange Baumreihe mit Ebereschen, die eben zu blühen beginnen, führt das Auge in dieses ungewöhnlich schöne Landschaftsbild hinein. Auf dem Rückweg erlebte ich einen richtigen Sommertag im Albwald, hielt mich an den Himbeersträuchern auf, freute mich an Kaisermantel, Schwalbenschwanz und anderen Schmetterlingen, an den Blumen im Walde und später am Ende des Wiesenpfades. Mit wieder friedvollem Herzen kehrte ich zurück.
Auch in der Mühle war zu Beginn der Woche Unruhe und Aufregung eingekehrt: Am Montagvormittag war auf der Weide eine Kuh vom Blitz erschlagen worden. Für uns Menschen aus den Städten des Bombenterrors kein Anlaß, auch nur mit der Wimper zu zucken. Doch für den Hof und die Mühle, für die Menschen in dieser noch friedlichen, ungestörten Umgebung, war es ein gewaltiges Erlebnis; es schlug wirklich ein wie der Blitz. Alle Hände kamen in Bewegung, die Kuh wurde hereingeschleift, der Tierarzt kam und der Metzger, und 24 Stunden lang hing das zweigeteilte Tier in der Türe einer Scheuer. Man sprach darüber im ganzen Ort, und meine liebe Gastfreundin [die aus der Schweiz stammende Suzanne May] sagte nach gutem schweizerischem Empfinden: „Diese Arbeit, abgesehen vom Geldschaden!" Sie sprach mit der Erwähnung des Geldverlustes einen Gedanken aus, der uns in diesem Kriegsgeschehen und bei dieser grenzenlosen Vernichtung von Werten in den zerstörten Städten völlig abhanden gekommen ist. Vom Geld spricht kein Mensch, und nach dem Geld fragt kein Mensch, und doch sind alle diese heute zerstörten Wohnungen, Fabriken, öffentlichen Gebäude einmal von Menschen, die sich das Geld hierzu zuvor verdienen, ersparen, erarbeiten mußten, gebaut und geschaffen worden. Einen Tag lang

zitterte die Aufregung wegen der erschlagenen Kuh noch nach. Dann kehrte wieder unbeschränkter Frieden ein.
Die Wochen ab 13. August brachten für mich eine Art Reise durch Alt-Württemberg. Einen Tag Stuttgart, Abmarsch von der Mühle wieder um 4 Uhr früh, Ankunft Stuttgart-Hauptbahnhof 8 Uhr. Besichtigung des neugedeckten Daches. Im Hause aber noch keine Bleibe. Überall noch Schmutz und Unordnung. Abends fuhr ich nach Reutlingen, wo ich am anderen Vormittag einige Stunden beruflich zu tun hatte. Nach Tisch benützte ich die Gelegenheit, um nach langer Zeit meinen alten Freund Erwin S. [Seiz] aufzusuchen, der mich zum Kaffee einlud. Er hat drei Söhne im Alter von 20 bis 30, einer in Kreta gefallen, ein anderer in Rußland, der dritte, ein 23jähriger Fliegerhauptmann, schon viermal im Fallschirm ausgestiegen. Unter Tränen erzählte er, wie sich das Soldatenschicksal der Reihe nach an seinen Söhnen erfüllte. Zum Glück hat Freund S. [Seiz] noch einen spätgeborenen vierten Sohn und von einem der Gefallenen schon einen Enkel.
Von diesem Besuch eilte ich auf die Bahn nach Tübingen. Es war ein Krankenbesuch. In der Ohrenklinik lag der 10jährige Michel [May], einige Tage zuvor von bösen Mandeln befreit. Schon im Mai war der Bub zur Beobachtung in der Kinderklinik hier gewesen, und als Quelle alles Übels waren die Mandeln erkannt worden, der Eingriff wurde aber wegen Überlastung des Professors und Überbelegung der Klinik bis Januar 1945 aufgeschoben! Es ergab sich aber eine solche Verschlimmerung, daß die Mandeln schließlich sofort heraus mußten. Wo traf ich den kleinen Patienten an? Auf der Männerstation der Ohrenklinik in einem der Betten der todunglückliche heimwehkranke Michel, bei ihm drei ältere Männer, die als Rekonvaleszenten in einer Ecke Karten spielten. Ich konnte erzählen, was ich wollte, von der Mühle, von den Kühen, von dem Traktor: der kleine Michel mußte immer mehr weinen. Und als ich sagte, sein Vater werde ihn demnächst zu seinem Geburtstag besuchen, schrieb er, da er noch nicht gut sprechen konnte, auf einen Zettel: „Er soll keinen Kuchen mitbringen, ich kann nichts essen“ und brach dabei in helles Schluchzen aus. Er erinnert mich so sehr an Georg. Seine

Mutter ist immer um ihn, aber es zieht den Michel mit aller Macht nach Hause, zu seinem Reich in der Mühle.
Suzanne und ich machten einen Gang durch die Stadt: Marktplatz, Neckarhalde, Seufzerwäldchen, Platanenallee. Man kann in diesen zwei bis drei Kilometer Weg die Natur und gleichzeitig die Kultur nicht geraffter genießen, und dazu noch ein Gang voll geistiger Reminiszenzen. Die Tübinger Stiftskirche, das Tübinger Stift, der Hölderlinsturm - was schließen alle ein an edlem Menschentum! Aber ein Haus fehlt: das Wohnhaus Ludwig Uhlands. Es wurde vor einigen Monaten von seiner Ecke an der Neckarbrücke herausgeschlagen, zerstört durch eine Sprengbombe. Nur noch ein Mäuerchen steht und an diesem die Gedenktafel: „Hier lebte von 1836 an Ludwig Uhland bis zu seinem Tode 13. November 1862.“ Wir wissen es von Uhland selbst, was sein Haus für ihn war und was es hauptsächlich anderen Menschen sein sollte:

Tritt ein zu dieser Schwelle!
Willkommen hierzuland
Leg' ab den Mantel, stelle
Den Stab an diese Wand!

Sitz obenan zu Tische!
Die Ehre ziemt dem Gast.
Was ich vermag, erfrische
Dich nach des Tages Last.

Wenn ungerechte Rache
Dich aus der Heimat trieb,
Nimm unter meinem Dache
Als teurer Freund vorlieb! (...)

[aus „Hausrecht“]

Wie oft bin ich als Student an dem Haus vorbeigeschritten, unbekümmert, ohne weitere Gedanken. Jetzt, da es fehlt, denkt man lebhaft an seinen früheren Bewohner. Die Lücke erinnert mehr als das vorhandene Haus an den Dichter des „Königtums, das nie veraltet, das heil'ge Reich des Wahren, Guten, Schönen“. Die folgende Frage drängt sich auf die Lippen: Was würde Uhland zum Jahr 1944 sagen, wenn er selbst als Geist, zugleich als Sänger und als Held hernieder stiege? Würde er seine schon reichlich trüben Gedanken -

Nicht rühmen kann ich, nicht verdammen,
Untröstlich ist's noch allerwärts,
Doch sah ich manches Auge flammen,
Und klopfen hört' ich manches Herz.

[aus „Vaterländische Gedichte"]

- noch wiederholen können? Mir will scheinen, daß gerade die Engländer dieses Haus hätten ruhig verschonen sollen. Uhland hat sich allein schon mit seinem „Taillefer" diesen Anspruch erworben. Und mit dem „Glück von Edenhall" hat der Dichter auch für sein Haus die Schlußstrophe dieses Gedichts vorausgeahnt: „In Splitter fällt der Erdenball einst gleich dem Glücke von Edenhall." Voller Gedanken verließ ich die Stadt.

Andern Morgens in aller Frühe nach Stuttgart, wo es vieles zu erledigen gab, nachmittags nach Schwäb. Gmünd zu Konrad und abends in angenehmster Autofahrt mit einigen Herren zur Mühle. Es gab Hechte aus dem zu diesem Zweck abgelassenen Teich und eine lange Unterhaltung geschäftlichen und später auch privaten Charakters. Es war Mitternacht vorüber, als wir uns trennten. Beim Auskleiden erinnerte ich mich, daß es in dieser Nacht zwei Jahre her waren, daß Deine Mutter von uns schied, und ich widmete der Toten viele Gedanken aus der Vergangenheit und auch aus der Gegenwart.

Diese Woche hatte den Auftakt zu einer bemerkenswerten Hitzewelle gebildet, die nach einem nassen und kühlen Sommer sich spät eingestellt hatte und die für einige Wochen eine rechte Qual und Geißel der Menschen war. Aus diesem Grunde war die Reise zu einer großen Strapaze geworden. Ich erholte mich auf meine Weise: Am Samstag mit dem frühesten Zug fuhr ich in das benachbarte Lauchheim, durchschritt das an bescheidenen, aber ansprechenden Kunstdenkmälern nicht arme Städtchen, schlug einen großen Bogen nach Osten, erreichte den Nordrand der Alb, über den Schönen Stein, von der anderen Seite her die Kapfenburg und von dort meine Fichten und wiederum im Bogen die Mühle, wo auch alles unter der Hitze seufzte. Suzanne hatte mich diesen Vormittag im Werk gewähnt. Als ich ihr meine Taten erzählte, sagte sie lächelnd: „Reinhold, du bist ein Philosoph.“ Der eine mag dies treiben, der andere das. Den Seelenfrieden erwandere ich mir auf solchen Gängen. Und wahrhaftig, er kann einem die Woche über verloren gehen.

Die nächste Woche brachte eine Rundreise, Stuttgart, Heilbronn, Esslingen, Schwäb. Gmünd - alles dies unter einer Bullenhitze. Am heißesten war es in Heilbronn, wo ich im Hotel Falken übernachtete. Wie genoß ich das wohl nicht zu übertreffende Bild des Marktplatzes von Heilbronn, das massige Rathaus mit seinem Aufgang, seiner großen Uhr und dazu die Kilianskirche! Ich besorgte meine Geschäfte, machte Frau M. [Mück], der Witwe eines verstorbenen treuen Freundes [Friedrich Mück, Mitbegründer der Heilbronner Handels- und Gewerbebank und DDP-Politiker], einen Besuch und traf bei ihr einen alten Schulfreund aus der Lateinschule in Schorndorf, Stadtpfarrer Immanuel F. [Fischer]. Diese Woche war außerordentlich anstrengend gewesen, und todmüde kam ich nachts um ½ 11 Uhr in W. [Westhausen] an. Der Gang von der Station zur Mühle war selbst mir weggewohntem Mann während der Zugfahrt wie eine große Plage vor der Seele gestanden. Doch auf dem Bahnhof erwartete mich der freundliche Gastgeber, geleitete mich noch zum „Kreuz“, zu Speis und Trank und gemütlichen Gesprächen in nettem Freundeskreis.

Am anderen Morgen jährte sich zum fünften Male der Tag, wo ich am Bahnhof Cornavin in Genf von meinen Dreien Abschied genommen hatte [25.8.1939], und vor meiner Abreise in Stuttgart am Tag vorher war noch ein Briefchen, von Magda in hübscher, klarer Handschrift geschrieben, datiert vom 7. März 1944, eingetroffen: „Wir hoffen, Du bist wohl und unversehrt! Unsere besten Wünsche mit Dir und allen Freunden! Schule macht Georg und mir Freude. In Liebe Magda Maier.“ Ja, dieser 25. August 1939, ein Abschiedstag damals allein für mich, aber wenige Tage darauf folgte ein Abschiedstag für die ganze Menschheit. Was wir können, ist allein *aushalten*, denn erkennen können wir nichts. Wer hätte es mit seinem Verstand vorausdenken können, daß zehn Monate nach dem Abschiedstag von Genf dort an der Grenze deutsche Panzer fahren und fünf Jahre später amerikanische? Wieder einmal der Schluß, zu dem Dein Onkel gerne kommt: Wir wissen nichts und werden nichts wissen, aber durch müssen wir.

St. Anton am Arlberg, den 6. September 1944
Hotel Post

An den Neffen

Am Samstag vor 8 Tagen, also am 26. August, war ich von der Mühle, wo ich nach drei überaus anstrengenden Arbeitstagen in Stuttgart und Heilbronn einen Tag zugebracht hatte, ausgerechnet zu dem Zweck nach Ravensburg gefahren, um mit Selma die Frage, ob wir die Reise hierher unternehmen wollen oder können, zu beraten. Schon diese Reise vollzog sich unter einer großen Hitze, begann in W. [Westhausen] um 4 Uhr 59 früh, endigte mit Verspätungen infolge von nächtlichen Fliegerangriffen und eines hinzutretenden Maschinendefekts in Warthausen, welcher Ort damit seinem Namen Ehre machte, um 2 Uhr nachmittags in Ravensburg. Außerdem mußte ich wenigstens einen Teil meines Reisegepäcks einmal dort versammeln; denn das Kleinzeug ist verteilt in Stuttgart, in der Mühle, in Gmünd und Ravensburg. Das Ergebnis unserer Beratungen, das alle Faktoren aus der kleinen Welt und aus dem großen Weltgeschehen in sich schloß, war ein Unentschieden. Doch ein klarer Entschluß, zu reisen, wenn es irgendwie gehe, selbst wenn es Katzen hagle.

Am Montagabend ging's mit dem Schnellzug wieder nach Stuttgart, stehend, aber gut und angenehm stehend, nicht schwebend, d.h. von der Masse der Mitreisenden emporgehoben. Zum erstenmal seit 25./26. Juli schlief ich wieder im eigenen Bett. Diese Zeit der Bomben und der Vernichtung von Hab und Gut erhellt die Wertstufen der einzelnen Gebrauchsgegenstände. Die Welt der Bombengeschädigten ist sich darüber einhellig klar: Das Wichtigste ist das Bett, das eigene Bett. Dann kommt der eigene Herd

und dann der Ofen. Es war alles geputzt, es blinkte und blankte, und es war keine Rede davon, daß man etwa in Glasscherben getreten wäre. Am anderen Tag eröffnete ich mein Büro im Hause Dillmannstraße 16. Arbeitszimmer: das Wohnzimmer; Schreibzimmer: das frühere Eßzimmer. Aber für Dich hat es immer noch ein Plätzchen, wenn Du je als Urlauber oder als stud. pharm. wieder einmal kurz oder lang kommen solltest. Die Klienten fanden den Weg von selbst. Einige hatten mich sehr vermißt. Es kamen auch die Freunde im Laufe des Tages, zu deren Ehren ein größeres Quantum Bohnenkaffee ausgeschänkt wurde. Dazu gab es Festbrezeln. Morgens 7 Uhr hatte ich mich schon auf den Weg zu meinem Hausarzt, der am Botnanger Sattel wohnt, gemacht, ihn geweckt und war nach Aushändigung des von ihm schon vorbereiteten, für meinen Urlaub notwendigen ärztlichen Zeugnisses wieder von ihm geschieden. Hinmarsch 40 Minuten, Rückmarsch 40 Minuten. Alles, was man in Stuttgart zu besorgen hat, muß in Ermangelung der Straßenbahn (abgesehen von den Vororten) zu Fuß zurückgelegt werden. Gegen Abend hatte ich in der Johannesstraße und am Bahnhof zu tun. Hin und her bei gutem Tempo 1 ½ Stunden.
Den traurigsten Ruinenweg bildet die Hirschstraße. Von dem über und über schwer beschädigten Kaufhaus Schocken an geht man Hunderte von Metern rechts und links nur an Trümmern, völlig zerstörten Gebäuden vorbei. Kein einziges einigermaßen erhaltenes Haus ist mehr anzutreffen. Wenn du aber an dem schwer zusammengehauenen alten Schloß vorbei zum Schloßplatz heraustrittst, so traust du deinen Augen kaum. Die versengten Kastanienbäume haben neu ausgeschlagen, überall leuchtet dir frisches junges Grün entgegen, in den letzten Augusttagen ein blühender Kastanienbaum am andern. Das hoffnungsfrohe Wort, daß neues Leben aus den Ruinen blüht, möchte den Beschauer einlullen, ihn wie die Fata Morgana umgaukeln. Jedoch du zögerst selbst, du empfindest das Unnatürliche dieses Vorganges inmitten dieser Stätte der Vernichtung. Die Blüte auf dem Schloßplatz erschien nicht anders, als wenn sie leichenblaß aus der Wüstenei herausleuchtete. Wenige Tage darauf kam in der Zeitung ein

Artikel über das Blütenwunder, aus dem ich erfuhr, daß durch eine kurze Hitze-Schockwirkung die für das Frühjahr aufbewahrten Knospen schon im Spätsommer oder Herbst oder Winter aufspringen können - ein altes Geheimnis der Gärtner, die Maiblumen oder Flieder auf den Weihnachtstisch bringen wollen.
Den Abend verbrachte ich im „Zeppelin“ [mit dessen Inhaber Fritz Reichert RM befreundet war]. Als wir gehen wollten, Alarm (schon um 11 Uhr); es ging also sieben Stockwerke tiefer. Nach 1 ½ Stunden wieder herauf und langsames Austrinken. Der Mond stand am Himmel, und so kam ich an dem großen Wassergraben in der oberen Seestraße, der acht Meter tief ist, glücklich vorbei. Schwieriger wurde es Relenberg- und Azenbergstraße. Links liegt einer der tiefsten Trichter, die ich je gesehen, und rechts geht es jäh hinunter bis in ein Kellergewölbe des Hauses, in welchem in unserer Junggesellenzeit mein lieber, dieses Jahr so früh verstorbener Kollege und Sozius [in der Kanzlei Löwenstein/Kiefe], Dr. Walter Blind, einst wohnte. In der Mitte dieser beiden Riesentrichter führte ein schmaler Grat aus rutschigem Lehm und später ein schmales Brett.
Ich kam gut hinüber; mit Weinsberger Trollinger gelingt so etwas leichter. Eine Stunde später entlud sich eines der schwersten Gewitter, die Stuttgart wohl je erlebte. Damit wurde eine ganze Serie von Gewittern ähnlicher Stärke eingeleitet, die sich über mehrere Tage erstreckten. Wehe den dächerlosen Häusern und ihren unglücklichen Bewohnern, Tag und Nacht regnete es schonungslos hinein!
Am andern Tag war ich schon um 6 Uhr auf, bereitete fürs Büro alles Notwendige vor. Ich selbst war in Angelegenheiten der geistigen Leitung unabkömmlich. Es galt den Einkauf eines Kochherdes, der großen Sehnsucht jeder Stuttgarter Hausfrau. In der Woche vorher hatte ich bei tropischer Hitze schon einmal einen Vormittag verbracht auf der Suche nach einem Bezugschein für einen Kochherd: Lange Straße 12 A, Lange Straße 61, Lindenspürstraße 39, Schloßstraße 37 nach der alten Weise: Schick den Narren weiter. An jenem Morgen galt es aber den effektiven Einkauf dieses Kochherdes. In strömendem Regen zum Schloßplatz,

dort in die Vorortstraßenbahn, dort angekommen, einem alten Freund mit Erfolg auf die Schulter geklopft, mit der Straßenbahn zurück, vom Schloßplatz immer noch in strömendem Regen zum Tagblatt-Turmhaus, das steht, in welchem sogar der Paternoster-Fahrstuhl läuft, dann zurück zur Dillmannstraße. Ich war trotz Kleppermantel naß wie eine Wassermaus. Aber der Kochherd war gekauft, und bald wird es dampfen. Man muß gezwungen werden, eine Zeitlang ohne Elektrizität, ohne Gas, ohne Wasser in der Wasserleitung, ohne Straßenbahn, ohne Auto, ohne Telefon, ohne alle diese den Menschen von schweren Mühsalen befreienden Errungenschaften der Jahrhundertwende zu leben, um voller Dankbarkeit ermessen zu können, welche Erleichterungen für das Leben der Menschheit sie bedeuten.

Ich war nicht zum letztenmal naß geworden an diesem Tag, um 2 Uhr nachmittags mußte ich zu einem Kollegen in die Hohenheimer Straße. Ich trat den Marsch im Reiseanzug, das heißt mit Rucksack an, da am anderen Tag Arbeitstag in W. [Westhausen] war. Ich kam wieder in ein furchtbares Gewitter, das sich selbst auf dem Bahnsteig (dächerlos) noch austobte, warf mich in den Fronturlauberzug Stuttgart-Krakau (früher Przemysl), stieg in Gmünd aus, besuchte Konrad, packte einen Koffer und ließ ihn nach Ravensburg aufgeben. Um 7 Uhr Weiterreise nach Aalen und von dort nach der Mühle. Am Freitag viel Arbeit in W. [Westhausen]. Am Samstag (2. 9.) Wecken um 3 ½ Uhr, Abfahrt nach Stuttgart 4 Uhr 59, in Stuttgart vorbereitende Arbeit den ganzen Tag, jene anstrengende Vorausarbeit, die den Absprung in den Urlaub ermöglicht. Sonntag früh Wecken um 4 ½ Uhr, Fahrt nach Ravensburg. Tante Selma holte mich am pünktlich einlaufenden Zug ab unter den Klängen des Voralarms, der sich unterwegs zum Alarm steigerte und uns dann noch die Gegenwart einer amerikanischen Jagdstaffel bescherte. Ich packte rasch um, und schon um 2 Uhr nachmittags war unser Passagiergut, zusammen 92 Kilogramm, aufgegeben. Man nimmt an Urlaubsgepäck möglichst viel mit, man weiß nicht, was man noch antrifft bei der Rückkehr. Am anderen Morgen, Montag, 4. September, rasselt der Wecker um 4 Uhr. Der Urlaub begann. Wir hatten es uns so eingerichtet, daß wir in aller Ruhe uns anziehen und richten konnten. Um 4 ¾ Uhr setzten wir uns an den Frühstückstisch. Der Vollmond stand am klaren Himmel, als wir die Apotheke verließen. Ein wunderbarer, sehr kühler Sommermorgen stieg herauf. In Lindau hatten wir einen einstündigen Aufenthalt. Blaugrün lag der Bodensee leicht bewegt im Morgenglanze da, drüben zum Greifen nahe die Schweizer Dörfer Walzenhausen, Heiden, dahinter der Säntis und zur linken Hand der Pfänder und wiederum hinter ihm rechts und links die wohlbekannten Gipfel des Rhätikons, des Bregenzer Walds und des Allgäus, beginnend mit den Drei Schwestern.

Wieder einmal machten wir in dieser frühen Morgenstunde einen Rundgang durch das eben erwachende Lindau, freuten uns an dem Rathaus, seinen Kirchen, den Bürgerhäusern, an dem ganzen Straßenbild, hoffend, daß es uns und der Nachwelt erhalten bleibe. Die Spannungen, die einen erfüllten, fielen mit jedem Schritt mehr ab. Es war sehr viel gewesen in den letzten sechs Wochen: Die Tage der Zerstörung, die Arbeit des Neuaufbaus, das unstete Leben, die Reisen zu den Klienten, die Mühe der Aufrechterhaltung der Praxis, die schwierige allgemeine Lage, die Hitzewelle, die schweren Befürchtungen, die ich aus alten Zusammenhängen zu hegen hatte,* kurzum, es war einem an jenem Morgen zu Mute, wie wenn man dem Fegfeuer entronnen wäre. Auch Selma war sehr mitgenommen.

In bequemer Fahrt im Schnellzug passierten wir nach etwas über zwei Stunden den Arlbergtunnel und wurden im Hotel Post in St. Anton, wo wir uns in den Bediensteten gute Freunde geschaffen haben, sehr herzlich willkommen geheißen. Hier ist Ruhe, Stille, Frieden, eigentlich noch Idylle, und wir fühlen uns sehr wohl. Schon am anderen Tag führte uns die Galzigbahn auf 2.080 Meter Meereshöhe. Genau ein Jahr vorher, nämlich am 5. September

---

* *In Reaktion auf den 20. Juli wurden Mitte August 1944 in der reichsweiten „Aktion Gewitter" mehrere Tausend Menschen verhaftet, die in der Weimarer Republik eine politische Rolle gespielt hatten. Nach einer Warnung entging RM der Verhaftung durch Abwesenheit von Stuttgart.*

1943, waren Selma und ich hier oben gewesen an einem genau so schönen Tag. An jenem Tag war Konrad unser Wandergefährte. Es fand damals jene berühmte siebenstündige Tour über das Valvagehrjoch zur Leutkircher Hütte und von dort der sehr beschwerliche Tausendmeterabstieg durch den Schöngraben nach St. Anton statt. Selma und Konrad waren mir, dem Langsamgeher, stets weit voran. Nur wenn eine der heiklen Stellen, die dieser Übergang bietet, zu überwinden war, wurde ihrem Himmelstürmen Einhalt geboten. „Jockele, geh du voran", hieß es, aber bald nachher schnaufte ich wieder hinterdrein.
Doch so unternehmend, wie am Jahrestag vorher, waren wir am 5. September 1944 beide nicht, weder Selma noch ich. Man merkte, wie sehr die Zeitläufte einen fertiggemacht hatten. Wir machten einen beschaulichen Orientierungsgang um und über den Galzig-Kopf und genossen das herrliche Landschaftsbild. Wie waren wir froh und dankbar, daß uns nach all den Sorgen im Tiefland dieses erhabene Bild der unverletzten und unverletzlichen Hochalpenwelt an einem strahlenden Spätsommertag wieder einmal, noch einmal beschert wurde! Wir nahmen es uns vor, so wie dort oben auch drunten über den Dingen zu stehen, ein Ziel, das schwer zu erreichen ist, das man aber nie aus den Augen verlieren soll.
Wenn es geht, wollen wir drei Wochen bleiben. Wir haben ein vielfältiges Wanderprogramm: Rosannatal, Moostal, die Schindlerspitze, die Dörfer im Stanzertal bis Landeck und vieles mehr. Manche meinen, das Weltgeschehen werde unseren Urlaub frühzeitig zu einem Ende bringen. Ich glaube an keine rasche Entwicklung.

St. Anton am Arlberg, den 14. September 1944

An den Neffen

Zwei große Briefe an Dich sind in Stuttgart zur Übertragung auf die Schreibmaschine diktiert. Aber heute ist es schon Donnerstag, und seit Sonntag, dem Tag eines amerikanischen Tagesangriffs laut Wehrmachtbericht vom Montag, meldet sich Stuttgart nicht mehr, d.h. es kommt keine Post, die in der ersten Woche unseres Hierseins pünktlich einlief. Seit diesem Sonntag ist Stuttgart mehrfach angegriffen worden bei Tag und bei Nacht. Auch Ulm und Heilbronn wurden am Sonntag angegriffen.* Tante Hedwig [Hedwig Blank, Schwester von RM] schrieb, daß in Heilbronn das Rathaus, das sogenannte Rauch'sche Palais und die Kilianskirche ausgebrannt seien. Das bedeutet, daß die schönsten Baudenkmale dieser Stadt vernichtet sind. Von Ulm wissen wir nichts. Aber man kann sich's schon denken. Von einer telefonischen Verbindung ist natürlich keine Rede mehr.

Die Stille und Abgeschiedenheit dieses Bergtals, die ungestörte Ruhe, zu der das Hotel Post nach den lärmenden Tagen des Winters zurückgefunden hat, stehen in einem so ungeheuerlichen Gegensatz zu dem wilden Kriegsbrand um die Grenzen Deutschlands; man fühlt sich schier fehl am Platze. Aber Selma hat ja wahrhaftig in mühe- und strapazenreicher Arbeit das Jahr über diesen Urlaub sich reichlich verdient, und ich schließlich auch.

Wir suchen unsere Erholung nicht dort, wo wir ein Ärgernis geben, sondern hoch droben in den Bergen. Gestern, Mittwoch, 13. September, ließen wir uns auf die Endstation der Galzig-Bahn 2.080 Meter über dem Meer fahren. Dann eineinviertelstündiger Aufstieg zur Ulmer Hütte (2.285 Meter über dem Meer) und ohne Aufenthalt in weiteren nicht ganz zwei Stunden zur Schindlerspitze (2.636 Meter). Um 1 Uhr waren wir oben und genossen andächtig das erhabene Bild der Hochgebirgsrundschau von den Ötztalern über die Silvretta bis zur Scesaplana. Eine wundervolle, sehr gelungene Tour von zusammen sechs Stunden Marschzeit. Kurz ehe wir zum Valvagehrjoch in der Mitte zwischen Hütte und Spitze hinanstiegen, flogen hoch über uns, jedoch deutlich sichtbar, die amerikanischen Bomber, vom Süden kommend, schätzungsweise Richtung Allgäu, Ulm. Bald hörte man den Bombenteppich fallen; und als wir daran gingen, den uns von dem Ziel trennenden Gratturm oder, alpinistisch

---

* *Am 12./13.9. ging die Stuttgarter Innenstadt nach einem Angriff der RAF im Feuersturm unter. Vermutlich bis zu 1.000 der insgesamt über 4.400 Bombenkriegsopfer starben in dieser Nacht. Trotzdem konnte Stuttgart seine Bewohner im Vergleich zu anderen Städten im Bombenkrieg besser schützen, da es in Bunkern und Stollen über eine hohe Zahl an Schutzräumen verfügte.*

gesprochen, Gendarmen zu überklettern, kehrten sie zurück über Landeck oder Innsbruck, noch Flakfeuer auslösend und lange Kondensstreifen hinter sich herziehend, wie wenn es Zirruswolken wären.
Unser Leben verläuft in größter Regelmäßigkeit. In der ersten Woche lagen wir um 8 Uhr abends schon im Bett. Jetzt kann's 8 ½ Uhr werden, wenn wir zu Ausschreitungen aufgelegt sind. Schlaftherapie, die beste Erholungsmethode mit meiner Feinheit eines kurzen Schläfchens vor dem Mittagessen. Des Morgens weckt uns die ausziehende St. Antoner Ziegenherde. Mit raschen Schrittchen ziehen sie durch das Dorf, und das Läuten der vielen Glocken schwillt bald an, bald ab, je nachdem es durch eine Krümmung der Ortsstraße geht und die Töne gehindert oder wieder frei zum Hotelfenster heraufklingen, ein ähnlicher musikalischer Vorgang wie beim Gesang der Wolgaschiffer. Ist die Ziegenherde vorbei, so bin ich aus dem Bett und wenige Minuten nachher im Bade. Es wird in großer Ruhe Toilette gemacht. Manchmal nach dem Bade nochmals kurz ins Bett gegangen. Aber um 8 ¼ Uhr sitzen wir beim Frühstück. Es gibt für mich Filterkaffee unter letzter Ausnützung der kostbaren Kaffeebohnen; für Selma, die sich bekanntlich das Wasser noch verdünnt, einen leichten Kaffee, Milch mit Ovomaltine, es gibt Brötchen, Butter und Brombeermarmelade. Du siehst, der Tag fängt gut an. Dann marschieren wir drei bis vier Stunden, essen zu Mittag, ruhen uns aus, schreiben, und abends gehen wir noch eine oder anderthalb Stunden. Von der Welt dringt wenig zu uns herauf, denn Radio gibt es keines, und den Wehrmachtsbericht erfährt man erst einen Tag später. Aus Stuttgart Gerüchte über neue schwerste Zerstörungen. Ist man wiederum dabei?
Mit den Tirolern kommen wir gut aus. Ein prächtiger Menschenschlag, der uns immer wieder Staunen und Bewunderung über seine urwüchsige Kraft abnötigt. Mit uns Schwaben in keiner Weise verwandt, verbunden nur durch das gemeinsame, vertraute „Grüß Gott".

Fortsetzung am 15. September 1944, 8 Uhr vormittags

Heute Nacht, wenige Minuten vor 11 Uhr, wurde ich aus tiefstem Schlaf geweckt. Im Nachthemd und dem Kleppermantel darüber fuhr ich mit dem Lift zum Telefon beim Nachtportier: „Hier sind die Metallwerke in W. [Westhausen] - Wache. Herr Dr. M. [May] läßt ausrichten, daß Ihr Haus in Stuttgart total abgebrannt ist; er stellt sein Haus in Schwäb. Gmünd Herrn Doktor zur Verfügung."

Ich sah davon ab, Selma zu wecken, legte mich ins Bett und suchte die Sache zu verdauen. Es ist nicht einfach, sich auf den Standpunkt Hiobs zu stellen: „Der Herr hat's gegeben, der Herr hat's genommen." Bis hierher fällt es schon schwer genug, dem Spruch zu folgen. Aber dazu noch zu sagen: „Der Name des Herrn sei gelobt", hierzu gehört schon ziemlich viel Lebenstraining. Doch wird das Letztere, nämlich die Lobpreisung, nicht unbedingt und auf jeden Fall nicht sofort von einem verlangt. Ich ging in der nachfolgenden Stunde die sehr, sehr schönen Zeiten durch, die ich seit 1. November 1930 mit Gerta und den heranwachsenden Kindern in diesem schönen Hause, diesen großen hellen Zimmern verbracht habe, auch die oft sorgenvollen Stunden, die in den Jahren vor dem Krieg uns auferlegt waren; ich dachte an die oft schweren, manchmal auch fröhlichen Stunden mit all den guten Freunden im Krieg, an den gemütlichen Platz in der roten Sofaecke, wo ich manches Mal meiner Leidenschaft, dem Kaffeetrinken, gefrönt habe. Ich ließ die Möbel und Stücke, die nun verbrannt sind und die einem treu dienten und an denen man Freude hatte, Revue passieren und nahm von ihnen Abschied. Um Mitternacht hatte ich die Sache im Wesentlichen bezwungen. Ich nahm ein Phanodorm; und heute früh um 7 Uhr wachte ich auf an dem melodischen Geläute der vorbeiziehenden Ziegenherde, das unbekümmert um Brand und Zerstörung im Tiefland weitertönt.

St. Anton am Arlberg, den 24. September 1944

An den Neffen

Morgen, Montag, wollen wir wieder abreisen. Nachdem wir noch einige Tage, die schon zu den Tagen des Herbstanfangs zu zählen sind, Tage mit viel Sonne erlebt haben, ist der heutige Sonntag wettermäßig nicht so, daß es einen ohne weiteres hinauszöge, und ich schreibe Dir den St. Antoner Abschiedsbrief. Seit einigen Tagen hat das Hotel Post, wo wir vorzüglich aufgehoben waren, geschlossen, d.h. wir essen noch dort, aber Wohnung haben wir im Sporthaus Hannes Schneider genommen. Es ist hier ebenfalls tadellos. Du kennst den Namen und den Mann sicher aus Filmen. Schneider war der unbestrittene Gründer der Arlberg-Skischule. Er selbst ist nicht mehr hier, sondern in USA, wo er schrecklich Heimweh haben soll. Auch einer, der sein Heim nicht mehr hat. Die drei Wochen hier oben haben uns gut getan. Selma ist sehr erholt, ich natürlich auch. Und was blieb mir erspart, daß ich das neuerliche Sterben von Stuttgart nicht persönlich miterleben mußte! Es bewährte sich das Ferienrezept, immer hinauszugehen, wenn's einigermaßen geht; so hatten wir sehr, sehr viel von unserem Urlaub. Der meist begangene, oft täglich wenigstens ein Stück begangene Weg war das Rosannatal. (...) Allerdings, es waren jeweils Gänge und Wanderungen, die voll beladen waren mit dem schweren Gewicht der Gedanken und Sorgen des September 1944.

Man war „praeoccupiert" in diesem Urlaub. Wie oft ertappte man sich dabei, daß man eine Viertelstunde geistesabwesend des Wegs dahergeschritten war, ohne die Schönheiten der Natur um sich herum zu beachten! Auf diesem Verwallweg habe ich auch den Verlust meines Heims vollends überstanden. Im Zwiegespräch mit mir selbst, aber auch im Gespräch mit Selma habe ich die Trostgründe zusammengesucht und gefunden, die den Menschen befähigen, ohne die bisher als unverzichtbar angesehenen äußeren Sicherungen den Lebensweg weiterhin fest unter die Füße zu nehmen, ohne ein Gefühl von Bitterkeit. Der Wink aber, der uns mit einem solchen Schicksalsschlag erteilt wird, scheint mir darin zu bestehen, daß wir alle miteinander zu einem unwahrscheinlich anspruchslosen Leben hinfinden müssen. Wir, die wir verloren haben, werden gezwungenermaßen uns am frühesten hierauf einrichten und die anderen, die noch geruhsam in ihren Häusern sitzen, überflügeln.

Wie erschienen mir im Jahre 1938/39 die damaligen harten Entschlüsse [Emigration der Familie] als eine schwere Last, und was für eine tiefe innere Bedrückung stellten sie dar! Liegt aber nicht schon heute der klare Beweis vor, daß diesen Entschlüssen ein reicher Segen vorherbestimmt war? Der Verlust von Dillmannstraße 16 traf mich auch nicht unvorbereitet. Was ich gelernt habe in den letzten zehn Jahren ist, es zu vermeiden, eine Situation in ihrer ganzen Härte und Unerbittlichkeit deshalb nicht klar zu erkennen, weil sie einem unangenehm ist. Der Mensch liebt sich selbst so sehr, daß er in dem Irrglauben befangen ist, das Weltgeschehen, das uns in seiner revolutionären, die Erde erschütternden Stoßkraft in der Gegenwart vor Augen geführt wird, nehme auf unsere persönlichen Eigeninteressen Rücksicht oder es würden sich diese persönlichen Interessen den ruckartigen Ausschlägen der Weltgeschichte einordnen oder anpassen lassen. Dies alles geht aber rücksichtslos an unseren privaten Wünschen vorbei.

Aber auch andere als diese großen Gesichtspunkte haben mich beruhigt und mich gefestigt. Die Stadt Stuttgart ist hin, der Angriff vom 12./13. September 1944 hat den vom 25./26. Juli noch übertroffen: Was liegt für ein Grund vor, daß ich verschont werden sollte? Solamen est miseris socios habuisse malorum. Und schließlich mußten nicht vor mir andere, noch unschuldigere das Haus verlassen? Und auch diese haben sich gefügt. Und noch das Eine: Wenn man in diesem Leben jeweils auch für andere ein Ohr, ein Herz und eine Hand hat, in Zeiten eigener Sorge und Bedrängnis bekommt man's heimgezahlt. Rührend sind die Beweise der Liebe und Treue: des Anerbietens von Unterkunft und jeder anderen Hilfe von vielen Seiten.

(...)

Zu berichten habe ich Dir weiter über einen Tagesausflug tief hinunter ins Stanzertal, welchen Namen das von der Rosanna

und später von der Sanna durchflossene Tal trägt, bis zu der Stelle, wo es sich mit dem Innfluß vereinigt. (...) Ein Ausflug gleichzeitig vom Norden nach dem Süden. Vom rauheren Klima und der ärmeren Vegetation des Arlbergpasses gings hinunter in die Fruchtbarkeit des tiefer liegenden Inntals mit seinem reichen Obstsegen, Äpfeln, Birnen, Pflaumen. Draußen auf den Feldern steht neben dem schon geernteten Getreide der Mais, der Tabak und andere Pflanzen und Früchte der südlichen Zonen. Hochbefriedigt kehrten wir zurück. Auf dem Weg zum Bahnhof [in Landeck] mußten wir die Kleppermäntel überziehen, eine Regennacht und ein Regentag folgten. Und wie sich am nächstfolgenden Tag die Sonne wieder zeigte, war die Wende eingetreten: Aus dem Sommer war Herbst geworden. (...)
Ich holte [am Donnerstag nachmittag] im Hotel meine Post ab, und unter den Briefen befand sich der erste Brief von Konrad mit näheren Einzelheiten über das Ende des Hauses Dillmannstraße 16. Der Angriff in der Nacht vom Dienstag, den 12., auf Mittwoch, den 13. September, hat an Stärke und Schäden den vom 25./26. Juli noch übertroffen. Die Stadtmitte von Stuttgart, die zwischen den beiden Nord- und Südhängen liegt, ist nun vollständig zerstört, mit großen Schäden auch noch in den höheren Lagen. In der Dillmannstraße beginnt die Schadenreihe auf meiner Seite beim Haus 16. An diesem Haus beginnend sind alle Häuser bis hinauf zum Herdweg, also bis zu Dillmannstraße 4 (Haus Storz), zerstört. Die Häuser waren von Brandbomben in großer Zahl getroffen. Wasser zum Löschen ist keines vorhanden, und so brennen sie ab, ohne daß irgend jemand helfen könnte. Die Bewohner sind außerdem im Stollen und kommen nach der Entwarnung erst so spät aus diesem heraus, daß es nicht möglich ist, noch viel aus den brennenden Häusern zu retten. Auch das Haus Otto auf der anderen Seite ist in jener Nacht abgebrannt, so daß von der alten Dillmannstraße auf beiden Seiten - Stand 12./13. September - kein Haus mehr steht, außer dem uns gegenüberliegenden Gebäude des Reichsarbeitsdienstes. Meine bisherige Adresse gilt also nicht mehr, ich ziehe nach Schwäb. Gmünd und, lieber Wolf, die Schlüssel zum Haus Dillmannstraße 16, die Du

über diesen Krieg mit Dir getragen hast, kannst Du wegwerfen. Sonderbarerweise erinnere ich mich nur mit Mühe, wie die einzelnen Umstände waren, als ich es zum letzten Male verließ. Es war am Sonntag, dem 4. September, sehr früh, als ich mich auf den Bahnhof begab, um nach Ravensburg und am anderen Tag mit Selma hierher zu fahren. Die Verdunklungseinrichtungen waren noch nicht wieder angebracht, ich war daher gezwungen, mich im Dunkeln anzuziehen und mich ohne Licht aus dem Haus zu tasten. Wie hatte man früher immer nochmals zurückgesehen auf den hohen Giebel des Hauses und die Veranda des 1. Stocks! Aus alter Gewohnheit, die zurückging auf die Tage, wo Gerta noch nachgewunken oder gar geschnalzt hat, zuerst mit Magda und dann mit Georg, die zuerst klein waren und immer größer wurden. Man winkte solange, bis die weit herausragenden Zweige des Kirschbaums die Gestalten und die winkenden Hände und Händchen verdeckten.

Bei diesem letzten Verlassen des Hauses - ich glaube, ich habe nicht zurückgesehen. Die Straße war schwer begehbar und erforderte in der Dämmerung meine ganze Aufmerksamkeit. Ultima hora latet. Zu deutsch: Der letzte Stundenschlag bleibt aus, man hört ihn nicht schlagen. Hamlets Philosophie (V. Akt) klärt nicht nur den Fall eines Sperlings, sondern auch den Verlust eines so lieb gewordenen Besitzes, wie es das Haus für uns war:

„Geschieht es jetzt, so geschieht es nicht in Zukunft; geschieht es nicht in Zukunft, so geschieht es jetzt; geschieht es jetzt nicht, so geschieht es doch einmal in Zukunft. In Bereitschaft sein ist alles. Da kein Mensch weiß, was er verläßt, was kommt darauf an, frühzeitig zu verlassen?"

Auch hier in St. Anton sind die Koffer gepackt, es ist inzwischen über diesem Brief der 25. September angebrochen, Sturm und Regen peitschten in der Nacht an die Fenster und Fensterläden. Heute früh hat es Schnee bis beinahe auf die Dächer von St. Anton herab. Null Grad! Zum Abschiednehmen just das rechte Wetter.

Schwäb. Gmünd, den 21. Oktober 1944

An den Neffen

Heute wird es ein Geburtstagsbrief, kein Brief zu einem Geburtstag, sondern über einen, nämlich meinen 55. Geburtstag. Es war zwar ein Geburtstag, dem sich ursprünglich Hindernisse entgegenstellten, aber er gestaltete sich durch Selmas Zauberkünste zu einem kleinen Fest, das, weil es sich in Ravensburg abspielte, gewiß Dein Interesse wachrufen wird.

Am Mittwoch, dem 11., hatten die Anglo-Amerikaner mit einer Offensive gegen Verkehrsziele bei uns begonnen. Ich hatte gegen Abend einen Spaziergang über das Taubental auf die aussichtsreichen Höhen nördlich des Remstales unternommen, war dann im Begriff, mich in den Anblick des Stuifen, Rechberg und Hohenstaufen zu versenken, ging eben die Einzelheiten der mir durch und durch vertrauten Landschaft durch, als am Abendhimmel zwischen lichten Wolkenfetzen Jäger und bald darauf Bomber auftauchten, die sich zum Angriff auf die Eisenbahn anschickten, nicht etwa, wie man bald bemerkte, auf die Bahnhöfe, sondern auf freie Streckenteile. Dreimal hörte ich je ein Bombenpaar krepieren. Den vierten Tiefflug konnte ich genau beobachten. Ich sah das Flugzeug kreisen, Richtung auf die Bahnstrecke nehmen, zum Sturzflug ansetzen. Ich sah beide Bomben in der Luft zuerst schräg, dann in der Senkrechten zu Boden sausen, und bald darauf tönte vom Tal herauf die zweifache Detonation. Welches Schauspiel! Im Vordergrund Krieg und Verderben und im Hintergrund der vom Licht der Abendsonne beglänzte hochragende Hohenstaufen. Diese romantische und gleichzeitig heroische Landschaft war mir bis zu dieser Stunde wie der Friede selbst erschienen. Mit Trauer im Herzen mußte ich sie von jenem Tag ab in die Zone des Kriegsgeschehens einfügen.

Die ersten drei Bombenpaare waren remstalabwärts hart neben dem Bahnkörper niedergegangen, ohne die Bahngleise zu beschädigen. Eine der beiden letzten Bomben hatte jedoch getroffen und die Eisenbahnlinie kurz vor Schwäb. Gmünd unterbrochen. Ich hatte am folgenden Tag in Schorndorf zu tun. Der

Verkehr war natürlich an jenem Morgen gründlich in Unordnung geraten, und eine Reise über die 20 Kilometer Schwäb. Gmünd-Schorndorf war schon zu einem Unternehmen geworden, zumal auch im unteren Remstal die Strecke unterbrochen war und an jenem Vormittag schon sehr früh amerikanische Tiefflieger erschienen und kurz vor meiner Vaterstadt die Bahnlinie erneut zerstörten. Vormittags wurde ein notdürftiger Verkehr mit Stuttgart durch mehrmaliges Umsteigen aufrecht erhalten. Aber in kurzer Zeit wurden normale Zustände hergestellt. Mit verblüffender Geschwindigkeit bringt die Deutsche Reichsbahn mit ihren Bauzügen die Strecken wieder in Ordnung.

Die folgenden Tage brachten überall im Lande eine Fortsetzung dieser Art von Angriffen; überdies wurden noch die Züge, insbesondere die Lokomotiven, mit Bordwaffen beschossen - eine heimtückische Sache! Es war so, daß man sich eine Reise überlegte. Doch Selma hatte sicherlich den Geburtstagskuchen schön gebacken - und was tut man nicht in der Verzweiflung! Ich entschloß mich, die Reise auszuführen, und fuhr am Samstag, 14. Oktober, in aller Frühe von Schwäb. Gmünd ab. Frau Elisabeth, die zufällig nach Biberach reiste, wurde meine Begleiterin. Wenige Minuten vor 5 Uhr verabschiedeten wir uns von Konrad, der uns in eine Stockfinsternis hinaus entließ. Wie wir die Remsbrücke überschritten, schlug die Uhr vom Turm 5 Uhr; beinahe gleichzeitig ertönte Fliegeralarm, und wir dachten: Der Tag fängt gut an. Aber wir hatten ja den ganzen Tag vor uns. Wir kamen fahrplanmäßig nach Aalen und reisten von dort fahrplanmäßig Richtung Ulm. Die Reise schien ungestört vonstatten zu gehen. Als wir aber auf der Station Ulm-Ost anlangten, wurden wir stutzig. Überall auf den Straßen Menschen mit raschen, unruhigen, hastigen Bewegungen; untrügliche Zeichen, daß Luftgefahr bestand. Der Zug fuhr jedoch weiter, aber nicht lange. Alarm! Wir fuhren zwar nach einem Aufenthalt von einer halben Stunde vollends in den Hauptbahnhof Ulm ein, dort stockte aber sichtlich jeder Verkehr. Die Amerikaner hatten die Bahn getroffen, dicht hinter Ulm bei Erbach zwischen der Donaubrücke und der unmittelbar folgenden Kanalbrücke des Elektrizitätswerks der

Stadt Ulm und an einer zweiten Stelle weiter südlich. Der Lautsprecher verkündete nach einiger Zeit: „Der Schnellzug Ulm-Innsbruck fahrplanmäßig ab 8 Uhr 40 wird heute ausnahmsweise über Memmingen-Leutkirch-Aulendorf geführt. Reisende nach Laupheim und Biberach verlassen den Zug." Also meine Weiterreise, wenn auch durch eine Lustfahrt durch das ganze schwäbische Allgäu verlängert und bereichert, war gesichert, aber die meiner Begleiterin nach Biberach in Frage gestellt. Doch man muß sich auskennen. Ich überschlug die mutmaßliche Reisezeit eines Schnellzugs von Ulm über das Allgäu nach Aulendorf, und so stieg Frau Elisabeth nicht aus, fuhr vielmehr mit nach Aulendorf und erreichte ihr Reiseziel Biberach von hinten her auf elegante Weise und verhältnismäßig rasch. Ich selbst betrat um 1 Uhr mittags die Apotheke. Selma begrüßte mich, erleichtert von all den Befürchtungen, die man in jenen Tagen um reisende Familienangehörige hegte. Mit meiner bekannten Schlaftherapie glich ich die Strapazen des Frühaufstehens und der Reise aus.

Der Sonntagmorgen sah uns auf dem klassischen Spaziergang Ravensburg über St. Christina bis zu einem Aussichtspunkt hinter dem Flattbachweiher über dem Weiler Kemmerlang. Wunderbarer klarer Herbstsonntag, den wir sehr genossen, allerdings mehrfach gestört durch Voralarme, Alarme, Vorentwarnungen und Entwarnungen, die sich auf den ganzen Tag verteilten. So kam mein 55. Geburtstag heran. Zunächst wurde ich im Wohnzimmer an einen festlichen Geburtstagstisch mit brennenden Lichtern, einem kleinen Wagenrad eines Hefekranzes und vielen anderen Geschenken geführt. Es wurde mir ein wirklicher Geburtstag bereitet in diesen unfestlichen Zeiten und von mir in Dankbarkeit entgegengenommen. Selma, die in den vergangenen Wochen wieder viel „über Zeit" gearbeitet hatte, machte an diesem Tag frei. Nach einem Frühstück mit Brezeln und Nescafé, den ich ihr einst geschenkt und den sie treulich aufgespart hatte, schlüpften wir in die Wanderkleidung. Zuerst statteten wir dem Friedhof einen Besuch ab, dann strebten wir der Schlierer Landstraße zu, wo als Gratulanten die mir allesamt bekannten und vertrauten Bergspitzen von den Allgäuer bis zu den Berner Alpen herübergrüßten. Auf den schmalen Sträßchen, die dort oben die einzelnen Höfe und Weiler verbinden und die ich mir so gerne auswähle, ging es über Grünkraut, einen Bogen schlagend, nach 3 ½ Stunden Wanderung wieder zurück, und wir verlebten noch einen gemütlichen Nachmittag und Abend miteinander. Mit schwerbeladenem Rucksack, angefüllt mit den reichen Geschenken, die das leibliche wie das geistige Wohl für eine nicht zu knappe Zeit sicherstellten, verließ ich andern Tags morgens um 5 Uhr die Apotheke. Nach zweimaligem Umsteigen in Ulm und Göppingen kam ich auf die Minute fahrplanmäßig nach sechseinhalbstündiger Fahrt im Personenzug, der kein Stationchen, keinen Haltepunkt überging, in Schwäb. Gmünd, Südbahnhof, an.

Und nach diesem Bericht von einem frohen Geburtstag eine weniger erfreuliche Erzählung; der Gang an die Totenbahre von Dillmannstraße 16, den ich sofort nach meiner damaligen Rückkehr von St. Anton, dem kurzen Zwischenaufenthalt in Ravensburg und nach meiner Installierung in Schwäb. Gmünd unternommen hatte. Die Tage, die sich an unsere Rückfahrt vom Arlberg anschlossen, waren, wie die Rückfahrt selbst, trübe, regnerisch und kalt. Aber gegen das Wochenende stieg das Barometer. Am Freitag, dem 30. September war es morgens hier in Schwäb. Gmünd noch trüb, aber man ahnte hinter dem Nebel das sich vorbereitende gute Wetter. Um 10 Uhr konnte ich in ein von W. [Westhausen] kommendes Auto einsteigen. Das obere Remstal war noch in tiefen Nebel eingehüllt, aber schon in Schorndorf sah es so aus, als ob es beginnen wollte, sich zu lichten. Wie wir in Großheppach-Endersbach in die Breite des Tales hinaustraten, begannen die Nebel zu steigen und ein Septembertag haargenau nach dem Mörike'schen

Im Nebel ruhet noch die Welt,
Noch träumen Wald und Wiesen:
Bald siehst du, wenn der Schleier fällt,
Den blauen Himmel unverstellt,
Herbstkräftig die gedämpfte Welt
Im warmem Golde fließen.

[„Septembermorgen"]

zog über das zum Neckartal sich öffnende Remstal herauf. Im Glanz eines unübertrefflich schönen Herbsttages fuhren wir in Cannstatt und darauf über die König-Karls-Brücke in Stuttgart selbst ein.

Am Hauptbahnhof wurden die neuen Zerstörungen sichtbar. Die Insel der vorher unberührten Bauten: Reichspostdirektion, Hahn & Kolb-Haus, Technische Werke, sie ist jetzt ebenfalls untergegangen, ebenso das bisher unbeschädigte Trio Prinzenbau, Commerzbank, Hofapotheke. Auch sie sind nunmehr Trümmer und Asche. Stehen geblieben ist der Turm an der Nordwestecke der Hofapotheke und auf ihm, im strahlenden Glanz seiner Vergoldung, die dahineilende, schlanke Jünglingsgestalt des Merkur mit dem Stabe. Abzuschreiben ist jetzt auch das bisher noch stehende Viertel: Oberfinanzpräsidium, Finanzministerium, Garnisonskirche, Eberhard-Ludwig-Gymnasium, Lindenmuseum, eine fortlaufende Ruinenstätte. Das schon zu 90 Prozent zerstörte Katharinenhospital wurde vollends eingeebnet. Der ganze Herdweg mit geringen Ausnahmen zerstört. Wenn du von Dillmannstraße 16 zum Hauptbahnhof gehst, kommst du nicht an fünf Häusern vorbei, die noch stehen. Nur wenn du dir zuvor mit Dantes düsterem Wort: „Wanderer, der du hier eintrittst, lass' alle Hoffnung dahinten", einen festen Halt gegeben hast, kannst du dich diesen Stätten nähern, wenn dich die Eindrücke nicht zu Boden zwingen sollen. Im Bezirk der Relenbergstraße und Azenbergstraße standen einst annähernd 450 Gebäude, heute noch 48. Im Bezirk des Kriegsbergturms 800, heute noch 65. Zusammenfassend kann man sagen, daß alle Stadtviertel zwischen Nordbahnhof und Westbahnhof eine fortlaufende Trümmerstätte sind.

Das Auto bog Ecke Herdweg zur Dillmannstraße ein. Sofort erkannte ich das Haus, denn hoch wie einst ragt sein Vordergiebel. Aber wie seine Nachbarhäuser vom Haus 4 (Storz) an hinter den Giebel- und Seitenmauern alles abgebrannt und ausgebrannt bis zum Untergeschoß herunter. Was in unserem Hause für das Feuer erreichbar war, hat es aufgefressen. Nur der eigentliche Keller blieb erhalten, wobei wir noch Glück hatten, denn in vielen Häusern ist auch der Keller eingestürzt oder ausgebrannt.

Das Haus muß zu Beginn des Angriffs von einer großen Zahl von Brandbomben getroffen worden sein. Eine dieser Brandbomben war von einem solchen Kaliber, daß sie das Dach, den Boden über und unter meinem Schlafzimmer durchschlug; im Eßzimmer des Erdgeschosses, wo die Holzverkleidung dem Feuer reichlich Nahrung gab, hat sie sich wohl entzündet. Als die einzigen in dieser Nacht anwesenden Bewohner schon vor der Entwarnung aus dem Falkertbergstollen angesprungen kamen, brannten Dachstock, erster Stock und Erdgeschoß bereits. Vor Jahren hatte ich mir in einer schlaflosen Nacht die mißliche Lage vor Augen gestellt, die eintreten würde, wenn einmal das Treppenhaus und besonders die Treppe von der hinteren Haustüre zum Untergeschoß zerstört und so das Untergeschoß überhaupt nicht mehr betretbar wäre. Das Baugeschäft Hangleiter hatte damals in jedem der Räume des Untergeschosses an der schmiedeeisernen Vergitterung der Untergeschoßfenster verschließbare Türen anbringen lassen. Diese Einrichtung war zum Heil. Meine Haushälterin Ida trug diesen Schlüssel bei sich und konnte noch eines der großen Untergeschoßfenster als Zugang benützen. Die Situation, die ich mir in jener Nacht vorgestellt hatte, war eingetreten. Das hintere Treppenhaus war durch eine Sprengbombe zerstört und unzugänglich geworden. Mit einigen Arbeitsdienstmännern hat Ida von ihren und meinen Sachen soviel gerettet als eben ging. Durch eine Sprengbombe, die das Nachbarhaus Späth traf und dieses zerstörte, waren jedoch die seit Jahresfrist von den Hausgenossen im Gang des Untergeschosses aufgestellten vielen Kleiderkästen und Schränke durcheinandergeworfen worden, so daß die Bergungsarbeiten sehr erschwert waren. Als gefährdetster Ort des Hauses war mir immer das sogenannte Bügelzimmer am Eck beim Kirschbaum mit seinen vielen großen Fenstern erschienen. Diese Fenster waren zersprungen durch den Luftdruck. Hierdurch hatten die Feuerfunken von den höheren Stockwerken freien Zugang. Von dort aus ist dann der Brand in die übrigen Untergeschoßräume getragen worden. Wasser zum Löschen war nicht da; die Bergungsarbeiten mußten daher bald eingestellt und Haus und Habseligkeiten ihrem Schicksal überlassen

werden. Das Feuer wütete so, daß es nach zwei Stunden auch das nur von einer Sprengbombe getroffene Nachbarhaus Späth in Brand setzte. In der Dillmannstraße sind von den vor dem Weltkrieg gebauten, vielfach sehr großen Einfamilienhäusern die meisten zerstört; übrig sind nur noch: Nr. 1 (Schweitzer), Nr. 3 (Gästehaus der Stadt Stuttgart), das Haus des Reichsarbeitsdienstes und das frühere Schwesternheim. Auch das Haus Otto ist abgebrannt; die Ruine des Hauses Hornschuch ist nochmals ruiniert und die Falkerttreppe völlig zerstört.
Mein Rundgang um die Brandruine erforderte nicht viel Zeit. Die Treppe vom Haustor an der Straße und die Garage ist unversehrt. Ich stieg durch das auch von Ida als Einstieg benutzte Fenster in das einst so große, schöne Zimmer neben dem Heizraum. Darin steht nichts mehr als die Reste einer ausgeglühten eisernen Bettstelle; und so ist's in allen Räumen. Im unversehrten Keller steht noch eine große Kiste, die ich im März 1943 von denselben Packern, die im Juli 1939 die Lifts nach Philadelphia packten,* mit dem kostbarsten Porzellan und dem Bild von Reinhold Nägele [württembergischer Maler] - Maran und Aroser Weißhorn - füllen und zunageln ließ. Den Keller fand ich besenrein und tadellos aufgeräumt. Hoffentlich bringe ich die Kiste heraus, und hoffentlich wird ihr Inhalt nicht noch gestohlen. Ich verließ das Haus auf demselben Weg und besah mir die Rückseite, öde Fensterhöhlen; aber es versöhnte mich, wie ich durch die ausgebrannten Räume meiner eigenen Wohnung im ersten Stock zum blauen Himmel hindurchschaute, daß gerade in diesem Augenblick die immer noch von tausend Staubteilchen angefüllte Luft im Gegenlicht der Herbstsonne wie eine Art Hoffnungsschimmer mir entgegenstrahlte.
Traurig sieht der Kirschbaum aus. Dieser kerngesunde Baum im besten Mannesalter! Wie hat er uns alljährlich erfreut, alljährlich mir früher genossene gemeinschaftliche Freuden an ihm in der Überfülle seiner Blüte ins Gedächtnis zurückgerufen, der Schnee-

---

* *Die Eltern Goldschmidt reisten 1939 mit dem Ziel USA nach England aus, da die Familie ihrer Tochter Marie Luise (Maise) 1935 nach Philadelphia emigriert war. Schwiegersohn Willy Ehrich war dort als Professor an der Universität tätig.*

hazibaum des kleinen Georg. Gewiß war der Anblick des Hauses, der Rundgang durch und um das Haus herum sehr schmerzlich, aber ins Herz schnitt der Anblick dieses versengten, halbverbrannten, verunstalteten, zum völligen Absterben verurteilten Baumes, der in keinem Frühjahr mehr wird blühen und kein Menschenherz mehr mit Freude und neuer Lebenshoffnung erfüllen wird. Mit diesen Gedanken schied ich von der Ruine unseres Hauses. Als ich in der Lateinschule in Schorndorf mit Furcht und Zittern Schillers Glocke auswendig lernte, ahnte ich nicht, daß ich dereinst in so sinnfälliger Weise am Grabe meiner Habe stehen würde. Der süße Trost, daß ich die Häupter meiner Lieben zählen und kein teures Haupt vermissen werde, stand mir nicht zur Seite. Doch wie ich die Dillmannstraße hinaufschritt und nochmals zurückblickte, lag versöhnend und begütigend die stille friedliche Herbstsonne auf ihr und in leichtem Dunst der blaue Himmel über den Ruinen. Ich überdachte das Vergangene, das Gegenwärtige und das Zukünftige, und ich war nicht ohne Mut, nicht ohne Hoffnung und nicht ohne Zuversicht.

Ich sann im Weiterschreiten dem Schicksal des Hauses nach, seines Erbauers, seiner Bewohner, heute allesamt in alle Winde zerstreut. Man fragt nach dem Warum. Nicht um das für den einfachen, schlicht denkenden Menschen natürliche Warum ging mir's - nämlich: Warum ist das Haus 16 zerstört worden, das Nachbarhaus 18 noch erhalten? -, nicht um das Warum, das die Menschen mit der Welt und Gott hadern läßt; nein, nicht diesem kleinen und kleinlichen Warum ging ich nach, sondern der Frage: Ist wie das Schicksal, das dieses Haus der Zerstörung anheimfallen ließ, auch unser Schicksal ein Zufall? Ein Zufall gleich dem, der den britischen Bombenpiloten eine Winzigkeit nach oben oder unten, nach rechts oder links steuern ließ, der ihn die Bomben um den Bruchteil einer Sekunde vorher oder nachher ausklinken und dadurch das Haus treffen ließ? Oder handelt die Menschheit, handeln die Völker nach vorherbestimmten unausweichlichen Befehlen? Steht unser persönliches Schicksal auch unter diesem unausweichlichen Gesetz? Ist es wirklich so, wie es einmal dichterisch ausgedrückt wurde:

Glaubt mir, am ersten Schöpfungstage
ist schon die Schrift bestimmt gewesen,
die in der Dämmerung des jüngsten Tages wird gelesen.

In meine Gedanken trat jener große Zwiespalt: Willensfreiheit des Menschen und sein Ausgeliefertsein an das Schicksal, der durch verstandesmäßiges Sinnen schlechterdings nicht zu überbrücken ist. Dieses Haus, einem Dutzend Angriffen auf Stuttgart hat es standgehalten, dem wohl dreizehnten erlag es. Wird es dir, Menschenkind, auch so ergehen? Durch so vieles schon durchgegangen und durchgekommen. Einmal wird der Hammer auf dich niedersausen, ohne daß du etwas dafür oder dagegen tun kannst. Nichts bleibt einem übrig, als den Trost der Übereinkunft mit dem Schicksal zu wählen. Ich halte mich an Machiavell, gleich großer theoretischer Stratege des menschlichen Lebens wie sein praktischer Taktiker:

„Es ist unumstößlich richtig und die ganze Geschichte bezeugt es, daß die Menschen das Schicksal nur unterstützen, sich ihm aber nicht widersetzen können. Sie können seine Fäden spinnen, nicht aber zerreißen. Doch dürfen sie sich nie selber aufgeben. Da sie die Absicht des Schicksals nicht kennen und dieses auf krummen und unbekannten Pfaden wandelt, so sollen sie immer Hoffnung haben und nie sich selbst aufgeben, in welcher Lage und Not sie auch sein mögen."

Wo ist der Mensch, dem sich bei diesem allgemeinen Unglück nicht die schwersten Gedanken auf die Seele legen? Wohl dem, der sich in dieser Sturmflut von Not und Elend innerlich noch einen Reim zu allem zu machen vermag oder wenigstens sich darum bemüht! -

Einige Tage darauf reiste ich nach Schorndorf. Bunt durcheinander gewürfelt lagen in einem Raum des elterlichen Hauses die Überreste. Es ist wenig, und doch freute ich mich über jedes einzelne Stück, z.B. sehr über das silberne Schälchen mit dem Aufdruck „Magda" und die dazu gehörigen Löffelchen. Die Bilanz ist in kurzen Worten die, daß das Haus und so ziemlich alle Möbel - mit Ausnahme der wenigen am 1. Juli 1943 evakuierten

Stücke - verbrannt sind. Gerettet ist jedoch im wesentlichen der Inhalt der Kleider-, Bücher-, Wäsche- und Weißzeugschränke, der seit ungefähr 20 Monaten schubweise aus Stuttgart herausgeschafft worden ist. Zum Teil habe ich ihn selber im Rucksack herausgeschleppt. Verbrannt ist auch jener, mir in den Jahren 1938 und 1939 schon abgesprochene graue Touristenanzug, auf den Namen „Holzanzug" gehend, der mir trotz vieler Verunglimpfungen, die in Friedenstage zurückreichen, in den Kriegsjahren ein treuer Begleiter auf meinen vielen Wanderungen war. Verbrannt sind auch alle meine Wanderkarten. Ich werde also nicht mehr das Bild des voran - meistens aber hintendrein - schreitenden Wanderers und Wanderführers bieten, der, die Karte in der linken Hand, oft durch Wirrnisse, aber doch zum Ziel führt. Ich tröste mich damit, daß ich mit meinen jetzt 55 Jahren mich damit begnügen kann, die alten bekannten Wege zu gehen und auf Neuentdeckungen zu verzichten. An Auswahl wird mir's trotzdem nicht fehlen.
In den glücklichen Lebensjahren, die mir in dem Jahrzehnt 1920 bis 1930 beschert waren, hatte ich es mir zur Gewohnheit gemacht, die Persönlichkeit, welcher ich als Heimkehrer aus dem Urlaub auf dem Bahnsteig im Stuttgarter Hauptbahnhof als erster begegnete, als Fingerzeig oder als Omen für das neue Berufs- und Arbeitsjahr zu nehmen. War es z.B. ein Richter, so winkte im neuen Jahr viel forensische Tätigkeit, war es ein Mann oder eine Frau des Theaters, so standen die Musen im Vordergrund, wobei es dem Zeitenlauf überlassen blieb, welche der neun Töchter des Zeus und der Mnemosyne das Jahr beherrschte. Selten Melpomene, auch nicht Terpsichore, schon eher Thalia und Polyhymnia. War es ein Gastwirt oder Hotelier, so konnte Bacchus auf Stunden das Jahr regieren, oder das Omen verwies auf Politik usw. Und ein Quentchen Wahrheit lag immer in diesem Vorzeichen eingeschlossen. Als ich im vergangenen Jahr nach dem ersten Aufenthalt in St. Anton, also Ende September 1943, neu gestärkt wieder in Stuttgart eintraf, achtete ich nach langen Jahren wiederum einmal auf die oft bewährte erste Begegnung. Auf dem Bahnsteig traf ich niemand; nicht einmal die Gepäckträger Nr. 3 und 11, die mich so manches Mal in den letzten Jahren begrüßten und

mir die Hände schüttelten, weil ich jetzt niemand mehr hätte, der mich in Stuttgart abhole. An der Bahnsteigsperre stand aber Dr. med. Heinrich Sch. [Schmidt] und mit ihm seine Frau Julie geb. G. [Gabler], die mit mir einst am Sonntag Judika, 29. März 1903, in der Stadtkirche in Schorndorf konfirmiert worden war - Tante meiner Freunde. Sie also geborene Schorndorferin. Er stammt aus Schwäb. Gmünd. Aufs freundlichste wurde ich von ihnen begrüßt, und ich berichtete Konrad über die Begegnung, und wir berieten über die Deutung des diesmaligen Vorzeichens. Ich voraussagte einen Prozeß unter der Familie um deren elterlichen Besitz. Dieser zog auch herauf und nahm mich viele Monate stark in Anspruch. Konrads Gesicht drang tiefer. Im plötzlichen Aufleuchten sprang es von seinem Munde: „Das will etwas ganz anderes bedeuten; wir werden viel in Schorndorf und viel in Schwäb. Gmünd sein. Unser Häusle in der Dillmannstraße wird's verschnellen." Und ehe das Jahr um war, waren wir mit unserer geretteten Habe in Schorndorf, mit Wohnung, Büro und Bahnhofsbuchhandlung in Schwäb. Gmünd. In diesem Jahr 1944 wollten mich die Götter mit einer Vorschau auf das neue Jahr nach dem Urlaub verschonen, denn es gab keine Möglichkeit mehr, in den Hauptbahnhof Stuttgart hineinzufahren. Ein- und Aussteigen in Kornwestheim und Esslingen.
Gemessen an dem Los anderer Ausgebombter haben wir es hier sehr gut. Ein schönes Bürozimmer, ein wunderbares Schlafzimmer, das schon seit 25 Jahren im Hause [May] dienende Fräulein Anna [Fries], die uns umsorgt. In derselben Straße die Johanneskirche, eine der schönsten romanischen Kirchen Deutschlands, und einige Minuten vom Hause entfernt um einige Ecken herum die gotische Heilig-Kreuzkirche. Alles Dinge, die vieles erleichtern und einem dazu verhelfen, daß man wieder mit zwei Füßen auf der Mutter Erde steht. Gleich an einem der ersten Spätsommer- oder besser: Frühherbst-Samstag-Nachmittage wanderte ich zum Hohenrechberg, von Reitprechts aus den sogenannten Prügelweg hinauf und an all meinen so oft photographierten Bäumen - alle miteinander höchst persönliche Bekannte - vorbei zuerst zur Ruine und dann zum Kirchberg. Du kennst meine im Wohnzimmer

in Ravensburg hängende Aufnahme des Standbilds zwischen Buchen im allerersten Frühling. Der Heilige dieses Bildes steht auf dem Bernhardus, oft von mir mit alt und jung erstiegen und besucht. Dort droben stand lange Jahre eine dem heiligen Bernhard von Klärental alias Clairvaux gewidmete Wallfahrtskirche. Sie ist 1727 geweiht, aber wegen dort oben vorgekommener Verstöße am 17. Oktober 1806 entweiht, geschlossen und später abgebrochen worden. Als nach der Schließung der Pfarrer einem Handwerksmann den Auftrag gab, das Gnadenbild des heiligen Bernhard von der Wand herunterzunehmen, zauderte der Biedermann, und erst nach nochmaliger Aufforderung durch den Pfarrer führte er den Befehl mit den Worten aus: „Oh heiliger Bernhard, nimm's mir nicht übel, ich kann nichts dafür." Dieses Gnadenbild wurde alsdann in die Kirche auf dem Hohenrechberg gebracht, und dieses suchte ich auf; denn in diesem Völkerringen hat St. Bernhard, der Rufer zum Streit in den Kreuzzügen, gewiß auch ein Recht, daß man sich an ihn erinnert. Ich überblickte das Leben dieses Mannes, eine beschauliche und gleichzeitig höchst tätige Natur, wie sie sehr selten ist. Diese Vereinigung gab einen guten Zusammenklang. Der ferne Kanonendonner von den Vogesen her begleitete den Abstieg vom Berge.
Stuttgarter gibt es genügend in Schwäb. Gmünd. Das ganze Landeswirtschaftsamt mit einem großen Beamtenstab ist hier versammelt. Er hat sich im Gebäude der Staatlichen Schule für Gehörlose, früher Taubstummenanstalt, niedergelassen. Es traf dort neulich ein Brief ein mit der Adresse: Landeswirtschaftsamt (Gehirnschule). Die Beamten weiteten den Scherz aus und machten hieraus die Adresse: Landeswirtschaftsamt (Schule für Gehirnlose). Selbstironie erscheint mir immer als Empfehlung für den Spötter. Neulich schrieb einer, der auf ein dringendes Gesuch von diesem Amt keine Antwort bekam: An das Taubstummenheim! Das Kultministerium ist in der Heil- und Pflegeanstalt Winnenden untergebracht, das Holzwirtschaftsamt in Aalen, Teile des Wirtschaftsministeriums in Schorndorf und die medizinische Abteilung des Innenministeriums im „Lamm" in Schnait usw. Beruflich führe ich ein recht bewegtes Leben; oft geht's morgens mit

den Zügen um 5 und 6 Uhr fort zu Konferenzen aller möglichen Art. Gestern Nacht, 19./20. Oktober, war wieder ein schwerer Angriff auf Stuttgart.* Gleichzeitig einer auf Nürnberg. Stundenlang überflogen die britischen Bomber die Stadt Gmünd auf dem Hinflug und Rückflug; sie flogen in strömendem Regen in geringer Höhe dahin.
Im Geiste feierte ich heute einen weiteren Geburtstag [von Gerta Maier]. Was würde das Geburtstagskind sagen, wenn sie einen Blick zu uns herein werfen könnte?

Fortsetzung Montag, den 29. Oktober 1944

Also Stuttgart zum dritten Mal (25./26. Juli, 12./13. September, 19./20. Oktober 1944) aufs Schwerste getroffen. Diesmal war es ein Doppelangriff. Zunächst gegen ½ 9 Uhr abends ein Angriff mit Brand- und Sprengbomben und später, als die Menschen, um zu löschen, zu retten und zu bergen, die Stollen verlassen hatten, die Brände entfacht waren und dadurch die Ziele für die Tiefflieger erkennbar waren, ein neuer schwerer Sprengbombenangriff. Kornwestheim, Feuerbach, Cannstatt, Gablenberg, Gaisburg sind die Zentren der neuen Verwüstungen.
Ich war einige Tage nachher ganz kurz in Stuttgart; ich hatte wieder die heute so seltene Gelegenheit, mit dem Auto hinzufahren. Die Remstalbahn begann und endigte in Fellbach; von dort aus war es auch nicht möglich, mit der Straßenbahn hineinzufahren. Bei einer Eisenbahnfahrt hörte ich jemand sagen: „In Schtuegert fährt so rasch kei Straßebahn meh, do hänget d' Gleis auf de Bäum." Es erwies sich diese Aussage als eine wirklichkeitsnahe Kennzeichnung der Verkehrsverhältnisse. Die Fahrt durch Cannstatt bot zur Rechten und zur Linken entsetzliche Bilder der Zerstörungen, und noch schlimmer wird es bei der Weiterfahrt. Die Neckarstraße zerstört bis hinauf zur Ecke Schillerstraße. Auch das Haus Neckarstraße 54, wo ich mir hilfsweise ein Büro einrichten wollte, jetzt so schwer getroffen, daß dieser Plan

* *Der Angriff mit fast 2.500 t abgeworfener Bomben kostete etwa 350 Menschen das Leben.*

unausführbar ist und ich nun beschlossen habe, mich in Stuttgart nicht mehr einzurichten; dabei hängt man an der Stadt in ihrem Unglück noch viel mehr als früher. Wir hatten anschließend in Göppingen zu tun. Ich wollte mir aber nicht nehmen lassen, vorher nach Selmas Besitztum, Albert-Schäffle-Straße 95, zu sehen. Auf der Fahrt über den Eugensbrunnen und die Gerokstraße, einer bisher im wesentlichen noch heilgebliebenen Gegend, traf man nun auch auf viele Schäden.
Statt Selmas Haus fanden wir nur noch eine Brandruine. Das Erdgeschoß im hinteren Teil noch bewohnbar, aber sonst Schutt und Asche. Wie sauer hat sich die Gute von ihrem Gehalt als Angestellte dieses sehr hübsche, modern gebaute Zweifamilienhäuschen erspart! Aber sie trägt den harten Verlust vorbildlich, ohne viel Worte; sie weiß und wir alle wissen es, daß das Materielle dahinsinkt und umsomehr andere Werte in den Vordergrund treten. Onkel Hermanns [Maier-Leibnitz] Haus steht noch, aber seit Monaten hausen sie dort in den schwierigsten Verhältnissen. Ohne Gas auf unübersehbar lange Zeit. Das Wasser müssen sie in Eimern aus dem zusammengestürzten Aborthäuschen bei der Geroksruhe mühselig herbeischleppen. Die Weiterfahrt ging hinunter nach Gablenberg, Gaisburg, Wangen, am Gaswerk, am Wasen vorbei und dann in ein Industriewerk (Daimler) dort unten - ein ununterbrochenes Bild der Zerstörung und nochmals Zerstörung. Mitgenommen war ich bisher nach jedem dieser schweren Angriffe. Dieses Mal habe ich die Stadt aber ernstlich niedergedrückt verlassen. Man schätzt, daß vom ganzen Stuttgarter Stadtgebiet einschließlich der weit herum zerstreuten Vororte nunmehr 70 Prozent ganz zerstört sind.
Der Wagen fuhr uns weiter nach Göppingen. Nach Beendigung unserer Geschäfte konnte ich einen Mittagszug der Expreßlinie Göppingen-Schwäb. Gmünd erreichen, der aber nur bis Wäschenbeuren fuhr. Von dort sind es annähernd 17 km nach Gmünd. Trotz des schönen Herbsttages und obwohl der Gang am Fuße des Aasrückens zwischen Hohenstaufen und Rechberg einher mich lockte, erschien mir der ganze Weg doch zu weit zu Fuß. Ich schlug den goldenen Mittelweg ein und lenkte meine Schritte nach

Lorch (8 km), die Kaiserberge im Rücken, den Blick auf alle die wohlbekannten Höhen nördlich des Remstales, des Welzheimer Walds gerichtet, die einzelnen Dörfer aus dem Gedächtnis wiederholend, immer in Sorge, ich könnte ihre Namen, zum Wandern ohne Karte genötigt, vergessen. Kurz vor Lorch kam ich an einem Lastauto vorbei, das gerade tankte, d.h. Holz nachfeuerte. Die Leute erschienen vertrauenswürdig und noch mehr ich ihnen, nachdem ich ihnen zwei Silbermark zugesteckt hatte, die ich gerade bei mir trug. Ich kam mit ihnen ins Gespräch. Wohin? Wohinaus? Es waren die Leute eines befreundeten Gmünder Mühlenbesitzers, und schon um ½ 3 Uhr nachmittags war ich zu Hause.

Am übernächsten Tag riefen mich wieder Geschäfte ins Filstal nach Faurndau, dem Sitz der Direktion der Württembergischen Notenbank, deren Gebäude in Stuttgart natürlich auch um und um zerstört ist. Gegen 8 Uhr bestieg ich den kombinierten Personen- und Güterzug, Richtung Göppingen, und um 10 Uhr langte ich auf dem Großbahnhof Faurndau-Nord an. In einer außergewöhnlich schwierigen Rechtssache, die mich seit Monaten sehr beschäftigte, war eine eigenartige Sachlage entstanden. Unsere Gegenspielerin, eine große öffentliche Berliner Bank, mit der ich noch vor einigen Monaten heftige Auseinandersetzungen führen mußte, hatte kapituliert und beantragt, mich selbst zu dem heißumkämpften Kommissar einer Firma zu bestellen. Dieser Antrag wurde von den übrigen Beteiligten, mit denen ich bisher in einer Front gekämpft hatte, mit lebhafter Zustimmung aufgenommen, sodaß ich ohne mein Hinzutun, und selbst völlig überrascht, als bevollmächtigter Geschäftsführer die Sitzung verließ. Was tat ich aber hernach? Ich schlug die Einladung zum gemeinsamen Mittagessen aus, nahm meinen morgens mitgenommenen, diskret zur Seite gestellten Rucksack auf den Rücken und marschierte an dem für eine Wanderung wie geschaffenen Herbstnachmittag Richtung Schorndorf. Am Ortsausgang von Faurndau steht ein Wegweiser: Schorndorf 13 km.

(...) Mein Marsch quer über den Schurwald an jenem Oktobernachmittag war übrigens keine reine Lustwanderung. Ich hatte

Grund, mit einer gewissen Beschleunigung mich nach Schorndorf zu begeben. In den Städten und Dörfern außerhalb Stuttgarts gehen zur Zeit die Wohnungskommissionen von Haus zu Haus, um nicht bewohnten, überflüssigen Wohnraum zu beschlagnahmen. Diese Männer erschienen auch in meinem elterlichen Haus, beschlagnahmten dort mehrere Zimmer bei den Mietern. Damit begnügten sie sich nicht. Sie beschlagnahmten auch unser früheres Bügelzimmer, in dem mein und mehrerer Stuttgarter Freunde evakuiertes und gerettetes Hab und Gut aufgestapelt ist, ja sie beschlagnahmten auch die paar Möbel, die ich noch habe, und glaubten, so ein möbliertes Zimmer mit Bett gewonnen zu haben. Also Hilfe für Totalfliegergeschädigte auf einfache Weise, nämlich auf Kosten von Totalfliegergeschädigten. Kannst Dir denken, daß ich diesem so übermütig daherspringenden Amtsschimmel einige Hürden in die Bahn gestellt habe, die er nicht überrennen wird.
Den heutigen Sonntag blieb ich zum erstenmal in Schwäb. Gmünd. Ich machte mit Konrad eine große Fußtour, nicht auf die Höhe der Alb, aber in die Alb hinein: Reiterles-Kapelle. Du kennst diesen malerischen Erdenwinkel zwar nicht vom persönlichen Augenschein, aber vielleicht hast Du ihn von meinen Photographien in Erinnerung oder von dem Aquarell, das im Jahr 1940 unsere netten damaligen Hausgenossen [Ralf und Karin Koal, Angestellte des amerikanischen Generalkonsulats] nach einer Photographie von mir malen ließen und mir schenkten. Dieses Aquarell ruht hier in einem großen Waschkorb.
Die Kapelle hat zu Beginn des vorletzten Jahrhunderts (1717) der Bauer Reiter aus dem knapp unterhalb liegenden Thannweiler gebaut; daher der Name Reiterles-Kapelle. Dieser Bauer befand sich nachts auf dem Heimweg. An der Stelle der heutigen Kapelle erschien ihm der wegen seines schlechten Lebenswandels berüchtigte Freiherr von Roth von dem nahen Schlosse Winzingen. Dieser Bösewicht konnte auch nach seinem Tod nicht zur Ruhe kommen, er mußte als Geist, Holzbrockeler genannt, „gehen". Roth war zu Pferde. Mit seinem Schlachtruf: Potz Zunder und Blitz! war er wie einer aus dem wilden Heer an Reiter vorbeigejagt. Der Bauer erschrak zu Tode, fiel in Ohnmacht und tat, als er

wieder erwachte, das Gelübde, eine Kapelle zur Erlösung des Holzbrockelers zu bauen. Diese Geschichte ist belegt. Ungewiß ist natürlich, ob der Geist ihm erschienen ist. Auf jeden Fall muß Reiter in jener Nacht ein ganz schreckliches Erlebnis gehabt haben, denn bis ein Bauer von Thannweiler in Weilerstoffeln bei Waldstetten das Gelübde ablegt, daß er eine Kapelle erbaue und das Gelübde hält, da muß ihm ein Heidenschreck in die Glieder gefahren sein. Die Seele des Holzbrockelers wurde durch die Kapelle jedoch nicht erlöst. Am Anfang des 19. Jahrhunderts ließ daher der nunmehrige Schloßherr von Winzingen zwölf in der Geisterbeschwörung erfahrene Mönche aus Italien kommen, die in mehrtägigen Sitzungen mit unablässigem Beten dem Holzbrockeler derart einheizten, daß ihm sein kreischendes, zynisches Lachen verging und er schließlich in ein geweihtes Gefäß mit engem Halse schlüpfte. Dieses Gefäß wurde von den Mönchen verschlossen und draußen im Walde in eine Buche eingemauert; der Kerl war nun endlich dingfest gemacht. Die Buche wurde allerdings nach einigen Jahrzehnten durch Blitzschlag gespalten; aber man hat trotzdem von dem Geist nichts mehr verspürt. Alles dies ist historisch, d.h. man weiß natürlich nicht, ob der Holzbrockeler „ging" oder ob sein „Geist" auf Wahngebilden der Bevölkerung beruht. Die Reiterles-Kapelle verdanken wir bestimmt diesen Vorkommnissen. Ja, es gibt zwischen Himmel und Erde mehr Dinge, als unsere Buchweisheit uns ahnen läßt.
Wir beiden Wanderer kehrten nach vielen Gesprächen über Dieses und Jenes mit einem Riesenappetit zurück.

Nachschrift vom 4. November 1944

Die Übertragung meines Briefes auf die Schreibmaschine hat sich verzögert. So kann ich Dir noch einen Gruß aus Ravensburg schicken. Reiste gestern, Freitag 4 Uhr 42 früh, über Göppingen-Ulm hierher und traf pünktlich mit dem Zehnuhrschnellzug ein. Man war in Gmünd bezüglich des „Verreisens" wieder nervöser geworden, nachdem das Ehepaar M. [May] mit den beiden Kindern - von einer Einladung zur Weinlese im Remstal mit dem letzten Zug zurückkehrend - nachts um 10 Uhr (bei Vollmond) das Erlebnis hatte, daß der Zug mit Bordwaffen beschossen wurde (drei Tote im Zug). Deshalb meine sehr frühe Abfahrt; übrigens Voralarm schon um 4 Uhr morgens in Gmünd und um 6 ½ Uhr in Geislingen. Hier erfuhr ich gleich, daß Du nahst, vielleicht schon unterwegs bist, ja, man mag's noch gar nicht aussprechen, zu Zwecken des Studiums beurlaubt bist. Alles freut sich auf Dich.

Schwäb. Gmünd, den 19. November 1944

Vorgestern hatten wir eine junge Frau [Helene Reder] zum Abendessen eingeladen, die Frau eines bekannten und anerkannten Stuttgarter Malers der jüngeren Generation [Alfred Reder], der auch im Felde (Eismeer-Front) steht. Sie ist seit einiger Zeit zum Landeswirtschaftsamt kriegsdienstverpflichtet worden, wo sie als Leiterin der vielverzweigten Registratur tätig ist. Das Amt ist aus Stuttgart hierher verlagert, und so wohnt sie ebenfalls in Gmünd. Sie erwies sich im Lauf des Abends als eine Meisterin der Erzählkunst. Sie gab die Erlebnisse in ihrem Amt zum besten, Erfahrungen mit dem Publikum, Erfahrungen mit den einzelnen Chefs. Und sie verstand es, die komischen Situationen herauszuarbeiten, welche in den Ämtern, denen die Bewirtschaftung der Rohstoffe und der Waren obliegt - d.h. besser gesagt: die Bewirtschaftung des Mangels an Rohstoffen und Waren -, im Winter 1944/45 zwangsläufig entstehen. Wir lachten wirklich Tränen. Ein spät ausgegebener Kaffee half nach. Es kam zu einem längeren Abend. Die Stimmung war nicht ausgelassen, aber zum erstenmal und lang entbehrt waren wir einmal wieder richtig vergnügt. Um 11 Uhr begleitete einer der Herren den fröhlichen und sympathischen Gast in sein weitentferntes Quartier.
Am anderen Vormittag besprachen wir noch die Höhepunkte dieses Abends, als telefoniert wurde, daß Frau Helene R. [Reder], unser lieber Gast vom Tag zuvor, mit der Morgenpost die Nachricht erhalten habe, ihr Mann sei gefallen, bei einem Rückzug hoch oben bei Murmansk von russischen Soldaten erschlagen worden.

Elisabeth nahm sich der Erschütterten an. Diese saß den ganzen Nachmittag und Abend weinend bei uns. Einen krasseren Gegensatz der Stimmung konnte man wohl kaum erleben: humorvolle Bewältigung der Lebenslast und -fülle und plötzlich der schockartige Schmerz über den Tod eines geliebten nächsten Menschen, für welchen es in der ersten Betroffenheit keine Hilfe gibt.

Teil II

DAS ENDE DES DRITTEN REICHES

Tuttlingen, den 14. Dezember 1944

Hotel Ochsen

Zweieinhalb Wochen umfaßt dieser Bericht. Zunächst ein Wochenende in Ravensburg (25. bis 27. November), aus dem beinahe nichts geworden wäre. Am Donnerstag vorher war wegen der militärischen Ereignisse im Elsaß und in Lothringen und des Falls von Straßburg der Deutsche Volkssturm aufgerufen worden. Ich gehöre selbst dem Volkssturm an [als Unteroffizier]; es war vorgesehen, daß ich zusammen mit mehreren hundert Mann abmarschieren sollte. Die Dienstgrade des alten Heeres, selbst die der Wehrmacht, haben keine Geltung. Ich war in jener Nacht beruflich auswärts, und so wurde von meiner Person abgesehen, wie sich überhaupt die Situation im Laufe des folgenden Tages rasch wieder beruhigte und der Volkssturm wieder nach Hause geschickt wurde.

Samstag früh mit dem Zug 5 Uhr 17 nach Aalen, reibungslose, fahrplanmäßige Fahrt. Schon um 10 Uhr vormittags in Ravensburg. Den ganzen November hatte es beinahe unaufhörlich geregnet. Im ganzen Land, und wohin man aus dem Zug blickte, Überschwemmungen. Auch in Ravensburg regnete es Tag und Nacht weiter. Am Montag jedoch schönes Wetter mit Spaziergang nach Schlier. Man atmete wahrlich auf nach der Herz und Gemüt bedrückenden Regenzeit. Dieser Tag war sonst keineswegs heiter. Morgens um 5 Uhr 15 hatte in verhältnismäßig geringer Höhe, über die nahe Schweiz einfliegend, ein Bomberverband die Stadt überflogen, Richtung München; 25 Minuten dauerte der Durchflug. Die Ravensburger waren sehr bestürzt. Offensichtlich ganz schwere Bomber. Wie Güterzuglokomotiven schnaubten sie durch die Luft. Als wir um ½ 1 Uhr mittags auf das Essen warteten, zitterte die ganze Apotheke, klirrten die

Fenster. Unverkennbar ging mit Holtergepolter in der Ferne ein schwerer Bombenteppich nieder. Wie man später erfuhr, hatte ein Tagesangriff auf Offenburg stattgefunden. Noch schwerer war ein Angriff auf Freiburg im Breisgau abends um 8 Uhr, welcher so vielen Menschen [über 2.000] zum Verhängnis wurde. Trotz einer Entfernung von 150 Kilometern Luftlinie erschraken an jenem Abend die Ravensburger so, daß sie sich anschickten, im Luftschutzkeller Schutz zu suchen. Am andern Tag Rückreise mit einem mehrstündigen Aufenthalt in Ulm, wohin mich eine in Reutlingen wohnhafte Klientin zu einer Besprechung ihrer Nöte gebeten hatte. Meine Ratschläge konnten die Frau allerdings bei unserer Aussprache, die sich über das Mittagessen im Deutschen (früher Russischen) Hof hinübererstreckte, nicht mit derselben sichtbaren Wirkung aufrichten wie ein Griff in meine Aktentasche nach Kaffeebohnen und der dann kredenzte vielentbehrte Trank. Die Hotelhalle füllte sich am frühen Nachmittag nach Ankunft der Züge aus Baden mit Obdach und Nahrung begehrenden Reisenden; sie waren dem nächtlichen Bombardement Freiburgs entronnen und soweit gefahren, als der Zug eben ging. Auch auf den Bahnsteigen draußen saßen auf ihren Koffern ganze Familien, alte Männer, Großmütter, Frauen und Kinder, inmitten von Dekken, Mänteln und Bündeln, Leute vom Oberrhein und aus dem Markgräfler Land. Was haben die Bahnsteige von Ulm schon an solcherlei Bildern gesehen seit zwei Jahren, angefangen mit den ersten Bombenflüchtlingen aus dem Rheinland und dem Ruhrgebiet, dann denen von Hamburg, Frankfurt, Mannheim und so fort. Dieses Mal tönen alemannische - stammverwandte - Laute an das Ohr. Im Gegensatz zu den scharf gesprochenen Dialekten der Norddeutschen, welche diese von vornherein selbstsicher erscheinen lassen, klingt die Sprache dieser Leute weicher. Sie unterstreicht ihre Hilflosigkeit, ihre Not greift unmittelbarer ans Herz. Eine neue Gattung an Elenden ist zu der bisher gewohnten getreten. Neben den vor dem Bombenterror Flüchtenden stößt man jetzt auf die Evakuierten aus den geräumten Gebieten. Das sind neue Menschenmassen, die zahlenmäßig noch stärker sind als die in den Städten Ausgebombten, die jeweils nur einen Bruch-

teil der Einwohnerschaft ausmachten. Jetzt sind die Bewohner ganzer Landstriche auf der Fahrt.
In klassischer Weise hat Goethe aus der Heimat vertriebene Menschen auf der Flucht beschrieben. Er sah mit eigenen Augen Elendsbilder, wie sich deutsche Familien vor den vordringenden französischen Revolutionsarmeen in Sicherheit brachten.

„Konnten einzeln erfahren, wie bitter die schmerzliche Flucht sei (...)
Traurig war es zu sehn, die mannigfaltige Habe,
Die ein Haus nur verbirgt (...)
Nun zu sehen das alles, auf mancherlei Wagen und Karren
Durcheinander geladen, mit Übereilung geflüchtet.
Über dem Schranke lieget das Sieb und die wollene Decke;
In dem Backtrog das Bett, und das Leintuch über dem Spiegel.
Ach! Und es nimmt die Gefahr, wie wir beim Brande vor zwanzig
Jahren auch wohl gesehen, dem Menschen alle Besinnung,
Daß er das Unbedeutende faßt, und das Teure zurückläßt."

Fast idyllisch aber erscheint diese Schilderung in „Hermann und Dorothea" gegenüber den Drangsalen der Flüchtlinge des Jahres 1944. Klein ist ihre Habe, der Umfang und das Gewicht bestimmt durch die unausgesprochene, aber von selber gegebene Höchstgrenze: Jeder darf soviel mitnehmen, als er tragen kann. Das ist wenig. Mancher sucht sich zu helfen, er zieht doppelte Wäsche an, zwei, ja drei Mäntel. Neulich sah ich auf einem Bahnhof einen Mann sogar mit zwei Hüten auf dem Kopf, den einen Hut über den anderen gestülpt.
Am späten Abend gelangte ich von Ulm über Aalen nach Gmünd zurück und fand einen Brief meiner alten Freundin Elsbeth [Joerschke] vor, die sich nach 25jähriger Bekanntschaft mit mir entzweit hatte, weil ich ihre längst bestehenden Evakuierungspläne, fort aus Sachsen, heim ins Ländle, nicht mit genügender Tatkraft unterstützt hätte und deshalb schuld an „allem" sei, was über sie komme. Eine Differenz, die ich nicht zu vertreten hatte, beileibe nicht. Was ich geantwortet habe, ich weiß es selbst nicht mehr genau. Jedenfalls hatte mein Brief sie überzeugt, wir sind wieder die alten guten Freunde. Sie schreibt: „Dein langer und guter Brief vom 16. November 1944 kommt mir nicht aus dem

Sinn. Ich lese ihn immer wieder. Du hast in der Tat etwas zu sagen, und nicht nur etwas, sondern das Richtige. (...)"
Gleichzeitig lag ein Brief einer unbekannten Dame, Schwester M. [Meggendorfer] aus Frontenhausen (Vils) Niederbayern vor, die Magda und Georg in der allerersten Zeit drüben in Hut genommen hatte, als sie noch ohne die tägliche Gegenwart der Mutter und ohne deren unmittelbare Fürsorge in dem fremden Land leben mußten. Ein Brief wie aus einer anderen Welt. Die Entfernung ist so groß, die Trennung so scharf, daß dieser Brief und seine Worte mich anmuteten, wie wenn sie von einem anderen Planeten kämen und aus einer Welt der Unwirklichkeit berichteten. Ich antwortete dieser eben aus England heimgekehrten Frau noch in derselben Stunde.*
Am Dienstag, dem 5. Dezember 1944, fuhr ich mit Konrad als Reisebegleiter um 5 Uhr 07 nach Stuttgart. Am Abend vorher hatten schwere Einflüge nach Südwestdeutschland mit Angriffen auf Heilbronn und Karlsruhe stattgefunden. Den Angriff auf Heilbronn hatte man in Gmünd sozusagen miterlebt. Während des Alarms waren wir in den Garten hinausgetreten; man hat deutlich das Aufblitzen der Explosionen im Nordwesten gesehen und die Detonationen gehört. Mit tiefster Sorge dachten wir an alle die Freunde dort.**
Pünktlich kam der Zug kurz vor 7 Uhr in Stuttgart an. Im Licht der halben Scheibe des abnehmenden Mondes fand ich zwischen den Trümmern der Lautenschlagerstraße bis zum Friedrichsbau-Ufapalast hindurch; dort stieß ich auf eine Straßenbahn zum Botnanger Sattel und fuhr zu meinem droben wohnenden Arzt, einem in der Kriegszeit neu gewonnenen Freund. Um ½ 8 Uhr pochte ich an seine Türe. Er war nicht da. Was tun in der Zeit bis 9 ¼ Uhr, um welche Zeit ich einen Gerichtstermin wahrzunehmen hatte? Ich entschloß mich zu einem Gang über die Höhen-

---

* *May Elisabeth Meggendorfer, die in England ein Heim für seelenpflegebedürftige Kinder aufbauen wollte, war als Deutsche in Internierungshaft genommen und 1942 gegen kriegsgefangene englische Offiziere ausgetauscht worden.*

** *Während in Karlsruhe ca. 350 Menschen umkamen, fanden in Heilbronn über 6.500 Menschen im Feuersturm den Tod.*

straße zur Dillmannstraße. Der erwachende Tag stand unter dem Zeichen einer Wetterlage, welche der Meteorologe eine Aufhellung nach Durchzug einer Regenfront nennt. (...) Unterwegs kamen mir die Menschen entgegen, die sich zur Arbeit bzw. zu der nahen Straßenbahnhaltestelle begaben. Es fiel mir eine Stelle aus dem Schulaufsatz „Mein Schulweg" der achtjährigen, damals schon erstaunlich stilsicheren Magda ein: „Geschäftsleute hasten an mir vorüber." Von einem Hasten allerdings ist kaum mehr zu sprechen. Die Berufstätigen des Winters 1944 - gehemmt durch Sorgen und Nöte, gehemmt durch tausenderlei Verdrießlichkeiten, die der Alltag in einer Ruinenstadt den Menschen aufbürdet, gehemmt in der Ausübung jeglichen Berufs - sind müde, ihre Spannkraft ist dahin, sie machen den Eindruck, als ob ihnen ein lebenswichtiges Organ genommen sei. An jenem Morgen erschienen ihre Gesichter noch fahler. Es lag auf ihnen der Widerschein der eben aufgehenden Sonne, des eben verlöschenden Lichts des Mondes und der Schimmer der Morgenröte, der sich über das Stuttgarter Tal auszubreiten begann.

Die Straßen, die ich durchschritt, und die ganze Gegend dort oben sind noch wenig versehrt. Nur hie und da ist das eine oder andere der Einfamilienhäuser herausgeschlagen. Auf dem Dach des sehr mitgenommenen Blindenheims steht eine Kiefer. Man denkt zunächst an ein Richtfest. Nein, das trifft nicht zu. Eine schwere Sprengbombe hat den Baum entwurzelt und vom Kräherwald hier heraufgeschleudert. An einer Garage im westlichen Teil der Hauptmannsreute steht das Firmenplakat „Kreuser'sche Apotheke", und es strahlt Licht aus einem der Garagenfenster. Durch dieses Fenster ist ein Ofenrohr geleitet, aus dem es, anheimelnde Wärme verkündend, herausraucht. (...) Am Ende der Hauptmannsreute nehmen die Schäden zu. An einigen Häusern stehen Tafeln: „Das Haus ist bewohnt." Diese Aufschrift will besagen: Laßt euch durch den äußeren Eindruck nicht verblüffen. Obwohl es zerstört ist, haben wir eine Ecke, einen Winkel gefunden, der für uns eine Bleibe ist, den wir dem gefürchteten Zusammenhausen mit einer anderen Familie vorziehen. Ecke Hauptmannsreute-Lenzhalde steht noch unbeschädigt das große Haus Lenz-

halde 20, das in den Jahren 1920 bis 1925 meine Junggesellenwohnung „Zur roten Ampel" barg. Von diesem Haus die Lenzhalde abwärts ist links und rechts alles weggefegt. Der große Hausmann'sche Garten ist eine Wüstenei. Ecke Lenzhalde und Azenbergstraße liegt ein Riesensprengtrichter. Die Straßenbahnschienen hat es von hier aus zum Herdweg hinunter Ecke Dillmannstraße über die Gäubahn hinweggeschleudert.
Gegen 9 Uhr war ich am Justizgebäude, vielmehr dort, wo dieses einst stand. Sein repräsentativer Teil, insbesondere der Teil, in dem das Landgericht und das Oberlandesgericht untergebracht war, ist ganz zerstört. Hoch thronten einst über ihm die beiden Göttinnen der Gerechtigkeit, die mit der Waage und die mit dem Schwert. Die Justitia mit den verbundenen Augen und der Waage liegt zerschmettert unten auf der Urbanstraße, wo sie den Verkehr hindert. Die Justitia mit dem Schwert hat den Kopf eingebüßt, steht jedoch noch an ihrem Platz. Ist durch diesen Gewaltakt der Jahrtausende alte Prozeß, den die beiden Sinn- und Standbilder der Justitia um den Vorrang führen, endgültig zugunsten der Justitia mit dem Schwert entschieden worden? Recht wird gesprochen in kleinen, notdürftig geheizten Zimmern mit behelfsmäßig geflickten Türen und Fenstern in der Ecke Ulrichstraße-Olgastraße; nicht gerade mit Grausen, aber doch mit Wehmut wendet man sich auch von diesem Ort. Wenn man sich die hohen Säle des Justizgebäudes, die weiträumigen Gänge, die breiten Treppenaufgänge in das Gedächtnis zurückruft, so wird auch an diesem Beispiel klar, daß viele Dinge in ihrem Wert erst geschätzt werden, wenn sie verloren gegangen sind.
Den weiteren Vormittag mußte ich dem Arbeitsamt widmen. In gleicher Weise wie eine Anzahl von Richtern, Rechtsanwälten usw. hatte auch ich [am 27.11.] eine Vorladung bekommen; ich mußte mich als sogenannter T.K.-Mann, d.h. zum totalen Kriegseinsatz bestimmt, dort melden. Es war möglich, mich vor dem Los, z.B. als Packer bei Daimler-Benz in Untertürkheim eingesetzt zu werden, zu bewahren.*

---

* *Otto May hatte ihn erfolgreich für die Collis Metallwerke angefordert, wo er bis zum Ende des Krieges als Rechtsberater tätig war.*

Schon waren beunruhigende Gerüchte über die Zerstörung Heilbronns im Umlauf. Nach solchen Nächten ist eine Verbindung mit den Bewohnern der schwer heimgesuchten Städte wie abgeschnitten. Schon die Aufrechterhaltung des allerdringendsten Telefonverkehrs macht Schwierigkeiten; dieser ist auf einen Zeitraum von vielen Tagen der Wehrmacht und den Behörden vorbehalten und für den Zivilverkehr gesperrt. Post kommt keine herein und keine geht hinaus. Man kann nichts anderes tun, als warten und sich damit beruhigen, daß sehr schlechte Nachrichten rasch reisen. Man hörte unverbindlich, daß von den 80.000 Einwohnern 55.000 obdachlos geworden seien. Natürlich machten wir, d.h. Selma und ich, in unseren Telefongesprächen uns Sorgen um unsere in Heilbronn wohnende Schwester Hedwig [Blank].
Am Freitag, den 8. Dezember 1944 abends, löste endlich ein Telefonanruf von Ravensburg die Spannung: Hedwig und ihre Tochter Ruth sind unversehrt, sie sind soeben in Ravensburg angekommen; Wohnung, Hab und Gut aber sind restlos verbrannt. Es kam auch andern Tags an mich eine Postkarte mit dem Poststempel Weinsberg und darauf mit Bleistift geschrieben: „Nun hat mich dasselbe Schicksal getroffen wie Dich. Alles ist verloren. Ruth und ich konnten mit Mühe und Not das nackte Leben retten. Wir wanderten in der Nacht nach Weinsberg, wo wir bei einem Weingärtner Unterkunft fanden."
Der nächste Tag brachte am Vormittag eine Reise nach Schorndorf, welche dem Zweck diente, im Elternhause ein Zimmerchen im Erdgeschoß zu einer Notküche und ein Zimmer zu einem Wohnzimmer - vorläufig für meine Haushälterin bestimmt - umzugestalten. Der Ofen für das Wohnzimmer war da, aber er mußte versetzt werden, der Herd war gekauft, aber er stand in Untertürkheim. Einen Ofen von einem Raum in den anderen zu versetzen, einen Herd von Untertürkheim nach Schorndorf zu bringen, das ist ein Unternehmen, das kaum zu bewältigen ist. Dazu noch den Hafner, den Flaschner, den Sattler und Tapezierer, den Malermeister zu alarmieren und mehr zu bekommen als ein Versprechen. Es sind dies Gänge, die einem schwerfallen und unerfreulich sind für beide Teile. Für mich bedeutete der Rund-

gang von der Höllgasse zur Neuen Straße, von der Neuen Straße zur Unteren Hauptstraße das Wiedersehen mit Dingen, das Wiederbegegnen mit Menschen, die ich während 30, 40 Jahren aus dem Auge verloren hatte. Die Kindheits- und Jugendtage mit all ihren menschlichen Beziehungen wurden in freundlicher Weise wieder lebendig. Doch ist es natürlich so, daß aus alter Bekanntschaft und gutem Willen sich kein Ofenrohr formen läßt, wenn es nicht da ist.

Es war ein schöner, heiterer, sonnenerfüllter Samstag geworden. Um die Mittagszeit brausten große Bomberstaffeln hoch über dem Remstal dahin. Sie zogen ihre weißen Kondensschweife hinter sich her; die viermotorigen Bomber in vierfachen Streifen, die Jagdbomber in einem einzigen Strich, der mit dem Flugzeugkörper in eins zusammenfloß und den Jägern das Aussehen von überschlanken und überlangen Haifischen gab. Und von unten aus den Winkeln und Gassen des alten Städtchens blickten ohnmächtig die Schorndorfer zum Himmel und beguckten sich dies alles, wie wenn es ein Schauspiel wäre. Auch diese Zeit bildet Laiensachverständige aus, die kostenlos ihre Kommentare geben zu den Vorgängen hoch droben in der Luft. Die Bomber suchten lohnendere Ziele, die Jäger flitzten jedoch herab und schossen die Lokomotiven der gerade verkehrenden Züge ab, um dann weiter ihre Kreise um die Bomberstaffeln zu ziehen.

Die darauffolgende Woche brachte eine Reise nach Tuttlingen bei naßkaltem Wetter. Es galt zunächst, den sichersten Weg zu erkunden. Sachverständige rieten: Schwäb. Gmünd, Göppingen, Ulm, Tuttlingen. Einschließlich eines zweieinhalbstündigen Aufenthalts, Wartens und Herumstehens in der Zugluft des Ulmer Bahnhofs brauchte ich 11 Stunden, also den Zeitraum einer Reise von Stuttgart nach Berlin in Friedenszeiten. Von den prächtigen Landschaftsbildern, welche die Fahrt durch das Donautal bietet, war nichts zu erhaschen. Ich sah zwar im Abendlicht das Sigmaringer Schloß, imposant wie immer, und auf ihm, als dem Amtssitz und der Wohnung von Marschall Pétain, die Trikolore,* aber

---

* *Sigmaringen war nach dem Vormarsch der Alliierten seit 1944 Sitz der französischen Kollaborationsregierung (Vichy-Regierung) unter Marschall Pétain.*

die ferneren Schönheiten des Tals, Werenwag, Wildenstein, Beuron, sie blieben verborgen, verhüllt in dem Nebel jenes grauen Dezembernachmittags, auf den sich früh die Dämmerung herabsenkte. Die Nacht war hereingebrochen, als ich mein Ziel erreicht hatte. Der lange Weg vom Tuttlinger Bahnhof bis zum Hotel war schwer zu bewältigen. Die Straße war blitzblank vor Glatteis. Schließlich machte meine Unterbringung Schwierigkeiten. Aber wie so oft im Leben: Die augenblicklichen Sorgen lichteten sich, alles kam ins Lot, und ich saß noch einige Stunden in gemütlicher Aussprache mit den Verhandlungsgegnern des anderen Tags, den Preisprüfungsspezialisten des Reichsluftfahrt-Ministeriums, zusammen. Als ich das Lokal betrat, sprang einer von ihnen, ein mir bis dahin unbekannter, offensichtlich sehr temperamentvoller Herr auf und begrüßte mich mit den Worten: „Diesen Dr. Maier kennen wir schon. Wir haben ihn uns zwei Stunden lang auf dem Bahnhof Ulm angesehen mit seinem Winterkleppermantel und von Qualität strotzenden Norwegerrucksack, der wetterfesteste Passagier unter den vorhandenen Reisenden. Wir wollten ihn eigentlich fragen, in welchem Laden im sechsten Kriegsjahr noch solche Bekleidungs- und Ausrüstungsgegenstände zu kaufen sind." Ich wiegelte ab, legte mein bitteres Los als Totalfliegergeschädigter dar und setzte den Herren auseinander, daß ich diese Sachen seit langem schon besitze und sie einst erworben habe, „um einem dringenden Bedürfnis abzuhelfen."

Diese persönliche Begegnung am Vorabend trug dazu bei, die Berufsarbeit des andern Tags zu erleichtern. Es ging um den neuerstandenen Zweig des Wirtschaftsrechts „Preisrecht, Unterabteilung Preisprüfung", eine Geheimwissenschaft der Kriegsjahre, in die ich mich auch eingearbeitet hatte. Sie wollten drei Millionen, und wir einigten uns auf eine Million. Und als ich die hierüber errichtete Urkunde am anderen Tag spät abends unterzeichnete, überdachte ich die Größenordnungen, in denen sich heutzutage selbst Firmen nur geringer Größe bewegen, und die Aufgaben, die entstehen, wenn es gelten wird, diese Firmen wieder auf Friedensumsätze zurückzuführen.

Schwäb. Gmünd, den 16. Dezember 1944

Am dritten Tag war ich auf demselben Weg, den ich gekommen war, nach wiederum 11stündiger Reise wieder zu Hause, d.h. in Schwäb. Gmünd. Auf der Hin- und Rückfahrt nach Tuttlingen hatte ich ein Buch mittleren Umfangs begonnen und zu Ende gelesen: Bruno H. Bürgel „Saat und Ernte, Gedanken über Leben und Tod". Ein Buch, das mich fesselte; keines von den ganz schweren Büchern, wie ich sie seit Jahren lese. Das Leben kommt in ihm zu seinem Recht und in gleicher Weise der Tod. Aber dieser hat den Vorrang, denn er beeindruckt die Menschen doch noch mehr als das Leben, vollends im Dezember 1944. Ich notierte mir zwei Zitate. Zuerst das dunkeldüstere Wort Shakespeares:

„Sterben - schlafen -
Schlafen! Vielleicht auch träumen!"

[aus: „Hamlet"]

Und demgegenüber das freie, befreiende Wort Schillers:

„Mit dem Geschick in hoher Einigkeit,
gelassen hingestützt auf Grazien und Musen,
empfange das Geschoß, das Dich bedräut,
mit freundlich dargebotnem Busen
vom sanften Bogen der Notwendigkeit." *

[aus „Die Künstler"]

Allerdings so schön, „hingestützt auf Grazien und Musen" sterben die Menschen heutigentags nicht. Das Erleben der gegenwärtigen Zeitläufte gibt Shakespeare recht.
Ich vermißte in dem Buch die von mir in den letzten Jahren immer wieder gelesenen Schlußworte, die Sokrates nach seiner Verurteilung zu seinen Richtern gesprochen hat:

„Doch nun genug, die Zeit ist da, um fortzugehen, für mich in den Tod, für Euch in das Leben: Wer von uns beiden zu einem besseren Geschick geht, ist niemandem offenbar als der Gottheit."

---

* *Die dritte Zeile wurde von RM wohl bewußt verändert, im Original heißt es: „empfängt er das Geschoß, das ihn bedräut".*

Nach beinahe sechs Wochen nassen, kalten, nach einer Aufheiterung immer wieder rückfälligen Wetters strahlt die Sonne über der Stadt Gmünd. Sonnenflecken bedecken am Vormittag eine Viertelstunde lang den Schreibtisch in meinem Arbeitszimmer, und ich beschließe einen Gang auf die Alb gleich mit Büroschluß. Die Sirene „Voralarm“ gibt mir um 11 ¾ Uhr die Veranlassung, rasch aufzubrechen. Ich befürchtete für den Fall des Alarms Hinderungen für den Wanderer durch übereifrige Luftschutzwarte, die den zu den Toren der Stadt Eilenden in einen Luftschutzraum zwingen wollen, der überdies im Ernstfall zur Mausefalle werden kann. Die Schwaben sind gründliche Leute, die Anordnungen werden durchgeführt.
Doch der Vollalarm läßt auf sich warten. Ich hatte schon Waldstetten erreicht, als er ertönte. Unangefochten konnte ich das langgestreckte Dorf passieren und an seinem Ende in den Fußweg zum Stuifen einbiegen. Bald lag das Dorf hinter und unter mir. Motorengeräusche wurden hörbar, aber mit dem Auge war nichts zu erkennen als einige verwehende, über dem Remstal abgelassene Rauchbomben. Kurz darauf erschien eine Bomberstaffel Kurs Ost. Ich schritt weiter und war gerade an einer Stelle mit freiem Rundblick angelangt, als die rückfliegenden Bomberstaffeln sichtbar wurden, im Sonnenlicht glänzend, Hunderte silberner Vögel. Richtung West-Südwest, von meinem Blickpunkt aus gerade auf den Hohenstaufen zu und über ihn hinwegfliegend. Ein blauer Himmel breitete sich über diesem allem. Eine warme Dezembersonne lag über der Landschaft. Sie erwärmte den Wanderer, der die Woche über in kalten Zugabteilen, auf naßkalten, windigen Bahnsteigen, in kühlen Wirtschaftslokalen jämmerlich hatte frieren müssen. Nach einer halben Stunde langsamen Anstiegs gelangte ich an die aussichtsreiche Vorhöhe, die dem eigentlichen Stuifen ostwärts vorgelagert ist. Man passiert sie auf dem Weg zum Kalten Feld, den ich mit lieben guten Freunden und Menschen schon so oft gegangen bin - seit vierzig Jahren, wie ich mir im gedankenvollen Dahinschreiten ausrechnete. Der Weg zur Höhe (757 m ü. d. M.) führte über Schnee und war in einigen Minuten bezwungen. Bald war ich an der bekannten westlichen Vorhöhe mit dem

unvergleichlichen Blick nach Norden, Westen und Süden. Die Sonne des späten Nachmittags überflutete die Landschaft mit rötlich-goldenen Strahlen. Wie ist die Welt so schön! Obwohl kein Wandergefährte um mich war, sprach ich diese Worte unwillkürlich aus. So eindrucksvoll wirkte dieses Landschaftsbild in seiner Beleuchtung durch die schon sich neigende Sonne, die vor der Winterwende stand. Mit dem Auge suchte ich alle meine lieben Bäume auf: die Linden bei Wißgoldingen, die Linde am Stollenhof, die beim Bühlhof, die am Westende des Aasrückens am Fuß des Hohenstaufens, und auch die Ruinen und Burgen: Hohenrechberg, Staufeneck, Ramsberg und Scharfenschloß. Es beruhigte, daß in diesem Jahr tausendfältiger Zerstörung alle noch da waren und die ganze Schwabenalb dazu. An dem Steinbruch, der oft durchforschten Fundstelle von Ammoniten, Belemniten und Terebrateln vorbei, stieg ich über leicht gefrorene Weiden und Wiesen ab, auf Fußpfaden oder auch weglos. In dem freundlichen Gasthaus mit Bäckerei in Rechberg-Vorderweiler, (...) holte ich bei Leberkäs, Brötchen und Most das Mittagessen nach und nahm gleichzeitig das Abendessen vorweg. Die alten Wirtsleute klagten mir ihr Herzeleid um ihren in Bessarabien vermißten Sohn und Nachfolger, die Mutter mit Tränen. Es ist das Wirtshaus, wo noch im Jahre 1944 der Gast mit den Worten: „Besuchen Sie uns bald wieder!“ verabschiedet wird. Meine Wanderlust war noch nicht ganz befriedigt. Auf bequemen Sträßchen stieg ich noch zur Ruine Rechberg empor, wohin die untergehende Sonne ihre letzten Strahlen sandte. Eine verhältnismäßig junge Ruine. Die Burg Rechberg wurde bei einem Wintergewitter am Dreikönigstag (...) 1865 von einem Blitzstrahl getroffen und brannte ab. Heute dient sie einem Förster als Wohnung. Warum hat die standesherrliche Familie ihre Stammburg nicht wieder aufgebaut? Faute d'argent, nehme ich an. Das galt damals, galt in all den achtzig Jahren seither und wird weiter gelten.

Von dort oben ging es in die beginnende Dämmerung hinein dem Aasrücken zu, zuerst links und rechts an jenen Feldern und Wiesen vorbei, an denen sich, um einen Vordergrund für das Bild der Hohenstaufenlandschaft zu schaffen, schon Zeichner und

Maler wie Hollenberg, Strich-Chapell und Reinhold Nägele versucht haben. Vorbei an dem Apfelbaum, dessen weitausladende Zweige den Hohenstaufen im Hintergrund so wirkungsvoll einrahmen, mit darunter stehender Magda in verschiedenen Lebensjahren einst festgehalten. Doch einer der Hauptzweige ist abgebrochen, er hängt nach unten, das Ebenmaß ist gestört. Ich mußte über mich selbst lächeln; denn sicherlich blieb es mir allein von allen Schwaben und Hohenstaufenwanderern vorbehalten, in dieser Zeit einer abrollenden Weltzerstörung das Fehlen eines Astes an einem Apfelbaum auf dem fernen, einsamen Aasrücken zu beachten. Die Haare auf eurem Haupte sind alle gezählt. (...) Im Walde, der mich bald darauf aufnahm, wurde es rasch so dunkel, daß ich auf den Weg sehr achten mußte. Der Kanonendonner aus dem Westen nahm zu. Die Artillerie schoß anscheinend den „Abendsegen", wie es in der Soldatensprache des ersten Weltkriegs hieß. In dem nächtlichen Wald und in der völligen Einsamkeit kam mir das Prophetenwort Jeremia 22, 29 in den Sinn: „O Land, Land, Land, höre des Herren Wort!"
Vor dem Hinaustreten zur Gmünd-Göppinger Landstraße, die von hier auf dem Grat des Aasrückens verläuft und mit ihrer Apfelbaumallee dieses Verbindungsstück des Rechbergs mit dem Hohenstaufen zu einer weithin sichtbaren Landmarke macht, tat sich nochmals ein eindrucksvolles Bild auf. Genau im Westen, nur noch in seinen Umrissen sichtbar, der formvollendete, in seiner Spitze leicht abgeplattete Kegel des Hohenstaufens, hineingestellt in den letzten Lichtschein des nunmehr erloschenen Tages. Viele Stunden hatte ich bei meinem Gang immer nach Westen den Nachmittag zum Abend, den Abend zur Nacht begleitet. Volle Dunkelheit war nun eingetreten. Auf einem Fußweg erreichte ich nach einer Viertelstunde die Haltestelle. Gegen Norden unter den drei Deichselsternen des Großen Bären zeigte der Himmel einen rötlich-hellen Lichtschein, der ferne Widerschein eines Großbrandes, den die amerikanischen Bomber am Nachmittag entfacht hatten. In einem überfüllten Zug fand ich noch einen Sitzplatz. Die Mitreisenden, selbst die Nebensitzer, waren nicht erkennbar; denn in diesem Winter gibt es keine Beleuchtung der Eisenbahnabteile. Überall

stieß man an Koffer und Bündel. Dieses Mal Flüchtlinge aus Karlsruhe. Seit Donnerstag steht diese Stadt unter Artilleriebeschuß; sie wird nunmehr geräumt, nachdem seit der schweren Zerstörung in der Nacht vom 4./5. Dezember, die auch für Heilbronn die Katastrophe gebracht hat, die Bevölkerung freiwillig zu weichen begann.

Schwäb. Gmünd, den 19. Dezember 1944

Ein ruhiger Sonntag folgte, Sonntagnachmittag-Spaziergang wie ein echter und gerechter Bürger nach Oberbettringen mit Elisabeth und Konrad. Aussicht auf die ganze Gmünder Alb und die Landschaft, durch die mich die Fußtour des Vortages geführt hatte.
Ich lese Lewalter: „Waterloo“. Der Verfasser stellt seiner Schilderung von Napoleons Geschicken zwischen Elba und Waterloo das Gespräch voraus, das am 11. März 1828 Goethe mit Eckermann führte:

„Jeder außerordentliche Mensch hat eine gewisse Sendung, die er zu vollführen berufen ist. Hat er sie vollbracht, so ist er auf Erden in dieser Gestalt nicht weiter vonnöten und die Vorsehung verwendet ihn wieder zu was anderem. Da aber hienieden alles auf natürlichem Wege geschieht, so stellen die Dämonen ein Bein nach dem anderen. So ging es Napoleon und vielen anderen.“

In den frühen und späten Abendstunden große Durchflüge schwerer und schwerster Bomber. Widerschein der Explosionen genau zwischen Stuifen und Rechberg. Wir legen das Lineal auf die Karte und visieren von Gmünd aus durch die Lücke dieser beiden Berge und kommen haarscharf in einer Entfernung von 50 km Luftlinie auf Ulm. Außerdem schwerer Angriff auf München. Nur langsam dringen bestimmtere Nachrichten durch. Heute, Dienstag früh, Anruf eines Freundes: „Ich war gestern in Ulm. Es steht in der Innenstadt kaum mehr ein Haus. Ich habe solche Zerstörungen selbst in Stuttgart und Friedrichshafen nicht gesehen. Das Münster, zwar durch einige Sprengbomben beschädigt, ist erhalten.“ [Der Angriff kostete 600 Menschen das

Leben.] Also vom Frühjahr ab nach Stuttgart Heilbronn, nach Heilbronn Ulm, nachdem vor diesen drei Städten Friedrichshafen schon zerstört worden ist. Wie und in welchem Tempo wird es weitergehen? Wann werden wir Evakuierten weiter evakuiert werden?

Ravensburg, den 23. Dezember 1944

Seit Sonntagabend durch den Ausfall von Ulm Telefonverbindung mit Ravensburg abgeschnitten, desgleichen die Postverbindung. Bahnverkehr sehr erschwert. Wo verbringe ich Weihnachten? Am Mittwochabend ergibt sich im Laufe beruflicher Besprechungen die Möglichkeit einer Autofahrt von Göppingen bis Ravensburg. Verbringe den Abend mit Konrad, der wegen neuer Gefahren schwer deprimiert ist.*
Donnerstag gegen 8 Uhr mit Bimmelbähnchen nach Göppingen. Kurz nach 12 Uhr Abfahrt von Göppingen in noch gutem Wagen. Langsames vorsichtiges Fahren erweist sich wegen Glatteis als notwendig. Von der halben Höhe der Geislinger Steige ab kommen wir in die Region des Rauhreifs. Zwei Kilometer vor Ulm die ersten Anzeichen einer zerstörten Stadt: wasserholende, wasser-tragende, wasserführende Menschen, Mühselige und Beladene! Mit dem eigentlichen Stadtkern fangen die Zerstörungen an, die immer schlimmer werden. Ganz schwer sind die Gleisanlagen der Einfahrt von Stuttgart her getroffen. Sie sind besät von verbrannten, nicht verbrannten, aus den Gleisen hoch im Bogen geworfenen Eisenbahnwagen. Das Häusergeviert, das den Bahnhofsvorplatz umsäumte, ist niedergelegt. Zunächst das Bahnhofsgebäude selbst, dann der Deutsche Hof, das Münster-Hotel, das Bahnhof-Hotel, die Reichspost. Eine Woche vorher war ich noch im Deutschen Hof gesessen, und beim Verlassen hatte ich festge-

---

* *Aufgrund seiner jüdischen Abstammung war Konrad Wittwer von der Deportation in das Lager Wolfenbüttel bedroht. Mit Hilfe seines Bundesbruders Hugo Bühler gelang es, ihn in dem von der Firma Robert Bosch eigens zum Schutz der jüdischen Mitarbeiter gegründeten Sortier- und Zerlegebetrieb unterzubringen. Hier arbeitete er bis kurz vor Kriegsende.*

stellt, daß man dort wieder ganz gut aufgehoben war, und mich auf ein Wiederkommen gefreut. Von dem Bahnhofsvorplatz bis zum Münster ungehinderter Blick. Alle Häuser dazwischen sind niedergelegt. Um so imposanter wirkt das beinahe nicht beschädigte Münster. Es erhebt sich nun nicht mehr allein mit seinem Turm über die Stadt, sondern der ganze riesige Münsterbau ist freigelegt und überragt die Trümmer der Stadt zu seinen Füßen. Um 4 Uhr Ankunft in Ravensburg. „Die Apotheke ist Donnerstagnachmittag geschlossen." Im Besitz des Hausschlüssels kann ich selbst öffnen und unangemeldet bis zum Wohnzimmer vordringen, wo ich Selma über ihren Geschäftsbüchern erblicke. Der Autofreund wird rasch noch mit dem Nötigsten aus der Apotheke versehen, und er fährt weiter nach Lindau und von dort mit der Bahn nach St. Anton. Lange Gespräche mit Selma, Hedwig und deren Tochter Ruth. Thema ist die Katastrophe von Heilbronn mit ihren entsetzlichen Menschenverlusten. Selma hat den beiden im Neubau den großen Büroraum sehr freundlich ausgestattet, so daß sie sich wohlfühlen können. Mittagessen und Abendessen gemeinsam, Frühstück für sich. Die ältere Tochter Marliese, Diplom-Dolmetscherin im Auswärtigen Amt in Berlin, kann erst nach den Feiertagen kommen, da es ihr obliegt, die Weihnachtsansprache des Papstes vom Italienischen ins Deutsche zu übersetzen. Sie ist verlobt, ihr Bräutigam steht, obwohl schon kriegsversehrt, als Unteroffizier an der Ostfront, im Zivilberuf badischer Gerichtsassessor. Sie hat das Pech, daß ihre Aussteuer verbrannt ist, ja sie hatte ihre wertvolleren Sachen von Berlin wegen der dortigen Fliegergefahr nach Heilbronn und damit erst recht in die Flammen hineingesandt.

Freitag allein hinauf auf die Höhe. Beim Rückweg statte ich dem hochgelegenen Kirchhof von St. Christina einen Besuch ab. Birkenkreuz an Birkenkreuz. Wieviel tüchtige junge Männer hat nach den Aufschriften allein das Jahr 1944 aus diesem kleinen Kirchsprengel gefordert! Tags zuvor hatte sich Wolfgang für einen kurzfristigen Weihnachtsurlaub telefonisch angekündigt; er wurde für Freitag spät nachts erwartet. Ankunftszeiten der Züge aber unverbindlich. Als ich morgens aufstand, dachte ich: Nun hast du

Wolf doch nicht kommen gehört. Lautlos zog ich mich an, um den schlafenden Urlauber nebenan nicht zu wecken. Schließlich wurde mir die Stille unheimlich, und sachte öffnete ich die Türe. Das Bett leer und unberührt. Tante Selma war schon besorgt. Ich vermutete, daß er nicht durchgekommen sei und mit dem ersten Zug, entsprechend verspätet, noch anlange. Und so war es auch. Wir saßen nach dem Frühstück noch etwas beieinander, als der Urlauber eintrat. Unten Zivilist (Straßenschuhe und grünlich-graue Zivilhose, rotkariertes Hemd mit Kragen), oben Unteroffizier mit dem E.K. II. „Sie bleiben selbst in der Uniform noch Zivilist." Hierauf eine drastische Schilderung seiner Herfahrt mit unfreiwilliger Übernachtung in irgend einem Wartesaal.

Ravensburg, am 2. Weihnachtsfeiertag

Drei Sonntage und drei Sonnentage hintereinander. Gesundes, kräftiges Winterwetter, von uns genützt zu den so sehr geliebten Spaziergängen: 2 ½ bis 3stündig und rechtzeitig zurück - zum Mittagessen, das diese Pünktlichkeit auch belohnte.
Am Mittag und Nachmittag des Heiligen Abends große Bewegung in der Luft. Noch in der Abendstunde, also in der Stunde des Heiligen Abends selbst, Alarm an Alarm bzw. Luftlagemeldungen über starke Einflüge. Währenddem wir beim Mittagessen saßen, tat's ein paar Mal hintereinander fürchterliche Kracher, zweifellos einschlagende Bomben. Es lupfte einen buchstäblich vom Stuhl. Die Damen schicken sich an, in den Keller zu flüchten. Die Männer halten jedoch die Genüsse der Tafel fest. Wolf sagt trocken: „Erst essen, dann sterben." Wie sich herausstellt, wurde die 16 km in der Luftlinie entfernte Eisenbahnbrücke über die Argen bei Langenargen angegriffen.
Abends um 6 Uhr Weihnachtsfeier. Kleiner gewordener Gabentisch. Selmas frühzeitig abgesandte Geschenke für Hedwig und Ruth sind in Heilbronn verbrannt. Hedwigs Weihnachtsarbeiten für Selma, Wolf und mich ebenfalls. Ich zähle an der Hand: 1939, 1940, 1941, 1942, 1943, 1944 und komme auf sechs Weihnachten, welche wir durch eine feindliche Welt getrennt feiern müssen. Die Zeit wird lang, sehr lang.

Ich erhielt einen Brief von Schwester M. [Meggendorfer] aus Frontenhausen: „Wenn ich mich jetzt in der Weihnachtszeit genau um fünf Jahre in Gedanken zurückversetze, steigen mir allerlei schöne Bilder auf. Das eine war, als Gerta und ich am Weihnachtsabend einsam um Mitternacht über verschneite Felder in die W.-School* zur Weihnachtshandlung gingen. Mögen Sie in Gedanken an Ihre Lieben ein paar friedliche Weihnachtsstunden verspüren."
Gestern, am ersten Weihnachtstag, war der Ausgangspunkt unseres Spaziergangs der Friedhof, heute das Münster in Weingarten, dem wir uns beim Klang der Hosannaglocke näherten und dessen Kircheninneres von der Weihnachtssonne hell erstrahlte, dann zu Fuß über das Lauratal und über das Dorf Schlier nach Hause.

W. [Westhausen] Kreis Aalen, am Neujahrstag 1945

Soeben von einem Neujahrsspaziergang im Jagdrevier des Hausherrn zurückgekehrt. Als wir auszogen, waren wir sechs. Freund Konrad war aber nur mit Straßenhalbschuhen ausgestattet, so daß er wegen kalter Füße umkehrte, wobei sich Elisabeth ihm anschloß. Der Hausherr selbst verfolgte in Begleitung von Franka [Tochter von Otto May] eine Fuchsspur, so daß Suzanne und ich den zweiten Teil des Weges und den Rückweg allein machten und in ein angeregtes Gespräch kamen. Wir erinnerten uns an die Gespräche der vorangegangenen Neujahrstage. Nicht weniger als sechs Silvesterabende und sechs Neujahrstage, alle Kriegssilvester und Kriegsneujahrstage, haben wir miteinander erlebt, beginnend am Jahreswechsel 1939/40, gefeiert im Hotel Bellevue in Arosa. Welches Datum wird der letzte Jahreswechsel im Kriege führen? When the hurly-burly is done, when the battles are lost and won? Der Neujahrsmorgen war bei 2 bis 3 Grad unter Null nicht sehr kalt; aber ein scharfer Wind blies vom Westen und trieb Schneewolken über die Albecke des Braunenbergs und der ihm vorgelagerten Ruine Hohenalfing in das Jagsttal. Das Jahr

---

* *Georg und Magda Maier besuchten in England die Wynstones Rudolf Steiner School for Boys and Girls in der Nähe von Gloucester.*

1944 ist im Sturm geschieden. 1945 hat begonnen, und man wird gut daran tun, sich auf die ernstesten Ereignisse gefaßt zu machen. Nach dem Aufwachen hatte ich das im Rucksack mitgeführte Reclambändchen, Epiktets Handbüchlein der Moral, zur Hand genommen; schon im letzten Weltkrieg hat es mich beglückt. Als ich in ihm blätterte, fand ich darin ein rührendes Kinderbildchen von Magda, wohl dreijährig: in einem mit Blumen bestickten Kleidchen, das von mir selbst bei einer Berliner Reise eingekauft war, in dem rechten Händchen zwei Margeriten fröhlich ausstreckend, in der Linken einen Apfel zum Munde führend, freudestrahlend das ganze Persönchen. Wie einem kaum mehr ein Buch zur Verfügung steht, so ist's auch mit den Photographien; entweder sind sie verbrannt oder unerreichbar in Koffern und Kisten verstaut. Um so mehr freute ich mich darüber, daß mir dieses Erinnerungsbildchen am frühesten Neujahrsmorgen 1945 zugespielt wurde. Auf der Seite, in welcher es steckte, las ich ein Wort, das mir als Leitspruch für das Jahr zu passen schien: „Verlange nicht, daß die Ereignisse sich so ereignen, wie du willst, sondern sei es zufrieden, daß sie sich so ereignen, wie sie sich ereignen, und du wirst in innerer Ruhe leben."
Der Silvestertag, der vorangegangene Samstag und der Neujahrstag in der Weltabgeschiedenheit der Mühle gewährten tiefes Atemholen nach einem Jahr voller Unruhe und vor einem Jahr sich wohl steigernder Dramatik. Warmes Wohnzimmer, warmes Schlafzimmer, dreimal 24 Stunden überhaupt nicht frieren, drei Tage lang der Sorge für Essen und Trinken enthoben, der Aufenthalt in einem noch vollständigen Haushalt. Und im Wohnzimmer ein festlicher Christbaum im Kerzenglanze, in einer Zeit, wo selbst ein kleines Bäumchen in vielen Familien fehlte; und dieses Fest im Kreis einer Familie, in der - welch selten gewordenes Glück! - alle Mitglieder bisher beieinander bleiben durften. In diesen drei Tagen war mir zumute, als sei ich auf eine Insel des Friedens beurlaubt. Eine Insel des Friedens trotz der die Kriegszeiten widerspiegelnden Zusammensetzung des Hof- und Mühlenpersonals. Unter der Hausfrau Suzanne schalten der deutsche landwirtschaftliche Verwalter [Wolf], der deutsche Müller [Baur].

Aber diese arbeiten wieder mit dem französischen Kriegsgefangenen Paul [Granger], dem russischen Kriegsgefangenen Grischa. Köchin und Mädchen ist die junge Russin Marusia. Wahrhaftig, es wird nicht gefaulenzt in der Mühle.

Am Donnerstag, dem 28. Dezember, war ich von der Ravensburger Weihnacht zurückgefahren. Wolfs Urlaub endigte an diesem Tag vormittags 9 Uhr, d h. zu diesem Zeitpunkt hatte er sich bei seiner Arbeitsstelle wieder einzufinden. Das bedeutete Abreise von Ravensburg 3 Uhr 36 früh. Ich entschloß mich, mit ihm zu fahren; ich hatte ihn gerne zum Reisegefährten und wollte außerdem, klug geworden im sechsten Kriegsjahr, den ganzen Tag vor mir haben. Also ich ging früh ins Bett, stand um 2 ½ Uhr auf, klopfte der nimmermüden Selma, die es sich nicht nehmen ließ, uns das Frühstück zu bereiten. Wolf brauchte ich nicht zu klopfen. Aber auch er war pünktlich und erschien zum Frühstück. Er kam unmittelbar aus einer Einladung bei einer befreundeten Familie mit gleichaltrigen Freundinnen und Freunden.

Herzliche Danksagung an Selma, herzliche Verabschiedung. Um 3 Uhr 20 waren wir und noch ein Dutzend Reisende auf dem Bahnhof, es rührte sich nichts. Kein Schalter wurde geöffnet. Nach heftigem Klopfen erschien ein verschlafener Unterbeamter: „Fahrkarten gibt es keine! Die Schalterbeamtin, die gestern Nacht um 23 Uhr ankommen sollte, ist nicht angekommen." Wir gingen diesem seltsamen Tatbestand auf den Grund und mußten folgende Sachlage feststellen: Der letzte Zug des Tages vorher sollte um 23 Uhr in Ravensburg ankommen, um 23 ½ Uhr in Friedrichshafen eintreffen und von dort 3 Uhr 10 wieder in Richtung Ravensburg-Ulm zurückfahren. Dieser Zug war aber auf der Herreise noch gar nicht da, er steckte irgendwo noch nördlich zwischen Ulm und Ravensburg, und so konnte die auswärts wohnende Schalterbeamtin noch nicht angekommen und der Zug selbst von Friedrichshafen noch nicht wieder da sein. Wir erfuhren, daß er deshalb aus- und wegfalle.

Wir zogen enttäuscht, aber ohne uns den Humor nehmen zu lassen, zurück in die Löwenapotheke, verbrachten eine starke Stunde auf der Chaiselongue und starteten um 5 Uhr zum zweiten

Male. Der zweite Frühzug traf auf die Minute ein und fuhr um 5 Uhr 22 ab; wir fanden Platz, und fahrplanmäßig ging die Fahrt bis Aulendorf. Wir glaubten, es geschafft zu haben. In Aulendorf blieb der Zug jedoch 2 ½ Stunden stehen. Die Lokomotive unseres Zuges wurde abgekoppelt, sie bekam einen anderweitigen Fahrbefehl. Die Abteile wurden kälter und kälter, aber schließlich fand auch diese Not ihr Ende. Die Lokomotive erschien wieder und zog, nachdem sie zwei Stunden anderswo hatte arbeiten müssen, unseren Zug. Statt um 6 Uhr morgens kamen wir um 10 ¼ Uhr nach Ulm, wo natürlich alle Anschlüsse versäumt waren. Wolf und ich entschlossen uns, den uns zur Verfügung stehenden Aufenthalt von zwei Stunden zu nützen und einen Rundgang durch das zerstörte Ulm zu machen. Die Bilder, die eine zur Ruinenstätte gewordene Stadt bietet, sind so einförmig, daß neue Eindrücke nicht entstehen. Unvermindert aber legt sich auf die Seele die Trauer und der tiefe Schmerz über die Vernichtung solcher Kleinode, für welche die alte freie Reichsstadt Ulm ein Musterbeispiel ist. In einem Zeitraum von knapp 25 Minuten wurde alles das in Schutt und Asche gelegt, was der Stadt ihre kostbare Eigenart gab, nämlich jenes unvergleichliche Gepräge durch die echten Leistungen bewährtester Bürgertugenden: Fleiß und Sparsamkeit, und zugleich durch eine natürliche Daseinsfreude im Rahmen des Möglichen und Erlaubten. So war einst Ulm. Die ganze Innenstadt liegt in Trümmern. Das Münster in seiner Einsamkeit wirkt wie eine kühle und kalte Pracht und Herrlichkeit, der wärmenden Einfügung ins Stadtbild und der lebensvollen Verbundenheit mit den Bewohnern, die sie erbaut haben, beraubt. Hat nicht ein Hochschulprofessor bei dem vor anderthalb Jahrzehnten mit Leidenschaft geführten Streit um die Ulmer Münsterplatzbebauung die Forderung erhoben, den ganzen Kranz der Häuser um den Münsterplatz einzureißen, um das Münster selbst herauszuheben? Seine ästhetischen Forderungen sind grausam erfüllt worden. So ziemlich das ganze, so überaus malerische Alt-Ulm, zusammen mit den damals beanstandeten modernen Bauten, ist untergegangen.

Auf der Straße vom Bahnhof zum Münster treffe ich unseren Freund Dr. Hugo B. [Bühler], wegen der Rettung von Marianne W. [Seligmann-Heilner, geb. Wittwer, Schwester von K. Wittwer] aus schwerster Gefahr (hoch klingt das Lied vom braven Mann, wahrhaftig von braven Männern) mit dem Ehrennamen Christophorus ausgezeichnet. Ein nach Stuttgart übergesiedelter alter Ulmer. In Stuttgart mit Wohnung, wertvollem Hausbesitz ausgebombt und nunmehr in Ulm der Rest des Familienvermögens dahin. „Wer besitzt, der lerne verlieren, wer glücklich ist, lerne den Schmerz." Das heißt, die Zeit, um das Verlieren zu „lernen", hat man gar nicht. Es geht so rasch, daß man die Verluste nur hinnehmen und mit einem Achselzucken den Freunden berichten kann, denen als Teilnahme nichts übrig bleibt als dasselbe Achselzucken. Die stoische Lebensphilosophie gewinnt Macht durch die Wucht der Tatsachen, nicht durch die Erkenntnisbereitschaft der Menschheit! Unser Rundgang vollzog sich bei Wintersonne und blauem, wolkenlosem Himmel, aber bei Frost und bei einem Wind, wie er nur von der Alb herunterblasen kann. Überall Feuerstellen in den Ruinen, an den öffentlichen Plätzen, am Bahnhof. Um die Feuerstellen herum stehen die Menschen, die Ulmer, die militärischen Arbeitskommandos und die Russen und Italiener, die zu den Aufräumungsarbeiten herangezogen sind, und dazu die Angehörigen der französischen Miliz, die mit Marschall Pétain ihr Land verlassen haben und bisher in Schulgebäuden der Stadt Ulm kaserniert waren, - und sie alle wärmen sich. An Brennholz aus den Häuserresten fehlt es nicht.
Ein Personenzug sollte Wolf nach Plochingen und von dort nach Reutlingen-Pfullingen, mich nach Göppingen und von dort nach einem neu zu überstehenden fünfstündigen Aufenthalt nach Gmünd bringen. Auf dem Bahnsteig fanden wir den um drei Stunden verspäteten Schnellzug Wien-Paris, heute Wien-Heidelberg. Nicht für Wehrmachtsangehörige. Also trennten sich Onkel und Neffe. Ich entschloß mich, über Stuttgart zu reisen. Als ich schließlich in einem kalten Abteil einen Sitzplatz gefunden hatte, fand sich der schlaue Wolf, der die Formalitäten für die Schnellzugsbenützung doch noch meistern konnte, wieder ein. So ganz

hundertprozentig scheint sein Anspruch auf Schnellzugsbenutzung in Ulm nicht unterbaut worden zu sein; denn in verdächtiger Weise „spickte" er in Geislingen und in Göppingen zum Zug hinaus, ob nicht etwa eine Heeresstreife mit Stahlhelm und Paradeschnüren zur Kontrolle einsteige. Wir schnitten den von Selma mitgegebenen Hefekranz an, um dem jähen Hunger zu begegnen. In Plochingen schieden wir endgültig. In Esslingen, im Verein mit Kornwestheim der neue Schnellzugsbahnhof für die Stuttgarter, hieß es: Aussteigen und Umsteigen in den elektrischen Vorortszug. Diese Vorortszüge fahren zuverlässig wie immer, sie muten einen im Vergleich mit der inneren und äußeren Ausstattung der sonstigen Züge, hauptsächlich der Schnellzüge, vornehm und behaglich an, man freut sich, daß man im Jahre 1930 als württembergischer Wirtschaftsminister an ihrer Einrichtung mitarbeiten konnte. Die elektrische Heizung verbreitet in den Abteilen eine wohlige Wärme. So zog ich an jenem Tag aus dem eigenen Werk einen späten, sinnfälligen Gewinn. Die Sirene heult auf, aber trotz des Voralarms fährt der Zug in den besonderen Gefahrenbereich des Stuttgarter Hauptbahnhofs. Die Reichsbahn ist anscheinend sehr gut unterrichtet über die Vorgänge im Äther.
Um 1 Uhr treffe ich dort ein. Ich strebe schnurstracks dem neu eröffneten Zeppelin-Restaurant zu, das in kleineren Teilen wieder instandgesetzt ist; das wenige, vielfach behelfsmäßig Ausgebesserte oder Neuerstellte wird als eine Oase in einer sonst hoffnungslosen Wüste empfunden. Das Personal schart sich um den viele Monate nicht gesehenen Gast und überall freudige Begrüßung. Im Japanzimmer nehme ich das Mittagessen ein, nebenan am Tisch die Donnerstag-Gesellschaft älterer Herren, Überbleibsel eines verbotenen Klubs. Überall Shakehands. Wo, wohin, woher, wohinaus? Das sind die Fragen, die gestellt werden. So ziemlich alle sind in völlig veränderte Lebensverhältnisse hineingestellt. Um 3 Uhr besteige ich in Bad Cannstatt den Fronturlauberzug Stuttgart-Krakau, der in Schwäb. Gmünd zum erstenmal hält und der mit seinen beiden angehängten Wagen für Zivilreisende und seinen verhältnismäßig zuverlässigen Fahrzeiten eine Kriegswohltat ersten Ranges für Gmünd und die Stuttgarter in Gmünd bedeutet.

Im Hause wird der Weihnachtsurlauber mit Hallo begrüßt. Man spürt es, daß sich eine Art kleine Familie in den letzten Monaten gebildet hat, zu der man gehört. Ich berichte über die Erlebnisse, die Fahrt seit 3 Uhr morgens, und man berichtet mir. Es ist viel, was man in einer knappen Woche hört, sieht, erlebt!
Von Freund [und DDP-Parteigenosse] Theodor Heuss fand ich einen Brief vor: „Ich scheute mich bisher, nach Heilbronn zu fahren, um nicht als neugieriger Schlachtenbummler zu wirken. Jetzt hatte die Reise aus einem besonderen Anlaß einen positiven Sinn. Da der Zug nicht weiterging, wanderte ich an einem Wintermorgen von Neckarsulm in die tote Stadt; es war ein niederdrückendes Gefühl, durch den riesigen Schutthaufen zu gehen, über dem der Kiliansturm, auch verletzt, tragische Wacht hält. Ulm muß ähnlich sein, und es barg kulturgeschichtlich viel wichtigere Dinge als Heilbronn. Aber hier scheint mir die Menschenkatastrophe furchtbar. 5.700 Tote festgestellt, wurde mir gesagt, die Vermißten noch unbestimmt. Was mich besonders berührte, der Heilbronner Weingärtnerstand, über den ich vor 40 Jahren meine Doktorarbeit schrieb, über 60 Prozent vernichtet, ganze Familien ausgelöscht. Er wohnte ja überwiegend in der Altstadt mit den tiefen Kellern, die jetzt, entgegen aller Voraussage, zu dem großen Verhängnis wurden. Sie hielten stand und wurden das Massengrab von Oxydvergifteten. Wer sich auf die Straße wagte, hatte eine Chance der Rettung. Keine Schule, kein Verwaltungsgebäude mehr, aber, da die Geschichte das Paradoxe liebt, die großen neuen Kasernen völlig intakt."
Die in diesem Brief erwähnte Vernichtung der Heilbronner Weingärtnerfamilien ist so beträchtlich, daß, wie mir ein Sachverständiger sagte, die Heilbronner Weinberge kaum mehr bestellt werden könnten. Heilbronn, einst eine im geheimen so sehr wohlhabende Stadt, gründete seinen Reichtum ja nicht nur auf seine Industrie, sein Handwerk und seinen blühenden Handel, sondern auch auf die Erträgnisse des Weinbaus; es hatte wohl die größte deutsche Weinbaugemeinde oder zum mindesten eine der größten. Im NS-Kurier erschien unter der Spalte „Terrorangriffen fielen zum Opfer" folgende Traueranzeige:

Christian Sch., Weingärtner, 62 Jahre alt
Frieda Sch., geb. G., 57 Jahre alt
Berta Sch., geb. G., 48 Jahre alt
Friedl Sch., 22 Jahre alt
Lina Sch., 20 Jahre alt
Hilde Sch., 18 Jahre alt
am 4. 12. 1944 auf Heilbronn
Der Sohn: Fritz Sch., z. Zt. im Felde.

Diese Weingärtnerfamilie wurde also deshalb nicht völlig ausgelöscht, weil der Sohn anderwärts war - im Felde, wo er in diesem Fall besser geborgen war als in der Heimat.
Von Frau Maria M. [Mück], der Witwe meines Freundes Friedrich M. [Mück], erhielt ich folgenden Bericht von ihrem Zufluchtsort: „Ich mußte meine geretteten Sachen, bestehend aus einem Speiseservice, etwas Wäsche, Kleidern, Koffern, in Flein, wo ich sie auf kurze Zeit unterstellen konnte, räumen. Bis ich dazu ein Auto aus Calw, das Holz hinfuhr und Salz mitbringen mußte, ergattern konnte, gingen Wochen vorüber. Seit 14 Tagen habe ich alles hier, auch ein Bett, das in Willsbach verstaut war. Von meinen Möbeln konnte ich gar nichts retten. Über mein gerettetes Bett freue ich mich wie ein Kind. Aber wie lange wird die Freude dauern? Die Schreckensnacht habe ich gut überstanden, aber es war ganz entsetzlich. Mein Keller hatte standgehalten. Schlag auf Schlag polterte es auf uns nieder. Herr Major Immanuel F. [Fischer] (Ihr Schorndorfer Schulkamerad, Stadtpfarrer in Stuttgart) war mit im Keller. Als der Bombenhagel aufhörte, ging er zuerst hinaus, schrie aber gleich: Rasch heraus, es brennt alles! Da schlugen die Flammen schon im unteren Stock zu den Fenstern heraus. Und so brannten alle, alle Häuser in allen Straßen mit Ausnahme des Südviertels, das aber in der Zwischenzeit vollends dran kam. Wir mußten in die Flammen springen und kamen glücklich zur Stadt hinaus. Auf dem Friedhof oben brannten einige Häuser noch nicht, dort konnten wir bleiben. Die Leute, die nicht wagten, in die Flammen zu springen, kamen in den Kellern ums Leben, weil ihnen die Luft ausging. In das Haus von H. F. [Hermann Frey] ging ein Volltreffer nieder, auch sein Geschäft ist zerstört. Er tut

mit unendlich leid, er hat alles verloren, eine liebe, treusorgende Frau und eine reizende Tochter. Von meinen Freunden und Bekannten sind so viele tot, das macht mich oft tieftraurig. Der Weingärtnerstand soll zu 70 Prozent vernichtet sein. Die Handelsbank ist auch ganz zerstört. In dem Keller kamen 60 Menschen ums Leben. Ob der Tresor und die Safes standgehalten haben, konnte ich noch nicht erfahren. Das Geschäft wird im Haus in zwei Zimmern weitergeführt. Wenn das mein lieber Mann hätte erleben müssen, daß sein mit soviel Fleiß und Geschicklichkeit aufgebautes Geschäft und sein Heim in 34 Minuten ein Raub der Flammen wurden, das hätte er kaum überwunden.
Zur Zeit kämpfe ich um ein Paar orthopädische Schuhe. Der Arzt, der diese verordnen soll, sitzt in Hülben bei Urach, der Schuhmacher in Waiblingen und das Amt, welches das Arztzeugnis für unerläßlich hält, in Calw, dabei lautet mein Schein „total fliegergeschädigt". Mit meinem Schicksal habe ich mich abgefunden; manche Tage allerdings will das „heimatlos" mich niederdrücken. Die Leute hier sind gut zu mir, doch für immer möchte ich nicht auf dem Lande leben. Was bringt uns wohl die nächste Zeit?"

Stuttgart, den 5. Januar 1945

Hotel Graf Zeppelin

Wahrhaftig, ich bin Hotelgast im Graf Zeppelin. In einem der zwölf Hotelzimmer (früher 160 Betten), die bisher wieder hergestellt werden konnten, schlafe ich. Es zog zwar in der ersten, vorgestrigen Nacht vom Fenster her durch die Ritzen zwischen Pappfenster und Fensterrahmen. Aber in der zweiten Nacht verlegte ich das Kopfende ans Fußende, und dem Übel war abgeholfen. Fünf Stockwerke muß man erklimmen, bis man sein Gemach erreicht; denn der Fahrstuhl ist natürlich nicht im Gang. Der tägliche Blick in den Hof des Gebäudekomplexes führt einem vor Augen, daß nur ein Torso gerettet werden konnte. Er läßt einen auch erkennen, was für ein technisch vollendetes, grundsolides Bauwerk im Jahre 1931 von den Vereinigten Sparkassen des ganzen Landes Württemberg hingestellt worden ist.

Und es ist warm im Zimmer 424, und das Zimmer 424 schließt - man staune - ein Badezimmer in sich, und - man staune noch mehr - heiß entströmt das Wasser der Leitung und ergießt sich in die Wanne. Ein Eimer steht zwar auf dem Boden des Badezimmers, und in diesen Eimer fällt Tropfen auf Tropfen aus einem zwei Hände breiten Loch der Decke, das noch nicht geschlossen werden konnte, und im Badezimmer herrscht noch dieser unverkennbare Geruch vor, den naßgewordene Kalkwände und Dekken verbreiten und den unsere Nase ablehnt. Heißes Wasser ist auch auf dem Land, auch in Schwäb. Gmünd, zur Körperreinigung ein Artikel, auf den man längst verzichten mußte. Drei Tage im Hotel, drei Wannenbäder in diesen drei Tagen. Reingewaschen werde ich morgen mit dem frühesten, dem Schnellzug Stuttgart-Nürnberg-Prag Stuttgart-Bad Cannstatt verlassen, den Dreikönigstag* damit beginnen und mich heim nach Schwäb. Gmünd begeben.
Anlaß zu diesem komfortablen Aufenthalt war eine dringende berufliche Tätigkeit in Brackenheim, das bei den jetzt bestehenden Zugverbindungen so ungeschickt liegt, daß man zweimal in Stuttgart oder sonstwo übernachten muß, wenn man von Schwäb. Gmünd aus dorthin und wieder zurückreisen will. Eine Berufsreise, die sich früher in bequemer Weise an einem Nachmittag und Abend erledigen ließ, ist heute zu einem Unternehmen, unter Umständen zu einer schweren Strapaze geworden. Meine Berufsausübung, die viele Reisen erfordert, ist fast unerträglich erschwert. Als ich am Mittwoch, dem 3. Januar 1945, von Gmünd nach Stuttgart fuhr, ließ ich den bewährten Grundsatz, daß man am besten sehr früh reise, um den Tag vor sich zu haben, außer acht, und schon hatte ich das Unheil. Statt um ½ 11 Uhr vormittags kam ich um ½ 1 Uhr mittags an, und der Tag zerrann mir unter den Händen. Am späteren Nachmittag suchte ich noch Hermann und Marianne [Maier-Leibnitz] auf, die in ihrem Häuschen am Waldrand unterhalb der Geroksruhe noch friedlich hausen,

---

* *Vor 1933 fand jeweils am 6. Januar das traditionelle Dreikönigstreffen der württembergischen Demokraten statt.*

jedoch auch ihren wohl zugemessenen Anteil an den Sorgen und Nöten der in Stuttgart verbliebenen Familien haben. Sehr still und leer ist das Haus und die Familie des Bruders und der Schwägerin geworden. Abends fand ich im Hotel meine Klientenfreunde, das Ehepaar B. [Gottlieb und Elisabeth Baeuerle] aus München, vor. Es stand ihnen die Fahrt in die Trümmerstätte Heilbronn bevor, wo der größte Teil ihres so wohl fundiert gewesenen Vermögens vernichtet worden ist. Sie hatten natürlich die verschiedensten Fragen an mich und waren von schweren Sorgen erfüllt. Ihr großes Geschäftshaus am Marktplatz in Heilbronn, neben dem Rathaus gelegen, ist vernichtet. So gründlich ist die Stadt angezündet worden, daß selbst ihr Weinberghäuschen weit draußen vor den Toren der Stadt abgebrannt ist. Diesen Weinberg samt Häuschen hatten sie in der neuerdings üblichen Katastrophenklausel ihres Testaments mir letztwillig zugewendet, wenn sie gleichzeitig umkommen sollten. Wir lachten über meinen Verlust. Schon morgens um 5 ½ Uhr verließen wir das Hotel, das Ehepaar B. [Baeuerle] auf die Reise nach Heilbronn, ich auf die Reise nach Lauffen und von dort nach Brackenheim. Also eine Strecke Wegs, eine gemeinsame Reise. Wir hatten diesmal den Tag wirklich vor uns, was sich in der Folge auch als sehr nötig erwies. Als wir den elektrischen Vorortszug in Kornwestheim verließen, um dort in den Eilzug Stuttgart-Frankfurt über Heilbronn-Eberbach-Hanau, im Volksmund „Bauernschnellzug" genannt, einzusteigen, war dieser nicht da. Er kam auch nicht; denn der Eisenbahnknotenpunkt Hanau war schwer heimgesucht worden. ¾ Stunde Warten in der Morgennacht und auf dem zugigen Bahnsteig. Kein Mensch, der hätte Auskunft geben können, war zu finden. Weiterfahrt nach Ludwigsburg, dort weiteres Warten von 1 ¼ Stunden. Dann Sturm auf einen Personenzug.

Ab Bietigheim war der zuvor überfüllte Zug wieder normal besetzt. Meistens waren in unserem Abteil die Mitreisenden Soldaten, Fronturlauber in voller feldmarschmäßiger Ausrüstung. Sie kamen von der italienischen Front und waren telegrafisch an den Unglücksort Heilbronn heimgerufen worden: „Ehefrau vermißt", „Eltern und Geschwister tot" und anderer schicksalsschwerer

Inhalt. Die Telegramme waren zum Teil 30 Tage unterwegs gewesen. Ein mitfahrender Oberleutnant, der nicht zu diesen Fronturlaubern gehörte, der vielmehr den Angriff miterlebt hatte, erzählte zurückhaltend, aber in der realistischen Sprache des Soldaten seine Erlebnisse, nannte die Zahl der Todesopfer und berichtete über die in den Luftschutzräumen durch Kohlenoxydgase zu Tausenden Umgekommenen. Er beschrieb die friedlichen Gesichter der im Keller nur durch Luftdruck getöteten Menschen und den schaurigen Anblick derjenigen Opfer, die von Sprengstücken zerfetzt wurden oder verbrannt sind. Mehrere Tage scheint es nicht möglich gewesen zu sein, die geborgenen Leichen wegzuschaffen, tagelang hätten sie auf den freien Plätzen der Stadt gelagert bleiben müssen.

Bei der Schilderung, welcher dieser junge Offizier den Urlaubern gab, lief es einem kalt den Rücken herunter. Keiner wird mehr die Heimatstadt, kaum einer mehr das Heim wiederfinden, und vielen sind auch noch die liebsten Menschen genommen worden. Als in den Abendstunden des Montags, des 4. Dezember, sich der Angriff auf Heilbronn vollzog, erbebte und erdröhnte in dem in der Luftlinie 60 km entfernten Schwäb. Gmünd die Erde, die Fenster erklirrten, unaufhörlich leuchtete der Horizont auf, ja hie und da war die Hälfte des Firmaments 20 bis 30 Sekunden lang erhellt von dem Widerschein der Explosionen. Wie ich in jener frühen Nachtstunde im Garten unserer Gmünder Zuflucht den Himmel betrachtete, trat eine Erinnerung aus einem längst versunkenen Lebensabschnitt in mein Bewußtsein: der gellende Aufschrei der Amalia (dargestellt durch unsere Freundin Pia M. [Mietens]) in der zweiten Szene des ersten Akts der „Räuber“: „Tot, alles tot!“ Amalia liest dem alten Mohr die Geschichte von Joseph und seinen Brüdern vor: „Da nahmen sie Josephs Rock und schlachteten einen Ziegenbock und tauchten den Rock in das Blut und ließen ihn ihrem Vater bringen ... Er kannte ihn aber und sprach: Es ist meines Sohnes Rock, ein böses Tier hat ihn gefressen, ein reißend Tier hat Joseph zerrissen!“ Ich höre heute noch aus dieser Aufführung vor zwanzig Jahren im Landestheater in Stuttgart den alten Mohr, der auf sein Kissen zurückfällt: „Ein reißend

Tier hat Joseph zerrissen." Und mit dem verzweifelten Schrei: „Tot, alles tot!" verläßt Amalia die Bühne. Dieses gellende Wort, das sich in jener Angriffsnacht bei mir meldete, verläßt einen gegenwärtig nicht. Das Bild vom Untergang Heilbronns, das dieser Oberleutnant im Zug in der Frühe dieses trüben Januarmorgens uns gab, war ein Sinnbild des großen Sterbens, das sich um uns herum vollzieht.

In Lauffen am Neckar verließ ich den Zug. Der einzige Vormittagsanschluß war verpaßt. Das nächste Zügle fuhr erst nachmittags um ½ 3 Uhr. Ein ganzes Dutzend Fahrt- und Leidensgenossen stand an jenem grauen Vormittag auf dem Bahnhofsvorplatz. Langsam entschloß sich der eine, dann der andere zum Fußmarsch. Ich hatte mit diesem Fall gerechnet, die Aktenmappe zu Hause gelassen und mich mit Rucksack und festen Stiefeln ausgerüstet. Doch kam für mich schließlich ein Auto. Lange berufliche Gespräche im Kreiskrankenhaus. Heute, Freitag, berufliche Besprechungen mit dem in der Zwischenzeit nach Stuttgart zurückgekehrten B. [Gottlieb Baeuerle], vermischt mit Berichten über die Heilbronner Katastrophe. Das Restaurant war freitags geschlossen; wir verbrachten daher bei einer Literflasche Fleiner Rießling, mit der ich in Brackenheim beschenkt worden war, den Abend in meinem Zimmer. Wir sprachen wieder von Heilbronn. Herr B. [Baeuerle] las mir einen Brief seines alten Hausmeisters vor, der fünfzig Jahre in den Diensten seiner Firma gestanden ist. Nachdem er ein Leben lang pflichttreu gearbeitet hatte, lebte er im Ruhestand in einem selbstersparten Häuschen. Er schrieb aus Niederstetten am 10. Dezember 1944:

„Sie werden wohl schon erfahren haben, wie es in Heilbronn aussieht. Von einer ganzen Stadt stehen nur noch Häuser an der Fleiner Höhe und am Lerchenberg, die ganze Stadt ein Schutthaufen. Am Freitagabend, als ich und meine Frau wegfuhren, waren es polizeilich 12.000 Tote. Es gibt selten Häuser, wo es keine Toten gab. Diejenigen, die in den großen Luftschutzräumen waren, sind meistens tot. Ich traf Herrn F. am Wollhaus, seine Frau und Tochter sind auch tot, er ließ sie durch seine Arbeiter ausgraben. Es ist trostlos, alle Straßen liegen voll mit Toten.

Unsere Straße ist auch ein Schutthaufen, in der Nähe von mir gingen vier Minen nieder. Bei meinem Nachbar Nr. 6 liegen Großeltern, Enkel und Kinder so links und rechts tot im Keller; als die Mine in meinen Garten einschlug, waren wir unten im Keller. Sie riß das Türle am Kellerfenster heraus, spritzte dann Splitter und Steine hinunter, traf Julie am Rücken, ihren Mann am Oberschenkel, mich am Kopf und Arm. Julie ihre eine Seite wurde leblos, so daß wir sie hinten durch die Gärten ins Leichenhaus der Juden verbrachten. Ich ging wieder herunter, löschte zuerst mit Wasser, dann mit Most, zuletzt noch mit Jauche. Aber es war alles umsonst. Ich glaubte, ich könne den Souterrain noch retten, aber dann war es aus mit mir. Ich konnte auch nichts mehr sehen. Gegen 8 Uhr morgens wurden wir weggebracht, Julie trugen wir über die Schutthaufen. Da lagen wir über einen Tag. Als ich verbunden war, blieb ich zwei Tage über Nacht in Weinsberg, tagsüber ging ich hinein, bis ich meinen Ausweis hatte. Vor 54 Jahren bin ich reicher nach Heilbronn gekommen, als was ich jetzt noch habe. Ich und meine Frau haben gerettet, was wir anhatten. Ein Paar Filzschuhe, eine Hose, Weste, Unterkittel und eine alte Juppe. Ich tröstete mich mit den Sachen im Weinberg, wo wir eine Kiste Weißzeug und zwei neue Anzüge, die ich noch nicht angehabt hatte, aufbewahrten. Als ich von Weinsberg kam, sah ich zum Weinberghäuschen hinauf, es stand von ihm nur noch ein Ofen und die Brandmauer. Ich ging gleich hinauf, alles ein Haufen. Ihr Haus ist nur noch ein Gerippe, ich konnte kaum zwischen Rathaus und Kieselmarkt über einen großen Steinhaufen kommen und setzte mich auf einen Stein am Kieselmarkt. Es war ein trostloser Anblick, kein Stockwerk mehr, alles durchgeschlagen bis zum Laden und dazwischen noch die starken verbogenen Eisenbalken. So sieht jetzt Heilbronn aus. Wenn Sie noch einen alten Anzug und Hut haben, so wäre ich Ihnen dankbar."
Der unbeholfene Bericht dieses redlichen Mannes, der einen sorglosen Lebensabend verdient hätte, ergriff mich so, daß ich Herrn B. [Baeuerle] bat, mir den Brief zu überlassen.
„Gottlob" war nicht der einzige, der versuchte, mit Wasser, Most und Jauche zu löschen. In meiner Praxis hörte ich von einem

Kriegsschadenfall, in dem ein Weinhändler von Freiburg im Breisgau den Ersatz von 20.000 Litern Wein verlangt, den er zu Löschzwecken verwendet habe.
Im Flur des Hotels stieß ich auf einen mit mir etwa gleichaltrigen Mann, der früher in Stuttgart, später in leitender Stellung auswärts tätig war. Ich hatte ihn seit längerer Zeit aus den Augen verloren. Nun sah ich ihn wieder, ein gealterter, gebrochener Mann. „Alles um mich herum ist tot. Ich habe bei einem Tagesangriff auf München meine ganze Familie, meine Frau, meine Söhne und Töchter verloren, ich weiß nicht, zu welchem Zweck ich noch lebe." Wie viele solcher Menschen spricht man, die den Eindruck machen, als ob sie plötzlich durch höhere Gewalt auf ihrem Lebensweg angehalten würden, die nach unermüdlichem Arbeiten, Wirken und Schaffen gleichsam zum Stillestehen verurteilt sind. Es ist, als stünde man leibhaftig vor dem Brett, mit dem die Welt, die Zukunft vernagelt ist. Ist es wirklich so, daß wir Menschenkinder dazu verdammt sind, uns mit unseliger Mühe fruchtlos durchs Leben zu schleppen? Ist alles ganz eitel nur ein Haschen nach Wind, ein Mühen um Wind, und ist kein Gewinn unter der Sonne?

Schwäb. Gmünd, den 14. Februar 1945

Eben komme ich vom Rechberg zurück, in der Hand einige Palmkätzchenzweige. Ich habe den Frühling gesehen. Immer wartete ich droben auf dem sonnenüberfluteten Berghang noch auf den ersten Zitronenfalter, aber so weit war's doch nicht. Schließlich geht heute erst die zweite Februarwoche zu Ende.
Vor zehn Tagen, am ersten Februar-Sonntag, war ich ebenfalls zu dem bevorzugtesten meiner Freunde unter den Bergen der Gmünder Alb hinaufgestiegen. Damals stand die gesamte Natur noch im Zeichen des Winters, eines zwar in die Flucht geschlagenen, aber nur widerwillig weichenden Winters. (...) Die Straßen waren nur mit der größten Vorsicht begehbar. Selbst ich wetterfester Wandersmann besann mich in den ersten zehn Minuten beschwerlichen Marschierens, ob ich nicht umkehren, an einem solchen Tag zu Hause bleiben sollte. Aber der alte Adam in mir siegte,

und ich wurde auch belohnt. (...) Grau war der Himmel, kalt der Wind, unerfreulich der ganze Tag, und doch war er ein Gewinn: frische Luft und Bewegung. Wie ich nach einem Blick in die Kirche über den Stationenweg und über die Ruine wieder hinunterstieg, lief mir ein Maulwurf über den Weg, und ich beobachtete das scheue Tier längere Zeit. Nach der Bauernregel tritt ein strenger Frost nicht mehr ein, wenn die Maulwürfe sich wieder zeigen. Es kann nach ihrem Auftauchen noch zu Schneefall kommen, aber nicht mehr ernsthaft kalt werden. Ein unerklärbarer Urinstinkt sei, so sagt man, in diese Tiere gelegt, und dieser Instinkt täusche sie nicht. Die Bauernregel ist natürlich insofern angreifbar, als der behauptete Urinstinkt des Maulwurfs sich nach den Regenwürmern richtet, von denen er sich sommers und winters ernährt und von denen er in unstillbarer Freßlust täglich eine Portion so groß wie sein eigenes Körpervolumen verzehrt. Steigen die Regenwürmer höher, so steigt der Maulwurf höher. Ein ähnlicher Vorgang wie bei den Schwalben, deren Tiefflug schlechtes Wetter ankündigt, weil ihre Nahrung, die Mücken, bei barometrischem Tiefdruck nur knapp über dem Boden fliegen.
Wie dem auch sei: nach den bitteren Januarwochen, in denen wir alle Grade und Erscheinungsformen des Frierens ausgekostet haben, verlohnte es sich deshalb sehr wohl, diesem des Winters Ende ankündenden Maulwurf einige Minuten Beachtung zu schenken. Nicht wenig hatte man in diesen zehn Tagen zwischen dem letzten Wintersanfang auf dem Berg und dem heutigen ersten Vorfrühlingstag dorthinauf erlebt, gehofft, gefürchtet, gewünscht, Gedanken gewälzt, auch gezagt und doch immer wieder den Kopf hochbehalten. Sehr beschäftigt hatte mich die Tage vorher das Schicksal von Erika*, und auch bei meinen beiden einsamen Wanderungen ließ mich der Gedanke an sie nicht los. Gerüchteweise hatte ich schon vernommen gehabt, daß sie gestorben sei, glaubte aber zuerst nicht daran. Dann wurde aber immer mehr

* *Deckname für den im Zusammenhang mit dem 20. Juli verhafteten und am 23.1.1945 in Berlin-Plötzensee hingerichteten ehemaligen württembergischen Staatspräsidenten Dr. Eugen Bolz.*

zur Gewißheit, daß sie nach einer viele Monate dauernden Leidenszeit erlegen ist. Requiescat in pace. Eine Persönlichkeit, die wir vermissen werden.
Am Montag, dem 5. Februar, hieß es um 5 Uhr morgens aufstehen und mit dem frühesten Zug nach W. [Westhausen] fahren. Es gab viele geschäftliche Dinge gründlich zu besprechen. Dann ging's zu Erkundungen eines Ausweichlagers im S.O.S.-Fall. Zu dreien stiegen wir zur Kapfenburg empor und marschierten auf der Landstraße südlich in das dortige ausgedehnte Waldgebiet. (...)
Am übernächsten Tag, Mittwoch, 7. Februar, 6 Uhr 17 nach Stuttgart, wo ich mich auf 9 Uhr in einer Bank verabredet hatte. Eine jener mühseligen Verabredungen in dem telefonlosen Stuttgart, die beinahe über die Kräfte gehen. Ohne daß einen der Partner eine Schuld trifft, scheitern sie oder glücken erst nach mehreren Anläufen und kosten häufig einen ganzen Tag. Pünktlich um 9 Uhr war ich auf der Bank, d.h. an der Stelle in der Friedrichstraße, wo sie einst stand. Um 10 ½ Uhr war ich wieder da, ebenso um 12 Uhr und wieder um 2 Uhr, und erst um 3 Uhr traf ich unten in dem einst bombensichersten Bankkeller Stuttgarts, dem einzigen Raum, der stehen und benutzbar geblieben ist, meinen Gesprächspartner, der gerade damit beschäftigt war, aus einer Steingutschüssel seinen kärglichen Eintopf herauszulöffeln. Abends um 7 Uhr traf ich mich mit Konrad und einigen Freunden im Hotel, wo ich ein Zimmer hatte. Unter den Freunden war Willy Reichert, der bekannte Stuttgarter Komiker, der die Empfindungen im Bombenterror tiefsinnig in die Worte faßte: „Ja, wir sind saumäßig in Gottes Hand."
Andern Tags 4 ½ Uhr Aufstehen. In dem Häuserviertel um den Bahnhof herum war's wegen Kabelbruchs völlig finster. Im Dunkeln mußte ich mich anziehen und waschen und den Weg die vier Stockwerke hinunter suchen. 5 Uhr 26 Abfahrt nach Brackenheim. (...) Gang ins Krankenhaus [vermutlich zu dem Freund Otto Stäbler]. Zum Fenster des Krankenzimmers herein lachte ein Vorfrühlingstag ohnegleichen. Das ganze Zabergäu lag in vollem Glanze da, und der Michaelsberg grüßte herüber. Gleichzeitig war ein Feuerwerk, das stundenlang dauerte, zu sehen. Die Heeres-

prüfer einer pyrotechnischen Fabrik in der Nähe probierten die dort gefertigten Leuchtpatronen aus. In allen Farben stiegen unablässig die Leuchtschirme in die Höhe und fielen wieder nieder. Ein Auto bringt mich nachmittags nach Stuttgart zurück. Unterwegs Alarm. Schwacher Verband schneller Kampfflugzeuge ist gemeldet, ebenso Jagdbomber. Das Auto wird vorsichtig am Straßenrand gegen Sicht geparkt. Überall wird hierzulande unter den Bäumen und den Straßengräben Deckung genommen, mehr als - wenigstens bisher - in anderen Landstrichen. Auf den Straßen um Heilbronn herum hat sich nach dem, was erzählt wird, schon ziemlich viel ereignet. In Brackenheim selbst wurde der Kessel des kleinen städtischen Gaswerks am hellichten Tag durch einige Tiefflieger mit Bordwaffen beschossen; 300 Einschüsse wurden nachher gezählt. Nach einigem Aufenthalt konnten wir weiterfahren. Drei Personen waren in dem Auto mit vier Plätzen, dazu ziemlich viel Gepäck, so daß wir keinen weiteren Fahrgast aufzunehmen vermochten aus der Schar der Männer und Frauen, die auf der Fahrbahn warteten, winkten, um Mitnahme baten. Selten ist ein rascherer Wechsel des Gesichtsausdrucks eines Menschen zu beobachten: von dem allerliebenswürdigsten und allerhöflichsten der Bittenden - vollends der bittenden weiblichen Wesen aller Altersstufen - bis zu dem jäh enttäuschten derer, die eine Absage zum Fußmarsch verurteilt. Die Mehrheit beneidet, ja haßt die glücklichere Minderheit, die ein Auto besitzt oder in einem Auto mitfahren kann.

Todmüde kam ich nach diesem langen, strapazenreichen Tag mit seinen mancherlei Aufregungen gegen 5 Uhr abends nach Stuttgart zurück und legte mich sofort ins Bett. Anderntags fuhr ich wieder nach Gmünd. Von Pia M. [Mietens] traf eine Postkarte mit Poststempel Leipzig ein; in letzter Minute sei sie der Hölle von Breslau entronnen und befinde sich nun auf der Reise zu einem Zufluchtsort in Mitteldeutschland. Samstag, Sonntag Ruhetage und keinen Schritt zum Hause hinaus. Bei 3 bis 4 Grad Wärme regnete und schneite es durcheinander. Ich las große Teile des Gallischen Kriegs von Julius Cäsar, Verlag Dieterich, Leipzig, und notierte aus Seite XIV der Einleitung:

„Außer Napoleon I. ist sich vielleicht selten ein Feldherr über die Macht der Fortuna so im klaren gewesen wie Gajus Julius Cäsar, und was er als Feldherr wußte, wußte auch der Mensch: Fortuna ist zwar das Geheimnis des Erfolgs, aber ihr beglückendes Tun von jetzt kann ein anderes Mal oder gar im nächsten Augenblick in vernichtendes Handeln umschlagen, und so ist für Cäsar jedes historische Tun, beispielsweise eine Schlacht, eine neue Begegnung mit jener dunklen Macht, der man sich aussetzen muß. Cäsar ist sich in einzigartiger Weise unter den von Erfolg zu Erfolg schreitenden Feldherrn der Gefahr der Begegnung mit dieser Macht stets von neuem bewußt geworden und hat infolgedessen nie mehr getan, als er tatsächlich vermochte, weder als er über den Rhein ging, noch als er nach England fuhr."

Der Montag ließ bei weiterem Regen das Thermometer auf 12 Grad Wärme steigen. Am Dienstagmorgen kam Konrad in aller Frühe mit dem Zug aus Stuttgart zurück, der um 6 Uhr hier eintrifft. Er trat in mein Schlafzimmer mit der Meldung: „War ganz übel heute Nacht in Stuttgart, Schnellbomberangriff. Wir mußten um unser Leben springen. Ich habe gesehen, daß ich herauskomme." - Daß an diesem Tag Fastnacht war, hätte man in der karnevalseligen Stadt Gmünd auch nicht am allerkleinsten Anzeichen bemerkt, wenn nicht Elisabeth nachmittags mit einer Tüte voller Fastnachtsküchlein erschienen wäre, Geschenk einer befreundeten Familie. „Aber geben Sie Herrn Doktor auch davon." In der folgenden Nacht gab's Alarm um Alarm, die höchsten Stufen. Zweimal, um 9 und 11 Uhr, zogen nicht enden wollende Bomberströme über die Stadt und das ganze Land nach Ost-Nordost. Jeweils nach einigen Stunden kamen sie zurück, neue langandauernde Alarme auslösend. Wie andern Tags bekannt wurde, hatten diese Bomberverbände Tod und Verderben über die bisher unberührte Stadt Dresden gebracht, in noch nie dagewesenem Ausmaß.* Ich hatte Dresden aus beruflichem Anlaß im Kriege mehrfach aufgesucht und war jedesmal begeistert gewesen von den Kunstdenkmälern dieser herrlichen Stadt, von ihrer Schönheit und Gepflegtheit. So zog man in den Aschermittwoch

* *Bei den britischen und amerikanischen Luftangriffen vom 13./14. und 15.2. starben über 30.000 Menschen.*

hinein, nervös, etwas erschöpft und stark übernächtigt, ohne im geringsten gesündigt zu haben. Früh ertönten die Sirenen wieder, und ich tat das Gescheiteste, was ich tun konnte. Mit dem Rucksack, darin das Allernotwendigste an Hab und Gut, verließ ich um 10 Uhr bei strahlendem Frühlingswetter die Stadt. Ich zog hinauf auf den Rechberg, hinaus über das Weltgetümmel. Schwere Schicksalsfragen anderer Menschen waren in den vorhergehenden Tagen an mich herangetragen worden.* Wie dankbar war ich wieder für unseren Entschluß vom 28. Juli 1939. Nach all dem tat mir die Entrückung, die Ruhe, der Blick auf die Welt hinab gut. Eine Stunde lang hielt ich mich oben auf dem Rechberg auf. Die Flugwache oben berichtet, daß eben der dritte schwere Angriff auf Dresden innerhalb der letzten vierzehn Stunden stattfinde, und zwar dieses Mal ein Großangriff amerikanischer Bomber. Ich schüttelte alle schweren Gedanken ab und gab mich ganz der Natur und der Schönheit dieses Tages hin, umschritt den Berg in allen seinen Teilen, nahm von der Westspitze die Revue des Hohenstaufens, des Filstals und der dahinter sich aufbauenden Alb von der Teck über den Hohenneuffen zur Achalm und zum Roßberg ab, genoß von der Südostspitze den Nahblick auf die alten Freunde Messelstein, Hornberg, Bernhardus und die Groß-Rhombusfigur des Rosensteins und labte mich von der Nordspitze aus an den Wäldern, Tälern, Höhen, Dörfern, die nördlich des Remstals vom Kernen bis zum Schönenberg bei Ellwangen ausgebreitet sind. Ich machte auch dem Opferstein einen Besuch, in dessen Kapelle einst zur Freude des kleinen Georg der Mönch erschien und das Glöcklein erklang.
Über eine Stunde hatte dieser Rundgang gedauert. Am Schluß verweilte ich in der Betrachtung der Einzelheiten der Madonna, die an der Außenwand der Bergkirche thront. Die Inschrift: „Ave Maria gratia plena“ konnte ich nur gutheißen. Ich nahm von dem Segen, der in etwas holprigen Versen dem Wallfahrer verheißen wird, meinen Teil in das Tiefland mit:

---

* *Deportationen von jüdischen Partnern aus Mischehen in das KZ nach Theresienstadt im Februar 1945.*

Wer allhier mit Inbrunst flehte:
„O Maria sorg für mich“,
Fand Erhörung im Gebete
Und was ihn bedrückte, wich.
Darum trägt mancher immer wieder
Hin sein Leid den Berg empor,
Und zum Tale eilt er wieder
Leicht und froh wie nie zuvor.

Ich muß freilich zugeben, daß das „leicht und froh wie nie zuvor“ mich zuerst etwas übertrieben und euphemistisch dünkte. Ob wir uns um die Apathie der Stoiker bemühen oder um die Ataraxie der Epikuräer und Skeptiker, um die „Meeresstille des Gemüts“, - immer geht's um einen Halt für den Menschen. Oft hilft aber ein einfaches volkstümliches Verslein an begnadetem Ort uns mehr als langes Meditieren und Philosophieren. Die „gratia plena“ des hochragenden Bergs, auf den sich vom blauen Himmel herab das erste Frühlingslicht ergoß, ungeachtet des Aufruhrs in der Menschenbrust und in der Welt, hat mir dann wirklich dabei geholfen, der Zeit und ihren Drangsalen getroster zu begegnen.

Schwäb. Gmünd, 5. März 1945

An den Neffen

Am vorletzten Sonntag wurde ich mit etwa einem Dutzend weiterer Nachzügler, darunter Otto M. [May], im Saal des Gasthauses Zum Kreuz in W. [Westhausen] zum Deutschen Volkssturm vereidigt. Beim vorhergegangenen Appell hat der Ortsgruppenleiter bekanntgegeben: „Wer dieses Mal nicht erscheint, wird der Gestapo gemeldet.“ Nie hatte ich bis zu diesem Tag an einer Parteifeierstunde teilgenommen. Es war mir alles fremd: die Gebräuche, die Lieder und das sonstige Drum und Dran. Der Eid lautete: „Ich schwöre bei Gott diesen heiligen Eid, daß ich dem Führer des Großdeutschen Reichs, Adolf Hitler, bedingungslos treu und gehorsam sein werde. Ich gelobe, daß ich für meine Heimat tapfer kämpfen und lieber sterben werde, als die Freiheit und damit die soziale Zukunft meines Volkes preiszugeben.“ Die Gruppe der Verspäteten schwor. Der Versammlungsleiter schloß: „Volk, jetzt

ist deine Stunde gekommen, tue, was du mußt - siege oder stirb!"
Durch matschigen Schnee und Schmutz kämpften wir uns zur Mühle durch. Der Wehrmachtsbericht meldete: „In Ostpreußen wird in Marienburg um die Burg erbittert gekämpft."
Anbei wieder ein Bericht über einen Besuch in Ravensburg: Die Hinreise, sie ging noch. Sie vollzog sich folgendermaßen: Abfahrt in Gmünd, Sonntag, 18. Februar, um 7 Uhr 45. Ich hatte wegen der Verbindung mich überall befragt und die Auskunft erhalten, mit diesem Zug hätte ich in Göppingen Anschluß nach Ulm und von dort nach Ravensburg. Als ich um 9 Uhr vormittags in Göppingen angelangt war, erfuhr ich, daß der nächste Zug nach Ulm erst in sieben Stunden abfahre. Zuerst stand ich ratlos auf dem Bahnsteig. Aber so leicht war ich nicht klein zu kriegen. Ich wußte, daß entweder ab Plochingen oder ab Esslingen vormittags ein Schnellzug nach Ulm fährt. Rasch entschlossen stieg ich in den auf dem Bahnsteig stehenden Personenzug Richtung Plochingen, wo ich erfuhr, daß der Schnellzug, den ich ausersehen hatte, zwar fahre, aber in Plochingen nicht halte, jedoch in Esslingen. Dort kam ich auf Gleis 1 an, und drüben auf Gleis 6 fuhr „mein" Schnellzug gerade weg. In der Felddienstordnung des alten Heeres stand ganz vorne ein wichtiger Artikel, der hieß: Der einmal gefaßte Entschluß ist durchzuführen, selbst wenn er sich nachher als falsch erweisen sollte. Eine handfeste Vorschrift, die eine ganze Portion Lebensklugheit auch für das Zivilleben enthält. Ich hielt mich an sie, denn ich hatte den Entschluß gefaßt, das Reiseziel Ravensburg zu erreichen, indem ich von ihm wegfuhr. Also fuhr ich noch weiter von dem Reiseziel weg mit dem Erfolg, daß ich um 11 Uhr auf dem Bahnhofsvorplatz von Stuttgart stand. Zunächst studierte ich selbst die Fahrpläne, um nicht der Bahnhofsauskunft ganz schutzlos ausgesetzt zu sein. Dann trat ich an den Schalter heran. „Heute können Sie überhaupt nicht mehr nach Ravensburg fahren", tönte es mir entgegen. Ich erwiderte, daß ich einen sonntags verkehrenden Personenzug, Esslingen ab 15 Uhr 22, auf einer Abfahrtstafel mit Bleistift vermerkt gefunden hätte, worauf der Auskunftsbeamte nachsah. „Do hent Se Glück ghet, daß Se sonntags fahret."

Ich stellte noch die Abfahrtszeit des Vorortszugs ab Hauptbahnhof Stuttgart fest, und hiermit hatte der Tag seine Einteilung. Der Bahnhofsvorplatz von Stuttgart an einem Sonntagmorgen um 11 Uhr - was war dort einst ein Leben! Wie wimmelte es um diese Tagesstunde von Menschen, von Straßenbahnen, von Automobilen! Wüst und leer ist er aber jetzt. Auf all den Straßen und Plätzen um den Bahnhof herum konnte ich keine fünfzig Menschen zählen, der Straßenbahnverkehr ruht anscheinend sonntags ganz, auch kein Auto war zu erblicken. Ich tat einen Blick in die Anlagen. Am Oberen Anlagensee liegen wieder mehrere dieser schönsten aller Parkplatanen geknickt und entwurzelt durcheinander. Wenige Tage vorher [in der Nacht zum 13.2.] hatte ein Angriff stattgefunden, der zwar nicht sehr schwer war, aber viele Menschen das Leben gekostet hat, weil die Luftschutzbefehlsstellen und die Bevölkerung von ihm überrascht wurden. Unter den Toten sind mein Bäschen Helene M. [Moser, geb. Maier], ihr Mann und ein Töchterchen. Auch weiter unten in den Anlagen sieht's erneut bös aus. Dem Hirten am Eberhardsdenkmal - diesem Sinnbild des Schwabentums - fehlt der linke Arm, und der alte Recke Graf Eberhard, den nach dem Gedicht von Ludwig Uhland über die Schlacht von Döffingen zu seinen Lebzeiten nichts erschüttern konnte, ist am Knie verletzt. Ich machte einen Rundgang um das Rondell. An der ersten Platane steht eine Warnung aus vergangenen Zeiten: „Astbruchgefahr bei stürmischem Wetter. Staatsrentamt." Dieses Inschriftchen wirkt rührend. Vor welchen auch nur denkbaren Gefährlein wollte der Staat einst seine Bürger behüten. Der Hölderlintempel ist erhalten, aber die Jünglingsfigur aus weißem Marmor liegt zerschmettert am Boden. An der Mauer daneben stehen noch die Worte „Nicht in der Blüt' und Purpurtraub' / Ist heilige Kraft allein, es nährt / Das Leben vom Leide sich." [aus: „Empedokles"] Und auch auf dem Denkmal der Olgagrenadiere steht unter dem Leib des Löwen der inhaltsschwer wie je gewordene Hölderlin'sche Vers: „Und du, der Geisterkräfte gewaltigste! / Du löwenstolze! Liebe des Vaterlands!" [aus „Männerjubel"] Dieser Rundgang durch die Anlagen bedeutete zugleich ein wiederholendes Einprägen von Taten großer

Schwaben und von erhabenen Gedanken schwäbischer Dichter, die Taten gleichzusetzen sind.
Über die Neckarstraße und den Schloßplatz kehrte ich zurück. Alles tote Ruinenstätten. Über die Beträchtlichkeit der kulturellen Schäden gibt ein Rundschreiben der Württembergischen Landesbibliothek an die deutschen Verleger wenigstens eine gewisse Vorstellung:

„Am 12. September 1944 ist die Württ. Landesbibliothek durch Fliegerangriff vollständig zerstört worden. Gegründet im Jahre 1765 von dem Herzog Karl Eugen, gemehrt bis heute durch die Fürsorge des Landes und seiner Regierung wie durch oft bewiesene Hilfsbereitschaft treuer Freunde, gepflegt und gehütet von mehreren Generationen von Bibliothekaren, hat sie als eine der größten deutschen Bibliotheken einen wichtigen Platz im deutschen Geistesleben ausgefüllt, der Wissenschaft und der Allgemeinheit gedient und war weit über die Grenzen des Landes hinaus hoch geachtet. Eine Million Bücher, Zeitschriften, Handschriften und Inkunabeln bargen einen Schatz württembergischen, deutschen und abendländischen Geisteslebens.
Wenn auch fast die Hälfte des Bestandes, darunter die wesentlichen Kostbarkeiten der Bibliothek, geborgen war und bis heute erhalten geblieben ist, so ist doch der Verlust außerordentlich groß. Zugrundegegangen sind sämtliche seit 1930 erworbenen Bücher einschließlich der Zeitschriften, also - neben vielen antiquarischen Erwerbungen - das gesamte Schrifttum der letzten 15 Jahre, darunter auch der württembergische Pflichtdruck und die ausländische Literatur aus dieser Zeit. Dazu kommt eine Anzahl von Fachgebieten, die in ihrer Gesamtheit, d.h. zurückgehend bis zum Jahre 1500, verlorengegangen sind, wie die Fächer Deutsche Geschichte, Literaturgeschichte, einschließlich Wissenschafts-, Bibliotheks- und Hochschulwesen, Philosophie, Medizin, Naturgeschichte, Mathematik. Physik, Kriegswissenschaft, ein großer Teil der Naturwissenschaft u.a. “

Was beherbergte allein diese Bibliothek, die Naturaliensammlung, die Gemäldegalerie und die Altertumssammlung an Kunstwerken, zusammengetragen durch die Arbeit von Generationen! Allesamt sind diese unserem Geist und Empfinden teuer gewordenen Bauten dahin. -
Nach diesem Sonntagvormittagsgang tat ich das Nächstliegende. Ich trachtete nach Speise und Trank, Stärkung nach der Reise des

Vormittags, Stärkung auf die Reise des Nachmittags. Ich fand sie auch und dazu eine humorvoll gestimmte Gesellschaft, eine gemütliche Tafelrunde trotz der Kälte des ungeheizten Raumes, in dem die Kellner im Mantel servierten. Es gab auch ein Gläschen Wein, und am Schluß kam noch wunderbarerweise eine ganz erlesene Flasche Rebensaft auf den Tisch, nachdem ich einen Griff in den Rucksack linke Ecke ganz unten getan und fünf Portionen Kaffee doppelt stark „ausgespendet“ hatte. Die Leute rücken jetzt überall mit ihren guten Sachen, Spitzenweinen heraus. „Lieber trinken wir ihn selber, ehe es andere tun.“

Ich saß so fest, daß ich mit einer gewissen Eile aufzubrechen gezwungen war, um den Vorortszug nach Esslingen und von dort den S (Sonntags-)Personenzug nach Ulm und weiter nach Ravensburg zu erreichen. Der direkte Weg zum Bahnsteig war mit einer 40 cm hohen Schranke und nach 30 Schritten mit einem Zaun abgesperrt. Ich stieg über das Scheinhindernis dieser niederen Schranke, doch vom hintersten Winkel drüben am Bahnhofsturm ertönte sogleich ein scharfes „Zurück“. Als ich meinen Weg trotzdem fortsetzte, trat der Rufer, ein etwa 30jähriger Unterbeamter, zu einem Schnellauf über die lange Strecke vom Bahnsteig 16 zum Bahnsteig 3 an und erreichte mich gerade in dem Augenblick, als ich im Begriff war, das zweite Hindernis zu übersteigen. „Das ist mir noch nicht vorgekommen, das ist eine bodenlose Frechheit von Ihnen.“ Ich antwortete: „Sie können mich bestrafen, trotzdem dürfen Sie mich nicht beleidigen.“ Es kam dann zu einem kurzen Gedankenaustausch, was eine Beleidigung sei und was keine sei, wobei der Bahnbeamte-Unteroffizier selbstredend die größere Sachkunde auch in diesen Dingen für sich in Anspruch nahm. „Ich habe gute Lust, Sie vorzuführen.“ Meine Aussichten auf eine baldige Ankunft in Ravensburg schwanden dahin. Plötzlich wurde ich von einem Einfall erleuchtet; ich sagte: „Ich kenne Ihren Titel nicht, aber Hut ab vor Ihnen, Sie sind ja gelaufen wie ein Olympiasieger, ich wußte gar nicht, daß es solche trainierte Männer noch gibt bei der Heimatarmee.“ Der Mann war perplex. So gern ist keiner, der nicht beim Militär ist, weithin sichtbar gesund. Er schimpfte fürchterlich weiter, aber es

fehlte der Schimpferei Kraft und Saft, er war irgendwie stutzig geworden. Er gab langsam auf, ich stieg vollends über die Schranke und erreichte gerade noch den elektrischen Vorortszug.
Ein in Obertürkheim einsteigender Fahrgast begrüßte mich mit lautem Freudenruf: „Das freut mich, daß ich Sie nach so langer Zeit wiedersehe. Wie geht's, wohin, wohinaus?" Ich hatte keine Ahnung, wer dieser alte Freund sei, allem Anschein nach ein Handwerksmann, hütete mich aber, ihn dies merken zu lassen. Ich tat ganz bekannt. Ich berichtete über meine Fahrt und mein heutiges Ziel, worauf er sagte: „Ich habe schon gemeint, Sie gehen auf die Alb. ‚Ein Sträußchen am Hute, den Stab in der Hand...' Dös isch's Beschte, do krigt mr mit niemand Händel ond mr kommt en nix nei." Mit Handschlag und allen guten Wünschen schieden wir. Fahrplanmäßig traf ich in Ulm ein, fahrplanmäßig fuhr dort der Zug ab, und beinahe fahrplanmäßig kam ich kurz nach 8 ½ Uhr abends in Ravensburg an, eilte zur Apotheke, schloß auf, stieg die Treppe hinan und trat bei Selma ein, die eben mit den letzten Vorbereitungen für den ankommenden Bruder beschäftigt war. Wir sprachen uns noch gründlich aus, und erst um 11 Uhr legten wir uns nieder.

Erholend waren auch die mannigfachen Spaziergänge bei dem beständig schönen, sehr schönen Wetter, das beinahe zu schön war im Hinblick auf die begonnene Bombenoffensive. Mehr als bewegend war auch das Zusammentreffen mit Elsbeth [Joerschke], die unmittelbar aus der Katastrophe von Dresden heraus in Ravensburg eingetroffen war. Es muß ganz entsetzlich gewesen sein. Das Wort „Hekatombe" genügt hier nicht; denn übersetzt bedeutet Hekatombe ein Opfer von einhundert Opfertieren. Auch der Pluralis „Hekatomben von Toten" reicht zur Bezeichnung eines solchen Grauens nicht aus! Sie nannte eine amtliche Totenzahl, die ich nicht niederzuschreiben vermag. Nicht zu Hunderten, zu Tausenden, ja Zehntausenden wurde in Dresden gestorben. Ich hatte Anfang Februar von Elsbeth einen sorgenvollen Brief erhalten:

„Jetzt brauche ich von Dir einen wahrhaft guten Rat, eine Probe auf unsere Freundschaft. Die Lage: Ich hatte den Entschluß gefaßt, einen Entschluß, der mit durch Deine Briefe bestimmt wurde, hier auszuharren. Auch als es begann, in Schlesien schwarz heraufzuziehen, war ich noch fürs Hierbleiben mit dem Resignationsschluß, das Erdendasein selbsttätig zu enden -. Jetzt aber neige ich dazu, doch den Kampf wenigstens zu probieren. Hier kann ich nicht bleiben:

1. ist von den Russen bereits die Oderlinie erreicht, es liegen also noch rund 200-250 km zwischen ihnen und mir; 2. bin ich außerordentlich gefährdet. Also ich muß weg, südlich oder westlich. Ich weiß, daß ich bei all diesem Beginnen in den Bombenregen hineinlaufe, aber solange ich wählen kann, wähle ich lieber ihn anstatt das Massaker. Das Wetter, die Kälte, der Schnee, die Nahrungsknappheit sind denkbar ungünstig, auch das weiß ich. Die Zugverhältnisse viel schlimmer als eine Katastrophe: Die evakuierten Breslauer kamen hier an mit buchstäblich totgefrorenen oder totgedrückten Kindern und verlangten vom Bahnhofsdienst eine Schachtel als Sarg. - Ich kann, wenn ich überhaupt einen Platz kriege, gerade 75 km fahren von den etwa 600 km, das andere muß ich laufen. Es ist ein gefährliches, ein entbehrungsreiches und vielleicht ein fast unmögliches Unterfangen. - Überlege Dir die Möglichkeiten, wohin ich mich wenden kann. Mein Mann ist irgendwo in dem Kessel im Kurland, und es ist für ihn weder von Nutzen noch von Freude, mich in absehbaren Zeiten hier zu wissen. Ich will noch ein paar Tage zuwarten, ehe ich all meine Habe dahinten lasse und als Bettler nur mit meinem Rucksack ausziehe. Hilf Du mir zu dieser Wanderung mit einem guten Rat. Vielleicht bist Du so lieb und telegraphierst mir ein paar Worte. Vielleicht ist es nicht uneben, wenn ich versuche, nach Thüringen durchzukommen, dort habe ich Bekannte in Eisenach, das aber dreiviertel zerstört ist, und ob jetzt meine Bekannten noch da sind, weiß ich nicht. Auch ist Thüringen, so ähnlich wie bei Euch das Allgäu, vollgestopft mit Evakuierten - und es bedeutet auch eine Verlängerung der Marschroute. Dabei habe ich keine gescheite Wanderkarte. Es ist ein wahnwitziger Versuch, aber er muß gemacht werden."

Ich antwortete ihr, gab gute Ratschläge. Aber die Ereignisse dort überstürzten sich. Tatsächlich war es ihr gelungen, um den Fußmarsch herumzukommen. Sie hatte sogar mit großem Geschick ihre Reise vorbereitet und wirklich in jeder Beziehung, wie man so sagt, ihr Haus bestellt. An einem Montagabend hatte sie ihre Koffer als Passagiergut auf dem Dresdener Hauptbahnhof aufgeben können. Die Koffer hatte sie auf einem Handwagen hingeführt und war vier Stunden lang bei der Gepäckannahme des mit Flüchtlingen und Flüchtlingsgut überfüllten Bahnhofs angestanden. Am Dienstag früh hätte sie eigentlich abreisen können, aber sie gab ihrer Übermüdung nach und verbrachte noch eine weitere Nacht in Dresden. In dieser Dienstagnacht fanden die beiden schweren englischen Angriffe und am anderen Vormittag ein ganz schlimmer amerikanischer Angriff statt. Elsbeth mußte sie mit durchstehen, und sie kosteten ihre ganze Habe mitsamt den aufgegebenen Koffern, die den Bahnhof noch nicht verlassen hatten und dort zerstört wurden. Mit ganz geringem Gepäck kam sie in die Stadt ihrer Väter zurück. Selma lud auch sie zum Tee ein. Nach dem Tee machten wir einen Rundgang durch das Städtchen, wobei manches Erinnerungsbild auftauchte. An einem Haus fiel unser Blick auf eine früher unbeachtet gebliebene Inschrift: „Gott schütz' mit seiner Hand / dies Haus, die Stadt, das Vaterland." Jahrzehntelang mag dieser Hausspruch als platt empfunden worden sein; die Gegenwart hat ihm einen erlebten, echten Inhalt verliehen. -

Gerade in diesen Tagen hatte es bei Ravensburg die ersten Toten gegeben. Der Chauffeur und die Beifahrer eines Milchautos wurden auf der Landstraße nach Hasenweiler getötet und die Leute, die zur Rettung hinzueilten, schwer verletzt. Daß Lokomotivführer bei Angriffen umkamen, entnahm ich Todesanzeigen in der Zeitung. Gegen die Mitte der Woche steigerten sich die Alarme, die Einflüge feindlicher Bomber und Jäger vermehrten sich; immer häufiger überflogen Verbände und einzelne Flugzeuge auch die Stadt. Ganze Serien von Ortschaften, Städten und Dörfern, beinahe alles Eisenbahnknotenpunkte, wurden angegriffen. Man hörte, daß die Eisenbahn zwischen Ravensburg und Ulm und die Strecke zwischen Ulm und Stuttgart unterbrochen sei. Am Freitag war ein klarer Tag mit blauem Himmel und frühlingsmäßig warmer Sonne. Man konnte sich schon am frühen Morgen eine Vorstellung von seinem voraussichtlichen Ablauf machen: dauernde Alarme, die eine ernsthafte Arbeit nicht zulassen werden. Selma und ich hatten uns deshalb zu einem Gang in die strahlende Vorfrühlingslandschaft entschlossen, zumal man sich im Freien auch sicherer fühlen kann. Bei der zunehmenden Wucht der Angriffe und der Steigerung der Durchschlagskraft der verwendeten Bomben haben die herkömmlichen Luftschutzkeller nicht mehr viel Wert. Mit dem Ertönen der Sirene strömen jetzt auch in Ravensburg Scharen von Menschen, hauptsächlich Frauen mit Kindern und Kinderwagen, zur Stadt hinaus. In einen solchen Massenauszug gerieten wir zu Beginn unseres Spaziergangs, der auf die Minute mit der Sirene „Vollalarm" zusammenfiel. Inmitten der mit ihrem Luftschutzgepäck beladenen Menschen stiegen wir das Veitsburgsträßchen hinan; aber hinter St. Christina konnten wir allein unseres Wegs weiterziehen und uns ungestört dem Genuß der Natur hingeben. Die Sicht war so klar, daß wir auf eine Entfernung von 3 km nicht nur die einzelnen Schafe einer großen Herde, sondern in ihr den Schäfer und den Schäferhund mit bloßem Auge unterscheiden konnten. Auf dem Rückweg durchschritten wir das Obere Tor genau in dem Augenblick, als das Zeichen „Vorentwarnung" gegeben wurde. Mit dem Gefühl, daß wir aus einigen Stunden, die sonst nutzlos vertan worden wären, etwas Erfreuliches herausgeholt hatten, konnten wir uns zum Mittagessen setzen. Ich genoß die Häuslichkeit nunmehr besonders, weil mir in Schwäbisch Gmünd die regelmäßigen Mahlzeiten fehlten. Dort wird im Hause nur das Frühstück bereitet. Das Mittag- und Abendessen in den Gasthäusern ist eine Qual. Es ist schlecht, und die Lokale sind überfüllt; man muß warten, bis man bestellen kann, warten, bis man bedient wird, warten, bis man zahlen kann. Solche täglichen Geduldsproben gehen über die Kraft, d.h. sie verbrauchen mehr, als man einnimmt. So sehe ich zu, daß ich um diese Mahlzeiten in den Gmünder Restaurants herumkomme. Wir nehmen das Frühstück zu uns, lassen das

Mittagessen ausfallen und finden uns gegen 5 Uhr zu einem Tee mit Brötchen zusammen.
Meine Abreise wurde ungewiß wegen neuer Bahnzerstörungen. Und nun tat ich etwas, was man in Kriegszeiten nicht tun soll: Ich dachte. Ich dachte, daß vielleicht ein Teil der Zerstörungen bald wieder beseitigt und ich in einigen Tagen nach Ulm und die Geislinger Steige hinunter nach Hause werde gelangen können. Ich dachte teils richtig, teils falsch. Ich reiste also erst am Sonntag und brach 5 Uhr 22 in Ravensburg auf, mit „unserem Zug" bei unserer damaligen gemeinsamen Rückfahrt nach den Weihnachtsfeiertagen. Wie damals fuhr er gut bis Aulendorf, dort verweilte er zwei Stunden ohne ersichtlichen Grund. Doch alles konnte sich noch zum Guten wenden. Die Reisenden waren guter Stimmung, Nervosität war nicht zu bemerken. Sie freuten sich des Nebels, des Schussennebels, nachher des Nebels der Biberacher Riß und später der Donau. „Heute kommen *sie* nicht." Ich kannte die Wetterlage genau, die Beständigkeit des Hochdrucks war mir präsent, ich hätte den Leuten die Stunde am Vormittag bezeichnen können, zu welcher diese Nebel weichen werden, sich zu weißen Nebelwölkchen vereinigen und der Sonne Platz machen. Doch ich behielt meine Weisheit für mich, hörte diese Gespräche der Mitreisenden mit dem Lächeln des Auguren an und schwieg. Nach der Station Erbach fuhr der Zug langsamer, er zögerte ein paarmal, aber schließlich fuhr er doch in die Station Einsingen hinein. Dort erscholl der Befehl der Bahnpolizei: Alles aussteigen! Es begann ein Fußmarsch von etwa 500 Metern. Am Donnerstag hatten die Amerikaner das Bahngleis beharkt, nicht etwa mit einigen Bömbchen, sondern mit schätzungsweise einhundert schweren Sprengbomben. Unser Weg führte uns durch ein ganzes Gewirre von Sprengtrichtern, die den Moorboden tief aufgewühlt hatten. Der Bahnkörper selbst war schwer getroffen. Eine Lokomotive stand schräg über den Gleisen und ebenso der stark beschädigte Gepäckwagen. Militär, Abteilungen des Ulmer Volkssturms, russische Kriegsgefangene, zusammen mehrere Hundert Mann, arbeiteten an der Wiederherstellung. Diesen Fußmarsch machten auch zwei bis drei Dutzend verwundete Soldaten mit.

Sie waren zwei Tage vorher in Ravensburg mit einem Lazarettzug von der westpreußisch-pommerschen Front angekommen; ein großer Teil hatte aber in den überfüllten Ravensburger Lazaretten nicht aufgenommen werden können. So waren diejenigen, die einigermaßen reisefähig waren, in ihre Heimat oder ihr Heimatlazarett überwiesen worden, worüber große Freude herrschte. Die Soldaten staken noch in den abgerissenen, mit Dreck und teilweise auch mit Blut beschmutzten Uniformstücken, in welchen sie das Schlachtfeld verlassen hatten, und in demselben Schuhzeug. Es war ein abenteuerliches Bild, diese einhermarschierenden Verwundeten. Im Zug bis Einsingen hatte ein 18jähriger Soldat mit dem Ärmelstreifen der SA-Panzerdivision Feldherrnhalle mir gegenübergesessen. Er erzählte anderen Mitreisenden seine allerjüngsten Kriegserlebnisse bei Elbing und wie er sich dort zurückgekämpft hatte. Wenn ich die Augen zumachte, kam mir's vor, wie wenn Du der Erzähler wärst. Realistischer hättest auch Du nicht das Bild der fünf an der Weichselbrücke wegen militärischer Verbrechen aufgehängten Soldaten beschreiben können. Und dabei drehte dieser Landser, dem ein Infanteriesteckschuß im Rücken noch keineswegs Stimmung und Haltung merkbar hatte beeinträchtigen können, unentwegt eine Zigarette nach der anderen, aus einem Tabak, den sie aus aufgelösten Proviantämtern mitgenommen hatten.

Es war eben 10 Uhr vormittags geworden, als wir in den bereitstehenden Pendelzug nach Ulm einstiegen. Der sofortigen Weiterfahrt stand nichts Ersichtliches entgegen, aber der Zug blieb unverrückt stehen. Um 10 ½ Uhr sickerten Gerüchte über bestehende Tieffliegergefahr durch. Ein großer Teil der Reisenden verließ den Zug. Die Seßhafteren, Nichtnervösen blieben noch, bis dann eine offizielle Warnung: „Großangriffsgefahr auf Bahnhöfe zwischen Ulm und Aulendorf" erging. Gleichzeitig wurde Motorengeräusch hörbar. Ich hatte den Zug kaum verlassen, in Richtung auf das „Hörnle", eine westlich des Bahnkörpers liegende bewaldete Anhöhe, als schon die Bomben auf die etwa 7 km nördlich liegende Stadt Ulm heruntersausten. Sonderbarer Weise folgten diesem Sausen keine Detonationen von Bedeutung.

Es hatte sich um die erste Lage eines aus Brandbomben bestehenden „Teppichs“ gehandelt. Der Nebel war gewichen, die Sonne stand am Himmel, und genau in diesem Augenblick waren auch die Bomberstaffeln erschienen. Von ihnen flogen einige ungefähr 4.000 m hoch, bei welcher Höhe schon die Einzelheiten der Flugzeuge erkennbar sind. Die hatten Ulm als Angriffsziel. Unzählbare weitere Verbände flogen sehr hoch, etwa 7.000 m; es wollte kein Ende nehmen. Diese steuerten offensichtlich andere Städte an. Ulm wurde von drei bis vier Staffeln angeflogen. Wie auf dem Exerzierplatz lösten sie zunächst die Rauchzielbomben, und gleich darnach fielen die Sprengbomben mit weithin hörbarer Detonation.
Es hatte sich, wie bald für den entfernten Beobachter zu erkennen war, um einen nicht sehr schweren Angriff auf Ulm gehandelt, der nunmehr beendigt war. Ich nahm deshalb den Weg unter die Füße. Es war ein wunderschöner Sonntagvormittag geworden, welcher einen dazu verführte, Krieg und Zerstörung, eben noch erlebt, über der Schönheit zu vergessen, in der die Erde und der Himmel dem Wanderer sich darbot. Zuerst führte mich der Weg über Felder und Wiesen, dann auf die Landstraße. Ein Tiefflieger wurde sichtbar. Vorschriftsmäßig nahm ich Deckung in einem der überall links und rechts der Straße ausgeworfenen Deckungsgräben, gegen Sicht noch durch einen großen Birnbaum geschützt. Bald konnte ich weiterziehen. Als ich aber auf der Landstraße hinter Grimmelfingen um die Ecke bog, verschwanden alle friedsamen Sonntagvormittagsgedanken. Dicke Rauchschwaden zogen über einer Anhöhe, welche die Stadt Ulm verdeckte, nach Osten ab und verdunkelten den Horizont nach Norden. Ich ging weiter. Immer häufiger begegneten mir Einwohner von Ulm, die mit ihren sieben Sachen aus der Stadt herauseilten. „Sie werden doch nicht hineingehen, die kommen noch einmal.“ Ich dachte wieder nach und dachte, die kommen, wenn sie kommen, erst in zwei Stunden wieder. Bis dahin hast du die Stadt hinter dir und bist längst auf der Ulmer Alb; es wird dir sowieso nichts anderes übrig bleiben, als dort droben auf einer Bahnstation auf einen Zug zu warten.

Als ich den Oberen Kuhberg, die Kaserne, wo ich am 5. August 1914 als Kriegsfreiwilliger eingetreten war, links liegen ließ und mich dem Weichbild der Stadt näherte, war Vorentwarnung. Es kamen mir die Leute entgegen, die gerade ihre Bunker, Stollen und Keller verließen. Offensichtlich liegt in dieser langen Zeitspanne zwischen der tatsächlichen Beendigung des Angriffs und der Vorentwarnung die Chance der anglo-amerikanischen Terrorflieger. Während dieser Zeit können sich die Brände ungestört entfachen. Ich kam an jener Stelle in die Stadt, wo die Donau vor der Eisenbahnbrücke nach Augsburg vorbeifließt; hart daneben verläuft der Eisenbahndamm der Linie nach Friedrichshafen. Mein Versuch, durch die Schillerstraße in die Stadt zu gelangen, mißlang. Die Magirusfabrik stand schon in hellen Flammen. Ihrer Werksfeuerwehr, die eben an die Löscharbeiten heranging, nützten die selbstgefertigten Magirusfeuerwehrleitern und die anderen blitzblanken, erstklassigen Geräte nichts. Ein Gebäude war schon bis zum Grund abgebrannt, und heftig brannten die anschließenden Privathäuser. Auf der rechten Seite liegt die älteste Kaserne Ulms, die Große Bastion. Auf ihrem Hof hatten die Sprengbomben übel gehaust. Es war gewissermaßen interessant, den Brand eines Stadtteils einmal nicht bei Nacht, sondern am hellen Tag zu erleben.

Bei diesen Großbränden fehlen übrigens die Szenen der Aufregung, wie sie Schiller im Lied von der Glocke schildert: „Kinder jammern, Mütter irren, Tiere wimmern unter Trümmern. Alles rennet, rettet, flüchtet." Zwar glühen die Lüfte, krachen die Balken, und jeder sucht zu retten. Aber das alles vollzieht sich merkwürdig sachlich. Die Bevölkerung ist hartgesotten. Diese Dinge sind ihr nichts Neues mehr, ihr Verhalten bei den Rettungsarbeiten zeigt deutlich die Gewöhnung. Im Vorübergehen höre ich, wie ein Feuerwehrunterführer einen sich ungeschickt anstellenden Feuerwehrmann anschreit: „S'ischt grad so, wie wenn's no nie brennt het, du saudommer Kerle." Auf der Straße, auf der ich ging, wurde der Rauch so dicht, daß ein Durchkommen nicht mehr möglich war. Ich mußte wieder zurück. Schon stürzten abgebrannte Dachgiebel und Balkone auf die Straße. Schließlich stand ich wieder unten an der Donau. Ich versuchte nunmehr den Weg über die Wilhelmshöhe. An einer brennenden Gartenwirtschaft vorbei gelangte ich zu ihr. Ich hatte mich die Stunden vorher besonnen, was für ein besonderer Erinnerungstag dieser 25. Februar war, an dem ich, wenn ich die Sprache der Kriegsberichter reden will, den Angriff auf Ulm sozusagen „unterschritten" hatte. Droben auf der Wilhelmshöhe, wo ich dem Rauch entronnen war, fiel mir's plötzlich ein. Es war der Geburtstag von König Wilhelm II., Württembergs geliebtem Herrn, ins Gedächtnis eingegraben seit der Kindheit. An diesem Tag war schulfrei gewesen. Es stieg vor mir auf das Bild eines heißen Augusttags im Jahre 1910, auf der Landstraße droben auf der Geislinger Alb bei Amstetten. In einem Mercedeswagen fuhr der König, von einer Jahrhundertfeier der Stadt Ulm zurückkehrend, an mir vorbei. Ein großer sorgenloser Festtag damals vor 35 Jahren. Und heute? Man muß sein Herz in beide Hände nehmen, um die Dinge nicht bis zum Ende durchzudenken und damit der Verzweiflung anheimzufallen. Ich ging das schmale Sträßchen zwischen der Bahn und dem eigentlichen Alt-Ulm an den dortigen Gärten und Häusern vorbei. Still und friedlich brannte dort, was von den Häuserruinen des Angriffs vom 17. Dezember 1944 noch brennbar war. Hoch loderten weiter drüben an der Straßenüberführung die Flammen aus dem „Casino", dem großen Versammlungs- und Wirtschaftsgebäude mit seinem ragenden Treppengiebel. Alle paar Minuten krepierten noch, ferner oder näher, die Spätzeitbomben. (...) Um weiter zu kommen, mußte ich an dieser Kreuzung das Gewirr der herunterhängenden Leitungsdrähte der Straßenbahn überwinden. Eine Frau stand neben mir und wies auf den vierten Stock des Hauses, wo in einer stehengebliebenen Ecke ein Viertelzimmer sichtbar war, um das schon die Flammen züngelten: „Oh meine Betten! Wer kann da hinaufsteigen und sie mir retten?" Im gleichen Augenblick zerbarst im Innern des Gebäudes eine Bombe. Das Zimmereck oben stürzte vollends in die Tiefe. Neu flogen Schutt und Steine. Ich beeilte meine Schritte. Kurz vor der Ruine des Deutschen Hofs beim Münster-Hotel lag der letzte, ca. 8 m tiefe Sprengtrichter. Der Angriff dieses Tages fing etwa dort an, wo der vom 17. Dezember aufgehört hatte. Er traf zumeist das Gebiet westlich der Bahnlinien. Der Bahnhof war noch menschenleer. Ich befragte keinen Beamten, ich konnte mir die Verwirrung vorstellen. Ich marschierte Richtung Stuttgarter Tor, durch die Häuserviertel des neueren Ulms, die bis zu jenem Tag noch unversehrt waren. Dann stieg ich die Steige zur Albhochfläche hinauf. Der Wegzeiger verkündete: Geislingen 30 km. Es gibt von dort vor dem Friedhof noch einen Rückblick auf Ulm. Ich sah nochmals hinunter auf das Elend, das ich hinter mir gelassen. Drüben auf einem Ackerfeld bei der Eisenbahnlinie Ulm-Stuttgart loderte eben eine Brandbombe. Ich konnte nicht hinsehen, so grell war die Flamme. Unangefochten ragte das Münster über Rauch und Ruinen. Tatsächlich ist dann die Stadt Ulm am nachfolgenden Donnerstag, dem 1. März, und am Sonntag, dem 4. März, so angegriffen worden, daß jetzt außer dem - neuerdings auch beschädigten, aber nicht zerstörten - Münster kein Stein mehr auf dem anderen steht. Am 1. März haben 21 Wellen von je 36 Kampfflugzeugen die Stadt bombardiert, und am Sonntag darauf wiederholte sich ein ähnlich schwerer Angriff, der den Untergang der einstigen Reichsstadt und früheren Reichsfestung Ulm beschloß.

Der Weg nach der nächsten Station ist weit. Ich hatte am Vorabend beim Packen in Vorahnung des Fußmarsches manches schon verstaute Stück wieder aus dem Rucksack genommen. Aber vor dem Schlafengehen hatte mich Tante Selma nochmals mit allerlei kostbaren Gaben überrascht, z.B. einem ganzen Gugelhopfen, welche ihn wieder erheblich beschwerten. Die Vormärzensonne leuchtete, und begierig sog die Lunge nach dem Rauch und Schmutz die frische Luft ein, die von der Alb herunterblies. Etwas hatte mich der Weg dort hinauf doch geschlaucht. Ein junger Landser schloß sich mir ein Stück Weges an. Er kam von der italienischen Front und hatte Marschbefehl zu seinem Ersatzregiment nach Ulm. Aber ehe er sich dort meldete, wollte er noch seine Angehörigen im württ. Schwarzwald besuchen. Ich dachte: auch einer von den Menschen, welche ihr Reiseziel erreichen wollen, indem sie sich von ihm entfernen. Nach acht Kilometern hatte ich die Station Jungingen erreicht. Ich war mit gutem Vorsprung der erste der oben eintreffenden Eisenbahn-Reisenden, die an jenem Sonntag zu Fuß gehen mußten. Schließlich wurden es ein Dutzend, dann mehrere Dutzend und schließlich rund 200 Menschen, die teilweise mit schwerem Gepäck hier oben ankamen. Wir alle wurden noch weiter geschickt, nochmals fünf Kilometer bis Beimerstetten. Diese große Zahl von Reisenden war in einem kleinen Wartesaal zusammengepfercht und mußte von 4 Uhr nachmittags bis abends 10 Uhr auf den ersten wieder verkehrenden Personenzug warten. Den Eisenbahnen, den Zugabteilen, den Bahnhofwartesälen und den Bahnsteigen geben jetzt die Deutschen aus dem Osten, die sich vor den Russen in Sicherheit bringen, das Gepräge. Unter den zweihundert in Beimerstetten Wartenden waren mindestens ein Drittel Ostflüchtlinge, aus Königsberg, Breslau, Posen, Danzig, überwiegend Frauen und Kinder. Man saß und stand gepreßt nebeneinander und kam unwillkürlich mit dem Nachbarn oder der Nachbarin oder dem Vorder- oder Hintermann ins Gespräch. Ziemlich gleichartig waren die Erlebnisse dieser gehetzten Familien und ziemlich gleichartig ihre Berichte. Alle waren sie fünf bis sechs Nächte in keinem Bett gewesen; ihr Aussehen war entsprechend. Draußen auf dem Gleis stand der Wiener Schnellzug. Er war vormittags im Begriff gewesen, die Station zu passieren, als seine elektrische Lokomotive von einem Tiefflieger zusammengeschossen wurde. Der Schnellzug war doppelt unbeweglich geworden; die Lokomotive war außer Gefecht gesetzt, und gleichzeitig hatte der Tieffliieger die elektrische Fahrleitung entzweigeschossen. Der Zug hatte, als er vormittags getroffen wurde, schon eine Verspätung von 18 Stunden. Als er spät abends nach Ulm mit Dampf hereingezogen wurde, hatte er schon weit über 24 Stunden Verspätung. Jemand machte den Vorschlag, den Fahrplan von jetzt ab nicht nur mit Stundenzahlen, sondern auch mit dem Tagesdatum zu versehen. Alle Hochachtung vor den Leistungen der Deutschen Reichsbahn! Erstaunlich ist die Zähigkeit und das Geschick, mit der sie dieses schwer angeschlagene Bahnnetz aufrecht erhält und wieder in Ordnung bringt. Noch in derselben Nacht hörte und sah man

die Güterzüge nach beiden Richtungen wieder von Ulm nach Plochingen, von Plochingen nach Ulm rollen.
Um 10 Uhr nachts lief der erste Personenzug Richtung Stuttgart ein, gezogen von einer elektrischen und einer Dampflokomotive. In ihm saß der zusammengefaßte Inhalt von insgesamt drei Personenzügen; die Fülle dieses Zuges ist schlechterdings nicht zu beschreiben. Ich hatte die Wahl, nach Stuttgart-Bad Cannstatt zu fahren und dort auf dem Bahnhof den ersten Remstalfrühzug abzuwarten, oder in Göppingen auszusteigen und von dort morgens um 6 Uhr auf der Hohenstaufenbahn nach Gmünd weiterzufahren. Das Gedränge, die Luft im Abteil wurde von Station zu Station unerträglicher. Ich stieg deshalb in Göppingen aus, d.h. ich bahnte mir mit Brachialgewalt den Ausgang aus dem Abteil. Ein besseres Nachtasyl als den Wartesaal gab es nicht. Ich sicherte mir dort einen Bankplatz und richtete mich darauf ein, die sechs Stunden von Mitternacht bis 6 Uhr morgens sitzend zu verbringen. Es ist schon lange her - eigentlich seit meiner Militärzeit -, daß ich einer solchen Nächtigung ausgesetzt war. Die Insassen des Wartesaals boten ein kunterbuntes Bild. In der Mehrzahl waren es Eltern, Mütter, Schwestern von Soldaten, die in Ulm in Ausbildung standen und welchen diese Angehörigen einen Sonntagsbesuch gemacht hatten. Alle diese Leute waren morgens in Ulm angekommen, waren stundenlang im Luftschutzkeller gesessen, hatten ihren Soldaten kaum besuchen können und versäumten nun, wie ich selbst, in Göppingen den letzten Anschluß. Zu diesen gesellten sich Hitlerjungen, die auf irgend einer Fahrt waren, Frontsoldaten, Flüchtlinge aus Schlesien, Ostpreußen, aus dem Ostteil der Mark Brandenburg, ja schon solche aus Berlin. In der Mitte des Wartesaals saß hoch aufgerichtet, das kurzgeschnittene Haupthaar korrekt gescheitelt, das Monokel unentwegt ins linke Auge gekniffen, ein Offizier mit Majorsachselstücken. Unter all den kauernden Menschen, die in jeglicher Stellung den Schlaf zu finden suchten, wirkte er wie ein Standbild. Ich hatte ihn seit dem frühen Morgen und unserem Umsteigen in Einsingen beobachtet. Wortkarg war er mitmarschiert mit einer schweren Aktenmappe in der Hand. An allen Punkten, wo der Zug der Marschierer ins

Stocken geriet, war er wieder aufgetaucht. Nur einmal hörte ich ihn sprechen, nämlich wie er einen der verwundeten Soldaten, der den Kragen des Waffenrocks hoch geschlagen hatte, kurz aber bestimmt aufforderte, dies zu unterlassen. Und nun saß dieser Mann, der sich keine Lässigkeit gestattete, auch in diesem Nachtlager übermüdeter, haltungsloser Menschen. Aus seiner Mappe entnahm er ein dünngeschnittenes, dünn bestrichenes Brötchen und führte es mit der anerzogenen, auch in dieser Nachtstunde nicht vergessenen Kasinomanier zum Munde. Er war mager, nur Haut und Knochen, man hätte ihm einen besseren Imbiß gegönnt. Er war bald fertig. Neben ihm nestelte ein Soldatenvater-Bäuerlein aus einem Säckchen Brot, Speck, Wurst und vesperte gemütlich so eine halbe Stunde „ane". Diese Nebensitzer gaben miteinander ein Schaubild der zwei, von denen der eine hat, der andere nicht hat. In einer anderen Ecke saß zwischen Polizeisoldaten und Urlaubern ein frischer, beweglicher, junger angehender Marineoffizier. Er erschien mit einem vielleicht dreivierteljährigen, in eine Wolldecke gehüllten Baby, an dem er rührend die Mutterstelle vertrat. Im linken Arm trug er das Kind, in der rechten Hand einen schweren Koffer, und unter den rechten Arm hatte er noch ein Radio geklemmt. Was für ein Schicksal mochte diesen Mann und sein kleines Kind - ohne Mutter - getroffen haben! Alles Bilder aus deutscher Gegenwart. Ein großes Stück der Bank an der Wand beim Eingang hatten drei junge Mädchen, ungefähr 14-, 10- und 8jährig, offensichtlich Schwestern, beschlagnahmt. Alle drei im blauen Skianzug, blonde anziehende Mädchen, ebenfalls Flüchtlinge aus Ostdeutschland. Mit drei Riesenrucksäcken, drei Riesentaschen, drei Bündeln Wolldecken hatten sie die Bank blockiert. Nach einer Stunde erschien ein ebenfalls Norddeutsch sprechender Herr, begrüßte die Kinder und nahm sie mit sich fort. Drei volle Meter der Bank wurden frei.
Immer wieder zog diese Leere meine Blicke an. Schließlich, als niemand, auch nicht Neuankommende, den Platz besetzten, erhob ich mich, stellte meinen Rucksack quer, ihn als Kopfstütze verwendend, und legte mich lang hin. Es dauerte einige Zeit, bis ich die Ideallage unter Anpassung der Polsterung des Körpers an

das Hartholz herausgefunden hatte. Mein Kopf lag wohl gebettet zwischen den links und rechts im Rucksack verstauten Hälften des entzweigeschnittenen Selma'schen Gugelhopfens. So waren die wichtigsten Voraussetzungen für einen erquickenden Schlaf gegeben. Aber zunächst waren die im Raum anwesenden Antischlaf-Kobolde zu überwinden. In der ersten halben Stunde meldeten sich die Huster. Ganze Hustorgien wurden von den einschlafenden übernächtigten Menschen aufgeführt. Später kamen die Schnarcher. Drei Soldaten, die auf den Bänken halb sitzend, halb liegend, versuchten, den Baumstamm nicht einfach, sondern der Länge nach durchzusägen, wie man so sagt. Schließlich fand ich zwischen den beiden Kuchenhälften doch den Schlaf. Bald wurde ich aber geweckt. „Bitte um Personalausweise." Hintereinander kamen zwei Streifen des Deutschen Volkssturms, ein Zivilist in Begleitung eines weiteren Zivilisten, der letztere mit dem Infanteriegewehr irgend eines Fremdstaates ausgestattet. Militarist bin ich nicht, doch soweit ist mir aus meiner Soldatenzeit der Sinn fürs Militärische geblieben, daß mir ein Zivilist mit einem Militärgewehr ein Greuel ist. Die Prüfung der Personalausweise durch diese beiden Streifen war mehr kursorisch. Um 1 Uhr erschien ein stattlicher Polizeiwachtmeister, der die Anwesenden hingegen auf Herz und Nieren prüfte. Das deutsche Volk ist wohl behütet, es wird auf uns aufgepaßt. Der Wachtmeister stieß auf alle möglichen Anstände; dann: „Herr Doktor, Sie können weiterschlafen."

Um 3 Uhr wurde die Nachtruhe durch die eintretende Bahnsteigschaffnerin unterbrochen: „In 10 Minuten läuft der Nachtschnellzug in Richtung Esslingen-Heidelberg ein." Diese Ansage zündete zuerst bei dem noch immer wie eine Bildsäule dasitzenden Major und langsam auch bei mir. Im Geiste überschlug ich die Fahrmöglichkeiten und rechnete aus, daß ich über Esslingen-Bad Cannstatt zu dem Zeitpunkt morgens 6 Uhr in Gmünd ankommen werde, zu welchem sich mein Bimmelbähnchen von Göppingen nach Gmünd erst in Bewegung setzt. Allerdings ein Risiko war eingeschlossen. War die Remsbahn, die durch Bombenvolltreffer mehrfach unterbrochen war, überhaupt benutzbar? Ich nahm dieses Wagnis in Kauf, denn von dem Wartesaal hatte ich genug. Ich erhob mich, schulterte den Rucksack, ging zur Bahnsteigsperre. Dort stand aber die Bürokratia in Person, eine mannweibliche Bahnsteigschaffnerin: „Noi, Sie kennet mit dem Schnellzug net fahre, Sie fahret 6 Uhr 12.“ Basta! Ich sagte kein Wort, machte kehrt, klopfte an die Scheibe des Fahrkartenschalters, nahm meine ganze Liebenswürdigkeit zusammen, schilderte der Schalterbeamtin die Irrwege meiner Reise und trug meine Bitte vor. „Selbstverständlich kriegen Sie den Schnellzugszuschlag, zum Vergnügen reist heute niemand mehr.“ Wortlos, ohne durch ein nach außen sichtbares Triumphgefühl die „räse“ Bahnsteigschaffnerin zu neuen Studien über Reisebehinderungsmöglichkeiten zu veranlassen, ging ich durch die Sperre. Auf dem Bahnsteig galt es 15 Minuten zu warten, aber was bedeutete eine Viertelstunde Warten an jenem Tag, an dem ich von Ravensburg volle 22 Stunden unterwegs war. Das Wetter hatte umgeschlagen, es regnete, aber es war ein warmer Wind, der von Westen her das Filstal herauf über den Bahnsteig blies. Der Schnellzug lief ein, ich stieg ein, ein junger Offizier und eine junge Dame stiegen aus: „Der ganze Wagen ist leer, es gibt Platz zum Liegen.“ Das ist der gebräuchlich gewordene Ausdruck, wenn es in einem Zug überhaupt noch Platz gibt, wenn auch sehr wenig „Platz zum Liegen“. Tatsächlich war der ganze Wagen, ja der ganze Schnellzug leer, ein sichtbarer, wohl unbeabsichtigter, aber vielleicht unvermeidbarer Erfolg des seit Ende Januar eingeführten Reisegenehmigungsverfahrens. Es war eine Wohltat: der Länge nach warf ich mich in die weichen Polster eines Abteils erster Klasse, in das ich bei der völligen Dunkelheit im Zuge geraten war. Leider mußte ich in Esslingen heraus. Ich stieg in den Vorortszug um. In Bad Cannstatt rasch vom Bahnsteig 1 nach Bahnsteig 6. Bitte einsteigen, Türen schließen. Schon fuhr der erste Frühzug 4 Uhr 31 ab. Stehend fuhr ich nach Gmünd. 200 Meter vor dem Bahnhof Gmünd kam die Zugschaffnerin, die ich beim Halten auf den vielen Stationen der Remsbahn im stillen bewundert hatte, weil sie mit bemerkenswerter Tatkraft für die rasche Weiterfahrt des Zuges Sorge trug. Ich war deshalb auch milde gestimmt, als sie meine Reisegenehmigung beanstandete: „Die Genehmigung ist am 25. Februar abgelaufen, heute ist der 26.!“ Ich trat in keine heftige Auseinandersetzung ein, sondern begnügte mich, zu sagen: „Meine sehr verehrte Dame, ich bin 26 Stunden unterwegs, wenden Sie sich gefälligst mit Ihrer Beanstandung an die Amerikaner. Wenn Sie Ihre Beanstandung nicht fallen lassen, so bitte ich, eine Bescheinigung über zu Fuß marschierte 20 Eisenbahnkilometer zwecks Antrag auf Fahrgelderstattung herauszuschreiben.“ Im Bewußtsein der vollständigen Kenntnis der Dienstvorschriften erteilte sie mir zwar Absolution von der Überschreitung der Reisefrist, aber das letzte Wort behielt die Schaffnerin mit der Belehrung: „Beträge unter 20,- RM werden überhaupt nicht erstattet.“ Schon hieß es „Schwäb Gmünd“. Es war 6 ½ Uhr morgens, ich eilte zur Bocksgasse 32. Drei Türen öffneten sich im unteren Hausgang: Aus der Küchentüre erschien die treue Sorgerin Anna, aus der Türe links Frau Elisabeth, aus der Türe rechts Konrad. „Gottlob und Dank, daß Du (daß Sie) wieder da bist (sind).“ Ich spendete den Kaffee aus, Fräulein Anna kochte ihn. Ich stellte den Gugelhopfen auf den Tisch, und die Fahrt und alle ihre Unbilden begannen den unaufhaltsamen Weg alles Geschehens und alles Erlebens anzutreten, nämlich von der Gegenwart in die Vergangenheit sich zu verwandeln.

Ostersonntag, den 1. April 1945

Die Woche vor der Karwoche hatte viel Arbeit gebracht und, soweit sie Reisen bedingte, außergewöhnlich erschwerte Berufsarbeit. Zum Beispiel am Dienstag, 20. März, abends um 5 Uhr eine Rücksprache auf dem Wohnungsamt in Schorndorf. Um mit der Eisenbahn dorthin (22 km) zu gelangen, stand der Zug morgens, Schwäb. Gmünd ab 6 Uhr 13, zur Verfügung; der nächste Zug fuhr erst abends 18 Uhr 01.

Ich wählte einen Mittelweg. Die Hohenstaufenbahn brachte mich zu der Station Adelberg-Börtlingen, und von dort nahm ich die 12 km über Kloster Adelberg nach Schorndorf unter die Füße. Es waren noch keine reinen Frühlingslüfte, die fächelten, und es war eher rauh; aber doch eine schöne Wanderung. Beinahe ununterbrochen tönten vom Tal der Fils zur Linken und von dem Tal der Rems zur Rechten auf den Kamm des Schurwalds herauf die Sirenen mit ihren ausgeklügelten Arten der Warnung und Entwarnung. Näher oder ferner hörte ich der Reihe nach einige Flächenwürfe fallen. Um ½ 2 Uhr traf ich in Schorndorf ein und betrat über den Friedhof am Grab der Eltern vorbei die Stadt. An dem Telefonhäuschen dort setzte ich mich mit Ulrich G. [Groß] in Verbindung. Seine Frau meldete sich. Auf meine Frage: „Wie geht's Euch?“ gab eine tränenerstickte Stimme Bescheid: „Unser Werner ist gefallen, am Samstag haben wir es erfahren.“ Der 19 ½-jährige älteste Sohn, Gefreiter in einer Panzerjägerkompanie, wurde bei Sagan, als er von seinem Lastwagen herab auf angreifende Russen mit dem Maschinengewehr feuerte, während einer Ladehemmung zusammen mit seinem Oberst und einem Oberstleutnant getötet. Kaum ein Tag vergeht, an dem nicht befreundete Familien durch Trauerbotschaften ähnlicher Art betroffen werden. Ich konnte meine Angelegenheiten zufriedenstellend lösen. Man fühlt überall eine Umstellung der Beamten gegen die Verfemten des Regimes. Das Eis beginnt zu brechen. Die alten Freunde wagen sich wieder hervor.

Auch am übernächsten Tag zwangen mich die eingeschränkten Eisenbahnverbindungen zu einem Fußmarsch, eine Last, die ich übrigens freudig auf mich nahm. Ich hatte in Welzheim zu tun. So setzte ich mich in Gmünd um 8 Uhr in Bewegung und wanderte durch eine wunderbare, einsame Landschaft meinem 20 km entfernten Ziel zu. Ein herrlicher Wandertag war mir beschert, ein wolkenloser blauer Himmel und warme Frühlingssonne. Um 12 Uhr hatte ich das Leintal, mir vertraut durch Wanderungen vor 30 Jahren, bei der Meuschenmühle erreicht. Ihr oberschlächtiges Wasserrad rief den Dichter von „Dort unten in der Mühle, da geht ein Mühlenrad“, Justinus Kerner, damals Oberamtsarzt in Welzheim, ins Gedächtnis. Es war allerdings nicht diese Mühle, welche ihm die Anregung zu dem Gedicht von den vier fallenden, ihm das Herz schwer machenden Brettern gab. Diese Mühle liegt drüben im Wieslauftal, es ist die Klingenmühle. - Sobald

man von der Meuschenmühle zur anderen Seite des Tälchens ansteigt, wird die Stadt Welzheim sichtbar. Auf der Höhe steht eine alte Linde und darunter eine Sitzbank. Ich hatte noch eine Stunde Zeit. Es wehte beinahe kein Lüftchen, ich saß dort eine gute halbe Stunde und ruhte von meinem Marsche. Eine fast feierliche Stille war ringsum, umsomehr dachte ich nach, suchte mit den Sorgen und Nöten, in die wir alle verstrickt und verfangen sind, fertig zu werden. Ich nahm den Rucksack wieder auf, den Wanderstab zur Hand. Die Stille war übrigens eine Täuschung gewesen. Die halbe Zeit war ich durch Einzelhöfe, Wald, Wiesen und Äcker gewandert, durch Gebiete ohne Sirenen.
(...) Samstag früh fuhr ich mit dem ersten - und vor abends 9 Uhr gleichzeitig letzten - Zug um 6 Uhr morgens nach W. [Westhausen]. Ich traf dort neue Verhältnisse. Drei Wochen vorher hatte die junge Russin Marusia einen Traum, den sie ihrer Dienstherrin erzählte: „Ich habe geträumt, Sie und die Kinder sind von der Mühle weg." Dieser erste Teil des Traumes war in Erfüllung gegangen. Acht Tage nach diesem Traum waren Suzanne, Franka und Michael [May] in das Land ihrer Väter bzw. Großväter, d.h. in die Schweiz, abgereist. Es war nach einhalbjährigem Warten und nach manchen Fehlschlägen und vergeblichen Bemühungen schließlich sehr rasch gegangen, und Suzanne hatte sich von mir nur schriftlich verabschieden können.
Ich traf einen Vetter des Hausherrn, Otto L. [Lichtenfels, Inhaber der Fa. Kordes & Lichtenfels] aus Pforzheim*, dessen Frau, dessen 22jährige Tochter und deren gleichaltrige Freundin an. Frau L. [Lichtenfels] hat den Haushalt fest in die Hand genommen, so daß nichts mangelt und die abwesende Hausfrau voll vertreten ist. Die Leere des Hauses, die jetzt gewichen ist, hatte ich acht Tage vorher stark empfunden. Man wartete unwillkürlich, bis Suzanne sich an den Tisch setzen oder die Kinder ins Zimmer treten würden.

---

* *Die Stadt wurde beim Angriff vom 23.2.1945 in 25 Minuten total zerstört, annähernd 20.000 Tote waren zu beklagen.*

(1) Reinhold Maier, um 1945

(2) Male und Wolfgang Liebendörfer, um 1938

(3) Die von Selma Maier geführte Löwen-Apotheke in Ravensburg, o.D.

(4) Sommerwanderung im Schwarzwald, Sommer 1933 (Aufnahme: R. Maier)

(5) Geburtstagstisch in der Dillmannstraße 16, o.D.

(6) Gerta Maier mit ihren Kindern Georg und Magda auf dem Balkon der Dillmannstraße, Frühjahr 1934 (Aufnahme: R. Maier)

(7) Gerta, Georg und Magda Maier während einer Bahnfahrt, um 1937 (Aufnahme: R. Maier)

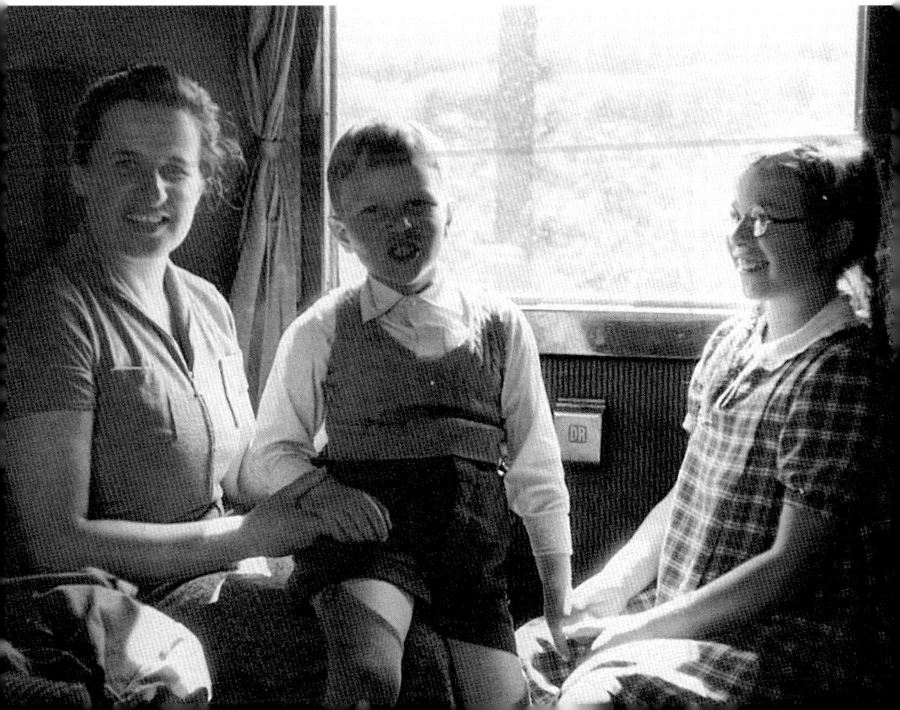

(8) Familienausflug im Frühjahr 1939 (Aufnahme: R. Maier)

(9) Letzter gemeinsamer Urlaub der Familie in den Schweizer Alpen, August 1939

10) Reinhold Maier und Paul May in Les Espesses im schweizerischen Kanton Waadt, . Nov. 1939. Das Foto wurde von Otto May für Maiers Familie in England aufgeommen.

(11) *„Das Haus in Stuttgart, es war meine Burg ...“* Dillmannstraße 16, das Haus der Familie Maier in einer der beliebtesten Wohngegenden Stuttgarts, o.D.

(12) Dillmannstraße, Arbeitszimmer von Reinhold Maier

(13) Die Freunde: Paul May (im Fenster) und Konrad Wittwer, 1934

(14) Die Faulenmühle bei Westhausen, 1. Hälfte 1940er Jahre.

'15) Otto und Suzanne May mit ihren Kindern Franka und Michael vor
ler Faulenmühle, 1. Hälfte 1940er Jahre

(16) Stuttgart: *„Die Stiftskirche von Sprengbomben getroffen und zerstört, beide Türme ausgebrannt."* (Aufnahme: Hermann Weishaupt, 1. Juli 1946)

(17) Stuttgart: Neues Schlo[ß] 1. Juli 1946 (Aufnahme: He[r]mann Weishaupt)

8) „*Dort oben auf der Galathea ...*“
om Brunnen am Eugensplatz aus
ɔt sich Reinhold Maier 1944 der
lick auf das zerstörte Stuttgart.
\ufnahme: 2003)

19) Blick von der Galathea auf
ie Stuttgarter Innenstadt, 2003

(20) Stuttgart: Blick durch die Schulstraße zum Marktplatz, 1. Juli 1946 (Aufnahme: Hermann Weispaupt)

(21) Stuttgart: Blick vom Tagblatt-Turm nach Westen, 1. Juli 1946 (Aufnahme: Hermann Weispaupt)

2) Hotel Graf Zeppelin, ute Steigenberger. In den zten Kriegsjahren war inhold Maier in dem damals ıwer beschädigten Hotel ufig zu Gast. (Aufnahme: 03)

(23) Stuttgart: Blick vom Tagblatt-Turm über Rathaus und Stiftskirche zum Bahnhof, 1. Juli 1946 (Aufnahme: Hermann Weishaupt)

(24) Reiterleskapelle, 2003

(25) Schwäbische Alb: Hohenrechberg (li.) und Stuifen, 2003

6) Die Wallfahrtskirche auf dem Hohenrechberg. Berg und Kirche gehörten zu Maiers
evorzugten Wanderzielen auf der Alb, 2003

(27) Blick aus Richtung Stuifen auf den Hohenrechberg, 2003

(28/29) *„Gesundes, kräftiges Winterwetter, von uns genützt zu den so sehr geliebten Spaziergängen“.* Winterimpressionen des begeisterten Hobbyfotografen Reinhold Maier, o.D.

30) *„(...) unaufhörlich leuchtete der Horizont auf, ja hie und da war die Hälfte des Firmaments 20 bis 30 Sekunden lang erhellt von dem Widerschein der Explosionen."* Der brennende Hauptbahnhof beim verheerenden Bombenangriff auf Heilbronn in der Nacht vom 4. auf den 5.12.1944.

(31) Portrait des württembergischen Staatspräsidenten Eugen Bolz, um 1930

(32) Das Ulmer Münster inmitten der Trümmerlandschaft, 22. Juli 1946

(33) *„Die ganze Innenstadt liegt in Trümmern."*
Blick vom Ulmer Münster, 7. Juli 1945

4) *„In der Mühle bin ich (...) im Geist der alten Freundschaft aufgenommen worden“*
ie Faulenmühle von Osten, 1. Hälfte 1940er Jahre.

5) *„Ich war zu einer Behörde geladen, zu der an sehr ungern geht und, wenn man gehen uß, mit einer Zahnbürste in der Rocktasche.“*
orladung Reinhold Maiers durch die aatspolizeistelle Stuttgart

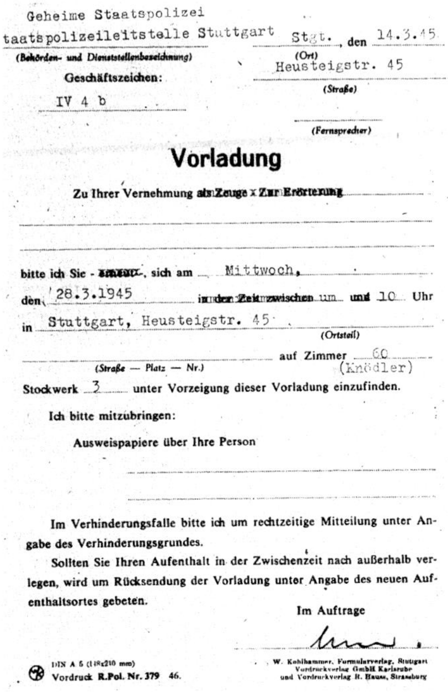

Geheime Staatspolizei
taatspolizeileitstelle Stuttgart
(Behörden- und Dienststellenbezeichnung)

Stgt., den 14.3.45
(Ort)
Heusteigstr. 45
(Straße)

(Fernsprecher)

Geschäftszeichen:
IV 4 b

Vorladung

Zu Ihrer Vernehmung ~~als Zeuge~~ x ~~Zur Erörterung~~

bitte ich Sie - [illegible] -, sich am Mittwoch,
den 28.3.1945 in ~~der Zeit zwischen~~ um ~~und~~ 10 Uhr
in Stuttgart, Heusteigstr. 45
(Ortsteil)

(Straße — Platz — Nr.) auf Zimmer 60 (Knödler)

Stockwerk 3 unter Vorzeigung dieser Vorladung einzufinden.

Ich bitte mitzubringen:

Ausweispapiere über Ihre Person

Im Verhinderungsfalle bitte ich um rechtzeitige Mitteilung unter Angabe des Verhinderungsgrundes.

Sollten Sie Ihren Aufenthalt in der Zwischenzeit nach außerhalb verlegen, wird um Rücksendung der Vorladung unter Angabe des neuen Aufenthaltsortes gebeten.

Im Auftrage

DIN A 5 (148x210 mm)
Vordruck R.Pol. Nr. 379 46.

W. Kohlhammer, Formularverlag, Stuttgart
Vordruckverlag GmbH Karlsruhe
und Vordruckverlag R. Hauss, Strassburg

(36) Reinhold Maier mit Suzanne und Michael May vor der Faulenmühle, dem Zufluchtsc
in den letzten Kriegsmonaten, 1. Hälfte 1940er Jahre

(37) „*Die Stille hier oben verstärkte das Gefühl einer herannahenden, ja schon zur Wirklichkeit geworden Wende.*" Der Bohlerhof, 1. Hälfte 1940er Jahre

8) „*Herr Scheuffele und Herr Pfleiderer ganget auf den Rechberg.*" Konrad Wittwer (vorn) und
einhold Maier kurz vor Kriegsende auf dem Hohenrechberg

(39) Reinhold Maier, um 1945

(40) Maschinenhalle der Collis Metallwerke mit Schulerpressen, um 1945

(41) Demontage und Abtransport der Maschinen aus den Collis Metallwerken in die Sowje
union, um 1945 / 1946

-2) Schwäbisch Gmünd: ehemaliges Wohnhaus der Familie May in der Bocksgasse 32 Aufnahme: 2003)

-3) Stuttgart nach Kriegsende 1945: Blick auf das Stadtzentrum. Zu erkennen sind das Kaufhaus Breuninger (Bildmitte), dahinter das Rathaus, die Leonhardskirche und der Tagblattturm (links) sowie die Stiftskirche (rechts).

(44) Ministerialrat Otto Wölz, 1945 stellvertretender Landrat in Schwäbisch Gmünd, o.D.

(45) Schwäbisch Gmünd: Marienbrunnen am Marktplatz, 2003

(46) Schwäbisch Gmünd Innenraum des gotischen Münsters zum Heiligen Kreuz, 2003

47) Schorndorf: Blick in die Gottlieb-Daimler-Straße und auf die Stadtkirche, 2003

(48) Das Elternhaus von Reinhold Maier in Schorndorf, 2003

(49) St. Bernhardus bei Schwäbisch Gmünd, o.D.

(50) Hauptbahnhof Stuttgart, um 1947 (Aufnahme: Hannes Kilian)

(51) Schüler helfen beim Aufbau einer Schule in Ulm, o.D.

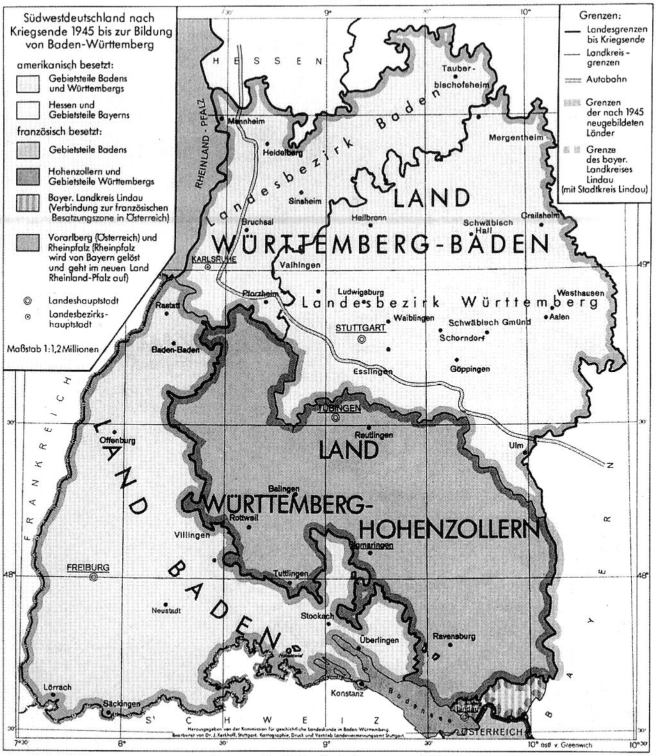

52) Politische Glie-
erung Südwest-
eutschlands nach
945 (vereinfachte
)arstellung)

(53) „Land Director" Colonel William W. Dawson, um 1945 (Aufnahme: Adolf Lazi, Stuttgart)

(54) Stuttgart: Olgastraße 7 (links), von Juni 1945 – Sept. 1948 Staatsministerium fü Württemberg-Baden, und Olgastraße 11 (rechts), damals Sitz der US-Militärregierung (Au nahme: 2003)

(55) *„Es wurde kurz und konzentriert diskutiert; das Ergebnis war beachtlich."* Konferenz der Ministerpräsidenten der US-Zone am 17.10.1945 in Stuttgart. Von links: Wilhelm Högner (Bayern), Reinhold Maier, Karl Geiler (Groß-Hessen)

(56) *„Er wirkt (...) kultiviert, straff, für gewöhnlich eher wortkarg, auf seinen ureigensten Fachgebieten jedoch wortgewandt und von geschliffener Klarheit."*
Lucius D. Clay, US-General und späterer Militärgouverneur in Deutschland, Ende der 1940er Jahre

(57) Der Ministerpräsident von Württemberg-Baden während einer Sitzung des Länderrat für die US-Zone in der Villa Reitzenstein, Stuttgart, 1946 (Aufnahme: Photo-Bors, Bremer

(58) *„Ja, wir sind saumäßig in Gottes Hand."* Reinhold Maier und der schwäbische Kabaretti Willy Reichert, o.D.

͂9) Theodor Heuss und Josef Beyerle, o.D. Beide Politiker bekleideten in der ersten Lan-
esregierung Ministerämter.

͂0) Theodor Heuss und der SPD-Politiker Wilhelm Keil, o.D.

(61) Beamtenvereidigung durch Reinhold Maier, Staatsministerium Stuttgart, Oktober 1946

(62) Reinhold Maier, o.D. (Nachkriegsaufnahme)

63) Reinhold Maier und Theodor Heuss, o.D.

64) Gedenktafel für Reinhold Maier am Haus Olgastraße 7 (Aufnahme: 2003)

(65) Reinhold Maier, um 1945

Die Eisenbahnfahrt von Schwäb. Gmünd über die nur acht Stationen hatte mit Warten und Aufenthalt in Aalen drei Stunden in Anspruch genommen und war eine richtige Qual. Die Eisenbahnwagen sind nachgerade in einen scheußlichen Zustand geraten. Überall trifft man in den Zügen heruntergekommene Menschen - und von Woche zu Woche kommen sie mehr herunter: in ihrer Kleidung, ihrem Gepäck, ihrem Aussehen. Vielfach sind sie krank oder erschöpft und stumpf. Einer, der das Gras wachsen hört, setzte mir an diesem Tag, also am Samstag vor dem Palmsonntag 1945, auseinander, daß wir im Osten eine Offensive gegen die Russen mit einer Million deutscher Truppen vorbereiten. Hoffentlich - fügte er bei - merken es die Russen nicht und gehen nicht vorher davon, damit man gewiß alle schnappen kann. Es gelte jetzt, die Front im Westen einigermaßen zu halten. Der Mann berief sich auf einen deutschen General, der ihm dieses erzählt hätte. Im Laufe des Tages wurde der Angriff Montgomerys am Niederrhein, der in der Nacht vorher begonnen hatte, bekanntgegeben. Am anderen Tag, dem Palmsonntag, horchten wir auf, als zur größten Überraschung bei den 10-Uhr-Abendnachrichten verkündet wurde: „Eine amerikanische Armee hat die Autobahn Frankfurt-Heidelberg bei Darmstadt durchstoßen." Wir hatten nun des Rätsels Lösung für den am Sonntagabend deutlich vernehmbaren, beinahe beunruhigend nahen Kanonendonner im Nordosten. (...)
Mittwoch sehr früh nach Stuttgart. Ich war zu einer Behörde geladen, zu der man sehr ungern geht und, wenn man gehen muß, mit einer Zahnbürste in der Rocktasche.* Ich beschloß, mich schriftlich zu entschuldigen. Später fuhr ich noch nach Sillenbuch, um von dort nach Heumaden zu gehen. Ich wollte eine alte Freundin [Katharina Huschke] nach langer Zeit wieder sehen - vor den kommenden Dingen nochmals sehen. Ich bemühte mich, die sonst so hochgemute, jetzt vor der Zukunft bangende Freundin aufzurichten. Ein Holzgasautomobil brachte mich zum Bahnhof, wo

* *Am 28.3.1945 war RM zur Gestapo Stuttgart vorgeladen. Da er Schlimmstes befürchten mußte, entschied er sich, sich nach Westhausen zurückzuziehen.*

ich mich verabredungsgemäß mit Konrad traf. Wir errangen Sitzplätze und saßen uns gegenüber, sahen uns aber auf der ganzen Fahrt auch nicht einen Augenblick. In doppelten Reihen befanden sich Menschenleiber zwischen den Sitzplätzen, eine drangvoll fürchterliche Enge. Als wir den Bahnsteig Gmünd verließen, sagte Konrad mit Seherblick: „Ich glaube, das war für längere Zeit unsere letzte Eisenbahnfahrt." Ich stimmte zu. Vom nächsten Tage ab fuhren die Morgenzüge eine Stunde früher, die Abendzüge zwei Stunden später. So sehr hatte sich die Tieffliegergefahr gesteigert.
Gründonnerstag gegen Abend Autofahrt nach der Mühle. Am Karfreitag wurde den Männern des Frühstückstisches je ein Gansei serviert. Ich wollte mich um den Genuß drücken, wurde aber belehrt, daß ich es verzehren müsse: denn dann seien die Männer bis zum nächsten Karfreitag brav. Also vertilgte ich es. Aber es lag mir und den anderen schwer im Magen.
Bei Regenwetter machten wir nachmittags eine Fahrt nach dem Verlagerungsort Thannhausen im württ.-bayerischen Grenzbezirk; tiefstes Friedensland, wenigstens an diesem Tage noch. Eberbach-Hirschhorn-Heidelberg werden bei den militärischen Meldungen genannt. Orte unseres letzten großen Sonntagsausflugs, am 16. Juli 1939, als ich Magda und Georg vor ihrer Abreise noch den Neckar und Heidelberg zeigte. Man war nervenmäßig so sehr beansprucht, daß die gewohnte Lektüre eines etwas schwereren Buches nicht mehr möglich war. Ich las über die Feiertage deshalb seit langer Zeit einmal wieder einen Schmöker: Bernhard Kellermann „Das blaue Band" - Roman über die Titanic-Katastrophe am 14. April 1912. Der Parallelen mit der Gegenwart sind viele: Wann stoßen wir vollends an den Eisberg? Ich hatte mich am Karsamstag nach Tisch etwas hingelegt und las gerade in diesem Buch. Plötzlich knallte es heftig von Bombenwürfen; ich sprang ans Fenster und sah eben verwehende Rauchwolken links und rechts der Kapfenburg. Auf der Höhe der Kapfenburg war ein Gebäude in Brand geraten, und eine halbe Stunde lang trieb der Westwind den Rauch über die Burg und das Tal. Im Vordergrund das silbern leuchtende und glitzernde Flußband der

Jagst, an ihr entlang die Weidenbäume im ersten Grün, und die ganze ruhevolle Landschaft überflutet vom Frühlingslicht. Im Hintergrund aber Brand und Zerstörung - nun auch im fernsten Winkel des Härtsfeld. Ja, die Welt ist vollkommen, wo der Mensch mit seiner Qual nicht hinreicht. (...)
Am heutigen Ostersonntag machte ich den Osterspaziergang zusammen mit Otto. Sobald wir die Waldwege verließen und das freie Feld betraten, spitzten wir die Ohren, sahen uns das Gelände auf Gräben und Deckungsmöglichkeiten an, waren immer bereit, uns hinzuwerfen. Als wir zum Mittagessen heimkehrten, stiegen schwarze Rauchwolken im Norden hoch. Crailsheim war schwer getroffen worden. Telefongespräche waren an diesem Tag nicht möglich, mein telefonischer Glückwunsch zu Selmas Geburtstag mißlang. Abends kommen 1.100 Mann eines Ausbildungs- und Ersatzbataillons, das im Fußmarsch vom Saargebiet in kleinen Etappen marschiert, in W. [Westhausen] ins Quartier. Wir selbst bekommen einen Leutnant und einen Mann. Es sind in der Ausbildung stehende Halbsoldaten mit einer großen Anzahl Fußkranker.

Ostermontag, den 2. April 1945

Wehrmachtbericht: „Zwischen Maindreieck südlich Würzburg bis zur Rheinebene (Bruchsal) vordringender Feind." Beratungen: Es wird erneut gepackt. Dieses Mal nicht von mir, denn meine Habe ist klein. Zum wievielten Male seit 1939 packe ich selbst und bin ich beim Packen dabei! Ein Packen und Verstauen unter neuen Gesichtspunkten. Bisher wurde die wichtigste Habe vor Brand und Zerstörung in Sicherheit gebracht, jetzt wird die Truppe im Rückzug, der anrückende Feind und die drohende Hungersnot gefürchtet. Überall vergraben die Bauern Wertsachen, Lebensmittel, Getränke. Kämpfe bei Bad Mergentheim werden gemeldet. In den langen Kriegsjahren hatte ich den Ablauf der Geschehnisse auf Karten aller möglichen Art sorgfältig verfolgt. Afrika, Italien, Rußland usw. Diese Karten, der große Atlas und der Globus sind in Stuttgart verbrannt. In Ravensburg stöberte ich meinen alten Schulatlas Dierke und Gabler mit der Inschrift „R. Maier

1900“ auf. Im Gebrauch von 1 ½ Generationen ist er recht zerfetzt, aber mit Begeisterung wurde er in Gmünd empfangen; in den vergangenen erregenden Monaten diente er als Orientierungsunterlage. Hier in der Mühle steht ein voluminöser André zur Verfügung, in dem Stroud und sogar Painswick [Aufenthaltsorte der Familie in Gloucestershire] verzeichnet sind. Bei den neuesten Entwicklungen genügt aber immer mehr die Wegkarte des Schwäbischen Albvereins Württemberg, nördliche Hälfte, Maßstab 1:200.000.

Osterdienstag, den 3. April 1945

Otto entschließt sich zu einer Reise kurz vor Torschluß. Er fährt über Ravensburg, wo er bei Selma übernachten wird, nach Tettnang, Sitz des Schweizerischen Konsulats, und von dort nach Zürich, wo er einige Tage bleiben will. Er übergibt mir Haus und Hof und die Generalberatung seiner Stellvertreter in den beiden Werken [Westhausen und Nördlingen]. Um 17 Uhr fährt er ab mit dem 3,2 Liter Mercedes-Cabriolet, jedoch Holzgas. Gleich nach seiner Abfahrt erscheinen zwei Quartiermacher des Pionierbataillons aus dem Saargebiet; ein Hauptmann (Kommandeur), ein Oberleutnant, zwei Fahrer kommen spät abends und im Laufe der Nacht bzw. des frühen Morgens an. Spät abends trifft auch noch Dr. K. [Kochs] aus Braunschweig ein - maßgebender Mann für synthetischen Treibstoff und deshalb mit Benzinauto gefahren. Morgens um ½ 4 Uhr erscheint der neue Hausgenosse, Herr B. [Bäuerle] (Fachmann für Landwirtschaft und alles Praktische). Der Zug, der ihn von Nördlingen brachte, kam anstatt um 22 Uhr um 3 Uhr morgens an. Das Haus füllt sich.
Anruf von Gmünd, erneuter Jagdbomberangriff auf den Bahnhof. Verkaufsstand der Bahnhofbuchhandlung Konrad Wittwer zerstört. Schon wieder ein schwerer Verlust für diese so schwer mitgenommene Firma, Wehrmachtbericht: „Einige Einbrüche zwischen Bad Wimpfen und Bruchsal.“

Mittwoch, den 4. April 1945

7 Uhr 15 Frühstück mit Dr. K. [Kochs], Otto L. [Lichtenfels], B. [Bäuerle]. Um 9 Uhr ruft Otto von der Löwenapotheke an. Er ist gut gefahren, hat gut übernachtet, und er hat noch einige Wünsche. Ich kann anschließend auch kurz mit Selma sprechen. Privatgespräche sind sonst nicht mehr möglich. 10 Uhr Anruf von Tuttlingen. Letzte telefonische Mitteilung von dem Werk Brackenheim am Ostermontag spät abends: Das 1 km entfernte Dürrenzimmern bei Lauffen a. N. von den Amerikanern besetzt. Seither schweigt auch Brackenheim.

Vormittags gehen schwere Bombenteppiche in Richtung Crailsheim nieder. Luftlagemeldungen: „60, 70, 80 Bomber im Raum von Würzburg-Rothenburg mit wechselndem Kurs, ein Kampfverband bei Bad Mergentheim mit Südostkurs, im Raum Nördlingen befinden sich 20 Flugzeuge mit wechselndem Kurs. Der schwere Bomberverband im Raum Schwäb. Hall fliegt mit Ostkurs weiter." Und so fort. Der Himmel ist stark bewölkt, nur hie und da Durchblicke zum blauen Himmel. So sind die hinfliegenden und zurückfliegenden Verbände nur zu hören, nicht zu sehen. Sie fliegen hin, laden ab, und bald darauf ist der Rückflug vernehmbar. Es wird klar, daß wir seit heute morgen im Begriff sind, zum frontnahen Raum zu werden. Nachmittags klärt sich der Himmel auf. Gegen 14 Uhr kreisen eine halbe Stunde lang die Jabos im näheren Umkreis der Mühle, bombenwerfend und bordwaffenschießend. Bis auf eine Höhe von nur zehn Meter über dem Boden stürzen sie sich auf ihre Ziele, die im nahen Dorf Schwabsberg zu liegen scheinen. Dort bricht auch bald ein Brand aus. Eine Detonation folgt auf die andere. Irgend ein Munitionslager ist getroffen worden. Abends um 8 Uhr Telefonanruf von Selma, die mit großem Glück Telefonverbindungen erhält, auch wenn sonst niemand mehr durchkommt. Otto konnte seinen Plan nicht durchführen. Er kam zwar bis zum schweizerischen Grenzposten in St. Margarethen, er konnte dort auch mit Bern und Zürich telefonieren, aber in die Schweiz hinein ließen sie ihn nicht; er kommt im Laufe der Nacht zurück. Hier ist alles froh, daß der Herr des Hauses wieder da sein wird; denn in nächster Zeit wird man zuverlässige Männer brauchen. Abends trinken wir ein Gläschen Wein, Waldulmer bester Provenienz, mit unseren Quartiergästen, einem Hauptmann aus Hildesheim, einem Oberleutnant aus Eisenach. Der Hauptmann, ein ziemlich korpulenter Mann, war am Nachmittag im Freien vom Tieffliegerangriff überrascht worden, hatte 20 Minuten in unbequemer Stellung in einem Graben gelegen, unmittelbar den Luftdruck der Propeller der Jabos gespürt: „Ich habe mit keinem Ohr mehr gewackelt." Im Laufe des Tages drei schwere Jagdbomberangriffe von je einer halben Stunde. Ziel: die Bahnhöfe in der Nähe. Am Bahnhof in W. [Westhausen] brennt's. Verluste: ein Toter, mehrere Leichtverwundete, eine tote Kuh. Das Bahngleis ist für viele Stunden blockiert. Wehrmachtbericht meldet: „Einbrüche zwischen Heilbronn und Karlsruhe, Front zwischen Heilbronn und Würzburg gefestigt." In Stuttgart wurde am Osterdienstag die Arbeit in den Fabriken nicht mehr aufgenommen, es arbeiten nur noch die Bäcker und Metzger; die Briefzustellung hat aufgehört.

Freitag, den 6. April 1945

Regen und Wind, Jabos bleiben aus. Amerikaner sind mit Spitzen angeblich 12 km vor Crailsheim, das seinerseits 30 km von hier ist. Die Kriegsgefangenen, hauptsächlich die russischen, werden aus Württemberg an einen Ort östlich von Bopfingen, d.h. praktisch hinter die württ.-bayerische Grenze, gebracht und marschieren in langen Kolonnen, denen weiße Fahnen vorgetragen werden, die Remstalstraße herauf, begleitet von einigen Bewachungsmannschaften. Offensichtlich ein verzweifeltes, wenig überlegtes Unterfangen; man wird die gerufenen Geister nicht mehr los. Die Maßnahme wird auch wieder abgestoppt.
Nachdem schon am Gründonnerstag eine Beschränkung der Entnahmen aus Bank- und Sparkassenguthaben in unauffälliger Form verfügt wurde, ist jetzt das Geld bei den Banken völlig ausgegangen. Grund: die Banknotenzufuhr aus Berlin hat wegen Transportschwierigkeiten aufgehört. Die kleinen Leute tragen heute Beträge in einer Höhe bei sich wie nie. Die Plutokraten gar haben vielfach 20-, 30-, 50tausend Reichsmark in ihren Brusttaschen.

Samstag, den 7. April 1945

Im Laufe der Nacht sind die Amerikaner über Crailsheim vorgerückt und stehen 3 km südlich davon auf der Straße nach Ellwangen bei Jagstheim. Panzerspitzen haben von Crailsheim aus auf der Straße nach Schwäb. Hall (westlich) und nach Dinkelsbühl vorgefühlt, ohne wesentlich voranzukommen. Hie und da kommt noch ein Telefongespräch durch. Konrad unterrichte ich von den Fortschritten der vergangenen Nacht. Wehrmachtbericht: „In Heilbronn wird erbittert gekämpft. Bretten verloren." Nachdem vormittags der Industrie unter einem längst vorbereiteten Deck- und Stichwort der Befehl zur Lähmung der Betriebe gegeben worden war, unternahmen wir nachmittags Verlagerungsarbeiten größeren Umfangs. Am Abend Gang nach dem Wald und Grabarbeit. Um 9 Uhr wurde eine Sau gemetzget. Überall ist Schlachtfest. Schon lieber selber schlachten und essen, als das liebe Tierlein ungebetenen Gästen opfern. Eine Riesenarbeit. Jeder hatte seine Aufgabe. Die stellvertretende Hausfrau und das übrige Männer- und Frauenpersonal kamen überhaupt nicht ins Bett. Man war sich dabei nicht recht klar, ob die Arbeit dieser Nacht noch den Tatbestand einer gesetzwidrigen Schlachtung erfüllte oder ob damit schon ein verdienstvoller Beitrag zur Volksernährung nach dem Einmarsch des Feindes geleistet wurde. Sternklarer Himmel, von neuem gutes Wetter, steigendes Barometer.

Sonntag, den 8. April 1945

Morgens um 6 Uhr zogen die Jabos und die sonstigen schnellen Kampfflugzeuge kreuz und quer über das Tal. Für alle Fälle stand ich auf. Ein klarer Sonntagmorgen blickte zum Fenster herein, als ich die Verdunkelung beiseite getan hatte; die Wiesen mit Reif bedeckt, die Pfützen und kleineren Rinnsale gefroren. Ich hatte mir vorgenommen, die schön geformte kugelige Weide im allerersten Schmuck ihrer sprossenden Blätter zu photographieren. Ich machte mich rasch an die Ausführung meines Plans; durch die Schlagschatten der Morgensonne mußte ein plastisches Bild von Mühlkanal und Mühle entstehen. Über dem Tal kreisten Flieger, aber man hatte den Eindruck, daß sie allesamt scharf frontwärts flogen. Eben war auf der Station ein Personenzug eingefahren. Ich dachte: in diesem Zug möchte ich nicht sitzen, und beschleunigte meinen Rückweg. Wie ich mich der Mühle näherte, setzten zwei Flugzeuge zum Angriff an und schossen los. Die Kartuschen der abgefeuerten Maschinengewehrmunition prasselten in den Hof der Mühle. Ich nahm eine auf, die noch heiß vom Abschuß war. Das Ziel der Geschosse war der Personenzug, der inzwischen von W. [Westhausen] Richtung Aalen weitergefahren war; er wurde bei Wagenhofen, 400 m von der Mühle, getroffen. Lokomotive kaputt. So und soviel Tote, so und soviel Verwundete. In 50 m Höhe flogen die Angreifer über der Mühle zurück. Jede Einzelheit dieser Flugzeuge mit roter Kanzel und rotem Schwanz war erkennbar. Otto, der die ganze Nacht gearbeitet hatte, fuhr sogleich mit dem Auto los und holte den Arzt von Lauchheim zur Unglücksstätte. Er zeigte sich als der hilfsbereite rechte Mann, der an sich selbst zuletzt denkt. Nach zwei Stunden kam er sehr bewegt zurück. Der Lokomotivführer durch Schüsse am Bein schwer verletzt, verblutet und gestorben, der Heizer tot. Besonders nahe ging ihm das Schicksal eines Reisenden - in der Uniform eines Oberzahlmeisters -, der an der Seite von Frau und Sohn getötet wurde. Bei den Angriffen auf Stuttgart hatte er alles verloren, von seiner Familie lebte er seit einem halben Jahr getrennt und war nun endlich in der Lage gewesen, seine Frau und seinen elfjährigen Sohn zu sich nach Gmünd zu holen. Der Anblick sei herzzerreißend gewesen, wie die Frau sich von dem Toten, den sie an die Eisenbahnböschung gelegt hatten, nicht habe trennen wollen.

Beim Mittagessen waren wir elf Personen. Der elfte Gast war die 2 ½-jährige Kristin D. [Dyckerhoff]. Die Großeltern hatten die Vollwaise vom Bohler mitgebracht. Der Vater fand auf seinem Schnellboot im Kampf mit einem englischen Zerstörer als Oberleutnant d. R. zur See den Tod und liegt auf der Kanalinsel Jersey begraben, die junge Mutter kam am 23. Februar 1945 beim Angriff auf Pforzheim ums Leben; einige wenige Knochen blieben von ihr übrig, sie konnte nur am Schmuck identifiziert werden.

Max L. [Lichtenfels] gab einen Bericht über selbsterlebte Vorgänge in Bopfingen. Auf Grund eines mißverstandenen Telefongesprächs, Gauleiter-Kreisleiter-Ortsgruppenleiter, hatte die Parteigenossen dort vorzeitig panischer Schrecken ergriffen. Sie hatten die Kartotheken vernichtet, die Panzersperren abgebaut und die Parteiuniformen im Ortsarrest abgegeben. - Abends machten wir noch einen Gang Richtung Werk. Jabos machten ihre Abendpatrouille über die Reichsstraße Nr. 29 (Stuttgart-Nördlingen) und über die Eisenbahn. Wir mußten eilends Dekkung suchen.
Zur Arbeit, vollends zu konzentrierter Arbeit, ist niemand mehr fähig. Umsomehr freue ich mich, daß mir „Das Leben Michelangelos" von Herman Grimm in die Hände gekommen ist. Dieses Buch kann mich so mit Spannung erfüllen, daß ich in den Pausen des Zeit- und Weltgeschehens immer wieder darnach greife. Gestern Abend las ich vor dem Einschlafen die Darstellung vom Leben und Ringen des Dominikaner-Mönchs Savonarola und von den Kämpfen, die in Florenz um ihn entbrannten. Ich notierte mir die folgende Stelle:

„So empfinden wir am schärfsten, was Savonarola fehlte; und was ihn bei seinen Gegnern so furchtbar verhaßt machte. Ein heiliger Eifer für das Gute, Wahre, Sittliche, Große entflammte sein Herz, aber daß ohne die Schönheit das Gute nicht gut, das Wahre nicht wahr, das Heilige selbst nicht heilig sei, das entging ihm. So wurde er, das weichste Gemüt, unversöhnlich und zwang seine Gegner, es auch zu sein, und so vernichtete er sich. Er vergaß, daß das, was die Menschen am meisten zwingt und bildet, nicht der bewußte Gehorsam, der heftig unterdrückte Hang zum Bösen, das gewaltsam sich selbst leitende Beharren auf einer scharf gezogenen Linie ist, die zu Gott leiten soll, sondern daß das unbewußte Aufnehmen eines freundlichen Beispiels, das leise Nachgeben, wo das Gute und Schöne mit lockender Stimme redet, und das schmetterlingshafte Fortflattern, dem Göttlichen dennoch immer zugewandt, die Mächte eigentlich sind, die die Menschheit geheimnisvoll aber sicher weiterführen."

Ich fand, daß Richtiges in einer wunderbaren Form niedergeschrieben wurde.

Montag, den 9. April 1945

Morgens wiederum früh - trotz des Dunstes, der vor einem wiederum schön werdenden Tag auf der Landschaft liegt - Jabo-Besuch mit Maschinengewehrlärm und Bombendetonationen. Telefonanruf von einem Freunde [Otto Stäbler], der aus elfmonatiger Polizeihaft [in Heilbronn und Brackenheim] erlöst wurde. Nachmittags ziehen elf Staffeln viermotoriger Bomber nach Osten; nach 1 ½ Stunden kehrten sie vollzählig zurück, ein beinahe majestätisch anmutendes Bild. Der blaue Himmel bedeckt sich im Lauf des Nachmittags mit zirrusähnlichen Gebilden, die meteorologisch nicht begründbar sind. Die zahllosen Kondensstreifen hatten diese Wolkenbildung verursacht. Aalen mehrfach angegriffen, kleinere Brände im Bahnhofsgebiet. Pforzheim gefallen. Der benachbarte Reichssender Stuttgart (Mühlacker) schweigt seit drei Tagen. Vaihingen an der Enz besetzt; die Heimat meiner Mutter. An der Posthilfsstelle ist ein Plakat angebracht: „Geschlossen. Postsendungen werden nicht mehr angenommen, nur noch kriegswichtige Betriebsgespräche." Abends erscheint sehr spät Leutnant H. [Holl, ehemals Fahrer bei den Collis Metallwerken], der nach seinem Urlaub seinen Feldtruppenteil nicht mehr finden konnte; er ist jetzt bei der Heeresstreife in der Schorndorfer Gegend tätig. Er fährt frühmorgens wieder mit dem Fahrrad zurück.

W. [Westhausen], Dienstag, den 10. April 1945

Bei fallendem Barometer unverändert schönstes Frühlingswetter. Die Jabos kommen schon morgens um 6 Uhr, zweiter Besuch um 8 Uhr. Um 10 Uhr haben sie auf der Station Goldshöfe einen Munitionszug ausgemacht, und eine halbe Stunde lang stürzen sie sich auf dieses Ziel. Ein breiter Rauchrand baut sich am westlichen Himmel auf. Nachmittags um 4 Uhr machte ich mich zum Luftschnappen auf einen kleinen Spaziergang. Ich gehe an dem Wehr vorbei die Wiesen der Jagst entlang bis zur Neumühle und dann in den Wald bis zur Gerenwiese. Alles wirkt friedlich. Die Sonne scheint schon vorsommerlich warm, die Vögel zwitschern, die Schmetterlinge flattern, der Waldboden beginnt sich mit blühenden Anemonen zu bedecken. Kein Laut ist hörbar. Die Landschaft zwischen Alb und Jagsttal liegt im leichten Dunst und sonnbeschienen da. Brav läuft der Foxterrier Alex, der sich unterwegs bei mir eingefunden hat und mich unaufgefordert begleitet, neben mir her. Er denkt nicht ans Jagen, und bei der Begegnung mit dem schwarzen Schäferhund begrüßen sich beide mit einem leidlich friedfertigen Knurren, überdies Schafe zur Linken. Man hätte wähnen können, das goldene Zeitalter sei zurückgekehrt. Aber auf dem Rückweg vernahm ich wieder Motorengeräusch, das rasch näher kam. Steil schossen zwei Jagdbomber herunter und verschwanden hinter dem großen breiten Dach der Neumühle. Ein Lastwagen und Anhänger hatte sich bei Lauchheim auf der Reichsstraße oben gezeigt. Schon war er erledigt, eine leichte Rauchwolke zog über das Tal hinweg. In den ersten Tagen der Tieffliegerplage waren die Felder und Wiesen wie reingefegt von Menschen. Jetzt hatte sich das Landvolk daran gewöhnt, es läßt sich bei der Frühjahrsbestellung der Felder nicht stören. Die Bauern haben die Erfahrung gemacht, daß der Amerikaner sich auf die Beschießung von Verkehrswegen und -mitteln beschränkt.

Mittwoch, den 11. April 1945

Otto fährt morgens um 3 Uhr nach Ravensburg-Tettnang. Nach dem Mittagessen ungezählte Staffeln von viermotorigen Bombern mit Kurs Osten. Sie kommen bald zurück. Am Himmel erscheinen in ziemlich genau östlicher Richtung die Rauchfahnen von Zielbomben. (...)
Ein Infanterieleutnant macht Quartier für einen Wachtmeister, einen Unteroffizier und zwei Mann. Das Gehölz rechts von der Straße nach Dalkingen wird besetzt. Wehrmachtbericht: „Die Stadt Crailsheim wechselte mehrfach den Besitzer und blieb schließlich in deutscher Hand.“ Trotz der Nähe der Kampfstätte ist von dort nichts zu hören und zu sehen. Starker Kanonendonner jedoch aus Richtung Heilbronn. Ich lese im „Leben Michelangelos“ auf Seite 432:

„Es sind drei Mächte stets, welche die Zeit regieren: Geld, Geist und Gewalt. Diese feinden sich an untereinander. Steht ihr Einfluß auf die Geschicke eines Volkes aber in solchem Verhältnis zueinander, daß keiner die anderen überbietet, dann offenbart sich die Blüte eines Volkes. Man könnte sie auch benennen: Energie, Genie und Geburt oder erwerbende Kraft, Wissenschaft und Adel; es sind immer die drei Zeichen, durch die das Schicksal Menschen erhöht, indem es sie reich macht, ihnen überragende Seelenkräfte oder eine erhabene Stellung durch die Geburt verleiht. Immer, wo einer dieser drei Titel mehr gilt als der andere, krankt die freie Entfaltung eines Volkes, weil sie den richtigen Schwerpunkt verloren hat."

16 Uhr 30 erscheinen wieder die Jabos. Zuerst werfen sie drei Bomben genau über dem Waldrand, der Westerhofen vorgelagert ist, dann schießen sie, in elegantem Sturzflug wie Hornissen nach unten stoßend, noch einige Feuerstöße der Bordwaffen in das schon brennende Ziel, das eine große Rauchwolke bildet. Ich zähle die Sekunden zwischen dem beobachteten Sturzflug und dem Schall der Feuerstöße. Es sind 17 Sekunden; mal 333 m, also 5-6 km, demnach Lauchheim. Tatsächlich wurde in Lauchheim ein auf dem Bahnhof stehender Leerzug angegriffen, zwei Tankwagen aus dem Gleis geworfen und quergestellt, so daß die Linie Aalen-Nördlingen blockiert ist. Ihr nächstes Ziel ist auf der Reichsstraße oben. Drei Flugzeuge gleiten gerade vor meinem Fenster herunter, fangen sich auf. Die Schüsse werden erst hörbar, wenn die Flugzeuge nach dem Sturzflug schon wieder nach oben fliegen. Hinter der kleinen Anhöhe steigt Staub und Rauch auf und verzieht sich. Getroffen wurden drei Pferdegespanne - Bauern gehörend -, die sich in großem Leichtsinn hinter- und nebeneinander auf der Reichsstraße bewegten und so von oben wohl wie eine militärische Kolonne aussahen. Drei Pferde blieben auf dem Platze. Eines konnte noch seinen Stall erreichen, erst dort fiel es tot um. Menschen wurden nicht verletzt. Die Fuhrleute waren französische Kriegsgefangene; sie kamen mit dem Schreck davon. Dann kommen andere Ziele dran; eine Stunde lang hört das Kommen und Gehen der Jabos nicht mehr auf.
Während dieser Angriffe trifft die telefonische Meldung ein, daß der Bahnhof Nördlingen heute Nachmittag schwer beschädigt

worden ist. Um 9 Uhr kommt Otto von Tettnang, Ravensburg usw. zurück. „Das ist das letzte Mal, daß ich bei Tag gefahren bin. Die Tatsache, daß wir in Biberach auf der Rückfahrt eine Reifenreparatur und damit dreiviertel Stunden Verspätung erhielten, hat uns das Leben gerettet, sonst wären wir zwischen Ulm und Heidenheim in eine ganz üble Sache hineingekommen. Die zerstörten Lastwagen, Omnibusse und Personenautos lagen durch- und übereinander und brannten noch, dazwischen die Toten." Er brachte gute Nachrichten von Selma, bei der er gefrühstückt hatte und die er auch auf der Rückfahrt nochmals besuchte. Ich war froh, über den Boten und die Botschaft. Ich hatte Selma um einige Medikamente gebeten, und sie schickte mir eine kleine Apotheke. Otto brachte für das Haus in Schwäb. Gmünd den Schutzbrief des Schweizerischen Konsulats mit. „Letter of protection. This house is property of the Swiss citizien Paul M. [May]* and is placed under the protection of the undersigned representation of the Swiss Confederation." Eine weitere Vorbereitung auf die Ereignisse, welche sich auf uns zu bewegen.

Donnerstag, den 12. April 1945

Seit mehreren Tagen langsames Zurückgehen des Barometers, seit vorgestern rasches Fallen und echte Zirruswölkchen am blauen Himmel. Die alte, bewährte Wetterregel: „Nach Hammerschlag, Regen am dritten Tag" behielt recht. „Hammerschlag" heißen im Graubündner Deutsch die Zirrus- und Schleierwolken, bei uns im Volksmund „Schäfchen" genannt. Und prompt regnete es heute früh in Strömen. Doch ehe der Regen begann, erkundeten schon am frühesten Morgen einige Jabos die Gegend. Voralarm und Vollalarm beweisen, daß der Regen sie und die Bomber nicht aus dem Feld zu schlagen vermag. Vormittags ertönt besonders starkes Motorengeräusch. Ich eile, wie so oft, von meinem Möbel aus Tannenholz, der mir als Schreibtisch dient, ans Fenster. Kommt da ein Verband von etwa 50 Bombern so

* *Der Bruder von Otto May besaß im schweizerischen Fribourg die „de Villars" Schokoladenfabrik. Er unterstützte Gerta Maier und ihre Kinder finanziell.*

nieder das Jagsttal herabgeflogen, daß man meint, er komme oben zum Fenster herein. Ich habe jedoch die Geistesgegenwart, ihn zu photographieren. (...)

Freitag, den 13; April 1945

Präsident Roosevelt gestorben [12.4.1945]. In diesem Krieg sind von seinem ersten Regierungstag an von der deutschen Propaganda viele Vergleiche mit dem siebenjährigen Krieg gezogen worden, die bis zum Überdruß herhalten mußten. Widerstand leisten wie der Große Friedrich, dem am Schluß der Erfolg verblieb. Friedrich konnte schließlich zum Frieden gelangen, weil ihm ein unverhoffter Zufall zu Hilfe kam. Als sein Krieg militärisch sehr schlecht stand, als durch die Zurückziehung des Bundesgenossen England nach dem Rücktritt Pitts auch schwere diplomatische Sorgen erwuchsen, starb die Kaiserin Elisabeth von Rußland (5. Januar 1762), seine Hauptfeindin. Der neue Zar, Peter III., aus dem Hause Holstein-Gottorp, war ein eifriger Bewunderer Friedrichs. Er schloß sofort Waffenstillstand und Frieden, und bewog auch Schweden zum Friedensschluß. Ja, es stießen 20.000 Russen zu den Preußen. Beinahe wäre diese Gunst der Verhältnisse wieder verkehrt worden, als kurze Zeit nachher Peter III. ermordet wurde (17. Juli 1762) und Katharina I., Prinzessin von Anhalt-Zerbst, den russischen Thron bestieg. Nichts, gar nichts spricht dafür, daß sich durch den Tod Roosevelts Veränderungen dieser Art ergeben würden. Die Geschichte wiederholt sich nicht. Die offiziöse Flüsterpropaganda bemüht sich allerdings, das Volk aus dem Regierungswechsel in Amerika mit neuen, falschen Hoffnungen zu erfüllen.

Tiefe Wolken hängen heute früh im Tal, und Nebel gesellt sich zu ihnen. Wir wagen eine Fahrt nach Gmünd. Sie vollzieht sich auf Nebenstraßen über das Leintal und unter ständigem Ausspähen nach etwaigen Tieffliegern. Das Auto trägt ein gelbes Plakat mit der Aufschrift „Kriegstransport" und wird von allen Truppenposten durchgelassen. Auch die unbekümmerten mutigeren Menschen sind nach den Erfahrungen der letzten Tage allesamt nervös geworden. Otto holte aus dem Wägelchen eine staunenswerte

Geschwindigkeit heraus; in unwahrscheinlich kurzer Zeit langten wir in Gmünd an. Shakehands mit Konrad und Elisabeth. Aus einem Geheimfach wird eine inzwischen angefertigte Schweizer Kreuzflagge, die Ergänzung zu dem Letter of protection, hervorgeholt und vorgezeigt. Während ich Kleider und Wäsche in die Knipptasche packe, erzählen wir uns die vielfältigen Erlebnisse der letzten Wochen und tauschen unsere Meinungen über die nähere Zukunft aus. Mit Beschleunigung treten wir die Rückfahrt an. Otto ist aber wieder unternehmender geworden: Wir erlauben uns den Abstecher nach H. [Hohenstadt zu der mit May befreundeten Familie Funk], wo wir einen Korb Äpfel und eine Korbflasche Schnaps einladen und wo uns feine Apfelküchle aufgewartet werden, denn es ist gerade Mittagszeit. In der Zwischenzeit war's gefährlich geworden. Da die Straße über den Bahnhof Goldshöfe wegen Bombentrichtern nicht befahrbar ist, müssen wir ein Stück über die exponierte Reichsstraße fahren. In diesem Augenblick bricht die Sonne hervor, und hell liegt die Landschaft da. Doch die Flieger, sie zeigen sich den ganzen Tag nicht. Die Bevölkerung glaubt ernsthaft daran, auf jeden Fall erhofft sie es sich, daß diese Ruhe irgendwie aus Roosevelts Abgang zu erklären sei. Wieder einmal wirkte sich die volkspsychologische Urveranlagung aus: „Der Mensch glaubt das, was er sich wünscht." Ich selbst habe mich in den letzten zehn Jahren entschlossen davon freigemacht; Erfahrungen und Belehrungen, die zur Einsicht verhelfen konnten, gab's in Fülle. Wann und wodurch aber wird das deutsche Volk von seinem trügerischen Hoffen geheilt?
Abends kommt die Sonne ganz heraus. Die drei Männer machen einen Spaziergang zum Wald. Es ist warm. Richtiges Wachswetter. Die Frühjahrsmüdigkeit liegt uns allen in den Knochen. Wir lassen uns am Waldrand auf Holzstämmen nieder. Man lauscht auf die verschiedenartigen Geräusche, die von Norden und Nordwesten von der Front herübertönen. Die Amerikaner mußten sich aus Crailsheim wieder zurückziehen; eine unmittelbare Bedrohung unseres Gebiets ist gegenwärtig nicht mehr vorhanden. Wir genießen das abendliche Landschaftsbild. Im Wehrmachtbericht erscheinen heute die Ortsnamen Lichtenfels und Haßfurt.

Samstag, den 14. April 1945

Im Leben Michelangelos lese ich auf Seite 542:

„Niemals haben die Menschen ein völlig klares Gefühl ihrer Lage. Sie sehen nur das Einzelne. Weder die, welche sinken, wissen, was sie tiefer und tiefer stößt, noch die ansteigenden kennen die geheime Hilfe ganz, die sie von Stufe zu Stufe steigen läßt. Denn die Zukunft ist unenthüllt, und es erscheint jeder Tag jede Möglichkeit in sich zu schließen. Nur eine dunkle Ahnung zeigt in Momenten, was als unabwendbares Schicksal hereinbricht."

Auf den Abend sind wir zu einem Glas Burgunder auf den Bohler eingeladen, d.h. wir drei Männer bringen das Essen, der Gastgeber Max L. [Lichtenfels] stellt die Getränke. Frau Paula, die derzeitige Hausfrau in der Mühle, hat uns die Eßwaren in eine Tasche gepackt, die ein erhebliches Gewicht erhält. Wir, d.h. Otto L. [Lichtenfels] und ich, steckten einen Stock durch die Henkel und zogen mit dieser Traglast durchs Dorf. Otto M. [May] erbarmte unser Anblick; er forderte im Werk einen Elektrokarren an. Auf ihm verstauten wir die schwere Last und uns drei dazu und taten keinen Schritt mehr, bis der Bohler auf diesem mechanischen Weg erreicht war. Max L. [Lichtenfels] hatte in der Zwischenzeit Zuwachs bekommen: eine weitere Pforzheimer Familie [Schmidt]. Ehepaar, Töchterchen, Sohn, Schwägerin, zusammen fünf Personen. Sie schliefen allesamt in einem Zimmer. In Pforzheim wurde ihre Fabrik und ihre 14-Zimmerwohnung zerstört. Der Mann hat außerdem die Mutter, Schwester und sechs weitere Familienangehörige verloren, sie sind im Feuer umgekommen. Die Frau hat drei Brüder, Drillinge. Einer meldete sich abends am Telefon wieder zur Front ab, einer steht im Kurlandkessel, einer ist der Kampfkommandant von Leipzig. Sie selbst sind nach der Katastrophe von Pforzheim dort verblieben, dann aber vor den anrückenden Franzosen, ihre Habseligkeiten auf einem Leiterwägelchen mit sich führend, über das Nagoldtal bis Reutlingen geflohen. Alle diese Strapazen hatte der Mann mit einer noch nicht völlig verheilten Operationswunde zu überstehen; er war kaum sechs Wochen zuvor am Magen operiert worden. Von Reutlingen

wurden diese Flüchtlinge im Wagen abgeholt. Otto, der Großmütige, stellte der Familie die Büroräume des unteren Stocks zur Verfügung. Er ordnete im Lauf des Abends noch die Räumung an. Sie waren überglücklich. Der kredenzte Pommard Jahrgang 1937 war vorzüglich. Der Inhalt der schweren Tasche war nach Güte und Menge beachtlich. Für des Lebens Nahrung und Notdurft war an jenem Abend gesorgt.
Aus dem geplanten Gläschen Burgunder zur Dämmerstunde wurde ein lebhafter und langer Abend. Ich entzog mich mit den Gedanken eine Viertelstunde lang der Runde und dachte an unsere Übernachtung im November 1935 zurück, wo meine Frau und ich die ersten Gäste des Hauses gewesen waren, an unseren Spaziergang auf der Kapfenburg in der Morgenfrühe, an die durch den Nebel und die Fichtenstämme dringenden Sonnenstrahlen und an den gemütlichen Nachmittag auf der Terrasse des Häuschens. Vom Werk her klang damals das Dröhnen der Maschinen und das Schlagen der Riesenpressen. Ich sagte: „Wenn man das Schicksal des Werks in den nächsten zehn Jahren kennen würde, vermöchte man auch die Geschichte der Welt in den nächsten zehn Jahren zu beurteilen.“ Seit Ende Januar liegt das Werk still; zuerst fehlte der Strom, dann der Stahl. Auf dem Bohler geht einem etwas ab, nachdem die gewohnten Geräusche, die ein Jahrzehnt lang bei Tag und Nacht herüberklangen, nun verstummt sind. Die Stille hier oben verstärkte das Gefühl einer herannahenden, ja schon zur Wirklichkeit gewordenen großen Wende.
Gegen Mitternacht wurde der Elektrokarren wieder alarmiert. Es war eine abenteuerliche Fahrt den holprigen Bohlerweg hinunter. Als wir ausstiegen, dröhnte der Kanonendonner aus Norden und Nordwesten (Schwäb. Hall-Heilbronn), aber unbekümmert um das Tun und Treiben der Menschheit wölbte sich ein klarer, wolkenloser Sternhimmel über Gerechte und Ungerechte.

Sonntag, den 15. April 1945

(...) Von Norden, Nordosten und Nordwesten den ganzen Tag, wie schon die vorhergegangene Nacht, heftiger und hörbarer, ziemlich naher Kanonendonner. Offensichtlich griffen die Amerikaner auf der ganzen Linie Heilbronn-Schwäb. Hall-Rothenburg und noch weiter östlich an.

Während des Mittagessens erschienen Tiefflieger. Wie besessen schossen sie zwanzig Minuten lang auf Ziele in der Nähe. Wir nahmen unsere mit dem Sonntagsmahl gefüllten Teller, setzten uns auf die Kellertreppe und verzehrten es vollends beim Lärm der Bordwaffen. (...) Von nachts 10 Uhr an kommen zuerst einzelne Flieger, dann Verbände. Eine halbe Stunde lang zieht der Bomberstrom über die Mühle hin.

Montag, den 16. April 1945

Ich machte mich gegen 9 Uhr morgens auf nach Dalkingen. Von der Familie F. [Funk] in Hohenstadt hatten wir bei unserem Besuch am vergangenen Freitag erfahren, daß aus einer Bauernfamilie dort eine Tochter die landwirtschaftliche Hausfrauenprüfung bestanden habe, sehr tüchtig sei und Lust habe, in die Mühle zu kommen. Mir war die Last, die auf Frau Paula L. [Lichtenfels] ruhte, schon seit längerer Zeit zu groß erschienen. Am Tisch sind täglich ungefähr zehn Personen, dazu noch das Personal in der Küche. Ich setzte mich für das Engagement der warm empfohlenen Trudel [Ratgeb] ein und übernahm es, sie herzubestellen. Dalkingen gehört zur Gemeinde W. [Westhausen], aber zum Telefonamt Ellwangen. Es gibt keine Ferngespräche mehr, nur Ortsgespräche, und so mußte der Weg unter die Füße genommen werden. Ich war froh, unter diesen so sehr tätigen Menschen etwas für die Hausgemeinschaft tun zu können. Ich machte mich auf, vermied aber die Vizinalstraße dorthin, ich ging über Fuß- und Feldwege auf mein Ziel los.

Es war ein Frühjahrsmorgen von seltener Pracht, eigentlich schon ziemlich warm. Ich hatte allen Anlaß, mich an der überall sich regenden und sprossenden Natur zu erfreuen. Es ist eine kargere

Natur hier oben im oberen Jagsttal und am Fuß des Nordhangs des Härtsfelds, und auch die Freuden des Frühlings sind karger. Man muß ihnen mehr nachspüren als in der üppigen Baumblüte drunten im Remstal, die ich seit vielen Jahrzehnten zum allerersten Mal nicht miterleben werde. Doch wenn man nach diesen kleineren Freuden sucht, findet man auch sie in ihrer bescheidenen Herrlichkeit: die Weiden am Bachrand mit dem ersten hellen Grün der sprossenden Blätter; die im zartesten Lichtgrün aus dunklen Fichtenbeständen und noch dürren Buchenwäldern herausschimmernden Lärchen; die wenigen blühenden Birnbäume in den Dörfern und um die Höfe herum; die Wiesen, auf denen sich die ersten zagen Blumen entfalten; auf einer moosigen Wiese nahe am Waldrand eine ganze Kolonie von Enzian; der von Sonnenflecken hell beleuchtete Waldboden, welcher sich mit dem Grün der Gräser und Blättchen und den weißen Blüten der Anemonen und des Hasenklees bedeckt. Es blühen die Hecken des Weißdorns, die in dem Blütenüberschwang der gesegneten Gaue um Stuttgart herum kaum beachtet werden, und sind die Zierde dieser verhalteneren Frühlingslandschaft. Es fliegen die Schmetterlinge - das Pfauenauge, der Schwalbenschwanz, der Trauermantel -, im freien Feld tirilieren die Lerchen, und im Wald ertönen die zwitschernden Vogellaute. Das Frühjahr 1945 ist schöner denn je, und der Bauer ist über den Stand der Äcker und Wiesen zufriedener, als er's seit langen Jahren gewesen ist.

Alles dies beobachtete ich auf meinem Wanderweg. Unangefochten kam ich an den Kreuzweg bei Dalkingen, an dem, malerisch gruppiert, ungefähr ein Dutzend Birken stehen, auch sie im ersten Grün ihrer Blätter. Dann wurde es lebhaft, die Jabos tauchten auf. Ungefähr dreiviertel Stunden lang griffen sie unter unablässigem Kreisen den einige Kilometer weiter nördlich liegenden SS-Schießplatz an. Ich ließ mir's nicht verdrießen, durchschritt das ganze Dorf und richtete drüben über der Sechta-Brücke meine Bestellung aus. Auf dem Rückweg saß ich aber zunächst eine Viertelstunde in einem Panzerdeckungsloch und später längere Zeit in einer verlassenen Sandgrube. Es war mir zu ungemütlich geworden. Doch dann schritt ich wieder fest aus. Am Waldrand

und an dem Weiher vorbei gelangte ich wieder zum Sträßchen und dann quer über die Wiesen unbehelligt zur Mühle.
Dorthin war inzwischen unsere Hausgenossin, Fräulein Margot L. [Lambertz], zurückgekehrt. Mit einer dickgeschwollenen Bakke war sie morgens mit dem Fahrrad nach Aalen zum Zahnarzt gefahren, dieser hatte es für notwendig befunden, ihr zwei Eiterzähne zu ziehen, und sie zu diesem Zweck narkotisiert. Nach diesem Eingriff und noch nicht ganz wieder bei sich hatte sie die Rückfahrt angetreten. Hinter Wasseralfingen war sie mit einer Gruppe Soldaten in einen Tieffliegerbeschuß geraten. Die Soldaten im rechten Graben wurden getroffen; es gab dort Verwundete, vielleicht sogar Tote. Sie, im linken Graben liegend, wurde verschont. Mit aufgeschürften Knien und zerrissenen Strümpfen kam sie zurück und wurde gleich ins Bett gesteckt. Ohne Unterbrechung ging an diesem Montag die Fliegerei weiter. Die Kette der Jabos, der Zweimotorigen und der Viermotorigen, riß überhaupt nicht ab. Abends brannte, wie wir erfuhren, das Segelfliegerlager auf dem Homberg bei Gmünd nach einem Angriff ab. In seinen bescheidenen Uranfängen war es einst unter meiner persönlichen Mithilfe erstellte worden.

Dienstag, den 17. April 1945

Beim Frühstück teilte Otto L. [Lichtenfels] mit, daß seine Frau nicht aufstehen könne, sie habe 38,5 Temperatur, wolle aber keinen Arzt herbeiholen lassen. Mittags stieg die Temperatur auf 40 Grad und nachmittags um 3 Uhr auf 41 Grad. Ich alarmierte Max L. [Lichtenfels], der mit dem Mercedes trotz der Tieffliegergefahr nach Lauchheim fuhr und den Arzt heranholte. Max saß während der Fahrt auf dem rechten Kotflügel als Späher - ein abenteuerliches Bild. Diagnose: Lungenentzündung. Die Nachtwache übernehmen getreulich das Töchterchen im Wechsel mit Otto L. [Lichtenfels]. Abends erfolgte ein schwerer Angriff auf Aalen, die ganze Länge der Eisenbahnlinie entlang sind die Stadt und das Proviantamt die Hauptziele. Der Westwind treibt eine schwarze Rauchwolke, die sich bis zur Kapfenburg hinzieht, über die Hänge der

Alb dahin. Im Wehrmachtsbericht erscheinen die Namen Freudenstadt und Nagoldtal.
Im Laufe des Nachmittags war die neu gewonnene Helferin Trudel, ein zwanzigjähriges, großes stattliches Mädchen, wie man sie in solch kräftiger Wohlgestalt selten trifft, in Begleitung ihrer älteren Schwester, eines ebenfalls gut aussehenden, schon ins Städtische hinüberwechselnden Frauenwesens, erschienen. Die stellvertretende Hausfrau lag schwer krank im Bett, der Hausherr Otto war in Nördlingen. So war ich vor die Aufgabe gestellt, die Zeugnisse zu prüfen und das Erforderliche zu besprechen. Die Zeugnisse waren sehr gut, besonders hervorgehoben war die Tüchtigkeit in der Hofarbeit. Noch mehr als auf das urkundliche Lob verließ ich mich jedoch auf die vorbehaltlose persönliche Empfehlung.

Mittwoch, den 18. April 1945

Der heutige Tag, ein nochmals schönerer Tag als alle seine Vorgänger, war der Natur gewidmet. Um 8 Uhr begleitete ich Otto ins Werk, gegen 12 Uhr kehrten wir zurück. Beide Wege unter Vermeidung des Dorfs über die Wiesen und Felder. Ab 9 Uhr ist viele Stunden lang fliegerischer Hochbetrieb wie noch niemals. Verbände von Zweimotorigen in Staffeln zu 6, 12, 18, 24, 36 Stück fliegen schwerbeladen nach Osten, kommen nach einiger Zeit erleichtert zurück und kehren in Bälde mit neuer Last wieder. Die Flüge vollziehen sich in 1.000 bis 1.500 m Höhe. Diese Flugweise widerspricht allen Regeln, aber sie können es wagen, eine Gegenwehr ist nicht vorhanden. Große weiße Kumuluswolken stehen am Himmel, und die Landschaft erhält hierdurch noch mehr Licht und Helle. Mit Gewalt, wenn auch mit sanfter, mußte ich vom Photographieren zum Mittagessen hereingeholt werden. Es ist jetzt vorläufig ausphotographiert, denn die Leica, und was dazu gehört, wurde wiederum neu verlagert - sie ist vergraben und damit jedem Zugriff entzogen.
Nachmittags machen wir den bekannten Rundmarsch. Auf der Bank über Mohrenstetten bleiben wir lange sitzen und genießen den Blick auf die prächtige Landschaft des Grombergs und des

Schlosses Baldern, die sich über das Sechta- und Jagsttal aufbauen. Hinter Schloß Baldern steigt eine dunkle Rauchsäule auf. Wir schätzen, daß auf der dahinterliegenden Straße Ellwangen-Nördlingen ein Lastkraftwagen abgeschossen wurde, der jetzt mit seinem Brennstoff und Öl abbrennt. Vor uns liegt der Hof Hundslohe, dessen Eigentümer neulich einem Bordwaffenbeschuß zum Opfer gefallen ist. Wie heute früh oben im Bohlerwald, so beobachteten wir auch im Gehrenwald das massenweise Fällen von Bäumen, die zu Straßensperren und ähnlichem benötigt werden. Nach echter Art der Soldaten, die sich bei dieser Sägearbeit nicht bücken wollen, werden die Bäume, vielfach die schönsten Tannen, Fichten und Kiefern des Waldes, ungefähr 1 m über dem Boden abgesägt. Das Herz blutet dem Naturfreund beim Anblick dieser neuen Verwundung des Waldes, der ohnehin schon so sehr gelichtet ist im ganzen Land. Der Ausrufer des Orts macht bekannt, daß alle Fahrräder beim Bürgermeister anzumelden sind, und abends gehen Wehrmachtsangehörige von Haus zu Haus und nehmen die Fahrräder weg. In der Mühle erscheinen sie allerdings nicht; sie hätten freilich auch keine gefunden.
Abends trifft Herr Helmut Sch. [Schönberg] von Schwäb.Gmünd ein; er wird auf längere Zeit unser Hausgenosse sein. Bei unserer Patientin Frau Paula L. [Lichtenfels] zeigt sich eine Besserung, zum mindesten keine Verschlechterung. Die große Sorge, welche die letzten beiden Tage auf dem Haus und besonders auf der Familie der Kranken lastete, beginnt zu weichen. Wie vormittags die zweimotorigen, so beherrschen abends die viermotorigen Bomber die Luft. Hunderte, in Staffeln zu zwölf, fliegen durch, hin und zurück. Die Jabos sind auch da, treten aber seit zwei Tagen gegenüber ihren Großausgaben in den Hintergrund.

Donnerstag, den 19. April 1945

Morgens 6 Uhr 45 klopft Otto etwas ungestüm an die Tür des Badezimmers, in welchem ich mich gerade befinde. Bei Frau W. [Wolf], der Frau des landwirtschaftlichen Verwalters, die aus ihrem bedrohten Heimatdorf hierher zu ihrem Mann gezogen ist, sind morgens um 5 Uhr die Wehen eingetreten, die Hebamme weiß sich nicht zu helfen. So muß Otto den Arzt von Lauchheim holen. Er braust ab, der Müller sitzt als Luftspäher im Notsitz. Er muß lange warten, und als er mit dem Arzt ankommt und dieser in die Stube der Wöchnerin tritt, ist das Töchterchen Margarete gerade zur Welt gekommen. Und trotz Jabolärms, der diesen Morgen besonders kennzeichnete, hörte man über den Hof herüber den kleinen Schreihals, der uns belehrte, daß das Leben ungeachtet aller ungünstigen Vorzeichen weitergeht. Die Fahrt des Arztes war trotzdem nicht überflüssig, sie wurde ausgewertet zu einer neuen Untersuchung unserer Patientin. Der Arzt war zufriedener. Eine schwere Krankheit, aber es ist besser. Der Tag nimmt einen im allgemeinen ruhigen Verlauf. In der Dämmerung machen wir einen kleinen Bummel. Der Abendhimmel ist klar und wolkenlos, jedoch gegen Westen ist das Firmament dreckig-schmierig. Schmale, aber lange Rauchschwaden breiten sich aus. Auch die Brandherde, welche diesen Rauch nähren, werden sichtbar. Wir vermuten Schwäb. Gmünd oder Schorndorf. Wir besprechen den Wehrmachtbericht des heutigen Tags. Der vom Nagoldtal nach Osten angreifende Feind hat südlich Calw tiefere Einbrüche erzielt. Wir taxieren auf Horb oder gar Tübingen. Der eigenartige Fall scheint eingetreten zu sein, daß der Kniebis, über den seit Jahrhunderten die Franzosen immer von Westen her in unser Land eingedrungen sind, von Freudenstadt, also vom Osten, genommen wurde.

Um 20 Uhr sprach Goebbels über alle, d.h. über die wenigen noch vorhandenen Sender am Vorabend des Geburtstags des Führers, den er in Bälde mit dem Lorbeer des Sieges geschmückt sehen will. Ich drehte ab. Diese Bewegung des Zudrehens eines Senders ist seit Jahren das einzige Menschenrecht, das einem Deutschen verblieben ist. Vor dem Einschlafen wurde ich nochmals zu dem Geburtstagskind Hitler zurückgeführt. In den weltgeschichtlichen Betrachtungen von Jakob Burkhardt las ich:

„Das Allerseltenste aber ist bei weltgeschichtlichen Individuen die Seelengröße. Sie liegt im Verzichtenkönnen auf Vorteile zugunsten des Sittlichen, in der freiwilligen Beschränkung nicht bloß aus Klugheit, sondern aus innerer Güte, währenddem die politische Größe egoistisch sein und alle Vorteile ausbeuten muß."

Ich wünschte mir das eine, daß es in der übrigen Welt politische Größen gibt, welche diesen Anforderungen Burkhardts genügen.

Freitag, den 20. April 1945

An diesem Morgen waren wir später dran als sonst. Um 7 Uhr 35 klopfte Otto an meine Zimmertüre: „Mach auf, es gibt Neuigkeiten!" Noch schlaftrunken vernahm ich, daß am Abend vorher amerikanische Panzer von Gaildorf und Fichtenberg, also von Norden her, das Remstal hart westlich von Gmünd überquert und es in der Stadt Lorch durchfahren haben. Sie seien im Begriff, am Hohenstaufen und Rechberg vorbei das Filstal bei Göppingen zu erreichen. Wir waren alle baff und hatten nun die Erklärung für die Brände, die wir am Abend vorher über dem Remstal beobachteten.
Jeder bekam seine Aufgabe. Ich wurde zur Erkundung in den Wald geschickt und beauftragt, die weitere Entwicklung am Waldausgang bei dem lichten Gehölz über Weiler, unserem Feldherrnhügel mit der weiten Aussicht nach Norden, Nordosten und Westen, zu beobachten. Ein Morgen, schön wie selten einer. Kein Wölkchen am Himmel, doch im Westen der untere Himmelsrand angefüllt mit Rauchschwaden. (...)
Später (gegen 11 Uhr) wurde in nordwestlicher Richtung im allgemeinen Raum zwischen Crailsheim und Gaildorf ein großer Rauchpilz sichtbar. Es dringt aus dieser Richtung der Kanonendonner und das maschinengewehrartige Rattern von Panzer- und Sturmgeschützen herüber. Man gewinnt den Eindruck, daß der Amerikaner unter Umgehung des vor uns liegenden Virngrunds, des etwa 300 Quadratkilometer großen Viragundawaldes der Römer, und unter Vermeidung von Ellwangen und Abtsgmünd nach Aalen durchstoßen will. Zwei große Rauchpilze stehen auch im Nordosten Richtung Dinkelsbühl. Sonst ist es um einen herum still wie in der Kirche, die Straßen leer. Auf den Feldern arbeiten

die Bauern und hauptsächlich die Bauernfrauen, Bauerntöchter und die Kinder fleißig wie immer an der Frühjahrsbestellung. Eine besonders zuverlässige Lebensversicherung scheint der Schäfer mit den Amerikanern abgeschlossen zu haben. In all diesen Wochen mit oft erheblichen Wirrsalen trieb er auch im Lärm des Bordwaffenbeschusses ruhig seine Herde weiter. Ich habe nie gesehen, daß er sich nur einmal hingeworfen hätte. Aufrecht steht er mit seinen Schafen und seinem Hund auf der Wiese, und es ist ihm nie etwas geschehen.
Der Tag war sonst auffallend ruhig und die Fliegertätigkeit sehr gering. Doch abends wurde es aufregend. Drei Staffeln von zweimotorigen Kampfflugzeugen fliegen vom Osten kommend das Tal herunter, plötzlich drehen sie ab, machen nochmals eine halbe Drehung und fliegen schnurstracks in niedriger Höhe auf das Werk zu. Wir hielten den Atem an, war doch Otto gerade oben. Doch es passierte nichts. Sie flogen weiter und warfen in der Richtung Aalen-Wasseralfingen ab. An diesem Abend liegen die Rauchschwaden am östlichen Firmament. Nördlingen ist angegriffen worden. So werden jetzt nach den Großstädten auch die Kleinstädte - Kleinode wie Schwäb. Hall, Rothenburg, Ansbach, Dinkelsbühl und viele andere - in Hohenlohe und Franken in das Kampfgeschehen hineingezogen.

Samstag, den 21. April 1945

Frühmorgens um 2 Uhr kam Einquartierung. Ein Leutnant, ein Veterinär und ein Mann, Angehörige einer Artillerieabteilung, die auf dem Rückzug ist.
Schon früh waren Jäger und Jagdbomber erschienen und hatten das ganze Gelände abpatrouilliert. Dann ging der Teufel los. Drei Stunden lang eine noch nie dagewesene Fliegerei und Schießerei. Flugzeuge jeder Art flogen zur Front und kehrten von ihr zurück. Offensichtlich waren nördlich und nordöstlich von uns schwere Angriffe der Amerikaner im Gange. Der Kanonendonner rückte hörbar näher, er verlor den Charakter des fernen, sozusagen kompakten Gedröhns. Die Einzelabschüsse und Einzeleinschläge

wurden unterscheidbar. Besonders nahe krachte es in Richtung Abtsgmünd, aber auch Richtung Ellwangen. Um 12 Uhr telefonierte Otto: Feindliche Panzer sind in Zöbingen (11 km Luftlinie nordöstlich von hier) eingedrungen und rücken auf Bopfingen vor. Um 13 ½ Uhr: Feind in Röttingen und Aufhausen. Es trennt uns also nur noch Ottos Jagdgebiet vom Feind. Unserer Einquartierung wird das Essen vorher serviert, und sie rücken ab. Die pferdebespannte Kolonne zieht von Jagsthausen über das Sträßchen nach Westhausen und Reichenbach und dort das Feldsträßchen hinauf. Ziel Arlesberg. Die Mannschaften nehmen den Fußweg an der Mühle vorbei nach Westhausen. Ein trauriges Bild, wie sie den Wiesenweg in Gruppen von zwei und drei Mann hinaufschleichen. Das Sträßchen von Dalkingen belebt sich zusehends. Überall zu Fuß, mit dem Fahrrad, motorisiert oder bespannt zurückgehende Truppen, die sonderbarerweise von den Jägern völlig in Ruhe gelassen werden. Diese haben offenbar wichtigere Aufgaben. Um 13 Uhr 40 ruft die Wrangell'sche Gutsverwaltung [Gut bei Lauchheim] telefonisch an: „Unser Pole ist mit einem Pferdegespann zur Mühle unterwegs. Schärfen Sie ihm ein, daß er vorsichtig ist und sich von den vom Osten her anrükkenden Amerikanern die Pferde nicht wegschnappen läßt." Ich sagte zu, daß ich diese Mahnung weitergeben würde, und dachte bei mir: Ein gemütlicher Krieg, in dem man telefonisch von dem Anrücken des Feindes verständigt wird. Was werden wir, wenn es zum Artilleriebeschuß kommt, mit unseren beiden bettlägerigen Frauen, nämlich der an Lungenentzündung Erkrankten und der Wöchnerin mit ihrem zwei Tage alten Töchterchen, machen? In den Bunker kommen Luftschutzbetten. Im übrigen wird eine Rote-Kreuz-Fahne genäht. Auf ein Leintuch wird ein aus einem Kinderkleid gefertigtes Rotes Kreuz gesteppt. So ist auch Vorsorge für den Schutz unseres kleinen Lazaretts getroffen.
Im Laufe des Nachmittags regnete es sich ein. Hie und da brachen noch Sonnenstrahlen hervor; dann war es richtig schwül. Die vorbeigehenden Soldaten wurden immer nässer. Seit einigen Tagen waren alle Tore des Hofes verschließbar gemacht worden. Aber es schlüpfte, von dem nahrhaften Aussehen der Mühle

angezogen, immer noch die eine oder die andere Gruppe in den Hof. Sie wurden allesamt gespeist und getränkt, und man wurde mit dutzenderlei Schicksalen dieser Männer bekannt. Schon seit Wochen befanden sie sich im Gefecht oder auf dem Rückmarsch. „Was soll aus mir werden, ich habe die Heimat, meine ganze Familie verloren? Ich weiß nicht, wie es mit mir weitergehen soll. Ich tue meine Pflicht weiter, ich weiß nicht weshalb und wozu." - Was wird es eine Arbeit erfordern, bis das deutsche Volk wieder steht!

Um 5 Uhr abends entstand aus der Schwüle und der Feuchtigkeit ein schweres Gewitter. Es donnerte fürchterlich.

Spät abends war noch eine ganze Herrenrunde versammelt. Zunächst die fünf Männer der Mühle selbst [May, Otto Lichtenfels, Schönberg, Bäuerle und RM]. Zu uns stießen noch einige Nachbarn [u.a. Max Lichtenfels, Schmidt und Haaf von der Banzenmühle], darunter der Volkssturmbataillonsführer, der nicht mehr an Widerstand dachte. Dieser war genau so wenig über die Kriegslage unterrichtet wie wir Zivilisten. Eines stand fest: Der Feind stand in Röttingen, was mir, der ich ein in der Geographie nicht unerfahrener Mann bin, bedeutete, daß er sich an jener Stelle der Ostalb auf ihren Nordhang hinaufgeschmuggelt hat, wo dies auf einer Ausdehnung von 100 km weitaus am leichtesten möglich ist. Der Feind ist übrigens telefonisch erreichbar. Die Gastwirtin von Röttingen hatte einem Arbeiter des Werks im Namen seiner Frau fernmündlich mitteilen lassen, daß die Amerikaner da seien; ihr Mann solle sofort heimkommen, bis 6 Uhr abends ließen die Amerikaner die Einwohner noch herein. In der Gastwirtschaft wohne ein amerikanischer General, der jedoch nichts verzehre, er habe eine eigene Weinkiste zum voraus herschicken lassen, ehe er angekommen sei. Wir erörterten die Frage, ob wir nicht Lauchheim 94 (Bürgermeisteramt Röttingen) anrufen und den General fragen sollten, was er weiter vorhabe; ob er auf dem Albvereinsweg südlich nach Neresheim vorzurücken gedenke oder ob er rechts nach Lauchheim je östlich und westlich auf der Reichsstraße Nr. 29 Aalen-Nördlingen herunterstoßen werde. Die Detonation einer deutschen Brückensprengung, die uns beinahe vom

Stuhl warf, brachte unsere Gedanken auf näherliegende Dinge, vollends, nachdem die telefonische Nachricht eingelaufen war, daß die Feindpanzer von Röttingen in der Zwischenzeit nach Elchingen bei Neresheim vorgerückt seien. Der General hatte also den Albvereinsweg gewählt, und die amerikanischen Truppen befanden sich schon tief in der Innenalb in unserem Rücken und nahmen Richtung auf den Südabfall der Alb, zur Donau, zu dem Schlachtfeld von Hochstädt (oder Blenheim, Blindheim), wo einst im Jahre 1704 John Churchill, Herzog von Marlborough, zusammen mit Prinz Eugen die französisch-bayerische Armee im spanischen Erbfolgekrieg schlug. Diese beiden Heerführer hatten sich am 13. Juni 1704 zusammen mit dem „Türkenlouis“, dem Markgraf Ludwig von Baden, im Gasthaus zum Lamm in Großheppach getroffen und den Feldzugsplan beraten. An das alles dachte ich, als ich den Gesprächen der Männer zuhörte. Ich sah im Geiste die amerikanische Armee schon weit südwärts der Donau zurollen. Doch solcherart war die Einstellung der Menschen selbst noch an jenem Abend, daß man dergleichen Gedanken am besten für sich behielt! Ich war aufs äußerste gespannt. Aber ich wagte nicht, um 10 Uhr Radio Beromünster aufzudrehen.

Sonntag, den 22. April 1945

Ich erwachte spät. Draußen war sehr schlechtes Wetter. Beim Anziehen versuchte ich, mir ein Bild über den Ablauf dieses Sonntags zu machen, denn es war klar, daß es heute, spätestens aber morgen, „passieren“ müsse, nämlich das Überrolltwerden durch die amerikanischen Panzer. Gegen 9 Uhr frühstückten wir, setzten die Gespräche des Abends fort. Es war inzwischen bekannt geworden, daß Stuttgart gefallen sei. Wir wußten auch, daß unser Gebiet nicht einfach überfahren würde. Denn außer der großen SS-Garnison von Ellwangen stand die SS-Panzerdivision Götz von Berlichingen in der Gegend. Zunächst schlüpften wir in die Windjacken und gingen zum Dalkinger Sträßchen vor. SS-Männer auf Fahrrädern frugen uns nach dem Weg nach Westhausen und weiter nach Waldhausen auf dem Härtsfeld. Diese Soldaten waren frühmorgens bei Rattstadt östlich Ellwangen im Gefecht gestanden;

sie erzählten uns, daß Ellwangen verteidigt und eben eingeschlossen werde. Der Zivilbevölkerung sei Gelegenheit gegeben worden, die Stadt zu verlassen. Bald hörten wir Artilleriebeschüsse und Maschinengewehrfeuer, das wir ungefähr 6 km entfernt in Richtung Ellwangen schätzten. Das Wetter wurde so schlecht, kalt, windig, regnerisch, daß wir umkehrten und auf den Sonntagvormittagsbummel „feindwärts" verzichteten.
Die erwähnten Radfahrer waren die ersten Spitzen einer Truppe gewesen, die sich abzusetzen begann. Stundenlang füllten sich die Straße, die an der Mühle vorbeiführt, die Wiesen im Jagstgrund und der Fußweg von Jagsthausen nach Westhausen mit zurückmarschierenden Soldaten, Pferde- und Autokolonnen, darunter Batterien, Nebelwerferformationen u.a. Sie werden oben an der Straßenkreuzung der beiden Sträßchen Westhausen-Dalkingen und Jagsthausen-Dalkingen sichtbar. Bei dieser Straßenkreuzung befindet sich rechts eine Sandgrube. Sie ist mit einigen Laubbäumen bewachsen, die aber noch zur Hälfte kahl sind. Nach dieser Kreuzung fällt das Sträßchen leicht bis zu einer Stelle, wo am Straßenrand ein in voller Blüte prangender Birnbaum steht; auf diese zwischen Kreuzweg und Birnbaum liegende Straßenstrecke war unser Auge vormittags und nachmittags sehr oft gerichtet.
Die Soldaten, wie gesagt, meistens Angehörige von Formationen der Waffen-SS, waren sämtlich gut gekleidet und ausgerüstet. Auch die übrigen Truppen machten einen weit besseren Eindruck als die am Tag zuvor Zurückmarschierten, bei denen ein Vergleich mit dem Rußlandrückzug von 1812 nahelag. Der ganze Rückzug wickelte sich ohne jede Störung durch die feindliche Luftwaffe ab. Das Wetter verbot ihren Einsatz. Einer unserer Hausgenossen [Otto Lichtenfels] hatte den Spaziergang nicht mitgemacht, sondern war zum Bohler gegangen, um seiner Mutter [Amalie Lichtenfels, geb. May], der Schwester des Vaters unserer Freunde, zum 88. Geburtstag zu gratulieren. Er kehrte um 11 Uhr zurück und brachte die Nachricht mit, daß Westhausen verteidigt werde, und zwar von der Waffen-SS. Diese Nachricht bedeutete, daß die Mühle mitten in den Gefechtsbereich hineinkommen werde mit all den damit verbundenen Gefahren. Es war zu rechnen mit

Beschüssen durch Spreng- und Brandbomben und unter Umständen mit der völligen Vernichtung. Zu oft hatten wir in den letzten Tagen die Brandwolken über dem Horizont aufsteigen gesehen, um uns über die möglichen Folgen dieses Widerstandsbefehls zu täuschen.
Unsere beiden kranken Frauen und der Säugling wurden in den Bunker gebracht, der schon in der vorhergehenden Nacht elektrisch beheizt worden war. Dorthin wurden auch Lebensmittel, Mineralwasser, Wein, unsere Koffer und in Waschkörben der Inhalt der Kleiderschränke geschafft. In der Zwischenzeit war ein deutsches Panzerjagdkommando in den Hof der Mühle eingefahren. Diese Gäste begannen gleich, sich häuslich einzurichten. Es waren abenteuerliche Gestalten, die sich auf einem Jeep bewegten, den sie morgens den Amerikanern abgenommen hatten. Schließlich fuhren sie wieder ab, und wir verriegelten erneut das große Tor. Der Kampflärm näherte sich erkennbar. Wir schätzen, daß ungefähr in der Gegend von Dalkingen, das 3 km entfernt ist, gekämpft wird. Doch gegen 2 Uhr mittags hat es den Anschein, als ob die Dinge ruhiger betrachtet werden können. Die Absetzbewegung ist vollzogen, der Verkehr auf der Straße oben hört auf, nur hie und da flitzt noch ein Rad- oder Motorradfahrer über sie in rückwärtiger Richtung hin. Die Straße und das gesamte Gelände nach Westen zeigt das im ersten Weltkrieg so oft geschaute Bild der Leere des Schlachtfelds. Die Mühle gerät in die Zone des Niemandslandes. Selbst der kugelsichere Schäfer verschwindet; er treibt seine Herde in den Wald. Als die Landschaft sich völlig geleert hat, sozusagen besenrein gefegt ist, fliegt ein Storch heran und verbleibt als einziges Lebewesen auf den Wiesen des Talgrunds. Um 3 Uhr ergibt sich eine starke Verschärfung unserer Lage. In dem Wiesengrund zwischen der Mühle und der Brücke bei der Neumühle wird eine Schützenlinie aufgebaut. Man kann die einzelnen Schützen mit den Gewehren und Panzerfäusten mit den bloßen Augen leicht erkennen. Richtig warm wird es uns, als auch noch eine Formation der Waffen-SS auf den Äckern 80 m hinter der Mühle in Stellung geht und sich eingräbt. Die Garnison der Waffen-SS in Ellwangen scheint Panzerfäuste in großer Zahl

gehamstert zu haben, jeder zweite Mann trägt eine Panzerfaust. Sonst ist es schlecht um die Ausrüstung bestellt; nur Gewehre und ein einziges leichtes Maschinengewehr stehen zur Verfügung. Alle sind junge, sehr junge Soldaten, viele 17jährige, die sich in Ellwangen und in der Umgebung in Ausbildung befanden und unter Führung von Unteroffizieren und Offizieren mit Kriegserfahrung vor ihrem ersten Gefecht standen. Im Grunde genommen alles Büble, welche von den Strapazen des Nachtmarsches im kalten Regen schwer mitgenommen waren. Ihr Instellunggehen erfolgte wie auf dem Exerzierplatz. Aus der Küche der Mühle erhielten die Ausgehungerten Speise und Trank. Die Mühle war also mitten in die Kampfzone hineingeraten. Unsere Besorgnisse wuchsen, ob wir dieses schöne Heim unseres Gastgebers, der es zu einer Zufluchtstätte für uns alle gemacht hatte, über die bevorstehenden Stunden hinüberbringen würden. Wir legten die Feuerwehrschläuche in allen Stockwerken aus, um bei Brand rasch eingreifen zu können.
Wir hatten in Erfahrung gebracht, daß die Dörfer Buch, Schwabsberg und Hofen vom Feinde besetzt sind und die Amerikaner sich Wasseralfingen nähern. Man konnte also damit rechnen, daß der Stoß sich nach Süden beschränke und an uns vorübergehe. Das Mittagessen war gekocht, aber nicht verzehrt worden; man spürte jenes verflixte Gefühl im Magen, Folgen einer Nervosität, die sich auf das Sonnengeflecht legt und den Appetit wegnimmt. Im Hinblick auf die eingetretene Entspannung holten wir das Versäumte nach, setzten uns zu einem Bohnenkaffee und vesperten kriegsstark. Wir waren kaum fertig, als eine neue Nachricht eintraf. Der Feind steht jetzt in Weiler, 2 km von der Mühle, und die Panzer kommen in langsamem Tempo die leicht ansteigende Straße jenseits der Straßenkreuzung herauf. Zu den kranken Frauen im Bunker begaben sich nun auch alle anderen weiblichen Personen und zu ihrem Schutz die dazu gehörenden Ehemänner bzw. Väter. Die übrigen Männer, darunter ich, ferner der französische Kriegsgefangene Paul und der Russe Grischa, verblieben in der Mühle. Wir wollten uns nach den sich ergebenden Verhältnissen entscheiden, ob wir bei einer Beschießung der Mühle dort in den Keller

oder ins Freie gehen würden. Das Wetter hat sich inzwischen zum richtigen Aprilwetter entwickelt: Kälte, Nebel, Regen, Schnee und dazwischen wieder eine kurze Aufhellung.

Um 17 Uhr 45 wird oben an der Straßenkreuzung ein amerikanischer Panzer sichtbar; zuerst ist er durch die Pappelbäume noch halbverdeckt, aber durchaus zu erkennen. Einzelne amerikanische Soldaten stehen weiter vorne auf der Straße. Der Panzer rückte langsam vor und stand nunmehr völlig ungedeckt auf der Straße. In diesem Augenblick begann das leichte Maschinengewehr hinter der Mühle über unsere Köpfe hinweg auf diesen Panzer zu schießen. Diese Schießerei auf 1.500 m Entfernung mutete einen an, wie wenn man mit Schrot gegen einen Elefanten angeht. Der Panzer erwidert das Feuer. Zweimal blitzt ein roter Feuerstrahl auf. Ich sage noch: „Jetzt hat er geschossen" und trete vom Fenster weg. Die Granaten galten der Schützenlinie im Wiesengrund bei der Brücke und schlagen mit beachtlicher Präzision dort ein. Gleichzeitig beginnen die Maschinengewehre des Panzers zu schießen; ihre Leuchtspurmunition jagt über die Wiesen. Otto und ein anderer Hausgenosse hatten in einer gewissen Unbekümmertheit kurz vorher eine Art Bummel auf dem Zufahrtsträßchen zur Mühle gemacht. Sie waren die ersten, die in dieses Maschinengewehrfeuer gerieten. Sie konnten mit knapper Not noch in den Entwässerungsgraben springen. An diesem unwirtlichen Platz mußten sie bei Regen, Sturm und empfindlicher Kälte drei Stunden lang ausharren, bis sie bei einbrechender Nacht ihre Deckung verlassen und zur Mühle zurückkehren konnten. Sie hatten erbärmlich gefroren, wollten aber ein früheres Verlassen des Grabens nicht riskieren, weil ihre Entdeckung das Feuer hätte auf die Mühle ziehen können. Nachdem ich die ersten Schüsse beobachtet hatte, begab ich mich in den Keller. Herr Sch. [Schönberg] blieb oben am Fenster. Um 6 Uhr 50 kam er zu mir herunter: „Herr Doktor, es ist der geschichtliche Augenblick gekommen. Eben werden wir von den amerikanischen Panzern überrollt. Das müssen Sie sehen." Ich ging mit ans Fenster. Die amerikanische Kolonne - zuerst zwei Infanteriemannschaftswagen, dann der Panzer selbst, dann

ein Panzerspähwagen, die Mannschaften größtenteils abgesessen, neben und hinter den Fahrzeugen hermarschierend - tastete sich mit größter Vorsicht vor. Offensichtlich gab sie auf etwaige Minen acht. Ziemlich genau um 7 Uhr war sie oben an der Einbiegung des Mühlensträßchens angekommen. Ich stieg wieder in den Keller hinab. Bis dorthin drang das seltsame, sozusagen mahlende Motorengeräusch des weitermarschierenden Panzers. Sch. [Schönberg] beobachtete weiter. Als die Panzerkolonne schon bei der Brücke angekommen war, schoß das leichte Maschinengewehr in unserem Rücken, obwohl die Schützenlinie von den Amerikanern schon flankiert war, nochmals los. Der Beobachter Sch. [Schönberg] kam zu seiner Deckung ebenfalls in den Keller: „Sie drehen jetzt eben den Geschützturm zu uns herüber." Und eine Minute später schoß der Panzer los. Schuß auf Schuß saß. Sie schossen so genau, wie es nur ein Jäger mit dem Zielfernrohr fertig bringt. Die Kurzschüsse fielen 10 bis 20 m in der Nähe des Bunkers, in dem die Frauen mit ihren Wächtern saßen. Eine der Granaten schlug nur 5 m von dem Notausstieg des Bunkers ein. Dieser Moment war sozusagen das Nadelöhr, durch das die Mühle und wir alle durch mußten an jenem Tag. Die Amerikaner pflegen beim geringsten Widerstand die Ziele außer mit den leichteren Kalibern der Geschütze der Panzer mit Artillerie einzudecken, wobei sie Brandgeschosse für Gebäudeziele verwenden. Aber wir gelangten mit dem Hof heil durch die Zone allerhöchster Not. Die Kinder-SS oben gab mit ihren Unterführern und Führern Fersengeld.
Um 19 Uhr 50 verließ ich den Keller endgültig. Von dem mittleren Fenster des Wohnzimmers blickte ich mit gebotener Vorsicht zum Dorf hinüber. Zur linken Hand stand ein Gebäudeteil der Neumühle in Flammen und Rauch; im Talgrund der Jagst weidete das Vieh des Besitzers der Neumühle, das des Brandes wegen ins Freie getrieben worden war. Die Panzerkolonne hatte vor der Brücke Halt gemacht und stand da wie eine Feuerwehr vor dem Brandplatz. Zur rechten Hand schlugen aus einem Haus nahe der Westhäuser Kirche die hellen Flammen. Die Aprilsonne brach in

diesem Augenblick durch, und fahl, dann wieder grell legte sich der Sonnenschein auf die Landschaft, den Bach, die Wiesen und die Weiden, aus denen wie immer die klassisch geformte kugelige Weide hervorragte. Der Talabschluß war weiterhin von Dunst und Regen verhangen. Hell beleuchtet ragte aber die Kapfenburg heraus, eingehüllt in phantastische Wolkengebilde. Diese gaben einem Stück blauen Himmels Raum. Gottes Auge, so wie es in der Biblischen Geschichte, dem Schulbuch unserer Kindheit, gezeichnet ist, blickte ins Jagsttal herab. Und in diesem Augenblick wölbte sich steil zwischen den beiden Brandherden ein Regenbogen von wunderbarer Schönheit. Ich nahm dieses Vorzeichen an. Ich sah unsere Zukunft unter die Verheißung gestellt: „Solange die Erde steht, wird nicht aufhören Saat und Ernte, Frost und Hitze, Sommer und Winter, Tag und Nacht.“ Trotz aller Fährnisse, Bitternisse, Zerstörung und Vernichtung wird dennoch das Leben weitergehen. Eines solchen Zurufs von oben bedurften wir. Tief erschüttert zwar, aber mit Mut, nüchternem Mut allerdings, taten wir den Schritt in die verhängte Zukunft. Deutschland war nunmehr unter Fremdherrschaft gestellt, freventlich war es zugrunde gerichtet worden, aber wir waren bereit, sein Geschick zu tragen im Glauben an ein neues deutsches Vaterland.

Unsere Haus- und Hofgemeinschaft hatte während des Gefechts Zuwachs durch zwei weitere Personen erhalten. Die Hebamme [Frau Stelzer], welche die Wöchnerin und das Neugeborene versorgte, hatte die Mühle nicht mehr verlassen können. Ferner war der Ortsgewaltige [Hägele], der nicht immer nur angenehm gewesene Polizeiwachtmeister, auf dem Weg nach Jagsthausen vom Krieg überrascht worden und in der Mühle hängengeblieben. Er erwies sich während der Beschießungen als ein nervöser Gast. Als alles vorbei war, holte er unseren Rat darüber ein, auf welchem Weg und auf welche Art und Weise er sich am besten nach dem Dorf begebe. Er war im Besitz einer in drei Sprachen (deutsch, französisch und englisch) ausgestellten Bescheinigung des Landrats von Aalen vom 18. April 1945, daß er auf Grund des Haager Abkommens über den Landkrieg der Besatzungsmacht zur Verfügung gestellt werde. Trotz dieses schutzkräftigen Ausweises war er unschlüssig und verängstigt. Er kannte mich nicht: „Bis jetzt haben die Leute sich mir unterordnen müssen, jetzt wird mir befohlen werden", philosophierte er, was ich ihm ins Schwäbische übersetzte: „Also Sie meinen, Sie hätten bis jetzt die Leute schurigeln dürfen und jetzt werden Sie geschurigelt werden." Ich beruhigte ihn und setzte ihm auseinander, daß ein solcher Stellungswechsel von oben nach unten sich für manche Menschen als heilsam erweisen werde. Da er nur im Besitz eines grauen, überdies recht schmutzigen Taschentuchs war, erbat er sich ein Handtuch, um mit diesem in der erhobenen Hand nach W. [Westhausen] hineinzumarschieren. Doch es erwies sich als überflüssig, daß wir dem Mann mit einer Friedensflagge aushalfen. Er kam auf einen noch besseren Einfall. Er machte sich unter dem Schutz der stattlichen Hebamme mit der einbrechenden Dämmerung auf den Weg: er ging rechts und die Frau, welche zum Zeichen der Kapitulation ihre weiße Berufsschürze auf der linken dem Feind zugewandten Schulter trug, mußte sozusagen mit ihrem Leib das schmächtige Wachtmeisterlein decken. Es war ein possierlicher Anblick, wie dieses ungleiche Paar - die Hebamme und die Ortspolizei - den Weg am Zaun entlang den Hang hinauf nach dem Dorf von dannen zog.

Jetzt kamen Otto und der andere Vermißte aus ihrem naßkalten Versteck zurück. Man erzählte sich mit Hallo die gegenseitigen Erlebnisse, und wir beglückwünschten den Hausherrn zur Erhaltung seines Besitzes. Er und ich tauschten unsere Gedanken aus, wie sehr sich wohl seine Frau und seine Kinder in der Schweiz und meine Frau und meine Kinder in England über die Väter im Kampfgebiet sorgen werden und sannen auf Mittel der Benachrichtigung. Auch die Bunkerbesatzung kam zurück, mit Ausnahme der beiden kranken Frauen und des Säuglings, dem es beschieden war, schon am dritten Tag seines Lebens die Feuertaufe zu erhalten.

Die ungeheuren Spannungen, welche dieser Sonntag gebracht hatte, wichen nur langsam. Man spürte es körperlich, wie der Alpdruck, der seit zwölf Jahren ohne Unterlaß auf einem gelastet hatte, Stück für Stück wegfiel. Seit der Nacht vom 4./5. März 1933, der Nacht der langen Messer, in welcher ich von meiner letzten politischen Versammlung von Karlsruhe zurückfuhr,* war kein Tag, ja keine Stunde vergangen, in welcher man sich nicht vor dem Zugriff dieser unmenschlichen Macht, in deren Gewalt man geraten war, hatte fürchten müssen. Wir wissen, daß uns neue schwere Leiden bevorstehen, aber dieser Druck ist verschwunden. Konrad und ich hatten oft im Bombenregen in Stuttgart zueinander gesagt: Ein Bombenangriff geht vorüber, hört auf. Aber jene andere Not schrecklicher Bedrohung hat in zwölf Jahren nie aufgehört, uns zu quälen. Immer war sie gegenwärtig. Die Erlebnisse dieses Tages hatten uns, die wir allesamt alte Soldaten des letzten Weltkriegs waren, mit Bitterkeit erfüllt; wir hatten miterleben müssen, in welcher militärisch unehrenhaften Weise ein Widerstand geleistet wurde: mit schwachen Mitteln, mit unzureichenden Waffen, mit halberwachsenen Jungen. Ein solcher Widerstand mußte beim Gegner den Eindruck einer beschämenden Unzulänglichkeit, beinahe der Feigheit erwecken.

Wir saßen bei Männergesprächen zusammen, und es wurde der Wunsch an mich gerichtet, ich möchte das vor ungefähr siebzig Jahren entstandene Gedicht von Gottfried Keller „Die öffentlichen Verleumder“ vorlesen. Seit einiger Zeit war es entdeckt und auf der Seite 210 des Bandes mit einem Buchzeichen versehen worden. Es wartete sozusagen auf den heutigen Tag:

Ein Ungeziefer ruht
In Staub und trocknem Schlamme
Verborgen, wie die Flamme
In leichter Asche tut.
Ein Regen, Windeshauch
Erweckt das schlimme Leben,
Und aus dem Nichts erheben
Sich Seuchen, Glut und Rauch.

---

* *Am 5. März 1933 fanden in einem Klima der Gewalt Reichstagswahlen statt. NSDAP und DNVP erhielten 51,9 Prozent der Stimmen.*

Aus dunkler Höhe fährt
Ein Schächer, um zu schweifen;
Nach Beuteln möcht er greifen
Und findet bessern Wert:
Er findet einen Streit
Um nichts, ein irres Wissen,
Ein Banner, das zerrissen,
Ein Volk in Blödigkeit.

Er findet, wo er geht,
Die Leere dürft'ger Zeiten,
Da kann er schamlos schreiten,
Nun wird er ein Prophet;
Auf einen Kehricht stellt
Er seine Schelmenfüße
Und zischelt seine Grüße
In die verblüffte Welt.

Gehüllt in Niedertracht
Gleichwie in einer Wolke,
Ein Lügner vor dem Volke,
Ragt bald er groß an Macht
Mit seiner Helfer Zahl,
Die, hoch und niedrig stehend,
Gelegenheit erspähend,
Sich bieten seiner Wahl.

Sie teilen aus sein Wort,
Wie einst die Gottesboten
Getan mit den fünf Broten,
Das klecket fort und fort!
Erst log allein der Hund,
Nun lügen ihrer tausend;
Und wie ein Sturm erbrausend
So wuchert jetzt sein Pfund.

Hoch schießt empor die Saat,
Verwandelt sind die Lande,
Die Menge lebt in Schande

Und lacht der Schofeltat!
Jetzt hat sich auch erwahrt,
Was erstlich war erfunden:
Die Guten sind verschwunden,
Die Schlechten stehn geschart!

Wenn einstmals diese Not
Lang wie ein Eis gebrochen,
Dann wird davon gesprochen,
Wie von dem schwarzen Tod;
Und einen Strohmann baun
Die Kinder auf der Heide,
Zu brennen Lust aus Leide
Und Licht aus altem Graun.

Dieses Gedicht hatte mir am 24. Dezember 1943 der frühere Zentrumspolitiker Oskar F. [Farny] auswendig hergesagt, in einem Eisenbahnabteil, in dem wir zufällig allein waren.
Die folgende Nacht war voller Unruhe. Die amerikanische Artillerie schoß mit kurzer Feuerpause mit ganz schweren Kalibern. Die Erschütterungen des Bodens und der Luftdruck waren so stark, daß es einen beinahe aus den Betten warf. Über viele Stunden tobte sich das reinste Höllenkonzert aus. Erst gegen Morgen trat Ruhe ein.

Montag, den 23. April 1945

Die Mitternacht war schon vorüber, bis wir gestern, Sonntagabend, ins Bett kamen. Ein Tag mit allerschlechtestem Wetter zog herauf, nur mit dem schwäbischen Wort „Sauwetter" zu bezeichnen. Das Thermometer zeigte noch 1 Grad über Null. Die Kapfenburg ist in Neuschnee gehüllt. In Richtung Reichenbach ist noch Artilleriefeuer zu hören. Man hört, daß sich die SS auf ihrem weiteren Rückzug dort verschanzt habe. Mit dem Werk selbst oder den Freunden auf dem Bohler ist noch keine Verbindung möglich. Um 10 Uhr 45 kriecht eine Gestalt, in Windjacke und Zeltbahn gehüllt, mit Gewehr behängt und Stahlhelm auf dem Kopf, den Hang hinter der Mühle herunter - ein erschöpftes, dreckübergezogenes, durchnäßtes Häufchen Elend. Es entpuppt

sich als ein SS-Mann namens Weinschenk, geb. am 2. März 1928 in Erlauf Kreis Melk in Niederösterreich, also 17jährig, Bäckerlehrling. Er gehörte zu der Schützengruppe, die gestern Abend auf den Äckern in Stellung gegangen war. Vor dem Betreten des Hofs legt er die Waffen ab und wird dann in der Küche von den vereinigten männlichen und weiblichen Kräften und schließlich von den Männern allein ausgezogen, in neue Unterwäsche gesteckt und mit Tee aufgewärmt, gespeist, auf die Couch im unteren Zimmer gelegt und zugedeckt.
Nachmittags sitzen wir in unserem völlig unbeschädigten Heim oben im Wohnzimmer, das durch die Zentralheizung wohlig erwärmt ist. Wir preisen das Glück, das uns gestern zur Seite war. Oft kommt einem der vergangene Tag noch wie eine Unwirklichkeit vor. Später tritt erneut Sorge und Unruhe ein. Schwere Artillerie schießt sich mit Fliegerbeobachtung Richtung Reichenbach ein, und es verbreitet sich das Gerücht, das Werk sei von der SS besetzt worden und werde nun zusammengeschossen. Dabei war bekannt, daß sich seit Sonntag mehrere hundert Frauen und Kinder darin befanden. Es kam auch zu einem starken Artilleriefeuer, das sich aber, wie man gegen Abend erfuhr, nicht gegen die Gebäude, sondern gegen den Wald links vom Werk richtete. Im späteren Verlauf des Nachmittags erschienen zwei Amerikaner von der Security Police, um unseren Soldaten abzuholen. Mit Maschinenpistole näherten sie sich vorsichtig dem Zimmer, in dem unser Held unangezogen auf der Couch in eine große Decke gehüllt lag, und betraten es schließlich. Man war heute Nachmittag noch etwas nervös, und Geräuschen jeder Art wurde doppelt Gehör geschenkt. Doch einmal waren wir auf dem Holzweg. Wir hatten die Hammerschläge falsch gedeutet, die der Russe Grischa am Hühnerstall erklingen ließ. Er war damit beschäftigt, einige Hühnernester wieder festzunageln; durch den Luftdruck der dort am Vortag niedergegangenen Granaten waren sie zu Boden gefallen. Dieser Sturz der Nester und die hierbei zerbrochenen Eier, welche übrigens die Hühner dann selbst verspeisten, waren der einzige Schaden, den die Mühle an dem Tag erlitten hatte, an dem sie in die Hauptverteidigungslinie hineinbezogen war.

In unseren vielfachen Erörterungen hatten wir vorher immer mit fünf verschiedenen, hintereinander und teilweise nebeneinander abrollenden Gefahrenzonen gerechnet:
Stadium I: Die sich absetzende deutsche Truppe mit ihrem weitgehenden Requisitionsrecht. Am vergangenen Samstag erlebte die Bevölkerung in dieser Hinsicht Verschiedenes: Wegnahme von Wagen, Pferden, Traktoren, Fahrrädern usw. In der Mühle blieb es beim Versuch.
Stadium II: Der eigentliche militärische Besetzungsakt. Den hatten wir am Sonntag heil überstanden.
Stadium III: Die Maßnahmen der Besatzungstruppen: Die Quartierlasten, von der einfachen Einquartierung bis zu der schwerwiegenden Form nach Art der gefürchteten Dragonaden der spanischen Truppen in den deutschen Religionskriegen, Waffenablieferungen, Haussuchungen u.a.
Stadium IV: Das Problem der ausländischen Arbeiter und Kriegsgefangenen. Die Russen, Polen, Franzosen und Italiener hatten sich zum großen Teil bewaffnet. Die deutsche Bevölkerung ist schutzlos, wenn diese Menschen zu Raub und Plünderung übergehen.
Stadium V: Der Schutz vor den Deutschen selbst nach dem Wegfall der Staatsautorität.
Also eine reichliche Menge Widerwärtigkeiten, die über uns kommen könnten. Wir wappneten uns den kommenden Dingen gegenüber mit nichts als mit Vorausschau. Viele Ereignisse wirken weniger aufregend, werden unwichtiger, wenn man mit ihnen gerechnet hat. Wir wollen es mit Epiktet halten, der in seinem Handbüchlein der Moral sagt:

„Willst Du irgend etwas tun, so mache Dir klar, welche Umstände dabei in Betracht kommen. Gehst Du z.B. zum Baden, so stelle Dir vor, wie es im Bad zugeht, wie sie allerhand Unfug treiben, sich stoßen, zanken, einander bestehlen. Du wirst ruhiger bleiben, wenn Du Dir von vornherein sagst: Ich will baden, aber ich will auch meine Haltung bewahren. So mache ich es bei allem. Begegnet Dir dann ein Ärgernis beim Baden, so wirst Du sagen: Ich wollte ja nicht nur baden, sondern auch meine Haltung bewahren, und ich würde sie nicht bewahren, wenn ich mich über solche Dinge ärgerte."

Der Fall ist allerdings etwas schwieriger: Wir gehen nicht in ein Freibad. Wir Älteren werden wohl für den Rest unseres Lebens unter fremde Befehlsgewalt gestellt sein, also in der Unfreiheit leben müssen. Man wird uns klar machen, wo wir zu baden und wohin wir zu schwimmen haben. Es ist gut, sich für alle Fälle vorzusehen. Wir rollten die vom Sonntag her noch angeschlossenen Feuerschläuche nicht zusammen; notfalls würden wir gegen Eindringlinge mit der Feuerspritze vorgehen. Dies ist unsere einzige Waffe geblieben.

Westhausen, Dienstag, den 24. April 1945

Nach diesen fünf akuten Leidensstufen kalkulieren wir zwei große und lange chronische Elendszonen ein: Hunger und vielfältigste Not. Wie tief war die Blindheit des deutschen Volks, und wie muß es jetzt dafür bezahlen! Militärisch ist gänzliche Ruhe eingetreten. Ein ungeheurer Verkehr auf dem Dalkinger Sträßchen, alles motorisiert. Außer den allerersten Soldaten, die auf der Suche nach Minen neben und vor der Panzerkolonne einhergingen, habe ich seit Sonntag keinen amerikanischen Soldaten mehr zu Fuß gesehen. Wenn sie in der Molkerei Milch holen, so lassen sie einen Lastwagen, ja, wie ich einmal sah, selbst einen Panzer anlaufen, und es springt geschwind ein Soldat mit dem Milchkännlein in der Hand von dem Fahrzeug herunter. Noch größerer Verkehr herrscht oben auf der Reichsstraße. Die Sprengung der Straßenbrücke ist mißglückt, und der angerichtete Teilschaden ist von amerikanischen Pionieren in kürzester Frist behoben worden.
Am heutigen Tag sind wir auch durch das Stadium III (Maßnahmen der Besatzungstruppen) in Anspruch genommen. Otto wird um 3 Uhr nachmittags ins Werk geholt. Er fragt den Chauffeur, wo er in Amerika wohne. Dieser verweigert eine Antwort darauf: „I have orders not to fraternize." Ein Major Owin und ein Hauptmann Gray beschlagnahmen das Werk, das militärische Bewachung erhält; außerdem muß das Werk dauernd vier Mann Wache stellen. Ein Plakat wird am Eingang angebracht: „Off limits to all unauthorized civilian and military personnel." Der Major nimmt 75.000,- RM Bargeld an sich in der Meinung, es handle sich um öffentliche

Gelder. Tatsächlich gehören sie Otto als Privateigentum. Eine Quittung stellt er nicht aus, gibt vielmehr Otto den Rat, wegen des Geldes sich bei der Kommandantur in Aalen zu melden. Die Verhandlung ist durch die Sprachkenntnisse und den mehrjährigen Aufenthalt Ottos in USA erleichtert.

In derselben Stunde, in der Otto oben im Werk weilte, erschienen in der Mühle zwei Amerikaner eines gehobenen, mir nicht bekannten Dienstgrads. In ihrem Gefolge befinden sich zwei Soldaten mit Gewehr und mit Maschinenpistolen. Der Wortführer ist ein großer, schlanker, sehr kräftiger Mann, der ziemlich barsch auftritt: „Dr. M. [May] has brought ammunition and pistols from his factory into this house." Tatsächlich hatte Otto am Samstag drei Maschinenpistolen vom Werk zur Mühle gebracht. Am Freitag vor der Überrollung war nämlich sein intimer Feind, der Kreisleiter [von Aalen, Koelle], aufgetaucht, hatte im Gasthaus zum Kreuz Wohnung genommen und durchblicken lassen, daß er einen Sonderauftrag habe. Otto dachte und handelte nach dem Grundsatz: „Trau, schau, wem" und versah sich mit diesen Waffen. Sie waren von uns gestern der Security Police übergeben worden. Die Mitnahme dieser Waffen war im Werk beobachtet und flugs den Amerikanern hinterbracht worden. Es fiel mir die Geschichte von dem aus Rußland heimkehrenden Napoleon ein, an welchen ein Gutmeinender die Frage stellte: „Sire, glauben Sie nicht, daß Sie bei der Fahrt durch diese deutsche Stadt angezeigt werden?" und von ihm die Antwort erhielt: „Nein, das glaube ich nicht. Die Deutschen zeigen nur sich selbst an." Napoleon behielt recht: Vom ersten Tag an bezichtigte einer den andern. Wie gesagt, alle Waffen waren abgegeben worden und ich konnte deshalb mit gutem Gewissen antworten: „There is no ammunition, no weapons, no pistols." Der Mann war gänzlich voreingenommen und glaubte kein Wort: „Dr. M. [May] is SS." Ich erklärte: „He is not SS." Er ziemlich schroff: „I don't believe your assurance." Ich: „I have friends in the USA, who believe me." Er lenkte ein: „People say Yes, you say No." und zuckte mit den Achseln, worauf ich sagte: „People are not informed, but I am informed."

Mit diesem Wortwechsel hatte der Mann übrigens längst den Beweis seiner Loyalität geliefert; denn wohl jeder Soldat einer anderen kriegführenden Macht hätte die hier versammelten Männer zusammengetrieben, hätte uns mit scharfen Verhaltungsmaßregeln in eine Ecke des Hofs gestellt, und sie hätten allein das Haus durchsucht und mitgenommen, was ihnen gefiel. Meinen Vorschlag, mit der Durchsuchung zu warten, bis Otto zurück sei, lehnte der Mann ab, forderte uns aber ausdrücklich auf, der Durchsuchung beizuwohnen. Diese wurde sehr gründlich vorgenommen. Wir hatten sie insofern vorbereitet, als wir alle Schränke, Behältnisse und dgl. mit Schlüsseln versehen oder vorher aufgeschlossen hatten. Das Erdgeschoß wurde am gründlichsten untersucht, der erste Stock ebenfalls noch ziemlich gründlich, der zweite Stock schon etwas oberflächlicher. Als er hörte, daß in dem Elternschlafzimmer eine Patientin im Bett sei, verzichtete er darauf, es zu betreten. Mitgenommen wurde überhaupt nichts. Er wollte noch die Ökonomiegebäude durchsuchen, stieß aber im Hof auf den französischen Kriegsgefangenen Paul, den er auf die Seite nahm: „Wie war Dr. M. [May] zu Ihnen?" „Je suis quatre ans ici et je n'ai rien à plaindre. Monsieur M. [May] était toujours très gentil." „Und die übrigen Herren?" „Ils étaient toujours bien aimables envers moi." Diese Auskünfte genügten dem Amerikaner, er brach auf dies hin die Durchsuchung ab und verschwand ohne Gruß, wie er gekommen war. Ich persönlich würde wohl einen Grad liebenswürdiger aufgetreten sein, die sachliche Seite aber war in Ordnung.
Das Dorf ist übrigens von den Amerikanern rasch wieder verlassen worden. Auch im Werk ist die amerikanische Wache verschwunden; an ihrer Stelle sind dort französische Kriegsgefangene als Wachsoldaten tätig. Gestern morgen war zweistündiger Konvent auf dem Bohler. Gegen 12 Uhr mittags brachen Otto und ich auf und gingen hinunter. Man ist über die große Zahl der Granateinschläge rechts und links erstaunt, die Trichter sind ganz flach, ein Zeichen für die hochbrisante, vorzügliche Beschaffenheit der amerikanischen Munition. Drüben am Bahndamm liegen noch die Leichen der fünf gefallenen deutschen Soldaten. Es sind

ganz junge Menschen. Einer stammt aus Straßdorf bei Schwäb. Gmünd, einer aus Ulm und zwei aus Oberschlesien; die Personalien des fünften sind nicht feststellbar. Unmut ergreift einen und noch mehr menschliches Mitgefühl mit dem persönlichen Schicksal dieser sinnlos hingeopferten deutschen Jugend. Heute wurden sie durch Pfarrer Kohler auf dem Friedhof von W. [Westhausen] beerdigt.
Denselben Weg vom Bohler herunter hatte ich mit Konrad am Sonntag, dem 3. September 1939, unmittelbar nach der Kriegserklärung von England und Frankreich gemacht. Konrad sagte damals: „Das werden die Nazis nicht überleben!“ und ich stimmte zu. Nie und nimmer hatte man aber daran denken können, daß sich die letzten Zuckungen des Krieges in diesem verschwiegenen Erdenwinkel abspielen würden. Als wir uns der Lagerhalle näherten, beobachteten wir, wie Frauen und Kinder mit kleinen Handwagen, auch einige Männer, dort aus- und eingingen. Also Stadium V. Die Bevölkerung stiehlt die Lagerhalle aus. Otto fährt wie ein Donnerwetter dazwischen, und die Meute macht sich davon. Wir beschlossen, uns möglichst wenig zu ärgern.
Abends kam unsere neuangestellte hauswirtschaftliche Kraft von Dalkingen. Sie war am vergangenen Montag zum vereinbarten Dienstantritt nicht erschienen, weil ihr 17jähriger Bruder, der nicht Soldat war, von den Amerikanern als Kriegsgefangener abgeführt worden ist, und sie ihn nun in der Arbeit ersetzen muß; zudem war das Gerücht verbreitet, die Mühle sei abgebrannt. Sie hofft, daß der Bruder in Bälde wieder zurückkehrt; dann will sie gleich den Dienst antreten. Die Bevölkerung darf von abends 9 Uhr bis morgens 6 Uhr die Häuser und den ganzen Tag die Ortschaft nicht verlassen. Schade um unseren Abendspaziergang in der immer schöner werdenden Frühlingslandschaft. Mehrere Tage waren wir durch diese Verfügung von der Außenwelt abgeschnitten. Durch die eigene Elektrizitätsversorgung der Mühle hatten wir aber den Vorzug, daß wir das Radio hören konnten. Im Dorf und in der ganzen Umgebung gibt es hingegen kein elektrisches Licht und keine elektrische Kraft mehr, weil die Stromzuleitungen beschädigt sind. Die großen Milch- und Butterwerke liegen still; auf

dem Land gibt es daher Milcherzeugnisse im Überfluß, und in der Stadt mangelt es daran noch weit mehr als bisher.
Langsam dringen Nachrichten durch. Ein Angestellter konnte unkontrolliert mit dem Rad von Nördlingen hierherfahren. Werk unbeschädigt, die Stadt wurde nicht verteidigt. In Lippach sind 13 Häuser abgebrannt. Hier sind 36 Deutsche gefallen; 22jährige Offiziere und Unteroffiziere, 17jährige aus der Hitlerjugend übernommene SS-Rekruten. Ellwangen ist entgegen unseren Befürchtungen beinahe unversehrt.
Otto empfing dieser Tage den Besuch des französischen Kriegsgefangenen Paul G. [Granger] (La Bussière-Videaux, Département de la Creuse), der vier Jahre lang auf dem Hof beschäftigt gewesen ist. Nach den ergangenen Anordnungen mußte er die Arbeit niederlegen und sich in das Franzosenlager begeben. Er ließ es sich nicht nehmen, Otto nochmals Lebewohl zu sagen und ihm für alle empfangenen Guttaten zu danken. Nach der Ankunft in seiner Heimat will er Suzanne in die Schweiz berichten, daß die Mühle noch steht und wie alles zuging. Ferner erschien der französische Kriegsgefangene Raymond W. [Waissler](55 Boulevard Raspail, Paris 6), führender Mann der im Werk beschäftigt gewesenen französischen Kriegsgefangenen, um Otto seinen Dank auszusprechen. Er sagte mir, die französischen Kriegsgefangenen seien im Werk sehr gut behandelt worden; was ihn selber beträfe, so verdanke er, der er Jude sei, Otto sicherlich sein Leben.* Dieses letzte Zusammensein des bisherigen Chefs mit den befreiten Gefangenen spielte sich in ungezwungener, natürlicher Weise ab, bei Vesperbrot und Trank. Nichts war bei den beiden Abschiednehmenden davon zu merken, daß sie nun gleichsam die Oberhand gewonnen hatten über das Land und die Leute, denen sie als Gefangene gezwungen hatten dienen müssen. Das rein Menschliche, die Beziehung von Mensch zu Mensch, vom anständigen Menschen zum anständigen Menschen, hatte diese Jahre des Völkerhasses zu überdauern vermocht - eine Empfehlung übrigens

---

* *Die Gestapo hatte Waissler auf seine jüdische Abstammung hin untersuchen lassen wollen, was Otto May verhindern konnte.*

für beide Teile: für den Dienstherrn und für diese Kriegsgefangenen. Anderes geschah auf einem benachbarten Gutshof. Die Polen schlugen dort an dem Gutsverwalter einen eichenen Stuhl ab; der Mann wurde schwer verletzt.

W. [Westhausen], den 6. Mai 1945

Heute ist des Hausherrn 45. Geburtstag, der festlich begangen wird. Otto findet zunächst in seinem Schlafzimmer eine Torte vor mit der Aufschrift „Viel Glück". Morgens Glückwünsche des ganzen Hauses. Jeder von uns ist ihm in einem Maße zu Dank verpflichtet, daß keiner diesen Dank je wird abtragen können. Auf dem Frühstückstisch prangen Rettiche, diese bevorzugte Lieblingsspeise des Geburtstagskindes. Wir fühlen das Mitfeiern von Suzanne, Franka und Michael. Ein Truthahn hatte das Leben lassen müssen, nicht eigentlich, um einen Geburtstagsbraten zu geben, sondern aus Gründen der Vorsicht. Er hätte die Blicke all der Ausländer, die umherflanieren und alles auskundschaften, auf sich ziehen können. Wir zogen vor, ihn selbst zu schlachten. Von der neuen Helferin, Fräulein Trudel, für die ich mich persönlich verantwortlich fühle und die sehr gelobt wird, wurde das Tier zuerst gesotten und dann gebraten. Die Mittagstafel war festlich mit Blümchen dekoriert.

Am letzten Sonntag, 29. April 1945, war die erste Woche seit der Okkupation, und heute ist eine weitere, die zweite Woche seit jenem denkwürdigen Tag vergangen. Im ganzen harte vierzehn Tage mit täglichen Aufregungen. Zu den Mißhelligkeiten kam auch noch ein trübes Wetter. Auf besonders schönes, mildes Wetter im März und April folgten vierzehn Tage mit Regen, Schnee und sehr kühler Temperatur, ja beinahe Kälte. (...) Heute Nacht aber blies der Weststurm und rüttelte an den Fenstern. Warme Regengüsse vom Atlantischen Ozean peitschten an die Mühle, und der Sonntag brachte 14 Grad Celsius gegen 1, 2, 4 Grad in den letzten Tagen.

Otto war an dem Sonntag nach der ersten Woche von amerikanischen Offizieren des Intelligence Staff of Areal Disarmament, die im Schloß in Ellwangen sitzen, ins Werk gerufen worden. Sie hatten ihn, wie er berichtete, scharf vorgenommen, ihn, einen gewiß ganz Unschuldigen, für „Buchenwald“ u. ä. haftbar gemacht. Besonders ein großer, ein Mordskerl, ein gut aussehender Mann, hätte ihm zugesetzt. Sonderbar, die Losung der Atlantik-Konferenz: „Freedom from fear and want“ wirkt sich auf uns so aus, daß wir, ähnlich wie einst im Jahr 1933, auf die Rückkehr und für die Rückkehr eines Freundes bangen! Auf den nächsten Tag bestellten sie Otto zu einer Fahrt ins Werk Nördlingen, nachmittags 1 ½ Uhr. Man muß immer das Persönliche wissen. Die Truppen nehmen das, was der Kriegführung dienlich sein kann. Das brennendste persönliche Interesse richtet sich jedoch auf die Leicas; sie sind die erstrebenswerteste Kriegsbeute. Man gewinnt den Eindruck, den Amerikanern erscheine es zweifelhaft, ob ohne die deutschen Leicas der Krieg in Europa zu beendigen sei. Die Leica, die am Sonntag im Werk nicht aufzutreiben gewesen war, sollte am Montag in Nördlingen gefunden werden. In der Zwischenzeit war in W. [Westhausen] eine ganz erstklassige 13 mal 18 Kamera, mit der man selbst in New York ein photographisches Atelier eröffnen könnte, zum Vorschein gekommen und übergeben worden. Die Fahrt wurde trotzdem angetreten. Ich unternahm eine diplomatische Démarche, die einen mehrfachen Zweck im Auge hatte. So schrieb ich „to the officer who visited the Metallwerke yesterday, on a Sunday, and who interrogated Dr. M. [May]“ einen Brief, in dem ich meine familiären Nöte schilderte und ihn um die Übersendung eines Telegramms nach Philadelphia an meine Schwiegereltern bat. In der Art eines Bittstellers konnte ich den Brief dem Herrn gerade noch in seinen Adler Trumpf hineinreichen lassen. Otto kam bald von Nördlingen zurück. Zur Niedergeschlagenheit war für ihn, den Erbauer dieses Spezialwerks, Anlaß genug: das Werk von ca. 1.000 Amerikanern belegt, denen die Halle als Unterkunft dient. Ferner befindet sich in ihm ein Proviantlager. Wie dies bei den Heeren aller Nationen ist und immer sein wird, ging in den sieben Tagen der kampflosen Besetzung von Nördlingen im Werk das meiste kaputt, was nicht niet- und nagelfest war. Der Soldat kann alles brauchen, d.h. er meint, er könne alles brauchen, und er nimmt einmal mit, selbst wenn er es nach einer halben Stunde wieder wegwirft. Die Schubladen, Schränke, Behältnisse werden aufgebrochen, wenn sie nicht offen sind. Der erste durchwühlt sie und wirft auf den Boden, was er nicht will; die nächsten kommen und treten mit ihren Militärstiefeln auf die Gegenstände am Boden, durchsuchen nochmals, und so geht es weiter. Der Kommiß ist ewig und international; seit Georg von Frundsbergs sacco di Roma hat sich nichts Grundsätzliches geändert. Der Soldat handelt nach der unwiderlegbaren Erfahrungsregel: „Was *ich* nicht nehme, nimmt der Nächste." Unter diese sind die Ereignisse, die uns in diesen Tagen Sorge bereitet haben, zu stellen. Der Amerikaner ist glücklicherweise Angehöriger einer reichen Nation, der für das, was des deutschen Volkes Nahrung und Notdurft ist - Lebensmittel und Kleidungsstücke - kein Interesse hat.

Nicht mehr harmlos ist das „Mitnehmen", wenn die unzähligen ausländischen Arbeiter und Kriegsgefangenen, vermehrt um Habgierige der deutschen Zivilbevölkerung, in die Fabriken, in die Wohnungen, in die Ladengeschäfte und in die Lebensmittellager eindringen. Unermeßliche Werte sind in den letzten acht Tagen, hauptsächlich in den Städten, auf diese Weise zugrunde gegangen. Zu der ganzen Serie von Vermögenseinbußen tritt nunmehr eine weitere Art: die Plünderung durch die Ausländer. In Aalen z.B. sind sehr viele Privatwohnungen ausgenommen worden. Die Leute besitzen zwar noch ihre Häuser, was nach Ansicht eines Totalbombengeschädigten noch viel ist, aber nichts ist mehr darin. Die Besatzungsbehörden hatten in den letzten Tagen Wichtigeres zu tun, als sich um den Schutz des deutschen Privateigentums zu kümmern. Es geht also die Weissagung von Otto St. [Stäbler] in Erfüllung, der vor einigen Monaten bei einem meiner Besuche im Brackenheimer Kreiskrankenhaus zu mir sagte: „Schaff nicht so viel, wir verlieren alles, und was wir behalten, müssen wir hergeben." Früher noch und eindringlicher traf den Nagel auf den Kopf, was schon vor zwei Jahren Architekt B. [Bossert] in der Straßenbahn zu mir sagte: „Sehen Sie, Herr Doktor, die Leute, die da drin in der Linie 7 sitzen, haben alle schon längst nichts mehr, nur hent se's no net gmerkt."

Vielfältige Plünderungen sind, wie gesagt, erfolgt und noch schwerere Ausschreitungen, die ich nicht wiedergeben kann. Ein namenloses Unglück hat unsere Heimat getroffen, für uns selbst nicht unerwartet. Oft hatten wir darüber gesprochen, daß die schwerste Gefahr für das noch übrige Privateigentum die Fremdarbeiter bilden werden, die in einer nicht zu überbietenden Fahrlässigkeit ins Land geholt worden sind. Gegen die bösesten Dinge, die vorgekommen sind, stehen wir machtlos da. Viel schlimmer als alles ist, daß uns das Recht zur moralischen Abwehr genommen ist.

Otto war nur zehn Minuten im Nördlinger Werk, zu dem kein Deutscher mehr Zutritt hat. Er wurde dort als der „owner" bezeichnet, worauf ein Amerikaner die feindselige Bemerkung machte, das Werk habe wahrhaftig viel Munition erzeugt, womit mancher ihrer Boys getötet worden sei. Der amerikanische Soldat ist nicht zum Sterben da. Jeder Soldat, der nicht fällt, ist vom amerikanischen Standpunkt aus ein Gewinn - eine menschlich sympathische Auffassung. Bei uns wurde seit zwölf Jahren ein Menschenleben nicht mehr gewogen, und seit sechs Jahren hat selbst das Leben von Hunderten, Tausenden, ja Zehntausenden von Soldaten nichts mehr gegolten. „Volk, jetzt ist deine Stunde gekommen, tue, was du mußt - siege oder stirb!" war die laute Losung der letzten sechs Monate gewesen. Mit anderen Worten: siege ohne Luftwaffe, ohne schwere Waffen, ohne Munition, mit Hitlerjungen; also: siege nicht, sondern stirb. Otto kam viel weniger beunruhigt als das letztemal zurück: „Der große dunkle Offizier war heute wesentlich netter, gleich nachdem er deinen Brief gelesen hatte." Am Morgen kam eine aufregende Nachricht vom Bohler. Abends um 20 Uhr 15 war ein Militärauto vorgefahren. Der Sprecher der Soldaten verlangte Quartier für 15 Mann. Max L. [Lichtenfels] erbot sich sofort, die 15 Leute unterzubringen. Es wurde aber die Räumung des ganzen Hauses verlangt: „It is a Military Government law that civilians cannot live in a house in which American soldiers are billeted." Diese Anordnung, daß bei amerikanischer Einquartierung das ganze Haus von den Bewohnern verlassen werden muß, ist von der Zivilbevölkerung sehr gefürchtet. Mit vorgehaltener Pistole wurde die völlige Räumung innerhalb 15 Minuten verlangt. Den Insassen, drei Familien mit etwa 15 Personen, darunter zwei 88jährige Greisinnen [Amalie Lichtenfels und Emilie May], blieb nichts anderes übrig, als das Haus Hals über Kopf zu verlassen.

Tatsächlich hat es sich keineswegs um eine legale Einquartierung gehandelt. Nicht 15 amerikanische Soldaten nächtigten, sondern es waren deren nur vier; diese aber waren in Begleitung von vier Polinnen, die sie unterwegs irgendwo aufgelesen hatten. Morgens in aller Frühe waren sie verschwunden, wobei die Polinnen sich mit den Damenkleidern, der Wäsche, den Schuhen, auch mit Schmuck und einem Persianermantel ausstaffierten. Diese Verluste wogen besonders schwer, da es sich allesamt um Familien handelt, die in Pforzheim Hab und Gut verloren haben. Offensichtlich hatten die Kerls das einsam gelegene Bohlerhäuschen deshalb ausgesucht, weil sie sich dort am Waldesrand und fern der Straße vor ihrer eigenen Militärpolizei, die sehr streng ist, sicher fühlten.

Otto hatte diese Nachricht morgens mitgebracht, als er zur üblichen Stunde zum vereinbarten Stehkonvent erschien. Dazu kam die Kunde von einem Ernährungs-Ultimatum der Russen im Lager: Wenn wir nicht sofort das und das bekommen, dann holen wir es im Dorf. Die Männer im Werk waren bestürzt und entschlußlos. Der Stehkonvent fand nach Tisch an dem Holzbrückchen über den Mühlkanal seine Fortsetzung. Otto sprach das Machtwort: Es werden Kühe gekauft, wo man sie findet, und die Leute sollen essen, soviel sie wollen. Die erste Kuh wurde noch im Laufe des Tages den Russen zugeführt und von ihnen mit Taschenmessern geschlachtet. Sie verzehren seither in zwei Tagen eine Kuh. Der befreite Kriegsgefangene oder Zivilarbeiter hat Anspruch auf 575 Gramm Fleisch im Tag. Die Zivilbevölkerung erhält 250 Gramm in der Woche, die seit einem Jahr geltende Fleischration; es fällt aber sehr schwer, sie aufrechtzuerhalten.

Am späteren Nachmittag wurde ich in meiner mich sehr fesselnden Lektüre, „Der Großtyrann und das Gericht“ von Werner Bergengruen, unterbrochen. Es klopfte an meiner Tür: „Zwei amerikanische Offiziere wollen Sie sprechen.“ Es waren die beiden

Herren, die Otto als Peiniger empfunden hatte. Ich bat sie in das große Wohnzimmer, und der gefährliche Große, der mir weder als sonderlich groß noch als sonderlich gefährlich erschien, besprach mit mir die Mittel und Wege, wie ich meiner Frau und meinen Kindern Nachricht zukommen lassen könne. Er schlug mir vor, ich solle ihm einen Brief schreiben, den er unmittelbar nach England schicken werde. Sie nahmen einen Cognac, und mit Shakehands schied man. Ich setzte einen ziemlich langen Brief auf, den dann aber Otto umwarf, neu faßte und andern Tags an Captain Philip M. [Magrish] nach Ellwangen mitnahm. Er selbst kehrte wieder mit einer Schlagseite zurück. Sie hatten es ihm abgelehnt, daß er seinen so sehr geliebten Tatrawagen behalten und weiterfahren dürfe. Wie lag dieser Wagen in der Hand seines Lenkers und Besitzers auf der Landstraße! Man sagte ihm: Es müssen alle Benzinwagen abgeliefert werden. Wenn wir ihn belassen, dann holen ihn unsere Nachfolger. Deshalb ist es besser, wir nehmen ihn mit.

TEIL III

IM ÖFFENTLICHEN DIENST IN DER US-ZONE

W. [Westhausen], den 7. Mai 1945.

Man hatte einigermaßen zuverlässige Nachrichten in dem Gebiet bis Aalen, bis Nördlingen, bis Ellwangen. Sonst war alles wie abgeschnitten. Insbesondere hatten wir keinerlei Nachricht aus dem nur 34 km entfernten, schon seit beinahe 14 Tagen besetzten Schwäb. Gmünd und von den dortigen Freunden. Fast gleichzeitig mit Otto trat Louis L. [Ladenburger, Freund Otto Mays] ins Haus. Er erschien als Bote aus der übrigen Welt. Stürmische Begrüßung. In Schwäb. Gmünd kein Haus auch nur beschädigt. In der Bocksgasse 32 alle wohlauf. Er hatte für seine lebenswichtige Mühle eine Fahrerlaubnis für seinen kleinen Lieferwagen erhalten und jetzt eine zusätzliche Genehmigung zur Fahrt nach W. [Westhausen]. Die Fahrerlaubnis erstreckte sich nur auf Benützung von Straßen zweiter Ordnung, das Befahren von „highways" war verboten. Langsam rückte er mit dem eigentlichen Zweck seines Besuches heraus. Im Auftrag des neubestellten Landrats von Gmünd suche er mich auf. Man brauche mich dringend. Wir besprachen den Fall, ich schwankte, der Konventbeschluß ging dahin, ich solle mitfahren. Ich schwankte noch mehr. Schließlich richtete ich an Louis die Frage: Was meint Konrad? Mit ihm hatte ich mich nämlich in häufigen Gesprächen sozusagen verschworen, keinen Finger zu rühren. Die Antwort war: „Ich fuhr erst ab, als Konrad mich dringend ersuchte, Ihnen auszurichten, Sie sollen schleunigst kommen." So stieg ich denn ein (...) und fuhr unter dem Winken und Grüßen der Freunde ab. Diese vier denkwürdigen Wochen haben uns eng zusammengebracht.
Es war ein eigenartiges Gefühl, das diese erste Fahrt nach der langen Fesselung wachrief. Wir fuhren im Abendlicht über das Leintal. Kurz vor Gmünd lag die Alb in einer stahlblauen Farbe

da, und für einige Minuten erschien die Linde bei der Reiterles-Kapelle im Umriß; ich fühlte mich an diesem Wendepunkt von ihr gegrüßt. Punkt sieben Uhr abends trafen wir in Gmünd ein. Die Straßen waren zu der eben beginnenden Sperrzeit leer, und außer den Patrouillen der amerikanischen Soldaten war in der ganzen Bocksgasse kein Mensch zu sehen. Als wir bei der Nummer 32 haltmachten, bezeichnet mit der Schweizer Fahne, weißes Kreuz auf rotem Tuch, wurde ich von Konrad, Elisabeth und Fräulein Anna so jubelnd begrüßt wie dereinst die rückkehrende Archen-Taube vom weltabgeschnittenen Noah. Konrad und ich schüttelten uns besonders fest die Hand. Wir beide waren miteinander durch alle diese Jahre hindurchgeschritten, unentwegt, in unseren Auffassungen nie beirrt. Beiderseits begann ein großes Erzählen. Wir berichteten einander, wie „es" passiert war. Elisabeth fiel mir um den Hals. Es waren Tränen der Freude über das Wiedersehen und Tränen der Erlösung. Endlich werden sie heiraten können; kein Reichsinnenministerium kann sich mehr zwischen die beiden stellen. Abends folgte mit Konrad eine eingehende Lagebesprechung in allgemeiner und persönlicher Beziehung. Wir waren uns einig, daß es für die Zukunft entscheidend ist, ob die Amerikaner in Deutschland bleiben. Wenn nicht, so kommt mit Allgewalt die neue Diktatur der östlichen Welt. Deutschland ist übergefährdet.

Der andere Tag brachte Besprechungen mit dem Landrat und dessen Stellvertreter, dem hier im Ruhestand lebenden Ministerialrat Dr. W. [Wölz], der trotz seiner achtundsechzig Jahre wieder unermüdlich überall da wirkt, wo das Rad nicht mehr vorwärts gehen will. Er ist ideenreich und phantasiebegabt, dabei voll praktischen Sinns. Ob seines geschäftigen Arbeitseifers ist ihm der Spitzname „die Rennlaus" verblieben. Schon in ganz jungen Jahren war ich mit ihm, Bundesbruder derselben Studentenverbindung [Stuttgardia], in Berührung gekommen; politisch hatte ich in den Jahren nach 1918 mit ihm zusammengewirkt [Wölz war DDP-Landtagsabgeordneter], ihn zuletzt häufig bei meinen Besuchen in den Reichsministerien 1930 bis 1932 in Berlin getroffen, wo er damals im Reichsarbeitsministerium tätig war [nach der „Macht-

ergreifung" 1933 wurde er entlassen]. In diesem so überaus kritischen Augenblick trafen wir wieder aufeinander. Ich nahm den Vorschlag an, als Berater des Landratsamts in Finanzfragen und juristischen Belangen für eine Übergangszeit tätig zu werden. Ich bat mir eine ehrenamtliche Tätigkeit aus, ein Amt ohne Bezahlung; ich wollte mein eigener Herr bleiben. Konrad wurde vom Landrat gebeten, den Generaladjutanten zu machen, also sozusagen einen Beamten ohne Portefeuille, oder, wenn man will, das Mädchen für alles. Auch er nahm unter der gleichen Bedingung an. Die Amerikaner haben so ziemlich alle Landräte ihres Amtes enthoben und sie durch andere Männer, meistens keine Berufsbeamten, ersetzt. Landrat Burkhardt war seither Prokurist und Betriebsleiter einer Gmünder Silberwarenfabrik. Er wurde zwei Stunden nach dem Einmarsch kurzerhand eingesetzt. Nach welchem Prinzip ist nicht zu ersehen, jedenfalls aber hätte kein besserer gefunden werden können.
Nachmittags befaßten wir uns mit der Ausfüllung der Fragebögen, die von der amerikanischen Regierung ausgegeben wurden. Sie sind gut ausgeklügelt und durchleuchten den Einzelnen und sein Vorleben. Auf Seite zwei des Fragebogens stehen 32 Einzelfragen nach der Zugehörigkeit zur Partei und ihren angeschlossenen Gliederungen. Zweiunddreißig Nein stehen bei uns beiden auf dieser Seite. Wir mußten lachen, trotz aller Sorgen, zu denen Anlaß genug vorhanden ist. Gerta und so mancher gute Freund, alle die Gefährten froher und ernster, sehr ernster Stunden, sollten jetzt mitlachen können, sollten diese Stunden miterleben, wo die Vorzeichen sich endlich, endlich umkehren. In meiner Studentenzeit gab es in vorgerückter Stunde auf der Kneipe das Kommando: Umgekehrtes Bierdorf. Das jüngere Semester gewann die Oberhand über das ältere. Das Autoritätsverhältnis wurde damit auf den Kopf gestellt. In der innerpolitischen Welt um uns ist „umgekehrtes Bierdorf" gemacht. Trotz der bitterernsten Zeit wird man an die Burleske dieser Umkrempelung erinnert. Damals erschallte das Lied: „Die Welt ist rund und muß sich drehen, was oben ist, muß unten stehen." Eine Wendung um genau 180 Grad ist eingetreten. Vorläufig! Für Denkende ist es klar, daß das Pendel

seine Ruhelage nicht gefunden hat. Wo wird es schließlich stehen bleiben? Wie oft habe ich mir selbst im Dritten Reich vordoziert: „Das Alte, das Vergangene kommt nie wieder“ und damit schroff manchen wehleidigen Wunsch weggewischt. Dies gilt es heute einzusehen. Wir dürfen uns beileibe nicht um 180 Grad rückwärts drehen. Sondern vorwärts, wenn nicht um 180 Grad, so wenigstens um 90.

Es ist einem immer wieder unfaßlich, daß man diese zwölf Jahre erlebt und überstanden hat. Immer wieder greift man sich an den Kopf, um sich zu vergewissern, daß alles dies nicht ein Traum sei, wobei man nicht weiß, ob es ein guter oder böser Traum ist.

Die maßgebenden Nationalsozialisten haben, soweit ich sehen kann, allesamt Reißaus genommen. Sie bleiben sich selbst treu; denn auch das Ausreißen wurde organisiert. Vom Gauleiter abwärts bis zu den Ortsgruppenleitern und zu noch kleineren Leuten haben sie das Land verlassen. Den Männern des Volkssturms wurde der Widerstand bis zum Letzten befohlen und darüber unter unablässigen Bedrohungen gewacht. Sie selbst fuhren mit ihren Familien in ihren Limousinen und Omnibussen ab, sie glaubten, ihr Führer habe ihnen irgendwo im Bayerischen eine Zuflucht geschaffen. Die allerobersten Nationalsozialisten wendeten die äußerste Hinterlist an, indem sie den oberen Nationalsozialisten gar noch vortäuschten, eine *Festung* sei in den Alpen für sie errichtet, uneinnehmbar auf Jahre hinaus. In diesem Glauben hielten die größeren Amtsträger hier bis zum letzten ihnen noch möglich erscheinenden Augenblick aus, und in diesem Glauben verließen sie ihre Kreise, Städte und Städtchen. Vor wem flohen sie? Vor den Alliierten oder den Deutschen? Fest steht, daß alle miteinander flohen.

Nie, in keinem Augenblick, hat es der Nationalsozialismus vermocht, uns die Vaterlandsliebe und besonders die Liebe zu unserem Heimatland und dem schwäbischen Volk auszutreiben. In einer berühmten Rede zur Zeit der Sozialistengesetze ist Bismarck in der Formulierung so weit gegangen, daß er sagte: „Der Staat, der mir mein Eigentum stiehlt, ist nicht mein Vaterland.“ Es hätte sich damals für uns, die wir um die Freiheit - im Gegensatz zum

Eigentum eine ideelle Angelegenheit - und damit um alles gekommen waren, ich in meinem persönlichen Fall noch um meine Familie, die schuldlose Frau, die unschuldigen Kinder, die These ergeben, daß dieser Staat nicht unser Vaterland ist. Nie sind wir so weit gegangen. Aber tragischerweise haben sich die Notstände zur letzten Furchtbarkeit steigern müssen, wie sie früher unausdenkbar war, um uns wieder die Mitarbeit zu ermöglichen. Konrad und ich entschlossen uns, an dem Platz, an dem wir zufällig unsere Zuflucht gefunden haben, im Kleinen mit dem Wiederaufbau zu beginnen. Wir unterscheiden uns hierbei von vielen anderen, die heute ebenfalls mitwirken könnten. Diese Vielen warten auf ein großes Amt. Richtig „schaffen" wollen sie nicht; sie halten sich nur zu ganz Großem berufen. Unter dem Rang eines Ministers tun sie's nicht. Es kam einer, der von sich sagte, er habe die Fähigkeit zu dreierlei: zum Kultminister (der Mann ist Lehrer) wie zum Finanzminister und zum Wirtschaftsminister noch dazu. Alle miteinander hören nicht auf meinen Rat, unten anzufangen, Verwaltungserfahrung zu sammeln.
Abends im Bett las ich wieder das prophetische Wort, daß ER (der Messias) nicht schreien noch rufen wird und daß man seine Stimme nicht hören wird auf den Gassen: „Das zerstoßene Rohr wird ER nicht zerbrechen und den glimmenden Docht nicht auslöschen. ER wird das Recht wahrhaftig halten lehren." Ebenfalls eindrucksvoll sind bei der gänzlich veränderten Lage jene Psalmen, die ich in wohl wirklicher Hoffnungslosigkeit gelesen hatte, in den Phasen des Dritten Reichs, in welchen ein rettendes Eingreifen in das ablaufende Weltgeschehen, eine Niederringung des Bösen zu eigenen Lebzeiten nicht mehr möglich schien. Zum Beispiel der 126. Psalm: „Wenn der Herr die Gefangenen Zions erlösen wird, so werden wir sein wie die Träumenden." Noch eindrucksvoller liest sich heute der 94. Psalm mit seinem: „Denn Recht muß Recht bleiben." Doch seinen ersten Vers: „Herr, Gott, des die Rache ist, erscheine", den lehne ich auch heute ab. Es gibt Menschen, die vergessen, andere, die nicht vergessen können, aber verzeihen wollen. Ob jedoch das Verzeihen uns bei Freveltaten nicht ebensowenig zusteht wie die Rache? Die entscheidend

Schuldigen verantwortlich machen? Ja. Rache an weniger Verantwortlichen, an deren Familien, Frauen, Kindern nehmen? Nein. Bestrafung durch ebenfalls unmenschliche Mittel? Nein, ein entschiedenes Nein. Verantwortlich machen bedeutet für die zur Verantwortung Gezogenen, daß sie sich verantworten dürfen. Ein Recht, das uns zwölf Jahre lang vorenthalten war.
Am Samstag fuhr ich, wie ich gekommen, wieder zurück. Die Mühle stand unverrückt auf ihrem alten Platz, und ihre Insassen waren keinen Belästigungen ausgesetzt gewesen. Zunächst mußte ich Otto auf die Seite nehmen und ihm die Mitteilung machen, daß sein Vermögen auf Grund der Ausführungsvorschrift des Gesetzes Nr. 52 [Sperre und Kontrolle des Vermögens] der Alliierten Militärregierung beschlagnahmt ist. Er nahm die Nachricht gelassen auf, ein Geldmann ist er nie gewesen. Ich sah neue Wolken heraufziehen: der Rüstungsindustrie steht noch eine schwere Abrechnung bevor.

Schwäb. Gmünd, Montag, den 14. Mai 1945

Am Tage, der auf Ottos Geburtstag folgte, wurde es warm, schon mehr sommerlich als nur frühlingsmäßig warm. Über der Mühle wölbte sich ein blauer Himmel mit weißen Wolken, die der Landschaft noch leuchtenderes Licht gaben. Die Apfelbäume blühten, auf den Wiesen meinte man, das Gras und die Blumen wachsen zu sehen. Am farbkräftigsten sind die gelben Wiesenblumen; üppig wuchert das Gelb des Löwenzahns. Die Kühe und das Jungvieh hüpfen vor Freude. Überall begehren die Schwalben Einlaß ins Haus. Mit fröhlicherem Sinn schreiten die abenteuerlichen Gestalten aus, die auf dem Fußweg unten seit einigen Wochen des Weges kommen, in Gruppen zu zwei und drei Mann. Der Pfad, den Mühlkanal entlang, ist zu einem vielbegangenen Tippelweg geworden. Unwahrscheinliche Entfernungen wollen diese Männer auf Wegen abseits der Landstraße zu Fuß hinter sich bringen. Sie kommen von weit her, von der Donau, vom Allgäu, und sie wollen zu ihren Familien im Rheinland, in Westfalen, in Hamburg. Offensichtlich ist der amerikanischen Militärpolizei an diesen illegalen Wanderern nichts gelegen; sie drückt beide Augen zu und übersieht diese deutschen Soldaten. An diesem Montag wird die morgens um 2 Uhr 41 erfolgte bedingungslose Kapitulation der deutschen Wehrmacht [am 7.5. im Hauptquartier General Eisenhowers in Reims] bekannt. Die Worte des Generalobersten Jodl lauten: „Das deutsche Volk und die deutsche Wehrmacht sind den Siegern auf Gnade und Ungnade ausgeliefert." Wie oft hatte man sich im politischen Kampf nach 1918 mit der Dolchstoßlegende auseinanderzusetzen. Nunmehr ist sinnfällig demonstriert worden, was das Wort sagt, was aber viele Deutsche bestritten: daß es eine Legende war. Man hatte seit mehr als zwei Jahrzehnten das Gefühl, daß das deutsche Volk oder vielmehr diejenigen, welche die Führung über das deutsche Volk für sich in Anspruch nahmen, nicht gewillt waren, Ruhe zu geben. Durch ein reales Durchexerzieren der Dinge bis zum bittersten Ende - so kommt es einem rückschauend vor - mußte der Beweis erbracht werden, daß einem Wahn und Wahnsinn nachgejagt worden ist, einem Wahn, der sehr frühe nach dem Ende des letzten Krieges seinen Anfang genommen hat. Ein unwahres, dreist und leichtsinnig hingeworfenes Schlagwort, für den inneren Gebrauch gemünzt, wurde zum Glaubenssatz und in der äußeren Politik und in der Kriegführung praktisch angewendet. Nun ist das Schlagwort widerlegt, aber zusammen mit ihm ist das deutsche Reich und das deutsche Volk erledigt. In dem Augenblick, in welchem ich am Montag, 7. Mai, abends 5 Uhr am Sender Luxemburg von der Kapitulation in Reims Kenntnis erhielt, kam mir eine andere Rundfunksendung ins Gedächtnis. Am 15. März 1939, am Tag, an welchem Hitler in die Tschechoslowakei einrückte, saßen Gerta und ich am Radio und hörten die Rede an, die Neville Chamberlain an jenem Abend in Birmingham, wenn ich mich recht entsinne, am Abend vor seinem Geburtstag, hielt. Nach großem Applaus erhob er sich nochmals und sagte: „I venture to prophesy that Germany bitterly will regret what she has done." Diese Prophezeiung ist eingetreten und durch die militärische Kapitulation besiegelt worden. Wird es auch zur inneren Kapitulation kommen, d.h. dazu kommen, daß die deutsche innere Politik, wenn für sie überhaupt noch Raum sein wird, mit der Vergiftung aufhört, mit der Verschiebung der Verantwortung von den Alleinschuldigen wiederum auf die Männer, die so oder so in die Bresche springen müssen? Heute schon mache ich ein Fragezeichen. Es gibt wenig Menschen, die es fertig bringen, zuzugeben, daß sie nicht recht gehabt haben. Noch schwerer ist es, daß ein ganzes Volk dies erkennt und vor allem eine solche Erkenntnis nicht vergißt, aus der Erkenntnis politische Folgerungen zieht. Neue Fehler anderer werden unser Volk bestenfalls zur Verstocktheit hinführen.

Der Tod Hitlers [Selbstmord am 30. April] hat kaum einen Eindruck hervorgerufen. Die Nachricht kam nicht unerwartet, die Meinung hierüber war vor dem Eintreffen der Meldung ungefähr folgende: Ist er gestorben, so wird eine Nachricht verbreitet, daß er nicht gestorben ist; ist er tatsächlich nicht gestorben, dann eine solche, daß er gestorben ist: Die Formulierung des Rundfunks war überdies farblos.

Am anderen Tag, Dienstag, dem 8. Mai 1945, zog morgens feierlich der Bittgang der Bauern unter Führung des Ortspfarrers durch die Fluren. Gerne nimmt man dieses friedliche Bild in sich auf. Bleibt es bei solchem Zurückgreifen auf Altes? Oder kommt es zum Durchbruch einer neuen Religiosität? Man möchte es so gerne glauben, ist aber noch nicht davon überzeugt. Gegen Mittag fuhr mich Otto nach Schwäb. Gmünd; es war eine Fahrt, die man nur mit ihm machen kann. Von dem freigegebenen 2,3 Liter Mercedes war die Batterie und anderes abmontiert worden. Es durfte nicht vorkommen, daß der Motor aussetzte, denn sonst saßen wir auf der Landstraße fest. Vor lauter Furcht, der Motor könne aussetzen, wagten wir kaum, richtig zu schnaufen, wenn es einen Berg hinauf ging. Erst etwa 5 km vor dem Ziel wurden wir übermütiger, weil wir uns sagten, daß wir den Weg jetzt vollends zu Fuß machen könnten. Doch wir kamen an: Mühle ab 12 Uhr, Gmünd an 12 Uhr 50. Eine Fahrt durch das Remstal an einem Maientag ohnegleichen. Der Tag des Sieges bei den Alliierten, Deutschland liegt tot am Wege. Mir wollte das Wort der Hagar [biblische Gestalt, Gen. 21: Sklavin von Sara und Nebenfrau von Abraham, die mit ihrem Sohn Ismael aus seinem Haus verstoßen wurde

und durch die Wüste irrte.]: „Ich kann nicht ansehen meines Sohnes Sterben“ den ganzen Tag nicht aus dem Kopf. Herr Sch. [Schönberg] fuhr mit. Am anderen Tag machte er sich auf Schusters Rappen auf zu Frau und Kind (...) nach der Reutlinger Alb. Es schied ein guter Kamerad aus oft erprobter Gemeinschaft.
In Gmünd fand ich eine Delegation von Stuttgart vor, die mir die politische Lage dort auseinandersetzte: „Alles wartet auf Sie.“ Da gebrannte Kinder das Feuer fürchten, tat ich, wie man im Schwäbischen sagt, „stät“. Die treue Anna erklärte einem der Stuttgarter Herren: „Den Dr. Maier lasset mir net fort, der bleibt bei ons; früher hent se ehn doch auch net wolle.“ Ich schob die Sache hinaus. Am anderen Tag traf ich die Vorbereitungen zum Antritt der neuen Stellung beim Landrat. Es kam dann das Himmelfahrtsfest noch dazwischen. Aber am Freitag früh um 8 Uhr saß ich in meinem neuen riesengroßen Amtszimmer, ein Dutzend Menschen mindestens kamen an jenem ersten Vormittag, und ich schenkte Weisheit aus ohne Unterlaß. Die Hinterlassenschaft ist von einer Art, daß man es mit Worten nicht schildern kann; denn vorher müßte für die Worte Pleite, Konkurs usw. ein Superlativ gefunden werden. Das Amt befindet sich in einem alten Kloster in unmittelbarer Nähe unserer Wohnung.
Am darauffolgenden Samstag, dem Tag des heiligen Pankraz, wurde die Angriffsschlacht aus Richtung Stuttgart energischer. Es erschienen gegen Abend in zwei Autos eine ganze Reihe von Männern unter Führung des neuernannten Oberbürgermeisters von Stuttgart, Dr. Arnulf Klett [Oberbürgermeister 1945 – 1974]. Ein Auto enthielt u.a. Rudolf Y. [Yelin, Stuttgarter Maler] mit der weißen Binde der M.G. (Military Government) G.M. (Gouvernement Militaire) Polizei am linken Unterarm. Er war am Schlusse seiner langjährigen Verwendung als Polizeiwachtmeister einer Polizeiformation in Weingarten zugeteilt gewesen, hatte Familien- und Nahrungsanschluß in der Apotheke in Ravensburg gefunden, hatte dort das Einrücken der französischen Truppen erlebt. Er konnte mir das Neueste von Selma berichten und daß es ihr gut gegangen war. Den Neffen Wolf hatte die Absetzbewegung der deutschen Truppen in die Gegend seines geliebten Ravensburg

verschlagen; dort verbarg er sich zwei Nächte in dem Sommerhäuschen an der Veitsburg und zog sich um.

Die Lage in Württemberg ist die folgende: 19 Kreise sind von den Franzosen besetzt, 16 von den Amerikanern; Heilbronn, Ludwigsburg, Bad Cannstatt, Kirchheim, Ulm, Laupheim und was östlich davon liegt, sind amerikanisch. Das Gebiet westlich und südlich dieser Linie ist von den Franzosen besetzt. Nach zwei Stunden traf der frühere Justizminister Dr. Josef Beyerle [ehemaliger Vorsitzender des württembergischen Zentrums] von Hohenstadt kommend ein, und es begannen die Beratungen. Dr. Beyerle fuhr noch in derselben Nacht mit den Herren nach Stuttgart. Ich konnte mich nicht entschließen, ebenfalls mitzufahren; ich bat mir Bedenkzeit aus.

Am Sonntagabend saßen wir gemütlich beim Essen, als es an der Haustüre läutete. Fräulein Anna kam herein: Zwei amerikanische Offiziere wollen Dr. Maier sprechen. Es handelte sich um zwei Captains, Mr. Gardener aus Florida und Mr. Taggart aus Colorado. Beide gehören der Abteilung Ernährung und Landwirtschaft bei der hier in Gmünd ansässigen Militärregierung für Württemberg an. Sie hatten von mir gehört und legten mir folgende Frage vor: Das Reich hatte seit einigen Jahren den milchabliefernden Bauern einen Zuschuß von drei Pfennig pro Liter Milch gewährt, was für Württemberg eine monatliche Ausgabe von 750.000,- RM ausmacht. Wer zahlt diese Beträge, nachdem das Reich aufgehört hat? Sollen die drei Pfennig dem Landwirt abgezogen oder dem Verbraucher berechnet werden? Wird in letzterem Fall die bei Milch und Milcherzeugnissen eintretende Preiserhöhung als Signal für allgemeine Preiserhöhungen gedeutet werden? Und werden dann nicht die wenigen nach den Plünderungen noch vorhandenen Waren noch mehr zurückgehalten? Eine harte Nuß, welche die Amerikaner zu knacken haben. Zwei Dolmetscher werden herangeholt, und zwei Stunden wurde ich ausgefragt: What does Doktor Maier think? Die Amerikaner gehen an die Lösung mit beachtlichem sachlichem Ernst heran. Es war meine erste Erörterung einer deutschen Verwaltungsangelegenheit mit Offizieren der Militärregierung.

Freitag, den 18. Mai 1945

Stuttgart, Hotel Graf Zeppelin

Am Dienstag, dem 15. Mai, holte mich ein Wagen: Le maire de Stuttgart, administration militaire, the Lord Mayor of Stuttgart, Military Government, ab. Stuttgart ist diesen Inschriften nach zweisprachig. Englisch und Französisch. Von Deutsch ist nicht mehr die Rede. Nach langer Unterbrechung fuhr ich wieder einmal das Remstal hinunter. War der zivile Kraftwagenverkehr vor der Besetzung schon auf fünf Prozent des Friedensverkehrs zurückgegangen, so ist er jetzt nochmals im Verhältnis 1:100 verringert worden. Eine private Autofahrt ist eine allergrößte Seltenheit geworden. Eisenbahnen gibt es nicht, es gibt nur Fahrrad oder Fußmarsch. In Schorndorf suchte ich zunächst das Elternhaus auf. In ihm hatte sich während der Besetzung vier Tage lang eine amerikanische Funkstation befunden. Die Mieter hatten derweil das Haus verlassen müssen, doch alles wieder in Ordnung angetroffen.

Ingrimm ist nicht das ausreichende Wort für das, was einen in Cannstatt beim Anblick der zerstörten König-Karls-Brücke, der Rosenstein-Eisenbahnbrücke usw. erfüllt. Zwei Baujahre hat einst die König-Karls-Brücke erfordert, und in einer Sekunde war sie mit allen übrigen Neckarbrücken gesprengt. Der Erbauer der Brücke, Präsident von Leibbrand, scheint die Ereignisse vorausgeahnt zu haben. Bei der feierlichen Eröffnung in Anwesenheit des Königs am 27. September 1893 sagte er folgendes:

„(...) Gebaut für die schwersten Lasten, wird die Brücke - dies ist die Überzeugung der Bauleute - Jahrhunderte zu überdauern vermögen, wenn nicht die Erde hier in ihren Grundfesten erschüttert wird, wofern nicht die Not des Kriegs zu ihrer Beseitigung zwingt oder - was Gott verhüten möge - frevelhafte Menschenhand zerstört, was wir geschaffen."

Stuttgart war im Augenblick dieser Sprengungen von allen Seiten eingeschlossen, und die Opferung der Brücken hatte nicht den geringsten Sinn und Wert. Keine Eisenbahn, keine Straßenbahn fährt von Stuttgart nach Cannstatt und umgekehrt. Was bedeutet

dies für den Berufsverkehr an täglicher zusätzlicher Belastung! Und auf wie lange? Daß Wiederherstellung mehr Mühe bedeutet als neues Bauen, werden wir mehr und mehr lernen müssen.
Stuttgart hatte nochmals viel durchzumachen. Anläßlich der Besetzung ist Verabscheuungswürdiges vorgekommen. Man kann es nicht schriftlich wiedergeben. Auf der Königstraße war in den Ruinen eine Art Geschäftsleben wiedererstanden. Diese Läden wurden von den Ausländern unter Mitwirkung des Stuttgarter Janhagels [Pöbel] geplündert und zerstört. Das wiedereröffnete Herrenhaus von Breuninger, das Kaufhaus Union (Tietz), der Wilhelmsbau wurden nach der Plünderung angezündet und sind jetzt ebenfalls Totalruinen. Die Lebensmittelversorgung der Stadt vollzieht sich unter den allergrößten Schwierigkeiten und unter harten Entbehrungen für die gesamte Bevölkerung. Im Hotel Zeppelin, das gegenwärtig als Hotel für durchreisende französische Offiziere von der Stadtverwaltung einen neuen Innenausbau erhält, fand ich Unterkunft. Ich verbrachte vier volle Tage in Stuttgart, in dieser einst so gepflegten, geordneten, wohlhabenden Stadt. Noch größer ist ihr Unglück geworden. Die Sorgen und die Bedrückung haben ein Ausmaß erreicht, daß einen der Jammer erfaßt. Die Stadt wimmelt von französischem Militär, überwiegend Soldaten der Kolonialarmee: Tunesier, Marokkaner, Algerier usw. in den verschiedenartigsten Uniformen. Dieses ganze Heer ist in den Privathäusern untergebracht.
In diesen vier Tagen wird in einem deutschen Kreis von Politikern eifrig verhandelt, sehr viel gesprochen. Ich stelle in diesen verfrühten Versuchen einer Regierungsbildung [auf frz. Initiative und unter Leitung von Oberbürgermeister Klett] ein nicht immer angenehm empfundenes retardierendes Element dar. Einige Begegnungen und Erlebnisse sollen jedoch festgehalten werden. In den Debatten taucht plötzlich der Name des von mir in Gedanken oft gesuchten Dr. Kurt Schumacher auf. Er war früher Reichs- und Landtagsabgeordneter und Redakteur der sozialdemokratischen Schwäbischen Tagwacht. Nach vollen zehn Jahren [Haft in Heuberg und Kuhberg sowie] im Dachauer Konzentrationslager soll er im Jahre 1943 dort entlassen worden sein und sich im Hannöver'schen

aufgehalten haben mit der staatspolizeilichen Auflage, sich jeder Verbindung mit Württemberg zu enthalten. Er wird an die Spitze der von der französischen Militärverwaltung einverlangten Liste einer aufzustellenden Landesverwaltung gesetzt. Vor allem freue ich mich, daß dieser Mann lebt und durch tausenderlei Gefahren seine „biologische Verlängerung" (das Wort, das er in seinem Glückwunsch bei Magdas Geburt gebrauchte) erfahren hat. Ich selbst werde gedrängt, die Finanz- und die Wirtschaftsverwaltung zu übernehmen. Ich halte die sachlichen Voraussetzungen für die Bildung einer Landesverwaltung zur Zeit als nicht gegeben. Der Glaube, daß ich die Dinge führen könne, ist rührend. Ich werde geradezu bestürmt von politischer Seite, links bis rechts, insbesondere von den Ministerialbeamten. Doch ich bleibe fest und spreche bei der Schlußverhandlung meine Weigerung eindeutig und unmißverständlich aus. Trotzdem mußte ich nachher erfahren, daß mein Name auf der Liste für Finanzen und Wirtschaft steht, allerdings mit dem Zusatz: Dr. Maier hat seine Zustimmung noch nicht erteilt. Als ich deshalb Rechenschaft verlange, erhalte ich die Antwort, daß ohne diesen Namen der Start der Landesverwaltung überhaupt nicht möglich erscheine. Ich bat, mich endgültig zu streichen.
Ein Mann fehlte bei diesen Besprechungen - Eugen Bolz. Im Zusammenhang mit dem Attentat vom 20. Juli 1944 war er Anfang August 1944 verhaftet, nach Berlin überführt, dort monatelang gequält, schließlich [am 21.12.1944] vom Volksgerichtshof zum Tode verurteilt und am 23. Januar 1945 durch das Fallbeil hingerichtet worden. Seine Frau, die seine ganze Leidenszeit aufs tapferste mit ihm getragen hatte, brachte den Mut auf, Anfang Februar 1945 folgende Traueranzeige zu versenden:

Aus der Liturgie des Sterbetages: Selig ist der Mann, der standhält in der Prüfung; denn hat er sich bewährt, so wird er empfangen die Krone des Lebens.
Nach schwerer Leidenszeit ging mein guter Mann, mein treusorgender Vater, unser Bruder, Schwager, Onkel, Neffe und Vetter

Dr. h. c. Eugen Bolz

ehemaliger württ. Staatspräsident

klar ergeben in Gottes heiligen Willen heim zu Gott, dem er sein ganzes Leben die Treue gehalten.

In tiefer Trauer:
Die Gattin: Maria Bolz, geb. Hoeness
Die Tochter: Mechthild Bolz cand. med.

Unser Trost ist das Wissen um die Gemeinschaft der Heiligen. Wir bitten um das Gebet für den Heimgegangenen und für uns.

(...) Dr. Bolz wäre berufen gewesen zur Führung, er hätte die natürliche Autorität in dieser Lage besessen. Während des ganzen Krieges hatte er mich in kürzeren oder größeren Zwischenräumen auf meinem Büro aufgesucht. Seine Gespräche waren von echter Sorge um das Vaterland erfüllt. Ich erinnere mich noch gut, wie er ganz am Anfang des Dritten Reiches sagte: „Deutschland kann noch viel verlieren, Ostpreußen, Oberschlesien." Wenn Dr. Bolz wegging und sich verabschiedete, sagte er jedesmal: „Wenn se nur verrecken täten. Aber" - mit völliger Gewißheit in Sprache und Gesichtsausdruck – „sie verrecken." Gerührt hat mich stets, wie er vor allem anderen zu Beginn unserer Gespräche sich mit einer Teilnahme, deren Echtheit man verspürte, eingehend nach meiner Frau und meinen Kindern in England erkundigte. Am 22. Juli 1944, zwei Tage nach dem Attentat auf Hitler, hatte er mich zum letzten Mal besucht. Man fühlte seine persönliche Unruhe und konnte doch nicht helfen. Das bevorstehende Attentat hatte er mir ein halbes Jahr vorher angedeutet. „Ich will Ihnen nicht zuviel sagen. Sie sind exponiert genug." Wenn ich an ihn dachte in der Zeit nach seiner Verhaftung und an seine Frau und Tochter, welche im Grauen des Bombenkriegs auch noch die furchtbaren Sorgen um den Mann, um den Vater ertragen mußten, so ging mit mir das Wort von Hebbel: „In die Hölle des Lebens kommt nur der hohe Adel der Menschheit." Frau Maria Bolz, seine Frau, zählt in Stuttgart zu den Menschen, die am allermeisten Leid zu tragen hatten.
Im vermuteten Einverständnis mit den in Süd- und Nordamerika weilenden Brüdern J. [Jacobi] machte ich den Versuch, mich über die Verhältnisse der Firma D. [Deyle], früher Jacobi, zu erkundigen. Der Sitz der Firma ist Weilderstadt, nachdem das Büro in der Königstraße längst zerstört ist. Ich fuhr zu den Fabrikationsräumen

im Gebäude des alten Englischen Gartens; in dessen Ruinen roch es aus den Lagerkellern heraus nach Schnaps. Auch eine französische Wache von fünf Mann ließ darauf schließen, daß noch ziemlich viel Vorräte vorhanden waren. Irgend eine Auskunft war nicht zu erlangen. Diese Franzosen verstanden kein Wort Französisch, sie stammten aus dem Nordrand der Wüste Sahara und erwiesen sich als recht unliebenswürdige Kerle. Wie gesagt, sie verstanden weder Deutsch noch Französisch. Doch das deutsche Wort: Raus! haben sie sich angeeignet, wovon ich mich überzeugen konnte. Ich spürte, daß dicke Luft herannahte, und machte mich aus dem Staube. Drastisch wird den Stuttgartern, von denen ein Teil die seit Jahrhunderten im Lande wohnenden jüdischen Familien nicht mehr ertragen zu können vermeinte, vor Augen geführt, welche unleidlichen Fremdlinge sie dafür eingetauscht haben.

Ich begrüßte die zurückgekehrten Krieger Konrädle W. [Wittwer] und mein Patenkind Alex H. [Haußmann], beide siebzehnjährige, hochaufgeschossene junge Männer, für uns noch immer „Buben“. Schon vor der Erreichung des 16. Lebensjahres wurden sie der Wehrmacht einverleibt in der Uniform und in der paramilitärischen Dienststellung der sogenannten Flakhelfer. Sie hatten lange Zeit bei der Flakbatterie auf der Höhe östlich Untertürkheim (Schutz der Daimlerwerke) gestanden. Als dieses Werk zerstört war, waren sie in eine ruhigere Stellung in Wertheim am Main verfrachtet worden. Ende Februar avancierten sie von Flakhelfern zu Flaksoldaten, wurden zunächst auf dem Weißenhof in Stuttgart zu Funkern ausgebildet und schließlich einer im Westen von Stuttgart aufgestellten Flakbatterie zugeteilt. Beim Näherrücken des Feindes befand sich ihre Batterie bei Warmbronn südlich Leonberg. Diese Situation bestand an dem kritischen Mittwoch, dem 19. April. Die Bauern ließen den Soldaten abends ziemlich viel Most zukommen, und die Jungsoldaten Konrädle und Alex sanken in den tiefsten Schlaf. Als sie am Donnerstag früh erwachten, war ihre Batterie fort. Sie, als die beiden Funker, waren von der übrigen Mannschaft getrennt in einem Gartenhäuschen einquartiert worden. Bei dem eiligen Aufbruch am frühen Morgen hatte man sie vergessen. Sie requirierten einen Handwagen, beluden diesen mit dem Funkgerät und ihrer eigenen Habe und schoben diesen Richtung Stuttgart. Warmbronn-Stuttgart, Alter Postplatz, das sind 17 km. Als die beiden Privatkrieger mit ihrem Wagen auf der Reichsautobahnbrücke erschienen, riefen ihnen Soldaten von anderen dort lagernden, auf dem Rückzug befindlichen Formationen zu: „Heim ins Reich?" Sie antworteten: „Heim, uns reicht's!" Schließlich kamen sie an das Wirtshaus Zum Schatten. In der Bürgerallee umgingen sie mit ihrem Wägelchen eine Panzersperre und kamen über die Hasenbergsteige im Elternhaus Hohenzollernstraße an. Was tut man mit den Buben? Schickt man sie ihrer über Stuttgart hinaus sich zurückziehenden Batterie nach oder behält man sie da, nachdem doch alles hin ist? Tut man das Letztere, dann kann nach deutschem Militärrecht Todesstrafe darauf stehen. Sie bleiben einmal über Nacht, und am Samstag kamen die Franzosen die Neue Weinsteige herunter. Aber was jetzt tun? Jeder deutsche Wehrmachtsangehörige, der sich verborgen hält, und jeder Deutsche, der Wehrmachtsangehörige verbirgt, wird mit dem Tode bestraft. Diesmal nach französischem Militärrecht. Man ging den goldenen Mittelweg, meldete die beiden beim Gouvernement Militaire an. Am Montag darauf waren sie Polizeimelder bei der deutschen Polizei und trugen die weißen Armbinden, das einzige Kennzeichen dieser sofort gebildeten Ordnungstruppe.

Schwäb. Gmünd, Pfingstdienstag, den 22. Mai 1945

Heute Abend ist Konrad von einer Dienstfahrt nach Waiblingen zurückgekehrt. Das Land lebt ohne eine Regierungsspitze in den Kreisen, den früheren Oberämtern. Sie sind die jeweils höchste politische Einheit. Wöchentlich einmal übernimmt Konrad mit W. [Otto Wölz] eine Reise zu den Nachbarkreisen und Nachbarlandräten, um zu hören und zu sehen, wie es dort gemacht wird, und seinerseits zu berichten. Auf der Rückfahrt hatte er in Schnait unseren alten Freund, den Posthalter Adolf Rühle, aufgesucht, der während der zwölf Jahre und besonders während des Krieges mehr gesunden Menschenverstand bewiesen hat als ein ganzes Dutzend von hochweisen Männern des unteren Remstales zusammen. „Der Krieg ist dann aus, Herr Doktor, wenn se ons zusammendrückt hent“, wobei er, mir unvergeßlich, seine beiden Hände, von denen die Linke die westlichen Alliierten und die Rechte die Russen darstellte, aufeinander zu- und dann schließlich ineinanderschob; so wie man es macht, wenn man eine zähe Masse zusammendrücken will. Ein aufrechter Mann und Demokrat, wie's selten einen gibt. Er ist jetzt Bürgermeister. Die beiden Pfingstfeiertage hatten wir in verhältnismäßiger Ruhe, aber nicht untätig verbracht, denn unsere Arbeit muß gleichlaufen mit der Arbeit der Amerikaner, deren Grundsatz ist: in wartime no holiday.

Meine Tageseinteilung ist ungefähr folgende: Meistens stehe ich um 5 Uhr 30 auf. Vor dem Frühstück regle ich in einer Stunde Angelegenheiten meines Anwaltsbüros, das noch einige Arbeit macht, wenn es auch geschlossen ist. Meine Sekretärin schreibt die aufgegebenen Arbeiten im Laufe des Tages mit der Maschine. Um 7 Uhr 15 wird das Frühstück serviert, womit eine halbstündige Plauderstunde mit Konrad und Elisabeth beginnt. Konrad kommt gewöhnlich schon um 7 Uhr 05 in mein Arbeitszimmer und sagt gleich nach dem Gutenmorgengruß: „Ich habe mir heute Nacht folgendes überlegt...“ Er entwickelt dann irgend eine meistens sehr praktische Idee, die von uns beiden im Lauf des Tages in Angriff genommen wird. Um 7 Uhr 45 hören wir, neuerdings ohne Gefahr, die „Frühmeldungen der schweizerischen Depeschenagentur in Bern“ über die Station Beromünster, dann geht's durch die Bocksgasse an der evangelischen Kirche vorbei mit einem Blick zum gotischen Hallenbau der Heilig-Kreuzkirche auf das Amt. Dort sind wir die ersten und schließen meistens die Zimmertüren auf. Nach wenigen Minuten kommt der Landrat, eine erfreuliche Persönlichkeit, tatkräftig, gescheit, zuverlässiger Charakter, ein Mann von unbestechlichem Urteil, abgeneigt den „Figuren“. Das ist seine Bezeichnung für diejenigen, welche sich in den vergangenen zwölf Jahren aufgespielt haben, und gleichzeitig für gewisse zweifelhafte Charaktere, die sich heute nach vorne drängen. Man erkennt sie am besten an der Aufdringlichkeit, mit der sie die Zulassung eines Autos betreiben. Überhaupt die Autosucht des Publikums. Es fehlt an jeder Einsicht. Wenn es

sich um die eigenen selbstsüchtigen Interessen handelt, denkt jeder, er sei allein auf der Welt. Daß wir einen Krieg verloren haben, ist in diesen Kreisen jetzt schon vergessen.
In der Zwischenzeit ist auch W. [Wölz], stets tätig und eilig, dazugestoßen. Ungefähr 8 Uhr 10 sitzen wir alle an einem Tisch im Zimmer des Landrats, und in 50 Minuten wird in konzentrierter knapper Weise beraten und beschlossen. Wir haben dieser allmorgendlichen Zusammenkunft den Spitznamen „Der Ortssowjet" gegeben. Nachher geht der Landrat zum Kommandanten. Die Wartezimmer des Landratsamts haben sich in der Zwischenzeit gefüllt, und wir drei fischen, wie wir sagen, den Ententeich ab. Einer der Besucher gibt die Türklinke dem anderen in die Hand. Wichtiges, Unwichtiges wird vorgebracht. Tagtäglich ergeben sich neue Einblicke ins deutsche Elend, und als Folge des verlorenen Krieges wird ein *noch* schlimmeres Elend kommen.
Um 12 Uhr 30 setzen wir uns in die Bocksgasse 32 an den Mittagstisch, und es vergeht kein Tag, wo wir nicht über Curiosa und Humoristica, besonders aber über „Figuren", oft unter Lachen berichten können. Aber schon bei Tisch erscheinen Leute, jedenfalls füllt sich im Laufe des Nachmittags die Diele des Hauses, die manchmal einer Hotelhalle gleicht, mit Besuchern aus dem ganzen Land. Die württembergische Industrie setzt ihren letzten Holzgaswagen und ihren letzten Tropfen Benzin ein, um mit der Militärregierung von Württemberg, die sich hier befindet, Fühlung zu nehmen. Bei diesem Anlaß werde auch ich oder Konrad, der seinerseits über eine Unmenge Bekannte verfügt, besucht. Gute bewährte Freunde sieht man wieder; aber es lassen sich auch solche sehen, die einen zwölf Jahre lang nicht gesehen haben. Man wundert sich über die Unbefangenheit, mit der sie wieder kommen und ihre Sorgen abladen. Es ist kein Zweifel, daß wir zu den einigermaßen unterrichteten Männern des Landes gehören. Die Absichten der Amerikaner sind schwer zu erraten, aber auf dem Wege der Erfahrung kann man zu den richtigen oder wenigstens annähernd richtigen Schlußfolgerungen gelangen. Was wollen sie? Sie können noch nichts wollen. Sie sind nach gewonnenem Krieg einmal hier. Sie arbeiten mit aufgekrempelten Hemdsärmeln. So meint man,

sie wollen etwas. Tatsächlich ist ihre Arbeit vorläufig ohne ernsten Zweck und klares Ziel. Der einfache Mann in der Armee und in der Militärverwaltung gibt dem Ausdruck: Let us go home. Alle ihre Maßnahmen sind bei dieser Sachlage zwangsläufig von einer Art, welche ihr Objekt, die Deutschen, als ungut empfinden müssen.
Zu den Männern, die uns vor der Besetzung hie und da aufsuchten, gehört Herzog Albrecht Eugen von Württemberg, der zweite Sohn von Herzog Albrecht. Er wohnt im nahen Dorfe Lindach. Neuerdings kommt er ziemlich häufig zu uns aufs Landratsamt oder in die Wohnung. Le bourgeois gentilhomme, ein liebenswürdiger, intelligenter, zuverlässiger Mann, der sehr gut aussieht; schwarzer alemannischer Typ, groß, schlank; in seinem Wesen zurückhaltend und doch aufgeschlossen, beinahe freundschaftlich. Seine Umgangsformen sind leicht nach denen der österreichischen Aristokraten ausgerichtet, was nicht ausschließt, daß er dann und wann auch unverfälscht schwäbisch werden kann.
Am Pfingstmontag, an dem es regnete, holte er uns in Schwäb. Gmünd ab und brachte uns, selbst chauffierend, auf sein 5 km entferntes kleines Schloß. Seine Frau, Prinzessin Nadeyda, die Tochter des Königs Ferdinand von Bulgarien, und sein zwanzigjähriger ältester Sohn empfingen uns. Es gab Kaffee, ferner Wein aus den einst königlichen Weinbergen von Euxinograd am Schwarzen Meer. Das Ehepaar erzählte von den Vorgängen bei der Besetzung dieser nördlich von Gmünd gelegenen Gegend durch die Amerikaner. Der Befehlshaber der siebten amerikanischen Armee, General Patch, hatte sich bei ihnen einquartiert. (...) General Patch verwickelte den Herzog in ein Gespräch über seine Söhne und erfuhr, daß der gesunde, wehrfähige Älteste nicht zur Wehrmacht eingezogen wurde. Grund: Ein Befehl Hitlers, daß Mitglieder der regierenden Häuser nicht zu verwenden sind, also die Statuierung einer Art von Wehrunwürdigkeit für die Angehörigen der früheren Herrscherhäuser. „Sagen Sie, was geht in Deutschland vor?“ fragte General Patch. „Ich habe die größte Hochachtung vor den Fähigkeiten des Deutschen Generalstabs. Der Krieg ist doch offenkundig verloren. Warum zertrümmern die Deutschen ihr eigenes Land?“

Im zweiten Teil des Nachmittags setzte sich die Herzogin zu mir, eine mittelgroße, schlanke, überaus lebhafte Dame, ihrem Vater aus dem Gesicht geschnitten. Sie schilderte anschaulich das Schicksal ihrer Familie. Von dem noch lebenden 85 Jahre alten Vater liegt keine sichere Nachricht vor. (...) Der Bruder, König Boris [III.], hat unter dem fürchterlichen Druck, der von deutscher Seite auf ihn ausgeübt wurde, in der Sorge um sein Land seine Gesundheit eingebüßt und ist vor zwei Jahren [am 28.8.1943 in Sofia] gestorben. Ihr Bruder Cyrill wurde vor wenigen Monaten [von den Kommunisten in Sofia] hingerichtet. Das Schicksal ihrer Schwester ist unbekannt, ebenso das des Neffen, des Königs Simeon [nach langjährigem Exil seit 2001 Ministerpräsident Bulgariens]. Die Schwester des Herzogs selbst, die unverheiratete Herzogin Margarete, ist durch einen bösen Zufall nach der Besetzung des Schlosses in Altshausen ums Leben gekommen. Von einer der letzten Kugeln des Krieges, die unabsichtlich von einem französischen Soldaten abgefeuert wurde, ist sie getroffen worden. Bauchschuß, nach eineinhalb Stunden bei vollem Bewußtsein gestorben. Eine Frau, die in ihrem Leben nur Gutes getan hat. Warum wurde ihr dieses Schicksal bereitet? Der alte Familienbesitz in Carlsruhe in Schlesien ist verloren. So bietet auch diese herzogliche Familie ein Abbild des Unglücks, das in ähnlicher Art und Häufung über die meisten deutschen Familien hereingebrochen ist.

Schwäb. Gmünd, den 26. Mai 1945

Heute, Samstagnachmittag, fiel mir plötzlich ein: Heute ist der zwölfte Geburtstag von Georg. In Stuttgart stand an den Geburtstagen der Dreien immer ein großer Blumenstrauß auf dem Kamin. Hier ist diese Sitte noch nicht eingeführt. So hätte ich den Tag beinahe vergessen. Flugs erhob ich mich, ließ mir in mein Arbeitszimmer eine Tasse Kaffee servieren, zog mich zu guter Lektüre zurück und erging mich in Gedanken der Vergangenheit und der Zukunft. Ich hatte kürzlich in einer alten Zeitung einen Bericht aus Kopenhagen „Adlerschwärme über Dänemark" gelesen: „Die dänische Insel Möen wurde in den letzten Tagen von ganzen Formationen von Adlern überflogen. Sie gaben Anlaß zu einer gewissen Unruhe unter der Bevölkerung. Die Adler griffen nämlich hin und wieder Personen an, die sich am Strande aufhielten. So wurde ein Mann von einem Adler so stark verletzt, daß er ärztliche Hilfe in Anspruch nehmen mußte. Auch Kinder sind mehrfach den Angriffen, vor allem der Königsadler, ausgesetzt gewesen." Es war unausbleiblich, daß mir des Geburtstagskinds Geschichte mit dem Adler einfiel:

Im Sommer 1938 verlebte ich einige Wochen mit Magda und Georg in Arosa. Mama Gerta war durch die Bestimmungen des Dritten Reichs an der Ausreise aus Deutschland verhindert und mußte zu Hause bleiben. Um so mehr bekümmerte sich der Vater um die Kinder. Groß wie immer war ihr Interesse an Blumen und Schmetterlingen, deren Arten und Namen sie sich mit Eifer einprägten, an Baum und Strauch, an Murmeltier und Schneehuhn, kurzum an allem, was in der Bergnatur das Kinderherz höher schlagen läßt. Eines Tages flog ein Steinadler über die Matten, Weiden und Wiesen von Inner-Arosa, ein seltenes Ereignis, das sich nur alle paar Jahre wiederholte. Ich erzählte den Kindern dasselbe, was ich einst in der Schule über die Gewohnheiten des Königs der Lüfte gelernt hatte, daß er sich nähre von dem, „was da kreucht und fleucht", daß er Lämmer, auch erkrankte Schafe anfalle. Ich fügte, genau so wie ich es selbst erzählt bekommen hatte, hinzu, in Gebirgsdörfern sei es schon vorgekommen, daß er sich auf kleine Kinder gestürzt und diese in die Lüfte entführt hätte. Der fünfjährige Georg wurde auf seine Art nachdenklich. Wie er den Eindruck verdaut hatte, eine Frage: „Bis zu welchem Alter nimmt ein Adler Kinder mit?" Ich antwortete: „Im allgemeinen nimmt er keine Kinder mit, und dann nur Säuglinge und eben kleine Kinder, die sich nicht wehren können, also Kinder bis zu zwei, drei Jahren." Am anderen Tag führte ich die Kinder zu dem Edelweißplatz am sogenannten Unteren Tschirpen. Zu diesem alljährlich aufgesuchten Platz muß vom „Älpli" ein halbstündiger sehr steiler Aufstieg über eine mit Edelweißen übersäte Grasnarbe genommen werden, wobei es schon manchmal Erwachsenen etwas „schwummrig" geworden ist. Die Kinder überwanden den Aufstieg spielend. (...) Auf dem Mittleren Tschirpen (zirka 2.500 m über dem Meer) wurde eine Rast eingelegt. (...) In diesem Augenblick erschien der Adler des Vortags, zog seine Kreise um die Kinder, äugte nach ihnen. Er kam tatsächlich näher und näher, man hörte das Rauschen des Flügelschlags. Georg war es nicht mehr geheuer, und er rief (sich um ein Jahr älter machend): „Herr Adler, ich bin sechs!“ Erleichtert stellte er, als der Vogel davonflog, fest: „Jetzt ist er davongeflügelt!“

Nun ist der damals noch so kleine Mann zum Lebensalter von zwei mal sechs gleich zwölf herangewachsen, und gewiß brauchte er zu seinem Alter nichts mehr hinzuzutun, wenn ihm neuerdings ein Adler nahekäme. „Wie die Pfeile in der Hand eines Starken, also geraten die jungen Knaben.“ Ich stelle mir vor, daß dieses Wort auf das Geburtstagskind zutrifft.

Die Woche nach Pfingsten war wiederum lebhaft gewesen. Das Landratsamt hatte sozusagen in seinen Grundfesten gewankt. Die Militärregierung hatte kurzerhand so ziemlich alle Bürgermeister abgesetzt, weil sie Parteigenossen gewesen waren. Zu Beginn der Besetzung ging die Weisung dahin, daß alle Parteigenossen, die vor 1933 der Partei angehört haben, und ferner diejenigen, die nach 1933 eingetreten sind, jedoch ein Amt in der Partei bekleideten, zu entfernen sind.

Mit diesem Grundsatz konnte man für die allererste Zeit arbeiten. Seit Mitte Mai wehte der Wind schärfer. It is an order of General Eisenhower [Oberbefehlshaber der alliierten Streitkräfte und späterer Präsident der USA], daß jeder Parteigenosse ohne Rücksicht auf Eintrittstag und Ämterbekleidung aus einem öffentlichen Amt zu entlassen ist. Die Franzosen sind milder. Bei ihnen ist zu entfernen der alte Kämpfer und das Parteimitglied, das nachweisbar „actif et ardent“ war. Wir selbst wissen, daß ein klarer Unterschied zwischen einem einfachen Parteimitglied und einem echten Nationalsozialisten bestand. Der Landrat hatte diese Auffassung beim Kommandanten durchzusetzen versucht, war aber nicht durchgedrungen. Er hatte deshalb das Trio W. [Wölz], Konrad und mich bei dem zuständigen Mann angemeldet, und wir gingen miteinander in die Höhle des Löwen. Über der Tür steht angeschrieben: Public Safety. Der Löwe selbst ist etwa 25

Jahre alt, versteht kein Wort Deutsch, und sein Name ist Oberleutnant John E. Svitzer. Er ist der Mann der Entlassungen und Verhaftungen im Kreis Gmünd. Er hatte die neuesten regulations so verdolmetscht: „Alle müssen weg bis herunter..." Dann ließ er seine Hände sprechen: Er ahmte die Bewegung der Finger beim Maschinenschreiben nach. Also alle bis zum letzten Schreibfräulein. Er schien sehr befriedigt über seine Hinauswurfsvollmacht.

Wir traten ein und erblickten zunächst am Fensterkreuz hängend zwei Peitschen, d.h. je eine geflochtene und eine einfache neunschwänzige Katze. Hinter uns nahm ein Mann (Offizier) Platz, der die rechte Hand stets in seiner Militärjacke hielt, nicht am Busen, sondern an seiner Pistole. Wir saßen in einer Reihe, und ein Tisch trennte uns von unseren Verhandlungspartnern, drei 20-25jährigen Offizieren und zwei gleichaltrigen Dolmetschern. Die Verhandlung verlief schleppend. Es entstanden lange Pausen, während deren unsere Gegenüber sich untereinander von ganz anderen Dingen als von den zur Debatte stehenden unterhielten und miteinander alberten, wie dies junge Leute tun.

In der Sache kam nicht viel heraus. Konrad hatte ihnen darlegen wollen, wie sehr es ihm zustatten gekommen sei, daß er sich bei seinem Sorgenweg auf Freunde, Bundesbrüder [der Stuttgardia] usw. habe stützen können, die zwar Parteigenossen waren, aber genau so dachten und handelten wie wir. Der maßgebende Mann uns gegenüber rekelte sich in seinem Lehnstuhl, lehnte sich weit zurück, währenddem er mit beiden Händen seinen Kopf rückwärts umfaßte. Schließlich ging er dazu über, seine Füße auf den Schreibtisch zu legen, so daß wir die prima, prima Ledersohlen seines Schuhwerks aus unmittelbarster Nähe bewundern konnten. Die anderen machten Scherze, einer spielte mit seiner Pistole, die er auseinandernahm und wieder zusammensetzte. Wir drei saßen sozusagen weiter auf der Anklagebank. Jeder von uns war zwei- bis dreimal so alt wie die anwesenden Amerikaner. Sie konnten mit der Frage, die zur Debatte stand, ihrer Natur nach nicht fertig werden. In einer Gesprächspause stupfte mich Konrad und sagte: „Es ist immer noch besser, hier zu sitzen als in der Heusteigstraße 45 in Stuttgart.“ Dort hatte sich nämlich nach der Beschädigung des Hotels Silber das Hauptquartier der Gestapo befunden. Ich stimmte zu. Nach einer Stunde wurden wir ohne Ergebnis entlassen, nachdem Dutzende von okays unter den unter sich beratenden Amerikanern ausgestoßen worden waren.

Am anderen Tag, Donnerstagnachmittag, machten wir uns, Elisabeth, Konrad und ich, zu einem anderen Gang auf; es ging nach der heiratlosen, der schrecklichen Zeit aufs Standesamt. Meine Mitwirkung war notwendig, weil die Papiere in Stuttgart auf meinem Büro verbrannt waren. Ich durfte dem Standesbeamten guten Gewissens versichern, daß ein Ehehindernis nun nicht mehr vorläge. Wir lachten alle drei von Herzen, als die Frage entstand, wer von den beiden Männern der Bräutigam sei.

Dienstag, den 29. Mai 1945

Hotel Graf Zeppelin

Am vorgestrigen Sonntag stand ich früh um 4 Uhr auf. Ich wurde um 8 Uhr morgens durch ein Auto des Landrats von Göppingen dorthin abgeholt; da ich abends zwei Tage nach Stuttgart reisen mußte und die geplante Eingabe, Parteimitgliedschaft und Staatsstellung betreffend, vorher fertiggestellt sein mußte, blieb mir gar nichts anderes übrig, als sie in dieser frühen Morgenstunde zu entwerfen. Also ich schrieb und schrieb. Und während ich schrieb, kam mir das Wort der dreijährigen Magda in den Sinn: „Was tut dein Papa?“ Antwort: „Schaffen, schreiben, regieren.“ Mir kam noch ein weiterer Gedanke: daß ich mir es nie habe träumen lassen, mein erster ausführlicher Schriftsatz nach dem Dritten Reich könne ein solcher zur Rettung von Parteigenossen sein. Konrad war mit mir über die Notwendigkeit des Schriftsatzes völlig einverstanden. Wir kannten die Bürgermeister des Kreises persönlich. Gegen die Mehrzahl war nichts einzuwenden. Also ich schrieb und schrieb in jener Sonntagsfrühe, und ich schrieb folgendes:

Schwäb. Gmünd, den 25. Mai 1945
Augustinerstraße 5
An die
Alliierte Militärregierung
Schwäb. Gmünd

Betrifft: Entlassung von Bürgermeistern
Unter Bestätigung des Schreibens vom 24. Mai 1945 erlaube ich mir, in der Frage der Entlassung von Beamten, welche der NSDAP nach 1933 als einfache Mitglieder ohne Amt angehört haben, im Interesse der Aufrechterhaltung einer ordnungsmäßigen Verwaltung folgende Bitte vorzutragen:
1. Das Rückgrat der Verwaltung des Landes Württemberg, das auf eine Jahrhunderte alte Tradition sich stützen kann und das seit 125 Jahren die heutigen Gebietsgrenzen unverändert beibehalten hat, ist sein Berufsbeamtentum (...). Abgesehen von den in kleinen Verhältnissen lebenden Gemeinden sind in den Dörfern und Städten auch die Bürgermeister ausnahmslos Fachmänner. Die Bürgermeister wurden vor der Machtergreifung Hitlers in freier Abstimmung durch das Volk jeweils auf eine Amtszeit von 10 Jahren gewählt. Nach 1933 wurden die Bürgermeister nicht mehr gewählt, sondern durch den Staat ernannt.
Als der Nationalsozialismus 1933 zur Macht gelangte, konnte er auf die Mitarbeit einer großen Anzahl dieser fachmännisch vorgebildeten, mit den Verhältnissen ihrer Gemeinden voll vertrauten Bürgermeister nicht verzichten, und so sind viele (...) lange Zeit nach der Machtergreifung im Amt geblieben und, soweit sie nicht durch Tod, wegen Erreichung der Altersgrenze u. ä. ausgeschieden sind, heute noch im Amt.
Das unterzeichnete Landratsamt ist vor dieselbe Frage gestellt wie 1933 der Nationalsozialismus. Es ist nicht möglich, den Kreis Schwäb. Gmünd ohne fachmännisch vorgebildete, kenntnisreiche, hauptamtlich tätige Bürgermeister zu verwalten.
2. Um jedes Mißverständnis von vornherein auszuschließen, schicke ich voraus, daß Bürgermeister, die sich als überzeugte Nationalsozialisten bekannt und betätigt haben, gegenwärtig untragbar sind. Es wird die Alliierte Militärregierung keinen vernünftigen Deutschen finden, der nicht ohne weiteres mit dem Unterzeichneten die Auffassung vertreten wird, daß nicht jedes Parteimitglied als Nationalsozialist zu werten ist. Für eine große Reihe von Deutschen, hauptsächlich für diejenigen, welche nach 1933 und welche in den späteren Jahren der NSDAP beigetreten sind, bedeutete der Beitritt eine Formalität. Besonders war es für die Beamten,

welche in ihrem täglichen Berufsleben sowohl mit Nationalsozialisten als Vorgesetzten als auch mit Nationalsozialisten als Untergebenen zu tun hatten, in dem immer mehr der Totalität zustrebenden Staat sehr schwer, die Mitgliedschaft bei der NSDAP auf die Dauer abzulehnen. Vielfach hätten solche Beamte, die innerlich nie Nationalsozialisten waren, nicht mehr über die erforderliche Autorität verfügt, wenn sie nicht äußerlich die Parteimitgliedschaft erworben hätten. (...)

3. Es ist eine Erfahrungstatsache, daß Beamte, die auf diese Weise Parteimitglieder wurden, in einer Unzahl von Fällen im stillen und unbemerkt Härten, die sich aus den unerbittlichen Gesetzgebungs- und Verwaltungsmethoden des nationalsozialistischen Staats ergeben haben, gemildert und dem nichtnationalsozialistischen Teil der Bevölkerung große Dienste erwiesen haben. Diesen Männern würde heute mit Undank und mit Ungerechtigkeit gegenübergetreten werden, wenn man sie schematisch den aktiven, überzeugten alten Mitgliedern der NSDAP gleichstellen würde. Der Nationalsozialismus hat über die Welt und über das deutsche Volk ein solch namenloses Unglück gebracht, daß der Unterzeichnete volles Verständnis dafür hat, ja daß er selbst die Forderung erhebt, daß die deutsche Beamtenschaft von ihm gereinigt werden muß (...). Trotzdem glaube ich, einen Weg vorschlagen zu können, der zu diesem Ziel führt und gleichzeitig den Erfordernissen einer Kontinuität der Verwaltung des Kreises durch Fachleute (...) Rechnung trägt.

4. (...) Späterhin müßte übrigens doch eine gewisse Differenzierung eintreten; denn das von der Alliierten Militärregierung nicht außer Kraft gesetzte deutsche Beamtengesetz sieht in seiner Dienststrafordnung eine gerichtliche Untersuchung und Prüfung und vor der schwersten Strafe der Dienstentlassung eine Reihe von milderen Strafen vor (...). Es ist nicht anzunehmen, daß die Alliierte Militärregierung Anlaß nehmen wird, diese verfassungsmäßigen Rechte der Beamten, welche auch in den Verfassungen ihrer Staaten bestehen, außer Kraft zu setzen.

5. Die Alliierte Militärregierung bitte ich, bei der Prüfung meines Gesuchs in Betracht zu ziehen, daß diese persönlichen Verhältnisse im Land Württemberg und besonders bei uns im Kreise Schwäb. Gmünd durchaus überblickbar sind. Die Bevölkerung wußte früher und weiß heute sehr wohl, wer Nationalsozialist war und wer keiner war, wie die Bevölkerung auch heute nach der Entmachtung des Nationalsozialismus durch die alliierten Truppen sehr wohl die Leute kennt, die als überzeugte Nationalsozialisten gehandelt haben und heute nicht mehr als solche gelten wollen. In dem Fragebogen ist z.B. eine Frage nach dem Kirchenaustritt nicht gestellt, was durch die in den beteiligten alliierten Staaten gewährleistete

Glaubens- und Gewissensfreiheit begründet ist. In Deutschland wird es als ein eindeutiges Kriterium zu werten sein, ob ein Parteimitglied sich so intensiv zur Partei bekannt hat, daß es im Zusammenhang mit seiner Parteimitgliedschaft durch seinen persönlichen Austritt aus der katholischen oder evangelischen Kirche die auf Zerstörung des Christentums abzielende Tendenz der NSDAP mitgemacht hat.
Es ist meine feste Überzeugung, daß es, ohne daß ein einziger Fehlgriff unterläuft, möglich ist, diejenigen Bürgermeister zu bezeichnen, für die die Mitgliedschaft bei der NSDAP eine Formalität war (...), und die deshalb ohne Gefährdung des Neuaufbaus der Verwaltung belassen werden können.
6. Die Alliierte Militärregierung wird in den übrigen Sektoren auf dieselbe Frage stoßen. Auf dem Gebiet der Schule und besonders auf dem Gebiet der Presse, bei dem die Parteimitgliedschaft Voraussetzung der Berufsausübung war, werden die personellen Schwierigkeiten noch größere sein als auf dem Gebiet der inneren Verwaltung.

Landrat Burkhardt und wir drei anderen zerbrechen uns in diesen Tagen den Kopf, was die Amerikaner mit ihren krassen Maßnahmen bezwecken. Es regnet die Verfügung „mandatory removal", und der „automatische Arrest" vollzieht sich mit beängstigender Folgerichtigkeit. Da und dort treffen sie schon den Richtigen; aber überwiegend sind es Fehlentscheidungen. (...) Man müßte sich doch vorher den ganzen Fall, den Mann ansehen. Wir kennen den Inhalt der Anordnungen, nach denen die Amerikaner vorgehen, nicht. Aber es sickerte soviel durch, daß in ellenlangen Listen Kategorien und nochmals Kategorien von Nationalsozialisten, Militaristen usw. aufgeführt sind, welche im Staat, in den Gemeinden und in der Wirtschaft entlassen, ja verhaftet werden sollen. Die Listen seien schon vor Jahresfrist in Washington auf dem Höhepunkt des Krieges und damit der Feindschaft gegen Deutschland ausgeheckt worden; und nach dem Einmarsch und den Berichten über die Scheußlichkeiten in Belsen [KZ Bergen-Belsen] und Buchenwald hätten die Amerikaner sie nochmals verschärft. Wenn diese Information richtig sein sollte - und es scheint so -, so hat etwas begonnen, das bei solcher Handhabung schlimm ausgehen muß. Wir haben für Schwäb. Gmünd eine ziemlich genaue Übersicht über den verbrieften Anteil seiner Bürger am Nationalsozialismus. Der Landrat ist ein Realist und hat sich die Zahlen verschafft. Wir können deshalb den Amerikanern vorrechnen, an welchem Tage der Totalkollaps der öffentlichen Verwaltung und der privaten Wirtschaft eintritt, wenn wie bisher weiterverfahren wird. Aber man predigt tauben Ohren. Ihre Antwort ist: It is an order.

In unseren Besprechungen sind wir uns einig, daß deutsche Maßnahmen durchgesetzt werden müssen, damit wir diese Übermaßnahmen der Amerikaner, die in ihrer Dauer und in ihrer Wirkung völlig unkontrollierbar sind, wenigstens berichtigen. Die politische Reinigung wird zum unaufhörlichen innerpolitischen Zank führen. Vorläufig streiten wir uns über dieses Problem mit den Amerikanern, in Bälde mit den Deutschen. Schon jetzt beobachten wir, wie ein Scheibenschießen beginnt, zwischen denen, die zufällig Parteimitglied geworden sind, und jenen, die zufällig nicht Parteimitglied wurden. Ein erbaulicher Anblick. (...)

Abends um 5 Uhr holte mich ein Auto nach Stuttgart. Träge und wenig Erfolg verheißend waren dort in der Zwischenzeit die Besprechungen dahingeflossen über die Bildung einer Landesverwaltung, die durch die 1. französische Armee einzusetzen war. Ich konnte mich diesen neuerlichen Beratungen nicht entziehen, verblieb aber auf dem Standpunkt, daß alle Bemühungen verfrüht seien und es genüge, wenn die Verwaltung des Landes durch die intakte Ministerialbürokratie ohne Chefs erfolge. Doch ich sprach in den Wind. (...)

Zwei Tage und zwei Nächte in Stuttgart. Jedesmal, wenn ich dort war, beschwerte mir das Leid, das über die geliebte Stadt gekommen ist, die Seele neu. Eine Verhaftungswelle ging über Stuttgart hin; ihr ist auch ein befreundeter Industrieller [Hans Huschke, Vorstand und Betriebsführer bei Daimler Benz] zum Opfer gefallen. Ganze Serien von Ehrenstellungen belasten ihn: NSKK-Führer, Wehrwirtschaftsführer, Ringführer. Heute gilt er als Kriegsverlängerer. Dabei hat er nicht mehr getan als jeder andere Fabrikant, der Kriegsmaterial gefertigt hat. Und welcher Industrielle hat kein Kriegsmaterial gefertigt? Man hat diese Verhaftung kommen sehen. Ich begleitete seine Frau zum Hotel Silber, das, wiederhergestellt, nun der neuen Polizei dieselben Dienste leistet wie einst der Gestapo. Keine genau gleichen Methoden natürlich, aber ähnliche, jedenfalls derselbe Zustand: Männer und Frauen liegen in den Zellen und werden vernommen und werden aber auch nicht vernommen. Bei einer Intervention bei dem neuen Polizeipräsidenten sprach ich davon, wie peinlich es berühre, wenn die neuen Maßnahmen den verabscheuten vergangenen gleichen; es täte Not, sorgfältig vom früheren System abzuweichen. Er stimmte mir zu, als ich sagte: „Ich möchte einmal wieder in einem Staat leben, wo es keine Verhaftungen mehr gibt." Doch, so weit sind wir noch lange nicht. Ich erlebte es bei dieser Intervention. Menschenjagd, Massenverhaftungen, allein beim Gedanken daran wird mir körperlich übel. In der französischen Zone sind auch die Deutschen wilde Sachwalter des Verhaftungsfiebers. In der amerikanischen Zone nehmen uns diese „Arbeit" die Amerikaner selbst ab. Große Freude bereitete uns eine Wiederbegegnung mit dem alten, treuen, durch dick und dünn bewährten Freund Robert W. [Wahl], eine Säule der Demokratie sein Leben lang, heute Bürgermeister und stellv. Landrat in Balingen. Wir sprachen über die Zeit damals, wie er einer politischen Intrige wegen im Amtsgerichtsgefängnis saß und ich seine Familie beriet. Er selbst, so sagte er, werde nie jemanden einsperren lassen, doch sei er dafür, daß es keinen Richter, Staatsanwalt und Rechtsanwalt im Amt geben solle, der nicht einmal mindestens vier Wochen gesessen habe. Verhaftet nicht, damit ihr nicht verhaftet werdet.

Schwäb. Gmünd, Mittwoch, den 30. Mai 1945

Punkt zwei Uhr nachmittags klopfte es an meine Zimmertüre: „Ein amerikanischer Offizier ist unten." Es war Captain Philipp M. [Magrish] der mir einen Brief von Gerta und einen Brief von Magda und in diesem Brief einen Gruß von Georg überbrachte. Der Offizier hatte in der Zwischenzeit das Schwabenland verlassen gehabt und war nach Österreich weitergerückt. Nunmehr brachte er mir, nachdem er nach Ellwangen zurückgekehrt war, auf einer Dienstfahrt nach Göppingen diese Botschaften. Sie trugen das Datum vom 16. Mai. *Dies war meine größte Freude seit fünfdreiviertel Jahren.*

Die Handschrift von Gerta einmal wiederzusehen, die mir unbekannt gewordene Handschrift von Magda - das war überwältigend. Ich lernte die Briefe beinahe auswendig. Mein Brief vom 30. April war richtig angelangt. Er hatte stürmische Freude und eine große Erleichterung nach der bangen Ungewißheit ausgelöst. Mit derselben Post war übrigens ein zweiter Brief von mir bei ihr eingetroffen. Diesen Brief hatte ich dem französischen Kriegsgefangenen Raymond W. [Waissler] mitgegeben, der ihn in Paris eingeworfen hatte. Otto belohnte den Überbringer des Briefes fürstlich. Er schenkte ihm eine Plaubel-Makina fabrikneu. Konrad hat von seinem Vater in Engstlatt bei Balingen und Elisabeth von ihrer Schwester in Wiesensteig, das im nächsten Kreis liegt, keinen Tag früher eine erste Nachricht über ihr Ergehen nach der Besetzung erhalten als ich von Frau und Kindern aus England.
Abends nahm ich das Buch chinesischer Gedichte zur Hand mit dem Exlibris Magda und Eduard G. [Goldschmidt]. Mit seiner klaren nach oben strebenden Handschrift hatte Eduard die Widmung hineingeschrieben: „Der lieben Gerta zum Geburtstag 21.10.1938.“ Ich las abends den Gruß in die Ferne, ein Volkslied aus der Han-Zeit. Oft hatte ich es gelesen in Betrübnis. Es lautet:

Im Flusse ist Lotos,
Im Weiher sind Blumen -
Viele duftende Blumen,
Die wollt' ich Dir senden
Ins ferne Land.

Ich denk an die Heimat,
Durchspähe die Wege,
Die endlosen Meere
Nach Deiner Hand.

Im Herzen vereint,
Auf Erden geschieden -
So grausam geschieden,
Das klage ich - bis an des Lebens Rand.

Auch bei diesem Lied erlebe ich den Wechsel der Lebenslage, das veränderte Vorzeichen. Doch das Ende selbst, man kennt es nicht. Werde ich das Wiedersehen erleben? Oder bin ich heute nur auf den Berg Nebo geführt worden, um das gelobte Land zu schauen, es aber nicht zu betreten?

Schwäb. Gmünd, Donnerstag, den 7. Juni 1945

Heute schlug es ein in der Bocksgasse 32. Die Woche war vergangen mit vielerlei Arbeit, vielerlei Besuchen aus dem ganzen Land. Otto hatte uns mehrere Tage Gesellschaft geleistet. Ihm, dem Unbekümmerten, man merkte es ihm an, daß er sich sorgte. Doch eine akute Gefahr war nicht zu sehen, und wir beruhigten ihn nach Kräften. Wir besprachen miteinander die auf den kommenden Samstag angesetzte Hochzeit von Konrad und Elisabeth. Er und ich sollten die Trauzeugen sein. Gestern, Mittwoch, war Otto wieder in die Mühle gefahren. Der heutige Donnerstag war recht anstrengend gewesen; doch abends schien sich ein ruhiges Stündchen zu ergeben. Unsere Freundin, Frau H. [Heyd, einst im Haushalt der Eltern Wittwer tätig], hatte uns besucht. Sie, die Frau eines angesehenen Gmünder Bürgers, war für mich als Brautfräulein auserkoren, und wir waren gerade im Begriff, diese Lösung zu besprechen und in einer gewissen Vorfreude zu belachen. Da, um 17 Uhr 30, klingelte die Hausglocke. Ein Chauffeur erschien: Otto ist verhaftet. Elfhundert Mann Militärpolizei, dreißig gepanzerte Wagen, drei Panzerspähwagen waren am Morgen erschienen, hatten Mühle und Fabriksiedlung umstellt, mit Maschinengewehren und Kanonen, in zirka sieben Stunden siebzig Vernehmungen durchgeführt und schließlich Otto ins Amtsgerichtsgefängnis nach Ellwangen verbracht. Und „morgen ist's Feiertag"!

Schwäb. Gmünd, Samstag, den 9. Juni 1945

Der Freitag war internen Beratungen gewidmet. Nicht zu rasch handeln, sondern zuerst: find the facts. Soll die Hochzeit abgesagt werden? Ich riet, nichts zu ändern. Aktiv werden ab Sonntag. Der Hochzeitstag von Elisabeth und Konrad begann für mich um 4 ½ Uhr morgens. Es galt, den Befreiungsschriftsatz für Otto zu entwerfen. Dieser mußte vorliegen, damit er noch im Laufe des Samstags übersetzt und am Sonntag der Militärpolizei übergeben werden kann. Sieben Schreibmaschinenseiten ergab mein handschriftliches Manuskript. Um 7 ½ Uhr morgens war der Schriftsatz fertig. Dann wurde die Weiche umgestellt: Konrads Hochzeitstag begann. Ich zog den schwarzen Anzug an, einst in Berlin bei Wertheim um den zurückgesetzten Preis von RM 60,- für die Reichstagssitzungen gekauft. Für heutige Begriffe ein Prachtstück. Es war mir gelungen, in einem hiesigen Hutgeschäft einen Böller Kopfgröße 60 Friedensqualität zu kaufen, die kuranten Größen waren längst ausverkauft, übrigens nach dem Erwerb einer Kleiderbürste der erste Einkauf seit dem Brand. Um 8 Uhr wohnte ich der Morgensitzung des Landrats bei, der Konrad allerdings fernblieb - was bei jedem Hochzeiter selbstverständlich gewesen wäre, nur nicht bei ihm. Er ist arbeitsbesessen. Um 9 Uhr versammelte sich die Hochzeitsgesellschaft am Hauptportal der Heilig-Kreuzkirche. Die Orgelmusik erschallte, und hinter dem Brautpaar schritt ich, zu meiner Rechten meine Brautjungfer, den langen Gang des Kirchenschiffs vor zum Altar. Wahrhaftig ein schöner äußerer Rahmen, die Stelle, an der Elisabeth und Konrad das Sakrament der Ehe empfingen. Hoch wölbte sich der Chor der Heilig-Kreuzkirche, dieses vollendete Werk der Gotik, erstellt von Heinrich Parler und dessen Sohn Peter, Steinmetzmeister aus Schwäb. Gmünd. Pfarrer Müller von Oberbettringen, früher Kaplan von St. Nikolaus in Stuttgart, mit der Familie Wittwer als Seelsorger verbunden, hielt eine formvollendete, inhaltsreiche Ansprache. Das Brautpaar hatte als Hochzeitstext den 126. Psalm gewählt. Die katholische Bibel verwendet an Stelle des Wortes „Freude" der Lutherbibel das Wort „Jubel", das die Stimmung in der Kirche noch hochzeitlicher wiedergab. Es waren nicht allein die Brautleute, sondern alle, besonders auch ich, angesprochen. Es war sehr feierlich. Ich sah, im Chorgestühl sitzend, das Paar von der Seite. Sie waren tief ergriffen. Es war nicht eine Hochzeitsfeier allein; ich empfand diese kirchliche Weihehandlung als tröstlichen Beschluß der furchtbaren zwölf Jahre.

Zwischen Kirche und Mittagessen lag es dem frischgebackenen Ehemann, der für den Rest des Tages in den Frack geschlüpft war, ob, einen Quartiermacherfeldwebel des VI. Corps von dem verlockenden Objekt unserer Wohnung abzulenken. Dieses Corps rückte eben in Gmünd zusätzlich ein und vertrieb Hunderte von Familien aus den Häusern. Nach dem Hochzeitsessen nahmen wir in der über und über mit Blumensträußen angefüllten Diele Platz. Zu einem ungeteilten Genuß des festlichen Tages kam ich nicht. Immer wieder mußte ich in mein danebenliegendes Arbeitszimmer hinübergehen, wo Herr und Frau Louis Sch. [Schuler, Industriellenehepaar aus Göppingen], die Otto für ihre Errettung aus der politischen Haft in der Frauenstrafanstalt Gotteszell in jeder Weise ihre Dankbarkeit bezeigen wollten, und Frau Margarete M. [Mersmann] damit beschäftigt waren, mein Schreiben an die Militärregierung in Aalen ins Englische zu übersetzen. Um 21 Uhr 30 war Sperrstunde. Die Hochzeitsgesellschaft mußte sich trennen, als die Gäste eben richtig in Stimmung kamen.
Am Sonntag früh fuhr Konrad mit dem Ehepaar Sch. [Schuler] nach Aalen zum Landrat und dann weiter in die Mühle. Ich wachte über das Haus. Die Quartieranforderungen des VI. Corps sind ungeheuerlich, und es bedarf schon eines Mannes im Hause, um es zu verteidigen. Es wurde Dienstag, bis alles für die Aussprache bei der Militärpolizei in Aalen vorbereitet war. Die juristischen Unterlagen über die Eigentumsverhältnisse des Werks, d.h. über Privateigentum und Reichseigentum, waren beweiskräftig beizubringen und ebenfalls ins Englische zu übersetzen. Von Otto war in der Zwischenzeit folgender Schrieb auf zulässigem Beförderungswege eingetroffen:
„Liebe Freunde in der Bocksgasse! Jetzt haben mich die Brüder doch geholt auf Grund einer besonders infamen Denunziation eines früheren Angestellten und einiger Saubauern. Es ist einfach scheußlich, in einem solchen Käfig zu sitzen. Allgemeine Anklage wahrscheinlich: Veruntreuung von Staatsgut und Kriegsgewinnlerei, Nazi-Bonze etc., wie es eben in ihrem Katechismus steht. Ihr werdet mein Schreiben an das Military Government gelesen haben? Ein Segen, daß ich mich so unschuldig fühle wie ein Säugling.

Trotzdem soll ich, wenn nicht rechtzeitig Rettung kommt, in ein Lager weiterverfrachtet werden. Wäre ich Idiot nur neulich in Gmünd geblieben und hätte ich wenigstens noch die Hochzeit mitgemacht! Ich werde überhaupt nach Gmünd umziehen, wenn ich wieder herauskomme. Ha, wie schön war der letzte Sonntag, wie würde Wein gut schmecken - und der Duft! Statt dessen suche ich mir nach der Krise der ersten paar Tage, die einem schrecklich auf die Nerven gehen, vorzustellen, ich wäre ein Trappistenmönch, der von früh bis spät frommen Übungen nachgeht. Ich werde Euch nach meiner Rückkehr eine Bußpredigt halten über das einfache Leben. Es fängt mit der Wohnung an. Mitten aus der Wand des Wohn-, Eß- und Schlafraums zieht man einfacherweise an einem Eisenring den Locus Loci heraus. Herzlichst Euer Otto."
Wir entnahmen diesem Schreiben, daß unser Sorgenkind der alte und keineswegs ganz down war.

Schwäb. Gmünd, Donnerstag, den 14. Juni 1945

Am Dienstag, dem 12. Juni, fuhr ich 8 Uhr 20 morgens los. Ziel: die Militärpolizei in Aalen. Diese Stadt machte den Eindruck eines Truppenlagers, aber eines deutschen. 145.000 Mann der Heeresgruppe von Vietinghoff-Scheel, die an der Südfront kapituliert hatte, alles miteinander geschlossene Einheiten, waren nach Aalen befördert worden, um dort entlassen zu werden. Der Anblick dieser deutschen Soldaten - Offiziere und Mannschaften -, welche sichtlich wenig angeschlagenen Elite-Divisionen angehörten, stimmte wehmütig. Ein trauriger Anblick, die entlassenen Soldaten, die sich zu Fuß in ihre Heimat aufmachen, nach allen Windrichtungen, und auf der Landstraße einhertippeln. Wahrhaftig das Gegenbild zu der einst verherrlichten schimmernden Wehr! Viele sind aus Ostpreußen, Mecklenburg, der Mark Brandenburg und können vorläufig gar nicht nach Hause.
Mein erster Versuch, den für Ottos Fall zuständigen Beamten zu treffen, schlug fehl. Ich wurde auf 2 Uhr nachmittags zu einem Captain L. [Levy] bestellt. Die freie Zeit dazwischen, benützte ich zu einem Besuch in der Mühle, der verwaisten Mühle, welcher der Herr fehlte. Pünktlich um 2 Uhr klingelte ich an der Türe der

früheren Wohnung des Landrats im Landratsamt, wo der erwähnte Offizier Dienstzimmer und gleichzeitig Wohnung innehatte. Ich wurde von einem Mann von ungefähr 40 Jahren, mittelgroß, mit auffallend lebhaften und gleichzeitig durchdringenden Augen, schwarzem, leicht gewelltem Haar empfangen. Ich nahm Platz, und sofort wurde mein Schriftsatz in Behandlung genommen. Der Gesprächspartner sprach fließend Deutsch, war aber nicht etwa ein früherer Deutscher. Es ergab sich bald, daß ich einem intelligenten Fachmann gegenübersaß, einem Mann aus den inneren Diensten der USA. Wort für Wort wurde der Schriftsatz studiert und durchgesprochen. Eine so schwere und so schwerwiegende Besprechung, und zumal für einen so erprobten, tausendfach bewährten Freund, habe ich in meinem ganzen beruflichen Leben nie geführt. Es ging um alles bei Otto. Zehn Jahre Festung oder eine Strafzeit dazwischen. Das einzig ermutigende Wort, das fiel, war: „Herr Doktor Maier, wir kennen Sie gut, wir haben Ihren Namen aus Amerika mitgebracht, und wir haben Vertrauen zu Ihnen.“ Bedrückt fuhr ich nochmals zur Mühle und dann nach Schwäb. Gmünd zurück. Der im Amtsgerichtsgefängnis in Ellwangen sitzende Otto beschäftigte unsere Gedanken bei Tag und Nacht.

Der folgende Tag brachte große Aufregungen im Landratsamt. Innerhalb zweimal vierundzwanzig Stunden waren trotz scharfer Maßnahmen der Militärpolizei vier Deutsche ermordet worden. Die Täter gehörten zu dem Kreis der Displaced persons, also der in den Gmünder Kasernen bis zur Höchstzahl von beinahe 20.000 Mann untergebrachten russischen Zivilgefangenen, die auf ihren Abtransport warten. Auch sonst regnete es Hiobsposten. Konrad erhielt die Nachricht, daß die Frau des Landrats [von Bad Mergentheim] W. [Fritz Wanner], Bundesbruder [der Stuttgardia], der Konrad in den letzten gefahrvollen Monaten besonders geschützt hatte, nach der Verhaftung ihres Mannes aus dem Leben gegangen ist, von ihren Kindern weg. Margarete M. [Mosthaf, Frau des Bundesbruders und späteren baden-württembergischen Staatsrates Walther Mosthaf] besuchte mich. Sie hat keine Nachricht von ihrem Mann, der anscheinend in Berlin geblieben ist, keine Nachricht von ihrem Sohn. Sie schied mit den Worten: „Es geschieht uns ganz recht, warum haben wir es uns so lange gefallen lassen." Eine bemerkenswerte Äußerung in einer Zeit, wo jedermann eine wehleidige Entschuldigung, daß er nicht dabei gewesen sei, sich zurechtgelegt hat.

Am Donnerstag, dem 14. Juni, stürzte um 9 Uhr 30 ein Bote in mein Zimmer auf dem Landratsamt: „Herr Doktor, Sie müssen sofort kommen. Eben ist Dr. M. [May] im Auto angekommen, in Begleitung eines Amerikaners." Ich eilte in die Bocksgasse 32, fand dort Captain L. [Levy] vor mit seinem etwas derangierten Häftling Otto. Wir saßen eine Viertelstunde in der Diele. Ich wagte gar nicht zu fragen, was über das Schicksal von Otto beschlossen sei. Er nahm uns beide auf die Seite: „Ich lasse Dr. M. [May] frei gegen eine Sicherheitsleistung von 25.000,- RM, die ich aus beschlagnahmten Geldmitteln schon im Besitz habe. Nur Ihnen hat er es zu verdanken, daß ich ihn freilasse." Gleichzeitig faßte er mich am Rock und fuhr fort: „Wenn noch das Geringste im Werk passiert, dann werden Sie verhaftet." Keine schlechte Aussicht, dachte ich, aber ich verstand, und mein Dank war herzlich. Der Verhafter wurde zum Befreier. Er brachte Otto in einem Wagen in die Mühle. Eine schwere Sorge war gewichen.

Mühle, Sonntag, den 17. Juni 1945

Scharenweis kamen in dieser Woche die Besucher aus dem ganzen Land. Mein Urteil ist plötzlich so begehrt, und zwölf Jahre lang hat man mich offenbar so gut entbehren können. Am Freitag, dem 15. Juni, hatten wir abends ein Beisammensein. Anwesend war der Landrat, W. [Wölz], Konrad, ich und ein junger französischer Captain mit Namen Lémal. Ein riesiger Super-Horch stand während des ganzen Abends vor dem Haus. Auf dem Auto stand in der üblichen großen Beschriftung: Officier Français de Liaison. Hauptmann Lémal befand sich als französischer Kriegsgefangener in Schwäb. Gmünd, als sich die Amerikaner am 19. April der Stadt näherten. Im Januar 1945 hatte er mit 150 Mann eine Widerstandsgruppe gegründet, die den Alliierten zu Hilfe kommen sollte. Am 20. April übergab er die Stadt und übernahm die

Leitung der Polizei bis zur Errichtung der alliierten Militärregierung. Die deutschen Beamten, soweit sie als Nichtnazis nicht geflohen waren, standen noch derartig unter den Einschüchterungen des Nazikampfkommandanten, der in der Nacht vom 19./20. April 1945 noch zwei Bürger hatte erschießen lassen, daß sie unfähig waren zu einer entscheidenden Tat. Es war also einem Franzosen vorbehalten, die Stadt Schwäb. Gmünd vor der Vernichtung zu retten. Captain Lémal übergab uns einen Bericht über sein Eingreifen an jenem Tag. Landrat Burkhardt ergänzte diesen Bericht in anschaulicher Weise. Er hatte dem von seinen Vorgesetzten verlassenen, unselbständigen Beamten vorgeschlagen, auf einem der Fabrikschornsteine die weiße Flagge zu hissen; besser, es sterbe, wenn's not täte, *ein* Mann, als es gehe die ganze Stadt unter. Verängstigt hatte der Beamte diesen Rat abgelehnt. Er beendigte die Unterhaltung damit, daß er sagte: „Um 12 Uhr gehe ich zum Mittagessen." Um ½ 11 Uhr vormittags zogen die amerikanischen Panzer jedoch kampflos in die Stadt ein. In Gmünd wurde kein Dachziegel beschädigt. Einem Silberwarenfabrikanten erschien die friedliche Einnahme Gmünds als eine solche Idylle, daß er die über den Marktplatz einrückenden Panzer mit der Leica vom Gehsteig aus photographierte. Leica und Amerikaner, das ist eine Sache für sich. Der dritte Panzer holte den Mann zu sich herauf und führte ihn mit durch die Straßen. Später durfte er wieder herunter, nicht aber die Leica.

Einen besonders erfreulichen Besuch der letzten Zeit muß ich nachtragen. Eines Vormittags sitze ich in meinem Amtszimmer im Landratsamt, fertige einen Besucher nach dem anderen ab, als sich die Türe auftut und außer der Reihe ein englischer Captain eintritt, mit großen Schritten auf mich zueilt, mir die Hand schüttelt und auf deutsch, beinahe schwäbisch sagt: „Herr Doktor Maier, kennen Sie mich nicht?" Es war Peter S. [Simon], der mich mit seiner Mutter [Emmi Sußmann] und seiner Schwester Lore so manches Mal in meinem Büro in Stuttgart aufgesucht hatte. Mutter und Sohn besaßen schon damals das englische Bürgerrecht, das sie durch den staatsrechtlichen Akt der sogenannten Reintegration zurückerworben hatten. 1938 wanderten sie aus. Sohn und Tochter tragen jetzt den Mädchennamen der Mutter [Simon]. „Sie haben sich nicht im geringsten verändert“, sagte Peter S. [Simon]. Wie ich ihn zum letzten Mal sah, war er ein erst fünfzehnjähriger Jüngling. Jetzt ist er englischer Hauptmann und kommt unter so veränderten Verhältnissen wieder in die Heimat zurück. Die Fabrik seines Vaters oder vielmehr Großvaters in B. ist durch einen Bombenangriff beschädigt, jedoch im Betrieb. Diese, das Wohnhaus in B. und das neuerbaute Haus in Stuttgart in der Schottstraße, das unbeschädigt geblieben ist, wird der Familie zurückerstattet werden. Die von mir unterzeichneten Verträge, die am 9. Januar 1939 unter schwerstem Druck zustande kamen, sind nichtig.

Schwäb. Gmünd, Sonntag, den 24. Juni 1945

Die vergangene Woche war voll von Erlebnissen. Als am Montag Konrad und ich durch die Bocksgasse zum Mittagessen gingen, wurde Konrad von einem amerikanischen Captain angesprochen und gefragt, ob er Dr. Maier kenne und wo Dr. Maier wohne, worauf dieser mich vorstellte. Ich wurde auf nachmittags 3 Uhr in das Amtsgerichtsgebäude gebeten zur Erörterung von Arbeitsbeschaffungsfragen. Ich erschien pünktlich. Captain Alfred M. Bingham hat in der Militärregierung für Württemberg die Abteilung Labour, also Arbeit und Soziales, zu verwalten, ein großer, schlanker Mann, eine überaus gute Erscheinung, Mayflower people, 50 Jahre alt. Ich habe ihn als das gute Gewissen der amerikanischen Zivilverwaltungsoffiziere kennengelernt. Großer Arbeiter. Er spricht ziemlich gut Deutsch. Die Besprechung dauerte ungefähr zwei Stunden. Ich wurde eine Unmenge gefragt und bin eine Unmenge Weisheit losgeworden.
Demselben Offizier begegnete ich wieder bei einem Treffen von 10 bis 12 Landräten, das am Mittwoch, dem 20. Juni, im Hotel Post in Murrhardt stattfand. Diese Landräte waren nach Wegfall der Reichsregierung, nach Aufhören der Landesregierung in Stuttgart, nachdem die Stadt von der französischen I. Armee besetzt worden war, ganz auf sich selbst gestellt und hatten das verständliche Bedürfnis, sich mit den Kollegen in anderen, ebenfalls amerikanisch besetzten württembergischen Kreisen auszusprechen.

Es war eine schlichte Zusammenkunft. In einem wenig ansprechenden Raum, der angefüllt war mit verlagerten Büroakten, saßen 25 Männer um einen Tisch. Nur ganz wenige kannten sich. Es war aber eine eigenartige Entdeckung und Beobachtung, daß diese Landräte, die in den allerersten Stunden nach erfolgter Besetzung von den einrückenden amerikanischen Truppen ausgewählt und eingesetzt worden waren, und die sämtlich vor dieselben Probleme und praktischen Aufgaben - und was für Aufgaben! - gestellt wurden, die Fragen ohne gegenseitige Verständigung in gleicher oder doch ähnlicher Weise gelöst hatten. Sie waren ganz einfach dem gesunden Menschenverstand gefolgt. Der Reihe nach redeten sich die Landräte und ihre Berater ihre Sorgen vom Herzen. Der Landrat von Crailsheim, der in einem einfachen Sportanzug erschien und den ich wegen seiner sachkundigen Ausführungen über Steuereingänge, Gehaltszahlungen usw. für einen Steuerbeamten gehalten hatte, erwies sich als der Erbprinz zu Hohenlohe-Langenburg. Er berichtete Gleiches und Ähnliches, er schlug Gleiches und Ähnliches vor wie der 68jährige, frühere Gewerkschaftssekretär Anton Sch. [Schmidt], heute Landrat in Waiblingen, wie der Landrat von Aalen, Baron L. [Max Freiherr von Lütgendorff], wie mein alter Freund, Professor B. [Emil Beutinger] - früherer Oberbürgermeister und heute wieder Oberbürgermeister von Heilbronn und Landrat noch dazu. (...) Ein ganzer Schwall von Aufträgen wurde von der Versammlung in meine Hände gelegt; ich sollte die Verwaltungsgrundsätze der Kreise in Übereinstimmung bringen. Eine besondere Freude war das Zusammentreffen mit [dem SPD-Politiker] Herrn Wilhelm Keil. Er war mit dem Landrat von Ludwigsburg erschienen. In den 13 Jahren ist er natürlich älter geworden, demnächst 75 Jahre. Wir schlugen an diesem Nachmittag bei vielen Fragen in die gleiche Kerbe. In der Frage der Behandlung der Parteigenossen waren wir beide der Ansicht, daß ein Radikalismus abzulehnen sei. Nach fünfstündiger Diskussion war die Sitzung beendigt. Eine neue Versammlung wurde für den 11. Juli in Schwäb. Gmünd vereinbart. In einem einfachen, schlicht demokratischen Verfahren war die Diskussion geführt und waren wesentliche Klärungen erreicht worden.

Am Freitag Nachmittag war ich noch zu Hause, als ein Bote vom Landratsamt erschien und mich bat, sofort zu kommen. Ich traf dort den in den letzten Jahren in Württemberg zur sachlich wichtigsten Persönlichkeit gewordenen Staatssekretär [beim NS-Reichsstatthalter] W. [Karl Waldmann]. Die Bitte von Herrn W. [Waldmann] an uns ging dahin, daß wir ihn der Militärpolizei übergeben sollten. Vom Schwäbischen Albverein her hatte er persönliche Beziehungen zu Landrat Burkhardt. W. [Waldmann], hatte sich acht Wochen umhergetrieben und verborgen gehalten und war sehr mitgenommen. Auch er hatte sich seine Ausrede und Beschönigung zurecht gelegt: Erstens war er gar kein wichtiger Mann in Württemberg, es schien nur so. Tatsächlich habe ihn Murr [Gauleiter und Reichsstatthalter Wilhelm Murr], der eine sträfliche Adjutantenwirtschaft getrieben habe, an die Wand gedrückt und sogar am Schlusse noch den Versuch gemacht, ihn an die Wand zu stellen. Zweitens habe er mit anderen führenden württembergischen Nationalsozialisten, deren Namen er bekannt gab, seit Jahren gemerkt, daß Hitler sich grundsätzlich nur mit Verbrechern umgeben habe. Hierüber führte er Einzelheiten an. Ich riet ihm, sich nach seiner Verhaftung solcher Ausflüchte nicht zu bedienen, denn derartige Schilderungen erinnerten allzusehr an die tausendfach geübten Entschuldigungsversuche; sie machten nur einen ungünstigen Eindruck. Ich legte ihm nahe, sich kurz zu fassen und die einfache und würdigste Erklärung für seine Karriere zu geben, die der Wahrheit entspricht, daß er als alter Kämpfer und Berufsbeamter von der Welle eben hochgetragen worden sei. W. [Waldmann] übergab mir noch ein langes Manuskript über seine politische Laufbahn, die Beweggründe seines Handelns, zur Weitergabe an seinen Sohn. An meinem Schreibtisch schrieb er einen kurzen Abschiedsbrief an seine Frau. Doch es war gar nicht so einfach, ihm seinen dringenden Wunsch zu erfüllen. Ich begab mich hierfür zur Public Safety der Landesmilitärregierung, die mich auf die Ortskommandantur verwies. Der Landrat brachte Herrn W. [Waldmann] persönlich dorthin. Aber auch dort wurde er nicht in Haft genommen. Wer so weit gewandert sei, der werde in der

kommenden Nacht nicht durchgehen; man solle ihn am Samstagvormittag bringen.
An diesem Samstagvormittag hatte Konrad, dem W. [Waldmann] sich anvertraute, ebenfalls kein Glück. Oberleutnant John E. Svitzer interessierte sich vielmehr nur für das goldene Parteiabzeichen dieses alten Kämpfers. Aber er besaß es nicht. Er war einst mit der Mitgliedsnummer siebzehntausend und ungerade eingetreten, aber in einer Parteikrise wieder ausgetreten. Später wurde ihm seine ursprüngliche Mitgliedsnummer „ehrenhalber", aber ohne goldenes Parteiabzeichen wieder verliehen. Er wurde nach Feststellung seiner Gmünder Wohnung [zunächst] wieder nach Hause geschickt.
In der Zwischenzeit waren W. [Wölz], Konrad und ich auf Samstag, 23. Juni 1945, zu dem höchsten Verwaltungsoffizier der amerikanischen Regierung von Württemberg, dem Obersten William W. Dawson*, in seine Wohnung in Schwäb. Gmünd, Ecke Olga- und Goethestraße, gegenüber dem Vermessungsamt, nachmittags um 2 Uhr bestellt worden. (...) Eine wichtige Sitzung stand also bevor. Pünktlich um 2 Uhr erschienen wir. Konrad fertigte über sie eine Art Protokoll an, das hiermit wiedergegeben sein soll:

„Aktenvermerk über die Besprechung bei der amerikanischen Landesverwaltung vom 23. Juni 1945, nachmittags 2 Uhr.
Anwesend: Oberst Dawson, ein Oberleutnant als Dolmetscher, später Captain Bingham, Dr. R. Maier, Min.-Rat Dr. W. [Wölz], Konrad W. [Wittwer].
Oberst Dawson begrüßt eingangs die erschienenen Herren, die er in seine Privatwohnung gebeten habe, um mit ihnen auf vertraulicher Grundlage einige Fragen zu besprechen, für die er jetzt, vor allem nach dem erfreulichen Zustandekommen und dem Verlauf der Landrätetagung in Murrhardt, den Zeitpunkt für gekommen erachte. Oberst Dawson erklärte zunächst den Aufbau der Verwaltung des von den Amerikanern besetzten Gebietes. Diese teilt sich in einen östlichen, fast ganz Bayern umfassenden Teil (besetzt von der 3. Armee) und einen Nord-Baden, Hessen, Hessen-

* *Der Jurist und Universitätsprofessor aus Cleveland/Ohio war seit 1943 von der US-Armee auf seine Aufgabe als führender Besatzungsoffizier in Deutschland vorbereitet worden.*

Nassau, Kurhessen und die 15 amerikanischen Kreise Württembergs umfassenden westlichen Distrikt (besetzt von der 7. amerikanischen Armee). Dieser westliche Distrikt untersteht einem General Haislip (Nachfolger von General Patch). Dieser General hat seine Vollmachten, Nordwürttemberg betreffend, auf Oberst Dawson übertragen. Stuttgart gehöre noch nicht zum amerikanischen Teil, wenn er auch glaube, daß schon in allernächster Zeit dieses Stadtgebiet ebenfalls unter seine Verwaltung kommen werde. Von der Einheit des früheren württembergischen Staatsgebiets in historischer, politischer, kultureller und wirtschaftlicher Hinsicht ist der Oberst überzeugt. Er bedauert die Zerreissung des Landes als solche und auch die heute unklare Trennungslinie. Er hofft, daß in absehbarer Zeit die Einheit des Landes Württemberg (...) wiederhergestellt werden könne.
Augenblicklich sehe er aber in der erfreulichen Murrhardter Tagung ein erstes Sprießen von demokratischer Staatsführung (the first sprouting of democracy), dem er zur weiteren Entfaltung verhelfen wolle. Er fragt nun die erschienenen deutschen Herrn nach ihren Vorschlägen (...). Dr. Maier antwortet ausführlich im Sinne der Beschlüsse der Murrhardter Tagung und führt zunächst aus, daß die 15 Kreise gewillt seien, eine Organisation zu schaffen für die Durchführung der Notstandsarbeiten, die von der einzelnen Gemeinde und den einzelnen Kreisen nicht selbst durchgeführt werden könnten. Er bezeichnet als solche Notstandsarbeiten vor allem die Wiederherstellung der Verkehrsmöglichkeiten in all ihren Spielarten, als Voraussetzung für die Wiederingangbringung der speziellen württembergischen Industrie und der Landwirtschaft. Dr. Maier fügt an, daß diese Arbeiten möglichst bald vorbereitet und auch in Angriff genommen werden müssen, da bereits in einigen Monaten außerordentlich ernste und durch die sozialen Strukturwandlungen bedingte innerpolitische Krisenverhältnisse zu erwarten seien. Dr. Maier verweist ferner auf die Absicht der Murrhardter Tagung, die amerikanische Regierung zu bitten, am 11. Juli ds. Js. eine neuerliche Landräteversammlung in Gmünd abhalten zu dürfen. (...)
Oberst Dawson teilt (...) die Auffassungen (...) und bittet nach längeren Ausführungen Dr. Maier, ihm bis kommenden Donnerstag ein Arbeitsbeschaffungsprogramm für die 15 Kreise vorzulegen, das sich auch auf den übrigen Teil Württembergs grundsätzlich anwenden läßt. Er bittet ferner (unbefristet) um eine Mitteilung von Namen namhafter württembergischer Fachleute aus allen Gebieten der Wissenschaft und der Beamtenschaft. (...)

Oberst Dawson ist bereit, in einer kommenden, ebenso vertraulichen Besprechung am nächsten Samstag (...) mit den deutschen Herren und einem weiteren Kreis seiner Offiziere sowohl die Frage des Arbeitsnotprogramms als auch die der Tagung vom 11. Juli zu besprechen. Oberst Dawson schließt die Besprechung mit einem besonders herzlichen Dank für den gezeigten Willen zur Zusammenarbeit, von dem er sich ohne Phrase ein sich stetig steigerndes gegenseitiges Vertrauen verspricht.
Dr. Maier, Dr. W. [Wölz] und Konrad W. [Wittwer] sahen nach dem Abschluß der einstündigen Besprechung diese als die erste an, in der seit der Besetzung des Landes den deutschen Teilnehmern Gelegenheit gegeben war, in Gleichberechtigung und absoluter Sachlichkeit die Notwendigkeiten zu erörtern."

Genau nach einer Stunde verließen wir das Haus. Im Weggehen sprachen W. [Wölz], Konrad und ich es aus: Vielleicht ist dies die Stunde der Wiedergeburt des Landes Württemberg gewesen. Alle Spielarten sind heute noch denkbar. Gutes und Schlechtes kann noch entstehen, von der Sowjet-Republik bis zu einem neuen Königreich Württemberg, wahrscheinlich aber etwas ganz anderes, ganz Unerwartetes.
Am heutigen Sonntagvormittag machte ich mich vor dem Beginn der Hitze auf zu einem Gang auf die aussichtsreichen Höhen, die man nach dem Durchschreiten des Taubentals gewinnt. An der Kolomans-Linde machte ich kehrt; Nachmittags um 2 Uhr setzte ich mich an meinen Schreibtisch, und in zweieinhalb Stunden brachte ich das von Colonel Dawson tags zuvor gewünschte Arbeitsbeschaffungsprogramm für die fünfzehn von den Amerikanern besetzten württ. Kreise, das aber für das ganze Land anwendbar sein soll, zu Papier. Ich schrieb den Entwurf in einem Zuge, die Gedanken flogen mir nur so zu. Ich schrieb u.a. folgendes:

„Württemberg ist im Wesentlichen ein Rohstoff verarbeitendes Land. Es hat sehr wenig Eisen (Wasseralfingen, Königsbronn), es hat keinen Stahl, es hat keine Kohle. Es bezog die Rohstoffe bisher vom übrigen Reichsgebiet oder vom Ausland, legte in sie die Arbeit seiner Menschen und verkaufte die Fertigerzeugnisse an das übrige Reichsgebiet oder an das Ausland. Verliert Württemberg diesen Wirtschaftsaufbau, so kann es auf seinem Gebiet statt bisher 2 ½ Millionen nur noch 1 ½ Millionen und diese kümmerlich ernähren. Soweit Württemberg sich der industriellen Urerzeugung widmet, so besteht sie einerseits in der Gewinnung von Holz aus seinen, allerdings in den letzten zwölf Jahren und besonders im Krieg sehr gelichteten Wäldern. (...) Die übrigen Bodenschätze sind die in reichstem Maße vorhandenen Stoffe für Zement, Kalk, Backsteine und Ziegel, deren Verarbeitung durch überaus leistungsfähige Werke erfolgt. Diese Produktion ist jedoch ohne Kohle (...) unmöglich. Ohne diese Baustoffe und ohne ein Minimum von industrieller Erzeugung sind jedoch die meisten Arbeitsbeschaffungsprojekte nicht in die Tat umzusetzen. Es ist die Transportfrage, und zwar insbesondere die Kohlentransportfrage, das zentrale Problem jeder staatlichen Arbeitsbeschaffung und damit gleichzeitig der Ingangsetzung der württembergischen Industrie überhaupt. ...

Die technischen und wirtschaftlichen Voraussetzungen zur Lösung dieser zentralen Transportfrage sind auch heute (...) noch vorhanden. Die organisatorische Behandlung dieser wichtigen Frage kann jedoch von den Gemeinden und den Kreisen offensichtlich nicht bewältigt werden, da sie über den Rahmen ihrer Zuständigkeiten hinaus geht. (...) In vielen anderen Fällen und auf anderen Sachgebieten können die Kreise und Gemeinden Notlösungen für eine gewisse Zeit finden und in vielleicht allmonatlich abzuhaltenden Zusammenkünften der Landräte können diese Maßnahmen koordiniert werden.

...

Es muß vor allem auf die wichtige psychologische Seite des Arbeitsbeschaffungsproblems hingewiesen werden. Das württembergische Volk ist fleißig, sparsam und technisch besonders begabt. Es hat sich in wirtschaftlich schwierigen Zeiten vor anderen deutschen Ländern als besonders krisenfest erwiesen. Wie das übrige deutsche Volk befindet sich aber auch das württembergische in einem Zustand einer Lähmung und geistiger Direktionslosigkeit. Es wird aber einem Appell, sich für die Wiederaufrichtung seiner Volkswirtschaft zur Verfügung zu stellen, Folge leisten. Ein ermutigendes Wort über seine politische und wirtschaftliche Zukunft würde ungeahnte Kräfte und den festen Willen zu energischer Mitarbeit auslösen."

Schwäb. Gmünd, Sonntag, den 1. Juli 1945

Diese Woche fing gut an. Auf dem Landratsamt war am Sonntag ein großer Briefumschlag an mich abgegeben worden. Er enthielt je einen Brief von Gerta, Magda und Georg mit Poststempel Stroud (…) 28. Juni 1945, also in beachtlich kurzer Zeit befördert. Große Freude über alle diese Nachrichten. Aber auch eine neue Trauerkunde. Ein guter Freund soll als Deutscher die Schweiz verlassen.* Es fangen demnach auch neutrale Länder mit der Verfolgung der Deutschen an, unter der sehr billigen Gleichung: Deutscher gleich Nationalsozialist.

Es gab wieder Besuche und nochmals Besuche aus dem ganzen Land. Oftmals war ich abends völlig „fertig". Am gestrigen Samstag fand die zweite Besprechung mit Colonel Dawson statt, an der wiederum W. [Wölz], Konrad und ich teilnahmen. Der Name des Oberleutnants und Adjutanten, der gleichzeitig als Dolmetscher dient, ist Moses Moskowits. Wir schätzen, daß er vielleicht Verleger in New York ist. Die Unterredung dauerte auf die Minute wieder eine Stunde. Das Programm der Landräteversammlung vom 11. Juli 1945 wurde festgesetzt, das heißt die von uns entworfene Tagesordnung genehmigt (...). Zwei Feststellungen des Obersten fielen mir auf: „In Ihrem Land spielt der Berufsbeamte eine große Rolle" und: „Das Wichtigste für Sie ist die Kohle!" Er hatte also meine Ausführungen zur Amtsenthebung der Bürgermeister gelesen und mein Arbeitsbeschaffungsprogramm vom 26. Juni und offenbar die wesentliche Frage sehr wohl verstanden. Das sind aber nur zwei Einzelfragen unter tausend wichtigen Fragen. Ist es überhaupt möglich, unsere deutschen Verhältnisse verstehen zu lernen? Und welcher Verwaltungsoffizier wird sich in gleicher Weise bemühen, sich diese Kenntnis anzueignen? Oberst Dawson erweckt Vertrauen - persönlich und sachlich.

---

* *Es handelte sich um Hugo May, den Bruder von Paul und Otto, der ebenfalls die Familie in England unterstützte.*

Sonntag, 15. Juli 1945

An die Familie

Eben komme ich von einem Frühausflug zurück. Ich brach um ½ 7 Uhr auf, machte meinen Lieblingsspaziergang auf die Höhe nördlich Gmünd. Man genießt dort und auf dem ganzen Rückweg die unvergleichliche Aussicht auf die Alb. Überall war ich schon mit Dir und beinahe überall auch schon mit beiden Kindern. Die Alb, der Schwarzwald, das Remstal, was waren sie mir für Tröster in diesen sechs langen Jahren der Trennung. Hunderte von Memorialmärschen, Gerta-, Magda-, Georg-Memorialgänge, habe ich dort ausgeführt. Nicht nur an den Sonntagen zog ich dort hinaus. Auch die Mittwochnachmittage hatte ich hierzu frei. Dieses Land und diese Landschaft, das war das Wenige und gleichzeitig das Große, das mir verblieben war und verblieben ist.
Ich machte mich so früh auf den Weg, um der Hitze des heutigen Sommersonntags zu entgehen. Der Rückmarsch führte mich durch wogende Getreidefelder. Aus ihnen leuchteten die Kornblumen, die Ackerwinde und der Klatschmohn, und am Weg blühten blau üppige Wegerichbüsche, und wenn ich den Blick erhob, lag die Bergkette vor mir. Gedankenvoll ist man auch heute. Dem gegenüber, was uns jetzt zu schaffen macht, sind Erlebnisse wie der November 1918, selbst der Januar 1933, Mückenstiche. Den unerträglichen Druck, die Peiniger von vordem sind wir los, aber neue schwere Belastungen für Leib und Seele sind an ihre Stelle getreten. Was über die Deutschen kommt, ist unaussprechlich. Doch es ist klar: All dies muß geschehen. Zu wehleidigen Gefühlen haben wir kein Recht. Wie oft hatte ich Euren behüteten Auszug am 28. Juli 1939 vor Augen, wenn ich die Schreckensbilder der Flucht, von ungefähr Ende 1943 ab, mit ansehen mußte! Doch ich habe jetzt eine große Freude erlebt. Zunächst Deinen und Magdas allerersten Brief und letzten Montag Deinen und Magdas zweiten Brief und Georgs ersten Brief. Wirklich ganz große Freudentage. Und am Sonntag brachte mir Hotelier R. [Fritz Reichert] drei Photographien von Georg, die Dein Vetter Wolfgang M. [Magnus] in seinem Feldgepäck über den Kanal und über Frankreich

hierher gebracht hat. Ja, Georg, wie bist Du groß geworden! Ich weiß - und ich wünsche mir es auch -, daß Du Onkel Werner [Werner Magnus, Prof. für Pflanzenphysiologie in Berlin] nachschlägst. Ich kam noch öfters mit ihm zusammen, bis mir eines Tages Hans [Voß] meldete, daß er von vier Gestapobeamten abgeholt wurde, hierauf - wohl nicht unfreiwillig - erkrankte und im Krankenhaus in Berlin [im Jüdischen Krankenhaus, Iranische Straße] unter der Pflege von Ännchen [Voß] nach vier Tagen gestorben ist. Magda, Dich kenne ich nun durch keine Photographie von Angesicht zu Angesicht, aber ich kann mir Dich doch einigermaßen vorstellen. Briefe schreiben, das kannst Du. Ich bin ordentlich stolz auf Dich. Und nun zu Mama Gerta selbst. Wie bin ich Dir dankbar, daß Du in diesen sechs Jahren die Vaterstelle an den Kindern vertreten hast! Unsere Belohnung liegt in der Errettung der Kinder. Sie durften in England unangefochten geistig wachsen, konnten etwas lernen. Wir vier wären untergegangen, wenn wir damals den schweren, schweren Entschluß, uns zu trennen, nicht gefaßt hätten und ein gütiges Schicksal uns die Ausführung im allerletzten Augenblick nicht noch gewährt hätte, allen unüberwindlich scheinenden Widerständen zum Trotz.
Jetzt haben wir wenigstens die tröstliche Aussicht auf ein Wiedersehen, vorläufig vielleicht die Möglichkeit, uns regelmäßig zu schreiben. Ein Wiedersehen schon in den nächsten Monaten wird schwierig sein. Ich habe den Eindruck, daß die Alliierten niemand hinein- und niemand herauslassen. Deiner Ansicht, daß die Kinder vorläufig besser in England bleiben, stimme ich zu. Es wäre unsinnig, nachdem sie draußen Fuß gefaßt haben, sie aus der Schule, Kameradschaft, Umgebung herauszunehmen. Die Verhältnisse hier sind Dir schwerlich klar zu machen. „Chaos" ist das falsche Wort. Alles ruht: die Schulen, die Fabriken, die Eisenbahn, die Post. Das ganze Volk ist gelähmt, und was politisch in der Zukunft wird, ist nicht zu erkennen. Sehr, sehr dafür bin ich, daß *Du* möglichst bald kommst, auf Besuch oder auf immer. Ob Du die Reise hierher fertig bringst, weiß ich nicht. Unternehme aber die Reise nur dann, wenn die Rückreise paßtechnisch gewährleistet ist. Denn, wie gesagt, was aus uns Deutschen wird,

weiß kein Mensch, und wenn es schief geht, möchte ich Dich bei den Kindern wissen. Wenn es irgend eine Möglichkeit gibt, daß Du mich hier herausziehen kannst, z.B. ich vier Wochen zu Euch kommen könnte, so mach's. Denn es ist erschütternd hier. Du mußt Dir vorstellen, daß ein gärender Hexenkessel sich aufgetan hat, welchen die falschen Antinazis, die Überantinazis kochen und feuern; dieselben Kerls im Grunde genommen wie die abgetretenen. Fanatische, rachsüchtige Menschen, welche zu Posten kommen wollen.* Unsere Freundin Wilma [Schmid] bezeichnet dies als „Schlammstrudel". Ich habe selbst eine politische Betätigung mehrfach strikte abgelehnt. Doch ist es wohl diese gänzliche Zurückhaltung, welche mich empfiehlt. So ist mein Name erneut im Wurf. Doch ich verhalte mich so, wie wenn Du neben mir stündest; ich weiß, Du würdest sagen: Tue es nicht. Aber es kann sich irgend eine Lage ergeben, in der ich nicht mehr ablehnen darf. Es wäre gut, wenn Du bald kämest. Voraussetzung ist ja, daß Du die Kinder allein lassen kannst. Denn ich gehöre jetzt wieder in eine Schale. Seitdem das liebe Stuttgarter Haus abgebrannt ist, habe ich nach dem Verlust von Euch vollends die Heimat verloren. Hier in Gmünd ist es schön. Die Stadt ganz unbeschädigt. Für Dich hat's Platz. Die Ernährung macht hier vorläufig keine so großen Sorgen. Nur fürchte ich für Dich das Frieren im Winter. Schon der letzte Winter war schwer. Wie das 1945/46 werden soll, kann man sich gar nicht vorstellen.

Ich selbst bin zur Zeit auf dem Landratsamt hier tätig. Konrad und ich sind in dieser Übergangszeit assistants of the Landrat. Ehrenamtlich! Da jeder Verkehr ruht, könnte ich die Anwaltstätigkeit sowieso nicht ausüben. Und diese amtliche Tätigkeit hat Vorzüge; man lernt die neue Atmosphäre kennen, und man hat eine größere Freizügigkeit. Doch langsam werde ich mich dort zurückziehen und den Anwaltsberuf, der mir immer Freude

---

* *RM hatte sich am 1. Juli 1943 auf vielerlei Anraten von seiner Frau scheiden lassen, um möglicher Verfolgung zu entgehen, seine berufliche Existenz zu sichern und um Kollegen und Freunde nicht in Gefahr zu bringen. Nach dem Krieg wurde dies gegen ihn gewendet.*

gemacht hat, wieder aufnehmen. Gesundheitlich ging es mir in den ganzen sechs Jahren gut, besser eigentlich als im allgemeinen früher. Doch neuerdings meldet sich das Herz wieder. Die ungeheuren Aufregungen seit ungefähr Oktober 1944, das anstrengende Leben ohne das altgewohnte Heim, die Wochen vor der Niederlage und was jetzt alles einen niederdrückt, die Verhaftungen rund herum - auch wenn sie uns nicht betreffen, man fühlt doch mit - alles dies hat mich mitgenommen, und schonen kann man sich schwer. Täglich rollen die Autos vor. Das letzte Benzin wird eingesetzt: „Dr. Maier soll helfen." „Wir müssen den Wirtschaftsmaier wieder haben", u. ä. Natürlich kommen auch die guten alten Freunde. Man drückt sich die Hand und blickt sich an: „Daß man das Ende noch erleben durfte, aber welches Ende, welche Konsequenzen für uns!"
Den Inhalt unserer Kästen, Schränke usw., also die Wäsche, die Kleider, die Bücher, das Besteck, das Porzellan, die besseren Bilder, habe ich in mühevoller Arbeit, Koffer auf Koffer, vor dem Brand teils nach Schorndorf, teils nach Ravensburg und von dort später in zwei Pfarrhäuser im Oberland verbracht. Dies ist gerettet, wenn es jetzt unter der Besatzung nicht noch verloren geht. Auf die verschiedenartigste Weise konnte man seit ein paar Jahren in Deutschland sein Sach' los werden. Aber ich habe endgültig verlernt, daran zu hängen.
Mein Tagebuch führe ich weiter. Es besteht in den Jahren 1943 und 1944 aus langen Briefen, die ich an den Neffen Wolf ins Feld, aber gleichzeitig im Geiste auch an Euch schrieb. Oftmals war die Düsternis um mich so groß, daß ich an ein Wiedersehen nicht mehr zu glauben vermochte. Diese Aufzeichnungen sollten Dir und den Kindern eine letzte Kunde von mir geben. Seit 1. Januar 1945 ist es ein richtiges Tagebuch, mit allem Bedacht geschrieben, früher vorsichtig der Nazis wegen, heute im Hinblick auf andere Einrichtungen. Auch das, was ich Euch hier schreibe, ist nicht frei, denn es geht durch allerlei Hände, bis es des „Postgeheimnisses" teilhaftig wird.

Schwäb. Gmünd, den 29. Juli 1945

An die Frau

Am vorletzten Sonntag, also heute vor 14 Tagen, schrieb ich Dir. Ich wußte noch nicht, wie ich den Brief los werden könnte. Doch es kam ein Vogel geflogen. Ein reitender Bote, von mir entsandt, erreichte in der Stadt der leider zur Zeit entschwundenen Lebkuchenbüchsen wenigstens die Sekretärin von Wolfgang M. [Magnus], hinterließ dort meine Nachricht, und am Samstag, dem 21. Juli, überraschte er mich selbst mit seinem Besuch. Jener Samstag war ein turbulenter Tag. Ich saß um 6 Uhr morgens unten an meinem Schreibtisch und hörte unser Fräulein Anna das Haus zum täglichen Kirchgang verlassen. Aber sie kam sofort zurück. Ausgangssperre auf zwei Tage. Ein Passant gab gleich eine handfeste Parole weiter: „Die Russen sind über die bayerische Grenze nach Süddeutschland eingerückt."

Nach einiger Zeit lockerte sich das Verbot. (...) So entschloß ich mich, die schon auf den frühen Vormittag angesetzte Fahrt nach W. [Westhausen] zu unternehmen. Ich fuhr los, und es ging gut. In Aalen verließ mich mein Reisebegleiter, der 31jährige Peter L. [Lahnstein], Sohn des früh verstorbenen Rechtsanwalts Dr. L. [Lahnstein], Neffe des Dir sicher auch bekannten Fräulein Tilly L. und des Rechtsanwalts Dr. H. [Hess], (die Letztgenannten sämtlich in Theresienstadt umgekommen); Dr. jur., Sprachexamen in Grenoble und Cambridge, auf meine Empfehlung als wertvoller Mitarbeiter in das Landratsamt aufgenommen.

In Aalen herrschte dicke Luft. Die dort liegende Division nahm es bedeutend strenger als die Division hier in Gmünd. Kein Mensch war auf den Straßen zu erblicken. Wir passierten heil noch einige Straßenkontrollen. Doch hinter Wasseralfingen stellte ein Posten das Fehlen einer gerade vorgeschriebenen Sondergenehmigung fest. Im ganzen Besatzungsgebiet wurde zwei Tage lang eine allgemeine Razzia veranstaltet. Auto und Inhalt wurden picked up und durch einen Jeep der Militärpolizei zu einer Kontrollstelle in den Alfing-Industrie-Werken geleitet. Wir bekamen die Nummer 131 bis 133 und die Weisung, uns (...) hinten anzuschließen.

Im gleichen Augenblick erschien Dr. L. [Lahnstein], der ebenfalls von der Polizei aufgegriffen worden war, mit einem arrest report in der Hand. Er hatte sich zu Fuß von Aalen nach Oberkochen, wo seine Frau wohnt, begeben wollen. Er erhielt Nr. 134. Langsam schob sich der Haufe vor uns nach vorne, und nach längerer Zeit kamen auch wir daran. Entschuldbarer Irrtum. Nicht verhaftet, aber zur weiteren Entscheidung zur Militärregierung nach Aalen. Im Gefolgschaftsraum der Ostertagwerke in Aalen saßen schon etwa hundert Leidensgenossen. Wir warteten erneut. Wir waren nicht wirklich verhaftet, aber fort konnten wir auch nicht. Man sah sich so langsam die Stühle und Tische darauf an, wie man auf ihnen und unter ihnen notfalls übernachten könne. Schließlich kam der Retter. Der neubestellte Bürgermeister von Aalen, ein früherer Stuttgarter Gemeinderat, erkannte mich, stellte mich dem maßgebenden Major vor, bejahte dessen Frage: A good man? und wir waren entlassen, aber nicht etwa nach W. [Westhausen] oder nach Hause, sondern to spend a night in the Landrat's house. Der Landrat, Baron L. [Lütgendorff], war über diese Einquartierung baß erstaunt, ja bestürzt. Seine sehr gewandte Gattin richtete alles für die Nacht, gleichzeitig schickte sie aber einen geeigneten Boten zum Ortskommandanten. Dieser kam abends um 7 Uhr mit einem Zettel zurück, der die Erlösung brachte: This chauffeur and three persons are to return to Gmünd before curfew July 21st 1945. J. K. Owen, Major, Inf. Mil. Govt. Off. Mit diesem „Sesam, öffne dich" durchstießen wir alle Kontrollen. Als ich um ½ 8 Uhr ankam, öffnete Elisabeth die Haustüre und sagte: „Wir haben Besuch, Herr Wolfgang M. [Magnus] ist angekommen."

Du hast sicher einen ausführlichen Bericht von ihm erhalten. Nicht nur für mich, sondern für uns alle im Hause war der Besuch Deines Vetters eine ganz große Freude. Wie tat es uns gut, uns wieder einmal mit einem Manne aus der übrigen Welt - aus der Welt, die uns solange verschlossen war und die sich nur sehr langsam auf tun wird - zu unterhalten und zu besprechen, gleichberechtigt, mit gleicher Erziehungs- und Bildungsgrundlage. Und was war es für mich eine Freude, zum allerersten Mal unmittelbare

Berichte über Dich und die Kinder zu erhalten! Wolfgang M. [Magnus] blieb 24 Stunden. Bei einem Rundgang durch die Stadt, die Heilig-Kreuzkirche, die Johanneskirche, den Marktplatz machte er einige Aufnahmen.
Ich gab Wolfgang eine Abschrift des Tagebuchs mit, das in vier Exemplaren vorhanden ist. Von Magda brachte er mir das weiße und das braune Pferd. Otto M. [May], der anderen Tags kam, war sehr angetan von Magdas künstlerischer Begabung und nahm gleich die Maße für einen Rahmen. Beide Bilder werden an die Türen meines Kleiderschranks angeheftet werden. Es ist das erste größere Stück, das ich nach dem Brand erwerben konnte, ein hiesiger Schreinermeister hat es mir großmütig geliefert. Wo ich allerdings den Postkartenhalter, den mir der liebe Georg angefertigt hat, anbringen werde, wenn ich ihn bekomme, weiß ich noch nicht. Für Georg sind die vier Briefmarken. Münchener Stadtpostmarken.
Am heutigen Sonntagmorgen bin ich flott ausgeschritten. Wiederum ging's nicht auf die Berge selbst, sondern zum unvergleichlichen Panorama der Berge. Die Wettervorhersage für die amerikanisch besetzte Zone hatte Bewölkung angekündigt und mit einer verblüffenden Bestimmtheit eine Mindesttemperatur von 14 Grad und eine Höchsttemperatur von 24 Grad. Also drohte kein heißer Vormittag, und ich brauchte nicht allzufrüh aufzubrechen. Den Kleppermantel ließ ich zuversichtlich zu Hause, denn nach derselben Voraussage regnet es am Sonntag nicht, dagegen am Montag. Es waren dreieinhalb Wanderstunden. Die Kornfelder waren größtenteils abgeerntet, nur der Haber [Hafer] steht noch draußen. Also suchte ich das Gebiet des Habers auf, denn Stoppelfelder sehe ich nun den ganzen Herbst und Winter. Durch Wälder ging es und über Wiesen, auf denen mit den herrlichen Wiesenblumen unserer Heimat das Öhmd [der zweite Wiesenschnitt] heranreift. Ein kühler Westwind strich über die Höhe, ich badete in Luft und in Sonne. Wie ein Kulturfilm rollte die Landschaft ab, und die Wolkenschatten huschten über sie hin. Auf dem Rückweg frug mich in scharfer norddeutscher Sprache eine Dame mit Rucksack nach dem Weg nach Alfdorf. Keine Naturwanderin,

denn diese Art beginnt auszusterben: sichtlich eine Zweckwanderin. Ich erklärte ihr den Weg zuerst ins Tal hinunter und dann wieder auf der anderen Seite hinauf. Ich zeigte ihr die Wegbezeichnung, das kleine rote Kreuz auf weißem Grunde, wie es auf den Stamm des Lindenbaums gemalt ist. Sie wußte es jedoch besser und sagte, sie halte dieses Zeichen für das Rote Kreuz, das die Amerikaner für ihre Zwecke angebracht hätten. Ich unterbrach ihren Redeschwall und sagte: „Nein, nein. Sie können sich darauf verlassen, das Zeichen ist vom Schwäbischen Albverein." Ihre Antwort: „Aha, das ist wie unser Riesenjebirgsverein, ich bin aus Schlesien", erreichte mich schon im Weiterschreiten. Über St. Salvator marschierte ich Gmünd und dem Mittagessen zu.
In der vergangenen Woche fand am Mittwoch eine Zusammenkunft der Landräte der Kreise Ludwigsburg, Waiblingen und Schwäb. Gmünd wegen der Zollamtsbezirksgrenzen statt, ein mysteriöses Thema, aber im Tagungsort, dem Gasthaus zur Post in Schnait, rasch einer Lösung zugeführt. Der Initiator der Einladung war der tatkräftige, ungewöhnlich sympathische Waiblinger Landrat Anton Schmidt. Die Tische waren reich geschmückt, Rosenstrauß prangte an Rosenstrauß. Oben am Tisch vor einem Riesensonderstrauß mit lauter Marschall Niel [gelbe Rosensorte] nahm später ein Geburtstagskind Platz. Es war der Führer der württ. Sozialdemokratie, Wilhelm Keil, der am Tage vorher 75 Jahre alt geworden war und der in erstaunlicher Frische heute ratend und tatend mitwirkt. Eine wundervolle Rückfahrt im Glanz des Sommerabends führte uns über den Goldboden, Engelberg, Schorndorf nach Gmünd zurück. Mit der Sperrstunde 21 Uhr 30 waren wir zu Hause.
Ehe wir zur Fahrt nach Schnait aufbrachen, erschien ein neuer Oberst, zu einer kurzen Aussprache mit mir in der Wohnung in Gmünd. Er war außerordentlich liebenswürdig. Im Auto besprachen wir, d.h. der Landrat, Konrad und ich, den Besuch, und einer meinte: „Der ist eben auch gekommen, um das Stückle Vieh, das in Gmünd steht, anzusehen." Damit meinten die Männer mich. Die Deutschen rennen in Stuttgart wie besessen zu den Amerikanern, seit diese am 9. Juli mit der Militärregierung von

Schwäb. Gmünd dorthin übergesiedelt sind, in gleich aufdringlicher Weise wie früher zu den Franzosen. Die Letzteren vertragen ein solches Verhalten nach ihrer Lebensart besser. Bei den Amerikanern macht diese Amtsjagd einen miserablen Eindruck. Je ein Dutzend glaubt sich befähigt für jeden einzelnen Ministerposten. Ich verbleibe in der Zurückhaltung bis Ablehnung. Ich meide Stuttgart. Das Allerwichtigste ist mir, daß ich Euch wiedersehe, sobald dies unter den schwierigen Verhältnissen möglich ist. Gestern waren es genau sechs Jahre, daß wir miteinander von Stuttgart abgefahren sind. Jede Einzelheit dieses Tages steht vor meinem Auge, wie wenn es gestern gewesen wäre. Ich sehe den Abschied von den übrigen Hausgenossen unten an der Haustüre, ich sehe den kleinen Georg im Auto stehen und nach links und rechts blicken, während wir die Hegelstraße durchfuhren, und Deinen letzten Blick auf Stuttgart, der dem Kinderheim [der einstigen beruflichen Wirkungsstätte] galt. Und denke Dir, in all den Trümmern das Kinderheim, es ist erhalten geblieben.
Mein tägliches Erleben ist voll vom Zeitgeschehen. Dafür sorgt schon die Tätigkeit auf dem Landratsamt. Von einem Wiederaufbau kann noch nicht die Rede sein. Ein Steinchen kann behutsam auf das andere gesetzt werden, und oft ist am Ende der Woche das Mäuerchen, das man aufgerichtet hat, wieder eingefallen. Ich würde es den Deutschen, die jahrelang kritiklos mitgemacht haben, heute aber mit Kritik leicht zur Hand sind, nur wünschen, sie könnten einen auf dem mühseligen Weg begleiten und sehen, wie man sich jetzt abplagen muß um Dinge, deren Vorhandensein früher eine Selbstverständlichkeit war. Das Privatleben kommt zur Zeit für mich zu kurz, und wenn ich Konrad, den Nimmermüden, beobachte, so erinnert er mich an mich selbst in den Jahren 1930 bis 1932 und seine Elisabeth an Dich damals. Sie stöhnt: „Ich kann meinen Mann nicht eine Viertelstunde lang privat sprechen." Ich glaube, er ist noch geistesabwesender, als ich dies unter solchen Umständen einst war. Aber wir haben ja 12 Jahre politisch ausgeruht. Besonders die letzten sechs Jahre hatte ich wirklich ein Privatleben, und mir scheint, ich habe es gut angewendet. Eine ganze Bibliothek habe ich ausgelesen. Meistens

ziemlich schwere philosophische Bücher, aber auch viel historische, biographische. Das Haus in Stuttgart, es war meine Burg, und ich habe es genossen bis zum Schluß, viele Monate im Bewußtsein, daß ich es verlieren werde. Ich wage mich gar nicht recht in die Gegend; denn der Anblick der Ruine tut weh.

Fortsetzung vom 31. Juli 1945

Heute, Dienstag, war ich in Stuttgart. Es geht jetzt wieder eine Eisenbahn. Aber frag' mich nur nicht wie. Aber sie geht! Die Wagen tragen die Aufschrift „Allied Forces". Diese Aufschrift steht wohl auf allem, was einst uns gehörte, und auf uns allen. In Stuttgart weht seit 9. Juli das Sternenbanner auf dem Bahnhofsturm. Ist es ein Banner der Hoffnung? Auf jeden Fall flatterten stars and stripes, vom Nordwestwind bewegt, über der Stadt und machten einen beinahe geschäftigen, unternehmungslustigen Eindruck. Es hängt so viel von dieser Fahne ab für uns, auch für uns beide. In Stuttgart bekam ich Deinen an Marianne S. H. [Seligmann-Heilner] geschriebenen Brief ausgehändigt, Datum 4. Juli. Es geht Dir also gleich wie mir: Wir werden beide ungeduldiger. Einmal werden die Schranken fallen. Der Tag in Stuttgart war voll von Beratungen mit sorgen- und kummerbeladenen Menschen. Alle mir einst im Wirtschaftsministerium unterstellten Beamten, welche doch so treu zu mir hielten, sind entlassen und noch schwereren Maßnahmen verfallen. Und kein Mensch kann helfen. (...) Du kannst Dir ein Bild von unseren Verhältnissen machen, wenn ich Dir sage: Es ist einfacher, von Dir aus England etwas zu erfahren als zum Beispiel von Selma aus Ravensburg.

Dienstag, den 7. August 1945

An die Familie [An Gerta]

Am Samstag, dem 4. August, holte ich die Fahrt nach W. [Westhausen], die vierzehn Tage vorher mißglückt war, nach. Zuerst ging's ins Werk, wo ich die geschäftlichen Dinge erledigte, dann in die Mühle. Auf der Fahrt durch das Dorf sah ich das neue Bauernhaus, das aus den Brandruinen frisch erstanden ist. Es war das einzige, das beim Kampf um das Dorf am 22. April 1945 zerstört wurde. Der Anblick erfüllte mich mit neuer Hoffnung, und hoffnungsfroh machte mich auch der Stand der Fluren mit den wieder eingeebneten Granatlöchern, auf denen schon Wiesengras und Wiesenblumen wachsen. Nach den Beschlüssen der Potsdamer Konferenz und ihren harten Bedingungen für den übrigbleibenden Rest von Deutschland bedarf es der Ermutigung. Im Vorbeifahren überbringe ich Baronin L. [Lütgendorff] in Aalen-Wasseralfingen, die unsere Retterin war vor 14 Tagen, einen Riesenstrauß herrlicher Nelken. Ich wundere mich, daß solche Prachtexemplare von farb- und formschönen Blumen in der Verödung noch wachsen.

Den Sonntag, der sehr heiß war, verbrachte ich bis auf einen kleineren Gang auf die Höhe in meinen vier Wänden. Der amerikanische Militärregierungs-Fragebogen verlangt auch die Angabe sämtlicher gehaltener Reden und veröffentlichter Aufsätze. Wenn sie nicht verbrannt wären, müßte von mir eine kleine Kiste voll Zeitungsberichte und Zeitungsartikel dem Fragebogen beigefügt werden. Die Original-Manuskripte der meisten in den Jahren 1930 bis 1933 gehaltenen Reden hatten sich bis zur Auswanderung von Rudolf [Goldschmidt] in den Safes des Bankhauses Str. [Straus & Co.] in Karlsruhe befunden, dann einige Jahre in meinem Schreibtisch, dann waren sie zwei Jahre lang nach Schorndorf verlagert. Jetzt habe ich sie wieder an mich genommen. Ich rekonstruierte eine von den Reden, nämlich jene, die ich unmittelbar nach dem Reichstagsbrand am 2. März 1933 in der Liederhalle in Stuttgart hielt. Es heißt darin: „Adolf Hitler spricht vom lieben Gott und meint das liebe Geld. - Wenn der Reichstag in Stuttgart gestanden hätte, so wäre er garantiert nicht angezündet worden. - Der Herrgott gehört in die Kirche, nicht in den Berliner Sportpalast. - ... das Interimstheater der Garnisonskirche von Potsdam [von den Nationalsozialisten inszenierte feierliche Eröffnung des neuen Reichstags] ...“ Nachträglich ging mir's noch heiß und kalt den Buckel hinunter, als ich diese Wendungen las, die gegen den schon zur Macht gelangten Hitler gerichtet waren. Der Nationalsozialismus hat mich zwar oft und fest in der Zange gehabt. Doch bei dieser Lektüre frug ich mich, warum sie mich zwölf Jahre lang im Grunde genommen doch frei haben herumlaufen lassen. Heute, Dienstagvormittag 11 Uhr, wurde von der Militärkommandantur ein Schreiben folgenden Inhalts auf dem Landratsamt für mich abgegeben:

To: Dr. Reinhold Maier
There will be a group of officers of the Landesregierung in Stuttgart who will be in Gmund this afternoon between the hours of 14.45 and 15.00 to see you. The meeting will doubtless be at your office.
2nd Lt. Aus Det. I 2 c 3
Liston F. Coon

Was wird the group of officers von mir wollen? Konrad, Elisabeth und ich stärkten uns auf die Zeit between 14.45 and 15.00, nachdem wir einen Vortrag von Studio Basel über die atomisierende Bombe angehört hatten, mit einem Täßchen Mokka. (...) Mit einer gewissen Verspätung kamen vier Offiziere in einem riesigen Wagen an. Fräulein Anna öffnete die Türe und führte sie in die Diele. Ich wurde mit ausgesuchter Höflichkeit, Shakehands und How do you do's begrüßt. Es waren Oberst Tobey, der Mann des Interior von US-Regional Government (...), ein großer schlanker Offizier, Oberst Charles D. Winning, ein ebenfalls großer, sehr schlanker, fabelhaft aussehender Mann, der nach dem Schnitt der Uniform und seiner beinahe übereleganten Gestalt im Film auftreten könnte. Er wurde mir als Vertreter des Gebietskommandanten von Nord-Württemberg und Nord-Baden vorgestellt. Ferner waren erschienen: Captain Chester B. Lewis, der Berater von Oberst Dawson in Fragen der Zivilverwaltung, und schließlich First Lieutenant Moses Moskowits, der Adjutant von Oberst Dawson, der gleichzeitig wieder als Dolmetscher fungierte.
Oberst Winning eröffnete das Gespräch und setzte mir auseinander, daß die Bildung einer Landesregierung von Nord-Württemberg und Nord-Baden vor ihrem Abschluß stehe. Sie (die Amerikaner) hätten bisher den Fehler gemacht, daß sie die Regierung von unten nach oben hätten bilden wollen. Sie möchten nunmehr zuerst die Spitze der Regierung bestimmen und mit der Persönlichkeit,

die für die Spitze vorgesehen sei, zusammen die anderen Minister auswählen. Oberst Dawson habe mich als Ministerpräsident ins Auge gefaßt und lasse bei mir anfragen, ob ich dieses Amt zu übernehmen bereit sei, er werde mir einen wesentlichen Einfluß auf die Bestimmung der anderen Persönlichkeiten einräumen. Diese Erklärungen wurden in englischer Sprache gegeben. Ich kann wenigstens soviel Englisch, daß ich das Mitgeteilte seinem Inhalt nach einigermaßen erfassen kann, ehe die Übersetzung durch den Dolmetscher erfolgt. So konnte ich mich während der Übersetzung auf meine Antwort besinnen.

Das Angebot der Ministerpräsidentschaft war eine Überraschung. Außer mit Konrad und Landrat B. [Burkhardt] hatte ich mich über das Thema noch nach keiner Seite hin unterhalten. Wir wußten, daß sich der Wirtschaftsminister, nachdem viele Personen vorgeprescht, aber zu leicht befunden worden waren, auf mich zubewegte. Die Amerikaner hatten sich erkundigt und nochmals erkundigt. Daß die Wahl trotz des an mir - von wohlwollenden und weniger wohlwollenden Freunden - getadelten „Attentismus" (das war der Ausdruck, der über mein Verhalten in den letzten Monaten in Stuttgart geprägt wurde und mir immer wieder ins Ohr drang) auf mich fiel, kam wohl daher, daß die amerikanische Militärregierung für Württemberg, die ihren Sitz monatelang in Schwäb. Gmünd hatte, mich in der sachlichen Arbeit beobachten konnte, besonders bei der Vorbereitung und der Durchführung der Landräteversammlungen. Sie hatte wahrgenommen, daß ich die Formen einer schlichten Demokratie zu handhaben verstehe und daß dies bei den Landräten, den sonstigen Beamten und unter der Bevölkerung eine warme Zustimmung fand. Ich erwiderte, daß ich früher nie daran gedacht hätte, nach dem Ende des Hitler-Regimes wieder in die Politik zurückzukehren, daß aber in den letzten Monaten sich wichtige Stimmen aus der Bevölkerung mich ihres Vertrauens versichert hatten. Außerdem beobachtete ich trotz der harten Bedingungen und der schweren Lage, in der die württ. Bevölkerung sich befände, bei den amerikanischen Verwaltungsoffizieren in zunehmendem Maße Züge der Menschlichkeit und des Wohlwollens. Diese Tatsache erwecke in mir die Hoffnung auf eine wieder glücklichere Zukunft unseres Landes. Ich spräche Oberst Dawson meinen Dank für sein Vertrauen aus, insbesondere für das Vertrauen, daß er mich für die übrige personelle Zusammensetzung des Kabinetts beiziehen wolle, und ich stellte mich ihm zur Verfügung. Ich hätte nur das eine Bedenken, daß ich mich auf das Vertrauen der Bevölkerung von Nordbaden nicht stützen könne, da sie mir und ich ihr im großen und ganzen nicht bekannt sei. Die Herren setzten mir auseinander, daß sie eine Generalkonzeption hätten, welche diese Frage wesentlich erleichtere. Sie stellen sich vor, daß Nordbaden eine ähnliche Stellung erhalten wird wie einst das Land Hohenzollern zu Württemberg. Nordbaden werde zwei Regierungskommissare, einen für Karlsruhe, einen für Mannheim erhalten, diese Regierungskommissare werden dem Kabinett als Minister ohne Portefeuille (Ministros ohne Portefeuillos, übersetzte Herr Moskowits) angehören, was allerdings eine geniale Lösung, dem Ei des Columbus vergleichbar, darstellt. Im übrigen setzten mir die Herren auseinander, daß es sechs Ministerien, nämlich: Finanzen, Wirtschaft, Justiz, Inneres, Kultus und als neues das Ministerium für Post, Telegraphen und Telefon, geben werde.

Wir unterhielten uns noch über eine Reihe von Fragen, vor allem darüber, wie das Verhältnis zwischen amerikanischer Landesregierung - württ. Landesregierung sich gestalten werde (...). Hier liegt die grundsätzliche Schwierigkeit, und die Praxis muß sie überwinden. Der Mittel- und Schwerpunkt der zukünftigen Verwaltung liegt bei den Kreisen, sie bekommen Befehle von der amerikanischen Kreiskommandantur und Anweisungen von der deutschen Landesregierung. Die letztere wird ihrer Natur nach - verglichen mit dem bisherigen Zustand im Königreich, in der Republik und unter dem Hitlerregime - eine vielfach durchbrochene, demgemäß verhältnismäßig schwache Zentralgewalt darstellen.

Die Unterredung dauerte ungefähr eine Stundc. In den Pausen und während die Herren unter sich sprachen, gingen meine Gedanken zu Dir hinüber. Wir saßen in dem sehr repräsentablen Raum, den die Diele des Hauses darstellt, und ich dachte, was würde meine Frau denken und sagen, wenn sie mich unter diesen vier amerikanischen Offizieren sitzen sähe und miterlebte, wie diese Last, und vor allem diese Verantwortung, auf mich gelegt wird. Das Schicksal mußte die Welt auf den Kopf stellen, um die Kombination dieses Dienstagnachmittags, die wahrhaftig vom Standpunkt des Reiches und des Landes Württemberg aus eine tief traurige ist, zu schaffen. Das Quentchen persönlicher Selbstbestimmung, das bis zu dieser Entwicklung mit im Spiele war, muß man wahrhaftig mit der Lupe suchen. Immer wieder greift man sich an den Kopf: Wie war es überhaupt möglich, diese Zeit zu überstehen? Wie kam es eigentlich, daß die Nazis bei ihren Aufräumungsarbeiten mich vergessen haben? Gerade in den ersten Monaten dieses Jahres haben sie unter ihren Gegnern noch fürchterlich gehaust. Als der Revolutionsmann, der Abbé Sieyès, nach der französischen Revolution gefragt wurde, wie er es fertig gebracht habe, diese Zeit zu überleben, gab er die einfache Antwort: „J'ai vécu" - ich habe es überlebt, indem ich gelebt habe. So ist es wohl auch mir ergangen. Als Soldat des Weltkriegs 1914 bis 1918, den ich beinahe ohne Unterbrechung an der Front mitgemacht habe und dessen Lebensgefahren ich heil überstand, war mein Leitspruch immer der gewesen: „Sich vor nichts drücken, sich zu nichts drängen." In diesem Augenblick kam er mir wieder in den Sinn. War es eine Bestimmung des Schicksals, daß ich die zwölf fürchterlichen Jahre überleben sollte, so fühlte ich es auch als eine Bestimmung, daß die Amerikaner nach einer sorgfältigen Personenauswahl, wie sie ihnen eigen ist, von drei Millionen Württembergern gerade auf mich verfallen sind. Gleichsam aus einer Scheu vor meinem Schicksal wagte ich es nicht, nein zu sagen. Mit wiederum kräftigem Händedruck schieden die Amerikaner, die sonst keine Händeschüttler sind: „Morgen, Mittwoch, 9 Uhr 30 vormittags wird Sie ein Wagen zur Besprechung mit Oberst Dawson abholen." Das Schlußwort der amerikanischen Offiziere bestand in einem sympathischen Wort über die Zukunft des Landes Württemberg: „Wir hoffen, heute Nachmittag etwas Gutes für Ihr Land Württemberg geschaffen zu haben." Oberstleutnant Winning sprach dies aus, und es wirkte beinahe rührend, wie der Dolmetscher, nach den richtigen Worten suchend, diesen Satz mit fremdländischem Akzent ins Deutsche übersetzte.

Schwäb. Gmünd, den 8. August 1945

Das Auto, ein sechssitziger Maybachwagen, traf ziemlich pünktlich um 9 Uhr 30 ein. Ich nahm auf dem Vordersitz neben einem Riesenkerl von Fahrer, einem amerikanischen Korporal aus Texas, Platz. Kein übermäßig liebenswürdiger Mensch. Doch er begann das Zusammensein am heutigen Tag mit der Anbietung einer Zigarette. Thank you, I do not smoke. Kurz vor Schorndorf fiel das zweite Wort: In the next town we will make a detour. An der Straßenkreuzung beim Elternhaus verließ ich die Landstraße und fuhr zum Friedhof. Wie oft bin ich in den Jahren unserer Trennung zu Beginn oder am Ende einer meiner einsamen Wanderungen dort gewesen! Regenschwer standen vor der Umfriedung die großen Kastanien und im Kirchhof die Kiefern, die Trauerweiden und die Lebensbäume, die diesen Ruheplatz der Toten von Jahr zu Jahr mehr zu einer Einheit zusammenwachsen lassen. Ich verweilte kurze Zeit am Grab, das durch Selmas Anordnung sehr schön gepflegt ist, und vor dem Stein mit der Inschrift: In deo nascimur, in Christo morimur, per sanctum spiritum reviviscimus.

Bei der Fahrt durch Schorndorf vermied ich es, aus der Pracht des Wagens herauszuschauen; denn dies wäre „eine Kuhfliegets" geworden, in unserer Zeit der Gerüchte hätte sich wie ein Lauffeuer die Kunde verbreitet, wer da im Wagen gesessen sei. Vor Grunbach hatten wir eine Reifenpanne, was eine ziemliche Verspätung herbeiführte. Gegen 11 Uhr traf ich in Stuttgart ein, die Militärregierung für Württemberg (Headquarters Staff) ist im Gebäude Olgastraße 11, dem früheren Kriegsministerium, untergebracht. Teilweise schon auf der Treppe, im Korridor und im Vorzimmer traf ich die Offiziere, die am Vortag meine Gesprächspartner waren. Sie begleiteten mich zu Colonel Dawson.

Um den Schreibtisch des Obersten herum saßen seine drei Mitarbeiter und ich selbst. In diesem Augenblick stellte ich mir plötzlich die Frage: Wann warst du zum letztenmal in diesem Raum?

Vor mein geistiges Auge trat der 18. Februar 1933. Der am 30. Januar 1933 von Hitler zum Reichskriegsminister ernannte General Blomberg hatte sich bei der württembergischen Regierung zum Staatsbesuch angesagt. Er sparte nicht mit Lobesworten für die grundsolide Staatsverwaltung. Er hatte uns zu einem Mittagessen eingeladen, gerade in dem Raum, in welchem ich jetzt mit den amerikanischen Offizieren saß. Dieses Mittagessen war ein Judasmahl: General Blomberg verriet uns an jenem Tag. Er gab dem Wehrkreiskommandeur den Befehl, daß die Reichswehr, falls es anläßlich der auf den 5. März angesetzten Reichstagswahlen zu Unruhen komme, sich nicht zugunsten der verfassungsmäßigen Landesregierung einsetzen dürfe. Es kam dann auch zu diesen Unruhen. Die SA riß die Macht an sich, und die Reichswehr stand Gewehr bei Fuß. Noch eins fiel mir ein: Bis zum Jahr 1918 war das württembergische Kriegsministerium in diesem Haus. Der politische Satiriker der Zeit vor dem ersten Weltkrieg, Maximilian Harden, machte den Witz: „Was ist flüssiger als Wasser?" Antwort: „Das württembergische Kriegsministerium, es ist *über*flüssig." Er wollte damit den friedliebenden württembergischen König Wilhelm II. in Gegensatz stellen zu dem säbelrasselnden Kaiser Wilhelm II.

(...) Meine früheren Unterredungen hatten jeweils genau auf die Minute eine Stunde gedauert. Die Aufmachung der Sitzung schien mir wiederum auf diese eine Stunde hinzudeuten. Sie war auch Punkt 12 Uhr 10 aus. Allerdings war dieses pünktliche Ende auch auf meine Initiative zurückzuführen. Denn des Obersten um diese Zeit gestellte Frage, ob ich noch weiteres vorzubringen hätte, beantwortete ich mit Nein, worüber er sichtlich überrascht war und hinzufügte: „Dann werden Sie später umsomehr Fragen stellen." Ich hatte in dieser Stunde übergenug an Aufgaben übertragen bekommen. Ich wollte die Fragen, die sich zu Dutzenden aufdrängten, nicht jetzt sofort stellen; zu leicht könnten sie im ungünstigen Sinn beantwortet werden. Die Argumente für diese Fragen hätten mir vielleicht nicht so gegenwärtig sein können, wie dies für eine einleuchtende, dem Denken und der Politik der Amerikaner angepaßte Begründung und damit zum Erfolg not-

wendig ist. Oberst Dawson trug den Plan über die Bildung des „Land Government" ganz selbständig vor. Es erweist sich, daß er alle diese verwickelten Fragen, die der Komplex des gemeinschaftlichen Militärregierungsbezirks Nordwürttemberg-Nordbaden aufwirft, mit größter Sorgfalt studiert und eine logische Kompromißlösung herausgearbeitet hat. (...)
Das „Land Government" wird natürlich eine Menge Befehle von der Militärregierung erhalten, es soll aber eine möglichst selbständige Regierung bilden und seine Stellung soll mit allen Mitteln auch von amerikanischer Seite gestützt und gehoben werden. Der Wille, die Position dieser im Entstehen begriffenen Regierung sachlich zu stützen und ihr moralisch zu helfen, trat in sympathischer Weise zu Tage. Ihrer Natur nach und bei dem vorläufigen Mangel an jeglicher Autorität wird sie freilich trotzdem überaus schwach sein. „Die Regierung soll eine richtige sein", sagte Oberst Dawson, der in sehr ernster Weise seine Gedanken vorträgt, setzte dann aber zu einem Witz an, wie er ihn gerne in die Unterhaltung einstreut: „- and not a cat's tail." Das erinnert mich so sehr an die Art deutscher Universitätsprofessoren und Geheimräte; der Urheber lacht schon beim Start seiner Witze am meisten. Nach diesem Scherz des Obersten lachten auch dieses Mal alle Amerikaner. Wir Deutsche verstehen einen solchen Witz natürlich in den seltensten Fällen. Man lacht aber mit, man lacht der Spur nach, wie man im Schwäbischen sagt. Nachdem die erste Lachwelle verebbt war, bat ich um die Übersetzung: „Eine Regierung, aber kein Katzenschwanz." Oberst Dawson fiel dem Dolmetscher Oberleutnant Moskowits auf englisch ins Wort: „auf den man immer einschlägt." Erneut großes Gelächter. Ich hatte voll begriffen und konnte mitlachen ohne das fatale Bewußtsein, über etwas zu lachen, das man gar nicht verstanden hat.
Oberst Dawson behandelte dann die Landesdirektoren, nicht aber die übrigen Personen, welche die I. französische Armee vor zwei Monaten eingesetzt hatte. Die einen wurden als personae gratae bezeichnet, andere als weniger erwünscht. Zu jedem einzelnen der Herren wurde meine Ansicht bzw. meine Zustimmung eingeholt. Inneres: bisher Fritz Ulrich [ehemaliger SPD-Reichstags-

abgeordneter]. Er hat viele Konkurrenten, er wird von einzelnen Deutschen angegriffen. Uns Amerikanern gefällt er. Was meinen Sie? Ich erkläre: Ulrich ist intelligent, zuverlässig, energisch, aber nicht stur, vielmehr gewandt und liebenswürdig. Der richtige Mann für diesen Posten. Justiz: Mit Dr. Beyerle sind wir zufrieden. Meine Stellungnahme: *Der* Mann für das Justizministerium. Finanzen: Hier sind zwei Namen im Spiel. Bei der Erörterung des Postministeriums erkläre ich, daß das Postministerium mit seinem in die Zehntausende gehenden Personal und ebenso die Abteilung Verkehr (Eisenbahn) im Wirtschaftsministerium in die Hände eines Mannes gelegt werden muß, der aus der Arbeiterbewegung stammt und das Vertrauen der arbeitenden Bevölkerung besitzt. Meinem Vorschlag, daß ich, dieses politischen Gesichtspunktes wegen, über die Besetzung dieser beiden Ämter und über das Amt des Wirtschaftsministers mit den Vertretern der Sozialdemokratie und des Zentrums (christliche Gewerkschaften) sprechen möchte, wurde die politische Richtigkeit bezeugt. So blieb für die Erörterung nur noch das Kultministerium übrig. Der von den Franzosen eingesetzte Landesdirektor war mir unbekannt. Er war anscheinend nicht ganz genehm. Es wurde dann Theodor Bäuerle genannt, der Mann der früheren Volkshochschulbewegung, der als zweiter Mann in der Kultverwaltung von den Franzosen eingesetzt worden war. Ich erklärte mich mit ihm einverstanden. Nun war es Colonel Dawson, der einen weiteren Namen nannte: „Er ist sehr empfohlen worden" - und er radebrechte an dem Namen: Dr. Theodor Heuss. Der Oberst sprach von seinem Buch: „Hitlers Weg". Ich sagte, daß dieses Buch von Theodor Heuss und alle seine anderen Bücher von den Nazis in Berlin im Jahre 1933 öffentlich verbrannt worden seien. Im übrigen sei Theodor Heuss an excellent man, dereinstiger Herausgeber von Naumanns „Hilfe" [1894 von Friedrich Naumann gegründete Zeitschrift] und Lehrer an der Hochschule für Politik. Kein Fachmann der Schule, aber politisch den sonstigen Kandidaten überlegen. Die Amerikaner entschieden: Der Kultminister braucht kein Lehrer zu sein.

Eine warmherzige Behandlung fand auch das Thema: Wann und wie wird Württemberg, das durch die alliierten Besatzungszonen

entzweigeschnitten ist, wieder zusammenkommen? Oberst Dawson gab hier nur seiner persönlichen Anschauung Ausdruck, und diese war optimistisch: Württemberg und Baden werden einst wieder selbständige Länder werden. Sein Wort in Gottes Ohr! Im übrigen blieb mir nicht verborgen, warum der Sprecher in Bezug auf Württemberg nur seine persönliche Meinung aussprach. Es war nicht zu verkennen, daß er damit eine offizielle Erörterung der Frage abschneiden wollte.
Den Ausführungen von Oberst Dawson konnte ich sprachlich zur Hälfte folgen, ohne den Dolmetscher in Anspruch zu nehmen, und ich konnte ungefähr zu einem Viertel meine Antwort auf englisch geben, allerdings mit einem sehr vereinfachten Inhalt. „Doktor Maier you speak much better since I first saw you. You have learned." Als ich abwehrte: „Surely you have learned every day", - was nicht stimmt. Bald werden Magda und Georg ihren Vater an den Ohren ziehen und sagen: „Papa schaff' mehr, lerne fleißiger Englisch."
Anschließend hatte ich eine Besprechung mit Dr. Beyerle, der als Chef der Landesjustizverwaltung im erhalten gebliebenen Amtsgerichtsgebäude Ecke Olgastraße und Archivstraße seinen Sitz hat. (...) Später hatte ich noch eine längere Aussprache mit den Herren Ulrich und Steinmayer, frühere Mitglieder des Landtags und Angehörige der früheren sozialdemokratischen Partei. Die Regierung muß und wird nach früheren Begriffen sehr weit links ausgerichtet werden und sich sehr stark auf die Vertreter der politisch gemäßigten Arbeiterschaft stützen. Diese Aussprache fand in den neuen Amtsräumen der Innenverwaltung in der Reinsburgstraße 32 statt, dem früheren Sitz der Terroreinrichtung des SD (des berüchtigten Sicherheitsdienstes). Den Weg von dort zur Olgastraße 11 machte ich zu Fuß, durch Trümmer, in Trümmern und unter Trümmern. Die Straßen sind jedoch vom Schutt freigelegt. In diesen Ruinen überfällt den Stärksten der Pessimismus. Mit der Annahme dieses Regierungsamts geht man in ein Gefängnis. Der ganze Druck der Besatzungsmacht lastet auf diesem Mann und gleichzeitig der Druck von innen, von der deutschen Seite: die Kritiksucht der sowieso politisch undisziplinierten und

nach 12 Jahren tyrannischer Herrschaft wie losgelassenen deutschen Bevölkerung. Adieu Privatleben und Grüßgott freudloses Amt! Wohin bist du geraten und was hast du dir aufgeladen? Mit diesen Gedanken bestieg ich den Wagen, nahm neben dem Chauffeur-Corporal aus Texas Platz, der mich nach eiliger Fahrt durch das in Regenwolken gehüllte Remstal kurz nach 6 Uhr abends in Gmünd ablieferte. Es beruhigte mich, daß die Sache noch nicht perfekt war. Zunächst gibt es bei den Verhandlungen mit den deutschen Partnern schwere Nüsse zu knacken, dann erfolgt noch die Prüfung durch die 7. Armee, und dann bedarf dies alles noch des Placets von General Eisenhower.

Donnerstag, den 9. August 1945

Am heutigen Vormittag nahm ich nochmals an der 8-Uhr-Morgensitzung im Landratsamt teil. Dann dachte ich nach, legte einige Gedanken in Ruhe schriftlich fest. Auf den anderen Tag war der Besuch von Keil, Ulrich und Steinmayer zu erwarten und auf den übernächsten der Besuch von Dr. Beyerle, Oberregierungsrat [Hermann] Gögler und Präsident Andre [Josef Andre, ehemaliger Landtagsvizepräsident, Zentrum]. Nachmittags kam mir ein guter Gedanke. Ich sagte mir, das ist der letzte freie Nachmittag für lange Zeit, von morgen ab wirst du durch Besucher und Besprechungen überrannt. Ich charterte ein Auto und fuhr nach Schorndorf, traf dort schon auf der Straße Albert H. [Hopf, vor 1933 Landesgeschäftsführer der DDP], besuchte den Bürgermeister [Gottlob Kamm], trank bei meiner Base [Mathilde Abele] Kaffee, und das Ergebnis war, daß ich bis 1. Okt. 1945 im Erdgeschoß meines Elternhauses in den früheren Büroräumlichkeiten meines Vaters eine vollständige kleine Dreizimmerwohnung eingerichtet erhalte. Von dort aus kann ich dann täglich nach Stuttgart fahren. Diese kleinen Räume sind auch leidlich warm zu kriegen. Das ist die große Sorge der Familien für den bevorstehenden Winter: Wie komme ich ohne Kohlen über ihn hinüber? Jedermann richtet sich eine kleine heizbare Bleibe. Anschließend fand im Kreise von Schul- und Jugendfreunden, die mir im Krieg aus vielfachem Anlaß nahe gerückt waren, eine gemütliche Vesperstunde statt, zu der ziemlich spät abends Konrad und Elisabeth [Wittwer] stießen, die aus Stuttgart zurückkehrten, von sich aus an diesem gastfreundlichen Haus Halt gemacht hatten und erstaunt waren, mich hier zu treffen.

Schwäb. Gmünd, den 12. August 1945

Den Freitag und den Samstag verbrachte ich in Verhandlungen mit all den Herren, die aus Stuttgart ankamen und mich hier besuchten. Ich kann nicht sagen, daß mir aus den Verhandlungen viel Kraft zufloß. Die Leute quält die Verzweiflung über die Not des Landes derart, daß es sie übermannt. Verzweifelte können aber Verzweifelnde nicht retten. Die Hauptfrage ist, ob es möglich ist, die Regierungsgewalt der im Entstehen begriffenen Regierung in irgend welcher Weise auf den von der französischen 1. Armee besetzten Teil von Südwürttemberg zu erstrecken. Ich selbst betrachte dieses Entzweigeschnittensein für eine gewisse Übergangszeit als eine Realität, geschaffen durch die militärischen Ereignisse, bestätigt durch die Junibeschlüsse der interalliierten Kontrollkommission in Berlin. Es ist die Aufgabe der Politik der neuen Regierung, das Land wieder zusammenzubringen. Bei der Übernahme des Amts Bedingungen zu stellen, kommt nicht in Betracht, denn der Partner ist der Kriegsgegner, der den Frieden noch nicht geschlossen hat. Unverbindliche Wünsche vorzutragen, ist gefährlich. Sind sie abgelehnt, so kann in einem späteren Fall, wenn aus der konkreten Sachlage heraus ihre Erfüllung auch der Gegenseite plausibel erscheinen kann, das Anliegen nicht mehr oder nur erschwert zur Sprache gebracht werden. Ich sehe drei Tatsachen, die ermutigen können. Die Amerikaner streben auf einen württembergischen Staat zu. Sie sehen in Württemberg einen Staat und keine Provinz. Deshalb stellen sie nicht einfach einen Oberpräsidenten hin, sondern eine Landesregierung mit einem Ministerpräsidenten. Die Amerikaner haben sichtlich großen Wert auf die Besetzung der Landeshauptstadt Stuttgart gelegt. Dort ist auch der Sitz der Landesregierung. Sie hätten den Sitz des Militärregierungsbezirks Nordwürttemberg-Nordbaden ebensogut in das völlig erhaltene Heidelberg verlegen und diese Stadt dem zerstörten Stuttgart vorziehen können. Sie haben jedoch die Landeshauptstadt zu ihrem Sitz erkoren.

Des weiteren ist die Verbindung des Landes mit Nordbaden bewußt schwach. Daraus ist zu entnehmen, daß die Amerikaner im gegenwärtigen Augenblick die zukünftige Selbständigkeit der Länder Baden und Württemberg nicht antasten. Die Fragestellung ist demgemäß die folgende: Verbessert die von der amerikanischen Militärregierung beabsichtigte Einsetzung einer württ. Landesregierung die Lage des Staats Württemberg und seine Zukunftsaussichten? Oder wird sie verschlechtert durch die vielleicht eintretende Konsequenz, daß der Trennungsstrich zwischen Nord- und Südwürttemberg noch stärker gezogen wird? Als roter Faden zog sich diese Frage durch die Verhandlungen dieser Tage. Der gestrige Samstag hat keine Klärung gebracht. Dr. Beyerle insbesondere war es, dem die Entscheidung schwerstes Kopfzerbrechen machte. Er besuchte mich gestern zusammen mit Oberregierungsrat Gögler, einst mein Mitarbeiter im Württ. Wirtschaftsministerium, Verwaltungsfachmann von Klasse. Herr Gögler war durch die Amerikaner vor vierzehn Tagen aufgesucht worden, und er hatte auf deren Wunsch einen Vorschlag sozusagen aus dem Ärmel geschüttelt und prägnant begründet. Ich beschloß, ihn nochmals aufzusuchen. Ich war entschlossen, Oberst Dawson prompt den Ministervorschlag vorzulegen oder meinen Auftrag überhaupt zurückzugeben. So fuhren Konrad und ich am heutigen Sonntag los. Elisabeth durfte zu ihrer großen Freude mit. Die Fahrt in einem bequemen Mercedes war eine richtige Sonntagsfreude. Vom Remstal hinauf und hinüber zum Lein- und Kochertal; dann in das selbst in Friedenszeiten schwer erreichbare Gebiet westlich Ellwangen, das mit seinen Feldern, Wiesen und Tannenwäldern, seinen Höhen, vereinzelten Seen und stillen Waldtälern in sonntäglicher Stimmung dalag. Kurz vor unserm Ziel, dem Weiler Hammerschmiede, überholten wir ein Pferdegespann, in welchem der von uns gesuchte Gesprächspartner, von der Kirche zurückkehrend, saß. Auf einem fünfviertelstündigen Spaziergang wurde alles nochmals von Grund auf besprochen. Mit dem Gefühl, eine wesentliche Klärung erreicht zu haben, traten wir die Rückfahrt am frühen Nachmittag an. Wir fuhren von Norden nach Süden. Die ganze Ostalb lag vor uns. Wenn wir in die zahlreichen Quertäler hinunterfuhren, so verschwand sie wieder, um auf der nächsten Höhe sich immer schöner zu entfalten. Wie wir von der letzten Höhe in das Remstal hinunterfuhren, stand der Rosenstein unmittelbar vor unserem Auge. Ich erinnerte mich an jenen sonnigen Herbsttag, wo wir, d.h. du, Magda und ich, ihn besucht hatten, wo die Photographie mit den Tannen, dem Nebel, den Sonnenstrahlen und Euch beiden entstand. Das Bild hängt in meinem Schlafzimmer so, daß ich es beim Aufwachen gleich erblicken kann.

Schwäb. Gmünd, den 14. August 1945

Zwei Tage Stuttgart liegen hinter mir. Jeweils am frühen Morgen fort, am späten Abend, ja zur sinkenden Nacht, kamen wir hierher zurück, und jedesmal warteten Leute von auswärts auf mich, der ich sowieso kaum mehr schnappen konnte.

Der Montag und der Dienstag waren in Stuttgart der Regierungsbildung gewidmet. Theodor Heuss war auf meine Bitte von dem Adjutanten des Gebietskommandanten im Auto von Heidelberg nach Stuttgart gebracht worden und suchte mich im Amtsgerichtsgebäude auf, wo mir für die Verhandlungen ein Zimmer zur Verfügung steht. Er hat mich im Kriege oft besucht, der Treuesten einer, und nie unser persönliches Schicksal vergessen. Wie ist er abgemagert, wiegt noch 108 Pfund. Doch sonst auf der Höhe. Er muß den Amerikanern in hervorragender Weise empfohlen worden sein. Er sagte zu.

Nachmittags erstattete ich Oberst Dawson einen Zwischenbericht. Sein größtes Interesse galt Dr. Heuss, und seine erste Frage, die er stellte, war: „What does Dr. Hoes think?“ Ich antwortete: „He is ready to enter the Cabinet as Minister of Culture. “ Er machte aus seiner Freude hierüber kein Hehl und, wie er es liebt, fügte er ein Kompliment für mich hinzu: „Doktor Maier your English is improving.“ Den „Doktor Maier“ mußt Du Dir in solchen Lauten ausgesprochen denken, wie sie eben Amerikaner haben. Die Erörterungen galten der Erhaltung der öffentlichen Geld-, Kredit-

und Versicherungsinstitute (Landessparkasse, Landesversicherungsanstalt, Landeskreditanstalt usw.) im ganzen Land, einschließlich der französischen Zone. Dann wurden noch einige Worte über den Zusammenhang von Nordbaden und Nordwürttemberg gewechselt, die im Plan der Militärregierung nur lose aneinandergelehnt werden sollen. Die beiden Nachbarstämme wollten bisher nicht viel voneinander wissen. Darauf sind auch die Amerikaner bei ihrem System zur Erforschung der öffentlichen Meinung gekommen; Dutzende von Personen wurden befragt. In ihrer Konstruktion der Landesregierung Nordwürttemberg-Nordbaden berücksichtigen sie dieses Meinungsergebnis, was für ein beachtliches Einfühlungsvermögen und ihren guten Willen spricht. Oberst Dawson legte dar, wie dieser Zusammenschluß mit Leichtigkeit wieder zu beseitigen sei, wenn die beiden Länder je wieder zu ihrer Selbständigkeit zurückkehren wollten. Und nun ging er wieder zu einem seiner beliebten Scherze über: „Ich mache Dr. Maier nun eine ganz vertrauliche Mitteilung: ich hoffe, daß die Trennung Nordbadens und Nordwürttembergs einst geschehen wird - ohne Blutvergießen!“ Aus seiner ausführlichen Begründung war zu entnehmen, daß diese lose Verbindung *seine* Lösung war, welche er zentralistischer gesinnten amerikanischen advisers abgerungen hatte.

Anschließend fand eine Zusammenkunft der präsumtiven Minister statt. Sie war auf einen tiefernsten Ton gestimmt. Nochmals wurde besonders von Dr. Beyerle die Frage: „Schadet es, nützt es?“ und die Gegenfrage diskutiert: „Was geschieht, wenn wir ablehnen? Wird aus unserer Ablehnung nicht auf das Fehlen staatsbildender Kräfte in Württemberg geschlossen werden?“ Dr. Beyerle zog sich mit Andre zurück. Nach ungefähr einer halben Stunde erschienen sie wieder und gaben ihre endgültige Bereitwilligkeit zur Mitwirkung bekannt. Dr. Beyerle: „Vielleicht wird ein Höherer unsere Arbeit segnen.“ Andre: „Wenn wir das Land nicht in die Hand nehmen, so macht es der Nächste. Und wenn wir uns beiseite stellen, so werden wir doch nie die Unruhe und die Sorge um das Land innerlich loswerden.“ Auf 3 Uhr am Nachmittag des

anderen Tags wurden wir alle zu Oberst Dawson bestellt. Wir fuhren zurück nach Schwäb. Gmünd.
Heute, Dienstagmorgen, saß ich schon um 6 Uhr am Schreibtisch. Ein Lebenslauf für die Militärregierung war zu fertigen. Vor allem galt es aber, den Regierungsvorschlag zu Papier zu bringen. Dieses Schreiben lautete:

Schwäb. Gmünd, den 14. August 1945

Unter Bezugnahme auf die Besprechungen erlaube ich mir, vorzuschlagen:
zum Justizminister: Herrn Justizminister Dr. Beyerle, Landesdirektor der Justizverwaltung in Stuttgart, Archivstraße 15,
zum Innenminister: Herrn Fritz Ulrich, Landesdirektor Inneres in Stuttgart, Reinsburgstraße 32,
zum Kultminister: Herrn Dr. Theodor Heuss in Heidelberg-Handschuhsheim, Kehrweg 4,
zum Wirtschaftsminister: Herrn Josef Andre, Präsident in Stuttgart, Heusteigstraße 66,
zum Postminister: Herrn Otto Steinmayer, Direktor in der Landesverwaltung Inneres in Stuttgart, Reinsburgstraße 32.
Was das Finanzministerium anbelangt, so schlage ich vor, daß ich dasselbe neben dem für mich vorgesehenen Amt des *Ministerpräsidenten* insolange selbst übernehme, bis die grundsätzliche Gestaltung der finanziellen Verhältnisse übersehbar geworden ist.

Für die Auswahl hatte ich mich von zwei Grundsätzen leiten lassen: Für die Ministerien mit unterstelltem großem Arbeiter- und Angestelltenpersonal Persönlichkeiten aus der Arbeiterbewegung, für die übrigen Ministerien Fachleute mit umfassender Bildung. Der andere Grundsatz war, mich mit Männern zu umgeben, welche ihren Widerstand gegen den Nationalsozialismus bewiesen hatten.
Der Empfang bei Oberst Dawson nachmittags um 3 Uhr [am 14.8.1945] verlief würdig. Auf die Minute hin hatte ich genau innerhalb einer Woche den Auftrag, eine Ministerliste aufzustellen, erfüllt. (...) Ich übernahm die Vorstellung. Es ergab sich, daß nicht ein einziger der von mir vorgestellten Männer Englisch versteht. Die Männer aus dem Volk, die sich unter den Ministerkandidaten

befinden, haben in der Schule keine Fremdsprachen gelernt, und die Studierten waren Humanisten, und zwar Humanisten nach dem württembergischen Bildungsideal der Jahrhundertwende; sie können von der Schule her Lateinisch, Griechisch, ja Hebräisch, ein wenig Französisch, aber zum Englischlernen sind sie später nicht mehr gekommen. Es war übrigens noch ein Siebenter dabei und zu besonderer Aufgabe vorgesehen. Dieser ist Konrad. Oberst Dawson eröffnete uns zunächst, daß es in der Art des amerikanischen Verfahrens liege, bei der Auswahl von Beamten die Prüfung auf Grund des Fragebogen-Systems vorzunehmen. In diesem besonderen Fall finde eine personal investigation der politischen Zuverlässigkeit durch Spezialisten der 7. Armee statt. Er habe gewiß alles Vertrauen zu Doktor Maier, aber diese Untersuchung müsse eben sein. Nach deren Durchführung werde er die Regierung vorläufig mit der Arbeit beginnen lassen. (...) Wir baten, daß am heutigen Tage Dr. Beyerle, der zehn Jahre Justizminister vor 1933 in Württemberg gewesen sei, unseren Sprecher mache. Dr. Beyerle legte in prägnanten, geschliffenen Ausführungen unsere Sorgen um Südwürttemberg dar. Nach den materiellen Fragen stellte er die geistigen Anliegen in den Vordergrund, vor allem die Belange der beinahe fünfhundert Jahre alten Universität Tübingen. (...) Gleichermaßen fein geschliffen war die Antwort des Obersten: „Württemberg ist eine Einheit, es ist gar nicht möglich, es zu zerteilen. Und doch, doch, meine Herrn, es ist geschehen!" Womit er darlegen wollte, daß hier Folgen militärischer Vorgänge vorliegen, die er nicht aus der Welt zu schaffen vermag. Einen politischen Plan, wonach Württemberg dauernd geteilt bleiben werde, kenne er nicht. Meine Gruppe war sichtlich zufrieden über die Auskünfte und über die Art des Empfangs. Zum Schluß übergab ich die curricula vitae, welche von den einzelnen Herren gefertigt worden waren, was Oberst Dawson zum Anlaß nahm, sich selbst vorzustellen. Seine Laufbahn ist: Rechtsanwalt, dann Bürgermeister - nicht, wie er mit leichter Ironie hinzufügte, *Ober*bürgermeister - einer Stadt von zwei Millionen Einwohnern, jetzt Dekan einer juristischen Fakultät einer kleineren Universität. Eine ernst zu nehmende Persönlichkeit. Es wird wenig

Männer in Württemberg geben, welche sich ohne weiteres auf eine Stufe mit ihm stellen können; abgesehen davon, daß ihm die besten Möglichkeiten gegeben sind - im Gegensatz zu uns von der Welt Abgeschlossenen -, einen Überblick über die Dinge zu gewinnen. Ich dachte: wenn am heutigen Tage der Sohn der Sonne, der Mikado, sich unter den Befehl des Oberbefehlshabers der amerikanischen Streitkräfte General MacArthur stellt [bevorstehende Kapitulation Japans], so können wir arme Würstchen, die Vertreter eines Rumpfwürttemberg, uns getrost Oberst Dawson anvertrauen. Zum Schluß sagte er zur Frage der Vertraulichkeit der Vorgänge: „Ich nehme an, daß die Herren verheiratet sind und daß jeder der Herren das, was sich heute zugetragen hat, zum mindesten seiner Frau erzählt." Er kenne seine eigene Frau und von ihr wisse er, daß jedes Geheimnis „vorbildlich" gewahrt sei, d.h. man könne ruhig offen davon sprechen. Also darf ich es auch Dir und der staunenden Kinderschar erzählen. Als wir das Haus verließen und dem gegenüberliegenden Amtsgerichtsgebäude, wo ich mein Hauptquartier aufgeschlagen habe, zustrebten, faßte mich Theodor Heuss am Arm und fragte: „Du, Maier, wer setzt uns eigentlich wieder ab?" Ich antwortete: „Entweder die Amerikaner oder die Franzosen oder vielleicht gar die Russen. Und wenn es diese alle nicht tun, dann, wie schon einmal, das dankbare schwäbische Volk."

Schwäb. Gmünd, den 20. August 1945

An die Frau

Bis zum vergangenen Dienstag einschließlich habe ich Dir den Ablauf der Ereignisse erzählt. Hierbei mußte ich notgedrungen meist von mir selbst sprechen; es stürmte auch gar so viel auf mich ein. Aber im Hintergrund meiner Gedanken bleibt immer der: Wie mache ich's möglich, Euch zu sehen oder wenigstens Dich hierherzubringen? Es besteht nicht sehr viel Verständnis für solche persönliche Nöte. Durch die Überfülle furchtbarster Schicksale von ganzen Gruppen von Menschen, welchen sich die Amerikaner täglich gegenübergestellt sehen und im Vergleich zu denen Dein, mein, der Kinder Schicksal mild erscheint, sind sie abge-

stumpft. Aber ich behalte alle Möglichkeiten im Auge, und einmal wird es werden! Ich bereite ein gemütliches Heim in Schorndorf vor für den Fall, daß Du kommst. In Stuttgart gelingt es mir nicht, einen Bauhandwerker zu bekommen, dagegen regen sich in Schorndorf sichtlich alle Hände, um mir meine kleine Wohnung einzurichten; die Schorndorfer sind voll Freude, daß ein Sohn der Stadt an die Spitze des Landes gestellt wird.
Der Winter wird schwer werden. Auch ernährungsmäßig ist es daher auf dem Land besser. Im Frühjahr werde ich dann voraussichtlich nach Stuttgart übersiedeln. Und vielleicht kann dann der Wiederaufbau von Dillmannstraße 16 erwogen werden. Während der Wintermonate werde ich in Stuttgart nur ein möbliertes Zimmer nehmen. Angebote liegen in Hülle und Fülle vor. Denn jeder spekuliert so: Habe ich dieses hohe Tier im Haus, wird der Amerikaner mich nicht aus meiner Wohnung werfen. Die Quartierlast empfindet die Bevölkerung in persönlicher Hinsicht als die schlimmste Pein, die sich aus der Besetzung des Landes ergibt.
Heute, Montag, regnet es in Strömen, genau so wie in der ganzen verflossenen Nacht. So fuhr Konrad heute früh allein nach Stuttgart. Gestern, Sonntag, war ich wegen einer leichten Erkältung (Darmgrippe) gar nicht aufgestanden. In ein solches Wetter jagt man keinen Hund hinaus. Heute, Montag, sitze ich in aller Ruhe an meinem Schreibtisch und kann mit Muße meinen Bericht an Dich fortsetzen. Als Geschenk des Himmels sind mir noch einige Tage Schonfrist zugefallen. Am Freitag hatte ich sie zu einem Gang auf den Hohenrechberg ausgenützt, dem ersten Gang dort hinauf seit der Besetzung. Der hochragende Berg ist das Ziel der amerikanischen Artillerie gewesen. Doch alle Spuren der Beschießung sind verschwunden. Neu vergipst strahlen Kirche, Kirchturm und Pfarrhaus, und sie preisen miteinander die wundertätige Hohenrechberger Madonna, welche es wahr machte, was ihr der Wunderglaube bezeugte, daß nämlich in keinem Orte im Umkreis, auf welche sie von ihrem Berg herabsieht, ein Schaden entsteht. Ich bin allerdings nicht zu den Trümmern und Brandstätten von Göppingen und von Wäschenbeuren gegangen, und habe

daher von dort aus nicht nachprüfen können, ob die Madonna auf diese Orte nicht mehr blickt. Aber die Gmünder haben auf jeden Fall recht, wenn sie an ihre Patronin glauben. So war die Dankwallfahrt zum Berg, die gestern stattfand, von einer unübersehbaren Schar von Gläubigen besucht, und begeistert sangen sie:

So wallen wir zu Deinem Bild, Maria,
Denn mächtig bist Du, gütig, mild, Maria,
Hohenrechbergs Mutter, Du,
Schütze, segne immer zu!
Wollst mit uns streiten
Zu allen Zeiten,
In Jeder Not
Und Fried und Streit, Maria.*

Der Rechberg ist der schönste Berg der Alb. Wann werden wir zu zweien oder zu vieren miteinander Hand in Hand hinaufsteigen? Dies und vieles andere bedachte ich beim Hinauf- und Hinabsteigen.
Am vergangenen Mittwoch wohnte ich mit den anderen Herren des Landratsamts der Landräteversammlung in Ludwigsburg bei. Bei dieser Gelegenheit suchte ich die alte unentwegt zuverlässige Freundin Wilma [Schmid] auf. Sie war so erfreut, daß sie mir um den Hals fiel; sie wünschte mir alles Gute. Rolf und Günther sind als Ritter ohne Furcht und Tadel gefallen. Wilma und ich wußten, daß sie für eine aussichtslose Sache und eine bitterböse Politik kämpften. Sie trägt diese Verluste so, wie dies nur Menschen mit unerschütterlicher Lebensgrundlage tun können. Die zwei Töchter sind mit besonders netten Männern verheiratet, einer ist Generalstabsoffizier, einer U-Bootkommandant. Sie sind beide am Leben und trafen sich in einem englischen Kriegsgefangenenlager in Norddeutschland. Die Schwiegermutter hat ihr Sorgenbündel. Was soll aus den zwei Offizieren werden?
Nun hast Du alles erfahren, was sich bei mir dieser Tage ereignete. Der Regen, er fließt weiter. Ich tat eben einen Blick in die Bocksgasse,

---

* *Der letzte Vers lautet im Original: „und einst im Tod, Maria!“*

auf welche mein Arbeitszimmer hinaus geht. Regen, nichts als Regen. Durch ihn flitzen unablässig die Jeeps der amerikanischen Soldaten; dann wieder fährt einer ihrer Lastwagen vorbei, von denen die größeren hohe Pferdestärken haben und aufheulen, wenn sie nach der Kurve am Straßeneck wieder Gas geben. Es ist Mittagessenszeit. Amerikanische Offiziere gehen ins Gasthaus Zum Adler, ihrer mess hall, Mannschaften mit ihren blitzblanken Aluminiumkochgeschirren zur Traube. Sie alle sind wohl eingehüllt in praktische Regenmäntel; ihnen kann das Wetter nichts anhaben. Die auffallend schlanken Soldaten bewegen sich ruhig und still in den Straßen. Auch die Zivilbevölkerung strebt ihrem - allerdings kalorienärmeren - Mittagessen zu.
Oberst Dawson sprach am Samstagabend über Radio Stuttgart und verkündete die Bildung einer württembergischen Regierung mit einem Ministerpräsidenten an der Spitze und sechs Ministern; die Namen der Persönlichkeiten würden in Bälde bekanntgegeben. Achte auf Radio Stuttgart, Mittelwelle 523 um 9 Uhr 30 abends.

Schwäb. Gmünd, den 7. September 1945

An die Frau

Zunächst eine neue Unglückspost. Am vergangenen Samstag, dem 1. September, abends 20 Uhr 30, hörten wir am Radio Beromünster die Nachrichten. Sie brachten die Meldung, daß der Polizeipräsident der amerikanisch besetzten Zone von Berlin, Dr. Hans Voß, von unbekannten Tätern erschossen worden sei, ferner der Präsident der preußischen Staatsbank, dessen Name mir nicht im Gedächtnis haften blieb. Es kann sich wohl um niemand anderen handeln als um den Mann von Ännchen [Voß]. Ich hatte die letzte Nachricht von ihm Anfang dieses Jahres erhalten, als er mir mitteilte, daß er einen Gestellungsbefehl in ein Arbeitslager in Mitteldeutschland auf Anfang Januar erhalten habe, wohin seit Oktober 1944 Männer seiner Lage vom ganzen Reich, auch von hier aus abtransportiert wurden. Seither habe ich nichts mehr von ihm erfahren können. Mir scheint es sehr wahrscheinlich, daß die Amerikaner auf ihn zurückgegriffen haben. Ich suchte sofort mit Ännchen in Verbindung zu kommen, was allerdings zum

Schwierigsten vom Schwierigen gehört. Der Verhafter und gleichzeitig der Befreier von Otto M. [May], Captain Fred L. [Levy], hatte sich, als er von der hiesigen Gegend zur Kontrollkommission nach Berlin versetzt wurde, von uns freundschaftlich verabschiedet und seine Adresse hinterlassen. Ich wandte mich an ihn mit der Bitte, Ännchen aus Berlin heraus zu uns zu verbringen. Leider traf gleichzeitig ein Brief von Captain L. [Levy] ein, aus dem zu entnehmen ist, daß er nach USA geflogen ist und erst in einiger Zeit wieder nach Berlin kommt. Es wird mir jedoch gelingen, Wolfgang M. [Magnus] zu verständigen. Interessant ist, was Captain L. [Levy] über Berlin schreibt:
„Über Berlin ist wenig zu sagen. Die Stadtmitte ist völlig zerstört. Die Einteilung der Stadt in vier Zonen läßt eine politische Entwicklung nicht zu, und die Menschen hier haben wenig, sehr wenig Interesse an Politik. Sie haben zuviel zu tun, um sich selbst am Leben zu halten. Holz und Kohle sind nicht zu haben, und für den Winter sieht es sehr schwarz aus. Die große Zahl der Besatzung wird vielleicht helfen, es fällt schon immer etwas von den Soldaten ab. Die Menschen sind hungrig; obwohl die Marken da sind und der Bevölkerung die Lebensmittel zustehen, sind diese nie zu kaufen.
Hier in Berlin (d.h. in der interalliierten Kontrollkommission) wird tüchtig gearbeitet, und es sieht so aus, als ob nach einiger Zeit alle Nationen mithelfen werden, um das Chaos zu vermeiden. Ihr wißt gar nicht, wie glücklich Ihr seid, in Württemberg zu sein, besonders in Schwäb. Gmünd."
Sonst befinde ich mich immer noch im Zustand eines designierten, aber nicht investierten Ministerpräsidenten [aufgrund der fehlenden Bestätigung General Eisenhowers]. Diese Unsicherheit hat, wenn ich ehrlich in mich hineinsehe, die Bedeutung, daß ich noch damit rechnen kann, daß der Plan sich zerschlägt. In Stuttgart begegne ich unter den Deutschen einer Art Fronde. In der Zeit der französischen Besetzung hat sich eine Gruppe von Politikern und Geschäftsleuten mit den Franzosen angefreundet. Dieser Kreis bildet jetzt sozusagen eine französische Partei, welche mich als Eindringling betrachtet. Es sind freilich nur einige Wenige, kaum

ein Dutzend, welche sich selbst sehr wichtig nehmen. Neuerdings raffen sie ihr letztes Benzin zusammen, um im amerikanischen Hauptquartier in Frankfurt Minen gegen die geplante Regierung zu legen. Sie übersehen, welcher große Unterschied zwischen französischer und amerikanischer Mentalität besteht. Man kann gegen den Amerikaner sagen, was man will: beschwätzen läßt er sich nicht. Den Vorzug hat, wer schweigen kann.

In der Zwischenzeit werde ich von den amerikanischen Verwaltungsoffizieren vielfach herangezogen. Deshalb bin ich gewöhnlich an drei Tagen in der Woche in Stuttgart. Abfahrt morgens 7 Uhr, Rückkunft 7 Uhr, 8 Uhr, 9 Uhr abends. Ich werde in einem Mercedeswagen hingebracht, so daß die Fahrt selbst wenigstens nicht anstrengend ist. Mitfahrer ist immer Konrad, der mir in Stuttgart viel Arbeit abnimmt, und häufig Elisabeth. Neben den sozusagen amtlichen Angelegenheiten kommt ganz am Rande auch das Privatleben zu seinem Recht. So neulich ein Besuch bei Josefine [Hartmann] in ihrem zwar mehrfach beschädigten, aber blitzblanken Hause. Sie und ihr Mann [Fritz] freuten sich sichtlich über meinen Besuch und über die Nachrichten von Euch Dreien und der übrigen Familie.* Nun ist sie ihre politischen Widersacher los und hält die demokratische Fahne hoch.

Auf der Rückfahrt kehren wir hie und da im Rößle in Endersbach, in der Post in Schnait oder in Schorndorf ein. Überall: „Wie geht es Frau und Kindern? Wann kommen sie? Gottseidank, daß man wieder ein freies Wort sagen kann.“ Manchmal gestatten wir uns die Heimfahrt von Schnait zuerst durch die Weinberge, in welchen nach Menge und Güte ein hervorragender 1945er heranreift, und an übervoll behangenen Apfelbäumen vorbei mit dem Blick auf den Schnaiter Gemeindewald; dann hinauf auf den Schurwald, über Manolzweiler, Goldboden und entweder über den Engelberg nach Winterbach und wieder auf die Remstalstraße oder über Schlichten nach Schorndorf und von dort

---

* *Josefine Hartmann war langjährig im Hause Goldschmidt angestellt und gehörte zu den engsten Freunden der Familie, der sie auch im „Dritten Reich“ aufopferungsvoll half.*

weiter. Verschwunden ist leider die tausendjährige Kaiserlinde in Schlichten; sie war so alt geworden, daß sie gefällt werden mußte. Ein Dutzend Häuser fehlen in diesem Dorf, auf welches ein verirrter Flieger seine Bomben warf. Die Tage werden jetzt schon kürzer. Wir bemühen uns vor dem Einbruch der Dunkelheit heimzukommen. Der Autoverkehr ist durch die US-Army stark. Neulich waren wir einmal später dran und hatten ein einzigartiges Erlebnis: Die Fahrt durch meine Vaterstadt Schorndorf mit elektrischer Straßenbeleuchtung. Man war versucht zu rufen: Licht aus! Verdunkeln!

Stadt und Land stehen übrigens unter dem Zeichen der Ausrottung des Nationalsozialismus und des Militarismus. Diese Säuberung wird gründlich besorgt und macht nicht nur uns Deutschen, sondern auch der Militärverwaltung, welche ernstlich an den Aufbau herangehen will, Sorgen. Nach den sogenannten „Flugtagen" der letzten Woche mußten z.B. in Schwäb. Gmünd das Finanzamt und die Kreissparkasse geschlossen werden aus Mangel an Beamten. Das württembergische Finanzministerium, das ich übernehmen soll, besitzt von allen akademisch gebildeten Beamten nur noch einen einzigen Regierungsrat. Es wurden z.B. drei Ministerialräte, sämtliche von uns selbst vor 1933 befördert, welche nie Parteimitglieder waren, durch die Militärregierung entlassen. Als mich gestern Lieutenant Colonel Auffinger jun. kommen ließ und die Frage an mich richtete: „Wie sieht es in Ihrem Finanzministerium aus?" antwortete ich, daß ich mir wie der König Johann ohne Land vorkäme, außerdem ohne Geld. Der politische Wind aus höchster interalliierter Stelle weht außerordentlich scharf. Es vergeht kein Tag, an dem ich nicht mit solchen entlassenen Beamten Aussprachen habe, die menschlich nahe gehen. Oft sind es Studienfreunde und Bundesbrüder [der Stuttgardia], von denen ich gewiß weiß, daß wir Deutsche sie beinahe unterschiedslos und einmütig nicht als zur Verantwortung zu ziehende Nazis ansehen können. Es vergeht ebenfalls kein Tag, an dem mich nicht eine verzweifelte Frau wegen ihres verhafteten Mannes aufsucht. Doch erreicht habe ich bisher nichts; man kann diesen Besuchern und Besucherinnen nur menschlich begegnen. Wenn ich an unsere

Zeiten schwersten Druckes zurückdenke, so fällt mir auf, daß wir in keinem einzigen Fall zu irgend jemand gelaufen sind, um ihm unsere Sorgen auseinanderzusetzen; wir haben unsere Not unter uns abgemacht. Die jetzt Betroffenen sind offenbar nicht so rauh aufgezogen worden. Sie haben nicht in diesem jahrelangen Kummer gelebt, sie sind mitteilsamer. Vielleicht ist ihre Lage aber auch nicht so ausweglos wie die unsrige damals.
Nach der Zurückgezogenheit, ja der Verborgenheit, in welcher ich die vergangenen 12 Jahre lebte, kostet mich die Rückkehr in die Öffentlichkeit keine geringe Überwindung. Es ist ein Glück, daß sie sich nur schrittweise vollzieht und auf die Stuttgarter Tage vorläufig immer noch die Tage der Erholung in Schwäb. Gmünd folgen. Zwei Besuche, die ich neben vielen anderen empfing, oder die ich machte, sind erwähnenswert. Der eine galt dem württ. Landesbischof T. Wurm [Wortführer der evangelischen Kirche gegen den Nationalsozialismus]. Du erinnerst Dich an das Wortspiel: Den Murr wurmt's, daß der Wurm murrt. Er ist nach seinem beispielhaften Verhalten dem Nationalsozialismus gegenüber zum Haupt der deutschen protestantischen Kirche aufgerückt und steht mit dem Bischof von Chichester [George Bell, Kontaktperson des deutschen Widerstandes in England] in Verbindung. Möge es gelingen, auf dem Wege über die Kirchen die geistige und materielle Quarantäne unseres Vaterlandes zu durchbrechen. Er sowohl wie der Bischof von Rottenburg, Dr. Johannes Baptista Sproll, den ich einige Tage später besuchte, gaben mir für meinen politischen Auftrag - bildlich gesprochen - ihren Segen. Bischof Dr. Sproll war im Jahre 1938, als er sich an der Abstimmung über die Einverleibung Österreichs nicht beteiligte, nach wüsten Szenen des „empörten Volkes" von der Geheimen Staatspolizei abgeholt und aus der Bischofsstadt entfernt worden. Sieben Jahre lebte er in der Verbannung im Bayerischen; jetzt ist er zurückgekehrt. Er überreichte mir ein volkstümliches Büchlein: „Der Bischof ist wieder da." Das wird Dich und vollends die Kinder interessieren. Psalm 37, 35 und 36 ist darin zitiert: „Einst sah ich einen Bösen, wie er mächtig auftrat; er spreizte sich wie eine Zeder

aus dem Libanon. Doch als ich wiederkam, da, schau, er war nicht mehr; ich suchte ihn, er war nicht zu finden."

Schwäb. Gmünd, Montag, den 10. September 1945

An die Frau

(...) Der Sonntagmorgen ließ sich wettermäßig schlecht an. Als ich losmarschieren wollte, begann es in Strömen zu regnen. Um 10 Uhr hellte es auf, und ich machte mich auf den Weg, um vor Tisch noch tüchtig auszuschreiten. An einer Straßenecke wurde ich von zwei amerikanischen Majoren, zu denen sich bald noch ein dritter gesellte, beinahe stürmisch angesprochen, sozusagen umzingelt: „Kennen Sie mich, Herr Doktor Maier?" Ich hätte den Sprecher, Dr. Fritz O. [Oppenheimer], Elsbeths [geb. Kaulla] Mann, sicher nicht erkannt; denn wer hätte es jemals geahnt, wer hätte es ahnen können, daß er, der Berliner Anwalt, der ein Gehirntrust für sich allein ist, mir einst in den Straßen einer schwäbischen Stadt in amerikanischer Umform begegnen würde.* Aber ich war auf diese überraschende Begegnung etwas vorbereitet; denn wenige Tage vorher hatte mir der Finanzoffizier der Militärregierung, Lt. Colonel George H. Auffinger jr., einen Gruß von ihm ausgerichtet; so konnte ich schlagfertig sagen: „Grüß Gott, Herr Dr. O. [Oppenheimer]" Die drei Offiziere kamen mit mir in die Wohnung; es begann eine zweistündige überaus lebhafte Diskussion über aktuelle, Amerikaner und Deutsche gleichermaßen angehende Themen. (...)

Am heutigen Montag fuhren Konrad, Elisabeth und ich am frühen Morgen nach Stuttgart. Ich selbst im schwarzen Anzug und mit schwarzem Hut. Es ging zur feierlichen Vereidigung der Richter, Staatsanwälte und Rechtsanwälte (25 Kollegen von früher 284!), die von der Militärregierung nach sorgfältiger Prüfung zugelassen

---

* *Oppenheimer emigrierte 1933 nach England, wo er u.a. als Rechtsberater der englischen Regierung tätig war. Seit 1940 lebte er mit seiner Familie in den USA und machte dort Karriere. Nach Eintritt in die Armee war er 1945 einer der wichtigsten Berater der US-Militärregierung in Deutschland.*

wurden; sie war auf 11 Uhr vormittags im Großen Haus des Landestheaters angesetzt. Der Zuschauerraum war voll besetzt. Ein Oberregierungsrat der Justizverwaltung nötigte mich gegen meinen Willen auf irgend einen Ehrenplatz. Kaum hatte dieser Ordner mich verlassen, als ein Staatsanwalt mich brüsk wieder hinauswarf: „Dieser Platz ist für amerikanische Offiziere!" Nun setzte ich mich zum Volk. Oben auf der Bühne war inzwischen Colonel William W. Dawson erschienen - und wer saß neben ihm? Der Schwiegersohn Deines guten Onkels Otto K. [Kaulla; ehemaliger Landgerichtspräsident, emigrierte 1939 nach England], Major F.E.O. [Oppenheimer], die Lesebrille aufgesetzt, sich auf die Übersetzung der Ansprache des Gebietskommandanten vorbereitend. Nach einiger Zeit stiegen auch die deutschen Juristen auf die Bühne und versammelten sich im Halbkreis um den Tisch der amerikanischen Offiziere. Wir schworen folgenden Eid:
„I swear by Almighty God that I will at all times apply and administer the law without fear or favour and with justice and equity to all persons of whatever creed, race, colour or political opinion they may be, that I will obey the laws of Germany and all enactments of the Military Government in spirit as well as in letter, and will constantly endeavour to establish equal justice under the law for all persons. So help me God. "
„So wahr mir Gott helfe!" dröhnte die sonore Stimme meines Nebenmannes Otto H. [Heusel] in mein Ohr. Viermal haben die meisten der anwesenden Juristen in ihrem Leben geschworen: Früher dem König von Württemberg, dann der Weimarer Republik, dann Adolf Hitler und jetzt diesen neuen Eid. Die photographische Aufnahme der Eidesleistung machte Kopfzerbrechen. Nach den deutschen Prozeßordnungen ist der Eid zu leisten durch Sprechen der Eidesformel, wobei „der Schwörende bei der Eidesleistung die rechte Hand erheben" soll. Sieht nun diese Gruppe der schwörenden, die rechte Hand erhebenden Männer nicht aus wie Menschen, die den Hitlergruß erweisen? Die Aufnahme mußte wiederholt werden. Die Juristen erhoben beim zweiten Mal die Hand nur halb.

Das Mittagessen nahmen wir im Zeppelin, das amerikanisches Hotel für durchreisende Offiziere und Soldaten ist. Nach Tisch erschien Elsbeths Mann [Fritz Oppenheimer]. Hotelier R. [Reichert] strengte sich zu Ehren des Majors sehr an. Wir kamen in eine gute Unterhaltung, die sich u.a. auch darum drehte, ob das Schlußwort der Ansprache von Oberst Dawson aus dem Propheten Jesaja oder Jeremia stamme. Wir kamen überein, daß entweder der Sprecher das Bibelwort nicht genau zitiert oder Major O. [Oppenheimer] es falsch übersetzt hat. Denn, daß wir bibelfester sind, diesen Anspruch und diesen Ruhm ließen wir Schwaben uns auch heute, wo wir nichts gelten, nicht nehmen. – Dieser amerikanische Major ist übrigens Inhaber des Eisernen Kreuzes I. Klasse, das er sich einst als deutscher Douaumontkämpfer vor Verdun verdient hat. (...) Bei seiner Ausreise aus England [in die USA] fanden die Zollbeamten in seinem Gepäck sein Eisernes Kreuz, in Kriegszeiten ein immerhin auffallender Fund. Von den Beamten zur Rede gestellt, gelang es ihm, den Fall aufzuklären. Die englischen Zollbeamten entschieden: „Nachdem es die Deutschen Ihnen nicht weggenommen haben, wollen auch wir es Ihnen lassen."
Gegen 3 Uhr verließ uns der Gast; er fuhr weiter nach München, Konrad gab ihm das Geleite zum Auto, besorgte noch etwas bei der Militärregierung, kam nach einer halben Stunde zurück, sah mich bedeutungsvoll an und sagte: „Ich bin der erste, der dir zum Ministerpräsidenten gratuliert! Eben ist die Nachricht eingegangen, daß General Eisenhower den ganzen Regierungsplan gemäß deinen Vorschlägen genehmigt hat." „Hundertprozentig" hat der Dolmetscher übersetzt. Meine am Vormittag hoffnungsvoll begonnene Anwaltskarriere wurde nach vier Stunden Dauer jäh unterbrochen.

Schwäb. Gmünd, Sonntag, den 16. September 1945

An die Familie

Die Dinge entwickelten sich nun stürmisch. Am Dienstagmorgen machte ich mit Otto M. [May] eine mehrstündige Wanderung am Fuß des Rechbergs. Als wir zum Mittagessen zurückkamen, hieß es: „Es brennt! Wir suchen dich seit zwei Stunden, der Kreiskommandeur wollte dich schon um halb elf mit dem Auto nach Stuttgart abholen. Der Termin ist jedoch verlegt worden. Vier Uhr nachmittags ist in Stuttgart eine Sitzung: Entgegennahme einer Botschaft." (...)

Wir Regierungsmänner versammelten uns im Konferenzzimmer von Olgastraße 11 [Sitz der amerikanischen Militärregierung für Württemberg]. Oberst Dawson selbst war nicht da, er war auf einer Dienstfahrt nach Heidelberg. Die ihn vertretenden Offiziere waren bester Stimmung. Tout comme chez nous: Wenn die Katze fort ist, tanzen die Mäuse. Es wurden mit uns die technischen Dinge besprochen, die Diensträume, das Telefon; ferner, daß jeden Donnerstagvormittag 9 Uhr eine gemeinsame Konferenz der Militär-Offiziere und der Minister stattfinden werde (...). Als wir eigentlich schon fertig waren, sagte Oberstleutnant Winning: „Die Hauptsache habe ich beinahe vergessen: General Eisenhower has approved of the whole plan."

Am Mittwoch saß ich in Gmünd an meinem Schreibtisch, vorausschauende Arbeit, welche sich erfahrungsgemäß später lohnt. Ich fertigte den Arbeitsplan des in Bildung begriffenen Staatsministeriums. Am Donnerstag fand die vorgesehene erste Konferenz statt. Oberst Dawson gab einen eindrucksvollen Überblick über die Lage, forderte zur Diskussion auf; er möchte die Konferenzen weniger nach der formalen Seite ausgestaltet haben, vielmehr den materiellen Gehalt der Besprechung als Hauptsache behandelt wissen. Wir waren alle über die Auskünfte befriedigt, doch wir wußten nicht recht: Sind wir nun Minister oder sind wir's nicht. Behandelt waren wir unzweifelhaft als solche worden, und wir beschlossen, zur Tat zu schreiten, d.h. die Organisation der Ministerien in personeller Hinsicht vorzubereiten. Jener Donnerstag,

13. September, war der Jahrestag eines der schlimmsten Angriffe auf Stuttgart, dem ja die Häuser Dillmannstraße 4-16 zum Opfer fielen. Seit jenem Tag war das wirtschaftliche und staatliche Leben in Stuttgart so sehr ins Stocken geraten, daß man von einem normalen Funktionieren nicht mehr sprechen konnte. Seit einiger Zeit hat man das Gefühl, daß das Leben wiederkehrt. Überall wird gezimmert und gehämmert. Die Bevölkerung kommt zu sich wie aus einer Lethargie. Ihre gesamte Tätigkeit gilt der Vorbereitung auf den schweren Winter, der langsam aber sicher herannaht.

Des Rätsels Lösung in der Frage, was eigentlich ist, brachte der gestrige Freitag. Ich wurde zu Oberst Dawson gerufen; er habe gestern die Hauptsache vergessen, nämlich: daß wir in die Ministerien gehen, die Arbeit aufnehmen und alles tun sollen, was unser Amt erfordere. Die endgültige Einsetzung werde allerdings erst erfolgen, wenn die papers auf dem Dienstweg in Stuttgart eingetroffen seien. Er sprach mit mir die Zeremonie der Amtseinsetzung durch. Zwei Möglichkeiten stehen zur Wahl: ein feierlicher öffentlicher Akt im Theater mit Kamera und Blitzlicht und ein einfacher in seinen Amtsräumen in Anwesenheit von 50 bis 60 Personen. Ich entschied mich für die schlichtere Form. Unsere Vorgänger, sagte ich ihm, hätten mit Aufmachung und Gepränge, mit Theaterdonner und echtem Donner so ausgiebig gearbeitet, daß wir auf lange Zeit genug davon hätten. Die Auffassung, daß man das Amt bescheiden beginnen und durch die Leistung sich die Legitimation verschaffen solle, fand uneingeschränkte Zustimmung. Auch andere Fragen wurden behandelt. Am Schluß versäumte Oberst Dawson nicht, das übliche Kompliment zu machen, eingeschlossen in einen kleinen Scherz: „Ich habe den Eindruck“, sagte er zu der Dolmetscherin, „daß Dr. Maier und ich in sehr vielen Dingen dasselbe denken“ - und zu mir gewandt: „Wenn wir beide so weiter machen, immer über die Probleme dasselbe zu denken, so werden wir beide ins Exil kommen.“

Apropos Dolmetscherin. Sie ist eine bemerkenswerte Ausnahme. Sonst helfen vielfach die deutschen Dolmetscher im Dienst der US-Militärregierung den Amerikanern, d.h. sie übersetzen deren

Argumente gut und die deutschen schlecht. Frau Margarete H. [Hütter, spätere FDP-Bundestagsabgeordnete und Diplomatin] hingegen hilft uns.

Am gestrigen Samstag bekamen wir unsere Bestallungsurkunden. Für den Finanzminister bekam ich eine weitere Urkunde mit entsprechendem Inhalt. Beide Dokumente wurden auch in der deutschen Übersetzung übergeben. Der Übersetzerin unterlief ein entzückender Fehler. Sie übersetzte das „temporary appointment as Ministerpresident", das die vorläufige Bestellung als Ministerpräsident bedeuten soll, mit: „Vorübergehende Anstellung als Ministerpräsident", also sozusagen Ministerpräsident auf Taggeld. Es fiel mir ein Stein vom Herzen.

Über die politischen Pläne der Zukunft will ich heute nicht schreiben. Aber eines will ich schreiben: daß ich mit unerschütterlicher Ruhe an die Aufgabe herangehe. Euer Herz erschrecke nicht und fürchte sich nicht.

Und nun, meine lieben Kinder, habt Ihr einen Bericht über sechs Wochen aus dem Leben Eures Vaters in Eurer früheren Heimat. Kennst Du, liebe Magda, noch das Märchen von Einem, der auszog, das Fürchten zu lernen? Und Du, Georg, das andere Märchen von Einem, der das Gruseln erlernen wollte? Hier ist die Geschichte von Eurem Papa, der nicht auszog, Ministerpräsident zu werden, den aber ein rätselvolles Schicksal damit betraute. Lest in Gustav Schwabs schönsten Sagen des klassischen Altertums, die ich Euch mit nach England gegeben habe, die Geschichte vom Hemd des Nessus. Es beißt mich schon da und dort am Körper, besonders am Kopf, an der Stirn vorne.

30. September 1945

An die Frau

Am 24. September war die Amtseinsetzung der Regierung und die Vereidigung der Minister. Sehr schlicht, aber nicht ohne Eindruck. In dem Sitzungszimmer von Olgastraße 11 waren höchstens 50 Menschen anwesend, darunter auch mein Bruder Hermann und meine Schwägerin Marianne [Maier-Leibnitz]. Die

Ansprache von Oberst Dawson endigte mit der Aufforderung: „make democracy work!“ Man hatte an diesem Wort lange herumübersetzt. Man fand schließlich, daß Inhalt und Sinn am besten getroffen sei mit: „Machen Sie die Demokratie wirksam!“ Es waren Photographen anwesend, die Mikrophone wurden jeweils vor dem Sprecher aufgestellt. Währenddem ich sprach, dachte ich zwischen hinein an Euch, ob Ihr die Übertragung wohl hören werdet. Dies wäre wohl eine einzig dastehende Form des Wiederhörens nach schätzungsweise 2.100 Tagen Nichthören, Nichtsprechen und Nichtsehen! Als ich mit meiner Rede fertig war, erhob ich meine Stimme nochmals: „Colonel Dawson, we will make democracy work!“ Seine vorhergegangene Rede hatte Konrad in Deutsch verlesen. Die ganze Veranstaltung wurde abends durch Radio Stuttgart übertragen. Es kamen viele Zuschriften. Haupttenor: Sie haben nicht geklagt, nicht angeklagt. Sie sind vor der Besatzungsmacht nicht auf dem Bauch gelegen. Es war würdig. *Eine* Zuschrift möchte ich Dir mitteilen. Vom Kreiskrankenhaus Herrenberg erhielt ich von meinem hochverehrten Lehrer Professor Dr. E. Hesselmeyer, einst Praezeptor an der Lateinschule in Schorndorf, heute in biblischem Alter stehend, folgenden Glückwunsch:

„Herr Ministerpräsident! Die kurze Anrede drückt quasi in nuce alles aus, was mich innerlich bewegt, und es ist nur zu natürlich, daß ich bei dem seit nunmehr 46 Jahren bestehenden schönen Pietätsverhältnis zwischen altem Lehrer und ehemaligem Schüler, wie es zwischen mir und dem Brüderpaar Maier aus Schorndorf besteht, Ihnen meine herzlichen Glückwünsche zu Ihrer Berufung an die Spitze der württembergischen Landesregierung ausspreche. Von all den vielen, vielen Schülern, die in einer mehr als 40jährigen Dienstzeit durch meine Hände gegangen sind, haben es nämlich Ihr Bruder und Sie am weitesten gebracht, und das nicht etwa durch Protektion, sondern aus eigener Kraft, dank einer gewissenhaften und ehrliebenden Pflichttreue und eines standfesten Fleißes, womit Sie von Anfang an in vorbildlicher Weise Ihre so glückliche vielseitige Begabung zu den höchsten Leistungen gebracht haben.
Früh übt sich, was ein Meister werden will, das hat sich bei Ihnen beiden bewahrheitet und bewährt, und ich bin stolz darauf, einer Ihrer frühesten

Lehrer gewesen zu sein und Ihren Aufstieg erlebt zu haben. Und ebenso wird es die Lateinschule Ihrer Geburtsstadt sein. Denn es ist wirklich ein seltener Fall. Man könnte von einem Dioskurenpaar sprechen.
Sie selbst, hochgeschätzter Herr Ministerpräsident, haben nun eine undankbare und dankbare Aufgabe erster Ordnung übernommen: unser altes, liebes, gutes Württembergerland, soweit dies überhaupt menschenmöglich ist, wiedererstehen zu lassen, und Sie haben mit Ihrer schönen ernsten Antrittsrede wohl allen vernünftig denkenden Leuten aus dem Herzen gesprochen. Denn sie war nur zu wahr. Um so größer aber ist das Verdienst Ihrerseits, daß Sie sich dem an Sie ergangenen Ruf nicht entzogen haben. Ich für meine Person habe Sie schon vor Monaten, als der Wirrwarr noch in vollstem Umfang bestand, im engeren Kreis als den kommenden Mann bezeichnet, und es freut mich terque quaterque, daß ich recht behalten habe.
Unser letztes persönliches Zusammentreffen in Stuttgart war, als Sie Wirtschaftsminister geworden und Sie uns, das heißt meiner verstorbenen Frau und mir, Ihre Frau Gemahlin während einer Theaterpause im Großen Hause vorstellten. Ich weiß nicht, ob Sie sich noch daran erinnern; denn was an Zeitereignissen seither schlagartig über uns hereingebrochen ist, hieß solche Dinge vergessen. Nicht aber waren sie imstande, meine persönlichen Gefühle für Sie zu trüben."

Es ist der Mann, der auf meine Ausbildung und auf meine Bildung den entscheidenden Einfluß hatte. Wie ich diesen Brief las, fiel mir plötzlich auf: Professor H. [Hesselmeyer] schreibt ganz deinen eigenen Stil, vielmehr du schreibst den Stil deines einstigen Lehrers. Im Jahre 1899, in einem Lebensalter von zehn, elf, zwölf Jahren, bin ich ihm unter die Finger gekommen. Latein, Geschichte, Deutsch, also Literatur, lernten wir bei ihm oft mit Furcht und Zittern. Aber die Schüler fühlten die Hingabe eines solchen Lehrers. Er hat den Grund gelegt. In vielfacher Hinsicht ist später nur Weiteres dazugekommen, das sich um diesen Kern herum sammelte.

Schwäb. Gmünd, den 21. Oktober 1945

An die Frau

Heute ist Sonntag und Dein Geburtstag, und ich bin den ganzen Tag über in meinen Gedanken fest bei Dir. Auf verschiedenen Wegen, besser noch Umwegen, habe ich Dir meine Wünsche übermittelt. Ich kann nur hoffen, daß sie Dich rechtzeitig erreicht haben. Es ist ein strahlender Spätherbsttag, mildes Wetter – „Indian summer", sagte man mir, heiße man das in Amerika. Es ist unser Altweibersommer. Konrad, Otto M. [May] und ich unternahmen eine dreistündige Wanderung. Dieses neue Leben in Stuttgart drückt einen buchstäblich zu Boden. Auf einem solchen Morgenspaziergang weit weg vom Ort der Handlung schöpft man Atem und jedesmal neuen Mut. Nach der griechischen Göttersage „erwanderte" sich schon Zeus die Ruhe des Herzens. Zuerst war es kühl, aber bald erwärmten uns die Strahlen der Sonne, und wir machten einen schönen Rundgang. Pünktlich kamen wir zu Tisch zurück. Nach einem Mittagsschläfchen sitze ich im Wohnzimmer, wo es leicht überschlagen ist.

Ich habe über vielerlei Erlebnisse zu berichten. Es geht bunt durcheinander, Persönliches und die Politik. In der vorletzten Woche kündigten sich zwei bedeutsame Ereignisse an. Stuttgart wird eine Art Zentrum der amerikanischen Besatzungszone. Die drei süddeutschen Länder samt Bremen kommen sozusagen unter einen Hut, wenn auch nicht unter einen festen Hut, sondern mehr unter einen leichten, einen Strohhut, und der ohne Rand. Auf keinen Fall neue „Macht" in Deutschland oder an die Deutschen. Kommende Dinge dieser Art werden ganz unverbindlich vorbesprochen, uns nur angedeutet. Die wirklichen Absichten werden nicht mitgeteilt, man ist auf das Erraten angewiesen. Dieses Verfahren ist zwangsläufig. Denn wenn die Amerikaner solche Pläne wälzen, so stehen sie auch bei ihnen noch nicht fest. Plötzlich ist aber die Entscheidung gefallen, dann geht es: Zuck, Zuck! Sie spucken dann sozusagen in die Hände. Sie sind erstaunt, daß wir dies nicht ebenso machen, sie übersehen, daß wir zuvor kapiert haben müssen, auf was sie selbst hinauswollen. Diese lose Zusammenfassung der vier Länder ist übrigens eine gute Idee, und wir begrüßen sie.

Die zweite Angelegenheit ist die Einrichtung eines Staatssekretariats für das französisch besetzte Gebiet in Tübingen. Hier beginnt das Herz von uns Schwaben zu schlagen, beileibe nicht höher. Das Herz stockt vielmehr vor Beklemmung. Oberst Dawson machte

uns schonend mit dieser Entwicklung bekannt, und zwar folgendermaßen: Eines Morgens sagte er so oben hin: „In Tübingen ist jetzt ein Gouverneur mit sehr viel Verständnis für den Zusammenhang des Landes Württemberg aufgezogen. Er heißt Widmer. Dies ist aber nicht our Mister Wittwer." Nicht „unser" Herr Wittwer! Konrad gilt bei den Amerikanern als der Exponent des württembergischen Patriotismus. Wenn also der neue Gouverneur nicht mit ihm identisch ist, so ist er auch nicht identisch mit Konrads Auffassungen. Ich dachte: oh weh! Aus diesen paar Worten und aus nicht viel mehr mußten wir die folgenschwere Tatsache entnehmen, daß in Südwürttemberg die Staatsautorität von Stuttgart in der Zukunft nicht wirksam sein wird. Ich wurde zu einem Besuch bei Gouverneur Widmer in Tübingen veranlaßt. Dieser setzte mir auseinander, daß es die französische Regierung ablehne, eine Regierung in Deutschland einzusetzen (das war ein Seitenhieb auf USA), er bitte vielmehr mich, das Staatssekretariat für die französisch besetzte Zone Württembergs seine Arbeit beginnen zu lassen. Damit wäre wenigstens die Fiktion einer Einheit aufrecht erhalten geblieben. So konnte ich diese Konstruktion noch als günstig ansehen. Die gesamten Formalitäten wurden durch seinen ersten Mitarbeiter mit mir durchgesprochen und als Termin der 16. Oktober, nachmittags 4 Uhr, festgesetzt. Ich konnte nicht gut sagen: „Halt, da ist mein 56. Geburtstag."
Bei diesen Besprechungen gab es viel, viel zu schlucken. Mit den Amerikanern wird auch dann, wenn es sich um Anordnungen handelt, die Form einer Verhandlung aufrechterhalten, zum mindesten spielen sich die Besprechungen in einer zwanglosen Weise ab. Die Franzosen gaben ihnen in meinem Fall den Charakter hoheitsvoller Direktiven; die Umgangsformen waren steif. Es ist klar, daß die amerikanische Besatzungsmacht den Deutschen gegenüber andere Möglichkeiten hat als die französische. Seit Hunderten von Jahren haben die Deutschen und die Franzosen gegenseitige Rechnungen miteinander zu bereinigen. Jetzt ist es der Franzose, der obsiegt hat. Die chronischen Fehler, welche die beiden Völker Jahrhunderte lang im Umgang miteinander gemacht haben, hören auch jetzt nicht auf. Die Vergleichspunkte

der beiden Besatzungsmächte traten mir sinnfällig vor Augen. Den Amerikaner müssen wir in Anbetracht der Gesamtlage sozusagen bitten, daß er da bleibt. Den Franzosen werden wir hierum weniger dringend bitten müssen.

Also der Geburtstag nahte heran. Eure Geburtstagsbriefe waren pünktlich eingetroffen und machten große Freude. Wir fuhren sehr früh von Schwäb. Gmünd nach Stuttgart. Zwischen wichtigen Besprechungen erschienen Gratulanten. Der eine brachte Blumen, der andere eine Flasche Wein, der dritte, nämlich unser alter Freund, Bäckerobermeister Schw. [Schwarz], zog ein paar Brezeln aus der Tasche. Auch einige Bücher, Neuerscheinungen unserer Zeit, wurden auf den Tisch gelegt. Aus den beinahe gänzlich zerstörten Gewächshäusern der Wilhelma schickte der Gärtner eine wunderbare Orchidee, welche mich in ihrer Schönheit die ganze Woche erfreute. Diese Aufmerksamkeit galt mir als Finanzminister, dem die staatlichen Gärten unterstellt sind. Was war dies einst für eine Pracht! Nachmittags ging's zur Amtseinsetzung des Staatssekretariats für die französisch besetzte Zone nach Tübingen. Der bitterste Gang, den ich seither machen mußte. Die Militärregierung hat sich im Justizpalast niedergelassen. Ich war eine Viertelstunde zu früh angekommen, und so fuhr ich den Osterberg hinauf. Ich nahm Augenschein vom Stuttgardia-Haus, wo ich einst als erster Fuchs im neu erbauten Haus im Sommer 1908 eingetreten war. Es ist lang her. Die Stätte unserer Jugendfreuden war uns im Dritten Reich genommen worden. Es war also schon vorher abgeschrieben und verleidet. Trotzdem mußte man sich zusammennehmen, wenn man das Schild betrachtete, das jetzt neben dem Eingang angebracht ist. Auf ihm steht: Le Premier Régiment Chasseurs d'Afrique, Villa San Pablo. O quae mutatio rerum. Wie viele der guten Freunde einer fröhlichen Jugendzeit sind schon im ersten Weltkrieg gefallen. Neue Gräber sind dazugekommen. Nichts mehr als diese grausame Inschrift ist durch solche Opfer erreicht worden. Ein Glück aber ist die Wiederbegegnung mit der heilgebliebenen Stadt.

Unter solchen Gedanken ging ich in den Schwurgerichtssaal des Justizgebäudes zum geplanten Akt der Amtseinsetzung. Meine

Ansprache hatte im letzten Augenblick eine Änderung erfahren. Ich erschien nicht mehr als der die Regierung Einsetzende, sondern nur als der bei der Einsetzung Anwesende. Die Amerikaner hatten wohl in der letzten Stunde der französischen Auffassung widersprochen. Sie wollen, daß auf keinen Fall die französische Besatzungsmacht im amerikanischen Gebiet etwas zu sagen hat, selbst auf die Gefahr hin, daß sie - die Amerikaner - im französischen keinen Einfluß haben. So passierte es mir, daß mein Manuskript während der Fahrt von Stuttgart nach Tübingen in einem wesentlichen Punkt einen anderen Inhalt bekam. Ich hatte es wirklich sorgfältig überdacht. Es soll den Franzosen passen und den Amerikanern und vor allem auch den Deutschen; denn es ist ja *ihre* Angelegenheit. Da ich sie nicht einsetzen durfte, die Franzosen sie nicht einsetzen wollten, entstand die Tübinger Regierung, was wir für die Zukunft feststellen wollen, durch die Autorität von Niemandem. Der Film lief ab, in höflichen Formen, aber ohne jede Wärme, die im Stuttgarter amerikanischen Bereich (aber beileibe sonst nicht überall) vorhanden ist. Die Franzosen sprachen Französisch, die Deutschen sprachen Deutsch, gedolmetscht wurde nicht.
Um ½ 6 Uhr war ich wieder in Stuttgart. Eine wunderschöne Fahrt durch den Schönbuch. Auf ihm lagen die Sonne und die Farben des Herbstes. Sie leuchteten, sie konnten aber nicht zu unseren Herzen dringen. Konrad und ich waren sehr bedrückt. Die Straßen links und rechts im Wald sind gesäumt von Holzbeigen; die Leute sind überall unterwegs mit Wagen und Wägelchen, um das Holz heimzuführen. Der Schwabe sorgt vor. Diese kleine Beobachtung richtete uns auf. Das Volk ist voll Wirklichkeitssinn und schafft, was not tut. Eine Aufforderung an uns selbst nahmen wir von dieser Fahrt mit: Der Reihe nach jeweils das Wichtigste in Angriff nehmen. Nicht hohe politische Pläne gilt es zu wälzen, sondern wir müssen zuerst einmal dafür sorgen, daß die Bevölkerung das Notwendigste zum Leben hat.
In Stuttgart fuhren wir bald weiter. Meine Base Mathilde A. [Abele], mein Freund Ulrich G. [Groß] und andere Freunde hatten es sich nicht nehmen lassen, mir in Schorndorf einen Geburtstagsabend

zu bereiten. Auf einem festlichen Tisch waren 19 Gedecke aufgelegt. Teilnehmer die große Familie, ferner alte Freunde von der Art, welche Du als Braut mit „fürchterliche" bezeichnet hast, deren Treue Du in der Zwischenzeit aber selbst erfahren durftest. In einer Ecke ein überreicher Geburtstagstisch, Blumen über Blumen, ein riesengroßer Korb der Stadt Schorndorf mit Früchten dieses üppigen Herbstes, vor allem wunderbare Äpfel. Alles wie bei einem großen Familienfest. Reden, familiäre, politische. Dann später ein Ständchen eines Gesangvereins, zuerst der Sängergruß, später ein ernstes Lied, dann: „Im schönsten Wiesengrunde", „Ins Wiesental gang i jetzt na" und schließlich noch ein heiteres Lied. Wir haben zwar jetzt die Berechtigung, nach curfew, das ist 10 Uhr 30, uns außerhalb des Hauses zu bewegen; aber der Chauffeur nicht. Man ist diese Stunde des Aufbruchs so gewohnt, daß man sie gern einhält; so kamen wir einigermaßen zur Zeit heim. Am anderen Tag, dem 17. Oktober, ging es „hantig" zu. Ministerpräsidentenkonferenz [zur Bildung eines Länderrates für die amerikanische Zone]. Generalleutnant Lucius D. Clay [Stellvertreter Eisenhowers, 1947 – 1949 Militärgouverneur der amerikanischen Besatzungszone] ist ein sehr bestimmter Herr. Seine Worte waren Hammerschläge. Gemütlich war es in keiner Weise, weder für uns Deutsche noch für die amerikanischen Herren, die mehrfach in „Hab-acht"-Stellung gehen mußten. Es gab Kommandos. Uns Deutsche, die wir hierdurch nicht betroffen waren, amüsierte es im stillen, einige der Militärregierungsoffiziere, die uns in der Zwischenzeit persönlich näher bekannt geworden sind, dabei zu beobachten, wie sie mit den Formen nicht recht fertig wurden.

General Clay sagte, in militärischer Diktion, folgendes: „Ich komme als Stellvertreter des Generals Eisenhower. Sie, meine Herren, vertreten die deutsche Regierung. Es freut mich, Sie kennenzulernen. Sie vertreten die Interessen der Bevölkerung in Ihren Ländern. Was Sie für Ihre Bevölkerung tun, ist ein Dienst für die ganze Welt. Sie haben eine schwere Aufgabe, bei der es leicht auch zu Mißverständnissen kommt. Um solche zu verhindern, werde ich Ihnen die Politik der Vereinigten Staaten vortragen. Sie werden manchmal glauben, diese Politik sei etwas starr, aber es ist nicht beabsichtigt, die Deutschen zu vernichten. Die erste Aufgabe ist die völlige Ausmerzung aller aktiven Nazis. Sehr viele sind verhaftet. In der nächsten Zeit werden die Familien erfahren, wo die Verhafteten sind. Die Verhaftungen waren nötig. Wir haben die Absicht, deutsche Tribunale einzurichten, um diese Fälle zu entscheiden. Aber das bedeutet keine Modifizierung im Wesen der Politik gegen die Nazis.

Es sollen alle Nazis getroffen werden, die aus dem System Vorteile gezogen haben. Unsere Politik bezweckt auch die volle Entmilitarisierung. Das schließt in sich die Vernichtung der militärischen Organisationen und die volle Abrüstung, besonders der Schwerindustrie. Alle Industrien, die militärischen Zwecken dienten, werden abgeschafft. Chemie, Maschinen usw. werden Deutschland nur überlassen, soweit sie Zwecken der deutschen Wirtschaft dienen. Das Lebensniveau in Deutschland wird möglichst im gleichen Maße gehalten werden wie das der Nachbarländer. Aus- und Einfuhrpolitik werden geregelt werden. Die Probleme des Verkehrs und der Kohle sind uns bekannt. Wir hoffen auf ihre Erledigung in der nächsten Zukunft. Wir beabsichtigen auch, große Zusammenballungen in der Industrie zu verhindern, wie alles, was mit Kriegspolitik zusammenhängt. Wenn diese Erfolge erzielt sind, werden wir uns zurückziehen."

Du siehst: *De*stroyed, *de*militarized, *de*nazified, *de*cartellized. Also viele Worte auf „de". Warum sitzen wir auf der Anklagebank und nicht die, welche das Unglück angerichtet haben? fragte ich mich. Einige Deutsche müssen jetzt eben den Kopf hinhalten. Lohnt sich dies? Ich dachte: für unser „Ländle" kann man dies eine Zeitlang machen. Wie lange wird dies dauern? Schon *einige* Zeit. (...) Glücklicherweise hatte diese beinahe peinliche Situation auch ihre humoristische Seite. Der Dolmetscher, der recht sympathische Captain Moskovits, hatte seinen schlechten Tag. Er übersetzte ein Kauderwelsch sondergleichen. In ganz unmilitärischer Verfassung stand er neben dem hohen General, und es liefen ihm vor lauter Anstrengung und Aufregung die Schweißtropfen von der Stirne. Neben mir saß einer der führenden Diplomaten dieses

Kriegs und des Siegs der Alliierten, Botschafter Robert G. Murphy [politischer Berater Eisenhowers und der US-Militärregierung]. Man sah es ihm, der fließend Deutsch spricht, an, wie es ihn über die Übersetzungsfehler innerlich beinahe umdrehte. General Clay verließ den grundsätzlich negativen Teil seiner Rede und wandte sich ihrem grundsätzlich positiven Teil zu: „Nach der positiven Seite hin wünschen wir, daß es so rasch wie möglich zu einer eigenen Verantwortung der Regierung kommt. Wir verfolgen eine Dezentralisierung der Macht und eine Stärkung der einzelnen Länder. Wir beabsichtigen Gemeindewahlen im Januar. Wir wissen, daß viele von Ihnen dem nicht zustimmen. Es ist aber der einzige Weg zur Demokratie. Freiheit der Presse und des Rundfunks soll zurückgegeben werden. Wir wollen uns möglichst zurückziehen. Obwohl wir die Macht der einzelnen Länder wünschen, betrachten wir Deutschland als Ganzes. Vier Mächte haben zentrale Leitung in Berlin vorgesehen für Finanzen, Post, Industrie, Verkehr und Außenhandel. Wir glauben, daß diese Instanzen auch für Ernährung und Landwirtschaft tätig werden können. Wir beabsichtigen, ein zentrales Kabinett für diese Zwecke zu schaffen. Doch ist es heute noch verfrüht, hier positive Entscheidungen zu treffen."

Ich beobachtete meine Genossen im Unglück. Sie saßen vorher ganz zusammengeduckt da. Jetzt erhoben sie langsam wieder ihre Häupter. Zusammen waren wir ungefähr ein halbes Dutzend Deutsche unter rund vierzig Amerikanern. General Clay kam zum Hauptzweck des Tages: „Vier Länder (Bayern, Württemberg-Baden, Hessen, Bremen) stehen unter Ihrer Verantwortlichkeit. Wir halten eine zentrale Körperschaft nicht für notwendig. Eine Koordination dieser vier Länder ist aber notwendig; sie zu schaffen ist Ihre Aufgabe. Wir haben die Ministerpräsidenten dieser Länder zusammengerufen, um ein solches Instrument für Zusammenarbeit zu schaffen, und zwar mit dem Sitz in Stuttgart. Es wird Ihre Pflicht sein, Post, Finanzen usw. in ein System der Zusammenarbeit zu bringen. Sie werden ein permanentes Sekretariat in Stuttgart einrichten. Ein kleiner amerikanischer Stab wird geschaffen werden, um diesem Sekretariat helfend zur Seite zu stehen, seine Aufgaben zu bestätigen. Dieser Stab wird stellvertretende gesetzgebende Körperschaft sein. Jeder von Ihnen wird die Politik der Vereinigten Staaten zur Richtschnur nehmen und im eigenen Land durchführen. Wir wollen, daß Sie in dieser Konferenz eine Geschäftsordnung (charter) aufstellen. Personal und die finanziellen Mittel sind noch zu beschaffen. Wir wünschen, daß die nächste Konferenz bald einberufen wird. Wir bitten, diese Geschäftsordnung sofort aufzustellen. (...) Wir wollen Ihnen behilflich sein, die Ihnen übertragenen Aufgaben auszuführen. Aber die Verantwortlichkeit liegt bei Ihnen. Wir werden nie diktieren, wenn unsere Richtlinien beachtet werden. Damit übergebe ich die weiteren Verhandlungen den Ministerpräsidenten."

Damit verließen uns die Amerikaner. Nachmittags berieten die Ministerpräsidenten unter sich, das heißt, als stille Berater blieben drei amerikanische Juristen bei uns. Doch sie mußten nicht in Aktion treten. Wir wurden selbst fertig. Es wurde kurz und konzentriert diskutiert; das Ergebnis war beachtlich. Der bayerische Ministerpräsident Dr. Högner [Jurist und vor 1933 SPD-Reichstagsabgeordneter] ist völlig ausgeruht, er verbrachte die letzten zwölf Jahre in der Schweiz, ein fähiger Mann, Bajuware, obwohl Sozialdemokrat nur für Bayern und gegen das Reich. Mit einer Seelenruhe erklärt er jedem, der es hören will, den Amerikanern, uns Deutschen, daß Bayern 700 Jahre lang in Deutschland unterdrückt worden sei. Im Jahr 1871 sei es durch einen geisteskranken, überdies bestochenen König dem Reich zugeführt worden, 1918 sei Bayern nicht gefragt worden, jetzt sei es endlich befreit. Er heißt mit Vornamen Wilhelm. Sollten seine Eltern den Preußenkönig und deutschen Kaiser mehr verehrt haben als der Sohn? Der Ministerpräsident von Hessen, Dr. Karl Geiler, war bisher Anwalt von Rang, früher auch Universitätsprofessor [in Heidelberg], bis ihn die Nationalsozialisten entfernten. Er ist mein Kampfgenosse in vielen schwierigen anwaltlichen Angelegenheiten gewesen: Seide, Bettfedern und Weinbrand. Wir kennen uns genau. Eine sehr gute Erscheinung. Und er weiß dies auch. Es war für uns beide sichtlich eine große Freude, daß wir uns wiedersahen. Ich erinnerte ihn an ein Wort, von ihm ausgesprochen im Hotel

Adlon in Sachen einer dänischen Industriefirma, welche uns jahrelang beschäftigt hatte. Man war hierbei nie sicher, ob unser gemeinsamer Verhandlungsgegner am anderen Morgen eine mühsam gewonnene Verhandlungsgrundlage umwerfen und die Dinge erneut auf den Kopf stellen würde. Bei diesem Anlaß sagte er mir: „Es ist überhaupt nichts ausgeschlossen, Herr Kollege!" Das hätten wir allerdings damals beide übereinstimmend als ausgeschlossen bezeichnet, daß ich ihn, den bisher Unpolitischen, einmal in Stuttgart in anderer Beziehung als Kollegen, nämlich als Ministerpräsidenten von Großhessen, begrüßen würde. Wir drei machten zusammen mit dem Senatspräsidenten von Bremen, Wilhelm Kaisen [Journalist und vor 1933 bremischer Senator der SPD], einem Mann nordischer Ruhe und eindrucksvoller politischer Weisheit, rasch voran. In 1 ¾ Stunden stand der Council of Ministerpresidents mit Statut, Sitz, Generalsekretär und neuem Termin am 6. November. Ich selbst wurde fürs erste zum Vorsitzenden gewählt.

Punkt 4 Uhr nachmittags erschienen die Generäle und die Offiziere wieder. General Clay richtete an uns die Frage: „Was haben die Herrn beschlossen?" Es war meine Aufgabe, zu sprechen. Ich gab mir einen Ruck und dachte: kurz und bestimmt kannst auch du sein. In knappsten Sätzen gab ich die Beschlüsse bekannt: erstens, zweitens usw. Die Amerikaner wollen kein Gesalbader, kurze Sätze, allerdings auch sachlich richtige Sätze. Man muß wahrhaftig in solchen Situationen rasch denken, rasch *richtig* denken. Meine Erklärungen wurden mit sichtlicher Befriedigung aufgenommen. General Clay schloß mit folgenden Worten: „Die heutige Konferenz ist ein großer Schritt vorwärts, um die Verantwortlichkeiten in die Hand der deutschen Regierungen zu legen und die Koordinierung der einzelnen Länder zu gewährleisten. Wir erwarten, daß die Politik der Vereinigten Staaten streng befolgt wird. Innerhalb dieser Politik werden Sie unsere möglichste Unterstützung haben."

Wir bekamen dann auch einen Patsch von dem strengen General. Man erzählte uns, er habe den ganzen Nachschub des amerikanischen Heeres nach Europa organisiert, also ist er gewohnt, mit

Waffen, Tanks, Autos, Geräten, Material umzugehen. Die Aufgabe in Deutschland ist eine andersartige. Werden die Deutschen in seiner Hand auch nur Sachen, Material sein? Ich sah in dieser Persönlichkeit einiges mehr und zwar Erfreuliches durchschimmern. Äußerlich ähnelt er ohne Zweifel Napoleon I. Aber ein viel feineres Gesicht. Ein ausgesprochen geistiger Typus. Braune, beinahe melancholische Augen. Sicher ein Mann von Stimmungen. Er wird ihnen keinen freien Lauf lassen. Sie sind in einer festen Bahn gehalten, wodurch? Durch die Disziplin eines Soldatenlebens. Nachdem alles fertig war, kam einer der Regisseure, die im Hintergrund tätig sind, zu mir her, schüttelte mir die Hand und sagte ganz kurz: „Dr. Maier, das war sehr gut." Dann eilte er den anderen nach. Es war dies Dr. James K. Pollock [Politologe und Universitätsprofessor, Berater der US-Regierung]. Es ist anzunehmen, daß er der geistige Urheber dieser ersten politischen Zusammenfassung von Deutschen über den Rahmen der Einzelländer hinaus ist. Es ist einer der Männer, der für Deutschland eine große Arbeit leistet. Das heißt, er leistet sie für sein eigenes Land. Da Deutschland aber bei der Schlußabrechnung nicht zu entbehren ist, für das noch sehr feindselige Europa nicht, aber auch für die fernerstehenden Vereinigten Staaten von Amerika nicht, erwächst aus der Arbeit eines solchen Mannes gleichzeitig ein Nutzen für uns.

Es wurde den ganzen Tag geknipst, das Blitzlicht strahlte hundertmal auf. Aber Photographien sehen wir nie. „Das kommt alles in USA in die Zeitung." Ich dachte in mir: Jeder dieser Männer, die heute vor uns standen, hätte die Macht, meine Frau hierher zu schicken. Aber das Menschliche ist eben verschüttet. Am anderen Tag begann Oberst Dawson die württembergisch-badisch-amerikanische Konferenz mit den Worten: „Wir wollen heute eine kurze Sitzung halten, denn wir hatten gestern einen schweren Arbeitstag. Wir müssen heute viel nachdenken, und ich glaube, besonders Dr. Maier muß heute viel nachdenken, womit ich nicht sagen möchte, daß er gestern etwa nichts gedacht hätte."

Nachschrift vom 23. Oktober (Dienstag)

Also heute, Montag auf Dienstag, haben wir zum erstenmal wieder in Stuttgart übernachtet, in Schottstraße 90 [Haus von Emmi Simon]. Ich verfüge, sozusagen als Untermieter des Ehepaars W. [Wittwer], über ein schönes, ganz ruhiges Schlafzimmer. Es ist frisch tapeziert, hat neue Beleuchtungskörper. Die neuen Schlafzimmermöbel sind sehr einfach, aber hübsch. Ich hörte, daß die einschlägige Zunft der Möbellieferanten Bemerkungen über das „billige" Serienschlafzimmer des Ministerpräsidenten machte. Mir war es teuer genug. Das Publikum meint immer noch, Reichsstatthalter oder Göring vor sich zu haben, deren privates Leben der Staat bezahlt und nicht sie selbst.
Heute früh suchte mich in meinem Amtszimmer ein Mitarbeiter von Botschafter Murphy auf, Mr. Morris, ein jüngerer Diplomat, bis zum Krieg bei der amerikanischen Botschaft in Berlin. Bei ihm brachte ich unseren Wunsch auf Deine baldige Rückkehr an. Er notierte Deinen Namen und Deine Adresse. Vielleicht geht es unter der Hand leichter als bei den ganz hohen Tieren. Dein und mein Gesuch trage ich stets in Abschrift bei mir, um es gegebenenfalls einem der Herrn zuzustecken. Ich sagte zu diesem Mr. Morris, ich wisse, daß man einem Amerikaner erst bei der dritten Begegnung einen Wunsch vortragen dürfe. Er meinte jedoch, ich dürfe dies bei ihm ruhig schon beim erstenmal tun. Bei seinem Weggehen hatte ich den Eindruck: Das war eine Intervention mit Zündung.

Stuttgart, den 6. November 1945

An einen Verwandten in Übersee
[Rudolf Goldschmidt, Berkely, Kalifornien]

In der vorletzten Woche war ich etwas marode, das heißt, ich schlug mich die ganze Woche mit einem gräßlichen Schnupfen durch die Besprechungen, Verhandlungen und Sitzungen durch und war froh, als ich am Freitag spät nachts nach Schw. Gmünd abfahren konnte. Ich blieb am Samstag im Bett. Vormittags kam ein Telefonanruf (sechs telefonlose Monate, welch ein Erlebnis

und im allgemeinen welch ein Glück!) aus Stuttgart (...): Oberst Dawson wird am Montag früh 9 Uhr Dr. Maier und Herrn Wittwer (von den Amerikanern als „general factotum of Dr. Maier" bezeichnet und geschätzt) mit seinem Auto nach Karlsruhe fahren zu einer Besprechung mit Dr. Köhler (Reichsfinanzminister a. D. [Zentrum], Präsident der badischen Landesverwaltung) und Dr. Dorn [politischer Ratgeber der US-Militärregierung]. Die Situation war so, daß der vielgewandte Dr. Köhler gegen den Stachel gelöckt und gegen die bisher lose aneinander gelehnte badisch-württembergische Ländergemeinschaft allerlei unternommen hatte. (...) Dr. Köhler tat das, was man bei den Amerikanern nicht tun darf, in politischen Fragen, hauptsächlich in hochpolitischen Fragen, eine Initiative „dagegen" zu ergreifen, ehe die Dinge reif sind. Und er erhielt eine Absage.
Die Fahrt hinüber an einem schönen warmen Herbsttag verlief gut. Wegen meiner Erkältung und der sehr frühen Abfahrt von Gmünd hatte ich mich mit Pelzmantel versehen, dazu einen Eden hat (Brummels, London) aufgesetzt. Dieser Hut paßte nicht in das 3,2 Liter Mercedes Cabriolet, das Oberst Dawson fährt. Ich stieß oben an, und er neckte mich: Warum ich keinen silk hat (also einen Zylinderhut) auf habe; und wegen des Pelzmantels machte er den Scherz: „Wir fahren doch nach Karlsruhe und nicht nach Moskau." Die Gegensätzlichkeiten zwischen Badenern und Württembergern sind auch den Amerikanern hinlänglich bekannt. Der Oberst klagte sein Leid: „Das Schlimmste ist, daß meine Offiziere in Baden ebenfalls angesteckt sind; es gibt auch unter meinen Offizieren badische Patrioten."
Der Sitz der amerikanischen Militärregierung befindet sich wo? In dem völlig unbeschädigten, auf Hochglanz hergerichteten Bankgebäude von Veit L. Homburger. Kurz nach uns kam Dr. Köhler, der ziemlich unsanft mitten aus einer Versammlung und mitten aus einer Rede in Heidelberg herausgeholt worden war. Um 11.30 Uhr begannen die Verhandlungen in dem Eckzimmer im ersten Stock. Oberst Dawson begann mit dem pythischen Wort: „Auf unserer Fahrt hierher Dr. Maier has told me - in perfect English - that his sixteen year old daughter Magda, who left Ger-

many at the age of ten, listens to Radio Stuttgart in England every day", und er fuhr fort: „Radio Stuttgart ist dreimal so stark wie alle anderen Sender." Was war der Sinn dieser ungewöhnlichen Einleitung der hochoffiziellen Sitzung? Ist Stuttgart auch dreimal so stark wie Karlsruhe? Dann kam der Segen: Es ist entschieden, daß Nordbaden kein selbständiges Land wird, im Gegenteil, beide Länder erhalten eine gemeinschaftliche Verwaltung, Dr. Köhler wird stellvertretender Ministerpräsident in Stuttgart. Treten Vakanzen im Stuttgarter Kabinett ein, so werden sie durch residents of Baden besetzt. „Wenn Dr. Maier sich als uralter Nationalsozialist entpuppen sollte und deshalb mandatorily removed wird, dann werden Sie, Dr. Köhler, Ministerpräsident." Dr. Dorn, der gut Deutsch spricht, verabreichte Herrn Dr. Köhler noch einige Spezialspritzen: „Wenn Sie's nicht tun, so kommt etwas ganz anderes!" Er erhob warnend den Zeigefinger. Was sollte das heißen? Etwa Wiederbesetzung von Karlsruhe durch die Franzosen? (...) Wir wurden zum Mittagessen im Offizierskasino eingeladen. Konrad ging todunglücklich neben mir: denn er will doch sein Württemberg gerade so gut intakt behalten wie Dr. Köhler sein Baden. Die Offiziere gingen voraus, über den einstigen Adolf-Hitler-Platz. Wir folgten, ohne zu wissen, wohin es ging. Und wo landeten wir? Im „Karpfen". Und wo nahmen wir Platz? Du kennst den Stammtisch der Karlsruher Richter und sonstiger Honoratioren, an den wir beide uns nie setzen durften, auch nicht wollten. Dort ließen wir uns nieder. Dr. Köhler sprach vom Henkersmahl, das er einnehme, der 29. eines Monats sei immer sein Unglückstag gewesen. An einem 29. sei er Reichsfinanzminister geworden, an einem 29. sei er als solcher wieder abgesetzt worden und heute am 29. Oktober habe er sich beim Aufstehen besonnen, was ihm heute noch zustoßen werde. Er sei übrigens auch an einem 29. geboren; worauf ihm erwidert wurde, das sei doch mindestens ein Glück gewesen.

Wir sprachen bei Tisch über den beiderseitigen Volkscharakter: der Badener mehr liberal, der Schwabe mehr demokratisch. Dr. Köhler sagte, der Badener sei eben von dem französischen unruhigen Geist angesteckt. Ich zitierte aus Caesars bellum gallicum:

„rerum novarum cupidi", welche Charakterisierung auf die hochaktive Persönlichkeit des neuen stellvertretenden Ministerpräsidenten in höchstem Maß zutreffe, und bei den Amerikanern, die in diesem Fall historisch und klassisch gebildet sind, eine Lachsalve auslöste, Konrad machte im Hintergrund noch den Witz, Dr. Köhler erinnere in seiner imponierenden körperlichen Gestalt an einen „Senator aus dem Mittelwesten".
Ich hoffe sehr, daß das badische Herz Deiner Familie durch diesen Bericht nicht in seinen national-badischen Gefühlen getroffen ist. Wir Schwaben tun's auch nicht sehr gern. Du weißt, wie sehr mir Karlsruhe und Baden am Herzen liegen. Dort konnte ich in den zwölf Jahren Naziherrschaft als Anwalt tätig sein; es war doch so, daß ich in dieser Zeit mein Brot außer Landes verdienen mußte. Die Stuttgarter und Württemberger genierten sich an ihrem früheren Wirtschaftsminister.
Das Essen war einfach, aber gut. Irish stew. Wir sprachen vor allem dem Kaffee zu. Dieser brachte Konrad wieder aus seiner schlechten Laune. Der Besitzer des „Karpfen" dienerte gewaltig, als wir das Lokal verließen. Die Offiziere verabschiedeten sich von Dr. Köhler mit der ironischen Frage: „Gehen Sie jetzt in Ihre Landes*regierung?*"
Um 3 Uhr bestiegen wir das Auto des Obersten zur Rückfahrt. Er war froh, daß er die Konferenz hinter sich hatte. Er ist kein Mann der Gewaltanwendung. Dieses Mal hatte er befohlen, nachdem ihm befohlen worden war. Über Pforzheim, d.h. hoch über den Ruinen dieser Stadt, fuhren wir zurück, zeigten noch die Solitude vor, und mit Gesprächen über den Schwarzen Adler von Leonberg, wo um das Jahr 1490, einige Jahre vor der Entdekkung Amerikas, der erste württembergische Landtag versammelt war, über Herzog Karl Eugen, Franziska von Hohenheim, kamen wir wieder in Stuttgart an. Der Oberst kann nicht Deutsch, Konrad und ich kein Englisch, und trotzdem verstanden wir uns, wie man sich immer versteht, wenn man will.
Am Mittwoch, dem 31. Oktober, wurde in Stuttgart ein Schlußstrich unter den neuen Plan gemacht. Dr. Köhler nahm an der Sitzung des Staatsministeriums teil, und wir einigten uns über alle

Fragen - solange bis sie wieder auftauchen. Ein Tag übrigens, an dem ich vor Arbeit beinahe umkam. 9 Uhr eine einstündige Besprechung mit dem Obersten in einer Personalsache; 10.30 Uhr suchte mich Prof. Dr. L. [Loewenstein; 1933 in die USA emigriert], der „Rechtspapst" bei dem Alliierten Kontrollrat in Berlin, früher Professor in München, Neffe meines früheren Sozius Dr. Rudolf L. [Löwenstein], (...) auf. Prof. Dr. L. [Loewenstein] kennt ganz Deutschland in allen seinen Zonen und gab das Urteil ab, daß es in Stuttgart schon wieder am besten ginge, politisch und was das geschäftliche Leben anbelange. Um 11.15 Uhr Besprechung unter Leitung des Brigadegenerals Draper [im alliierten Kontrollrat in Berlin für Wirtschaft und Handel zuständig]. 1. Export unter allen Umständen, 2. Reparationsleistung der Industrie, mit anderen Worten Aufhören der Produktionsgüterindustrie; und am Schluß: What does Dr. Maier think? Um 12 Uhr eine Aufsichtsratssitzung. Um 13 Uhr Mittagessen in der mess hall (Villa Weißenburg). 3 Uhr letzte Unterweisung an Dr. Köhler und mich in der Frage Württemberg-Baden durch den Obersten. 16.30 Uhr Sitzung des Staatsministeriums, um 18 Uhr ist die badisch-württembergische „Einigung" perfekt. Dann Fahrt nach Gmünd im dichtesten Remstalnebel, Reifenpanne vor meinem elterlichen Haus in Schorndorf. Ankunft in Schwäb. Gmünd um 10 Uhr nachts und morgens in aller Frühe wieder zurück. Diese Fahrt in Nacht und Nebel bewies, daß der täglichen Fahrt Gmünd und zurück, eine überaus strapaziöse Sache, der beginnende Winter ein Ende setzt. Wir beschleunigten unseren Stuttgarter „Aufbau", und so wohnen wir seit wenigen Tagen wieder in Stuttgart, im Hause Schottstraße 90.

Den 11. November 1945

An die Frau

Dieses Wochenende verlebe ich wieder in Gmünd! (...) Das Wetter ist seit Freitag sehr schlecht, naßkalt, und der Winter 1945/46 tritt seine Herrschaft an. Täglich wachsen die Sorgen und das Elend der Bevölkerung. Ein schlimmes Kapitel sind die vom

Osten einströmenden Flüchtlinge (aus Polen, Tschechoslowakei, Ungarn). Millionen sind auf der Wanderung. In das Gebiet der amerikanisch besetzten Zone sollen zu den bisher 18 Millionen Menschen weitere zwei bis drei Millionen kommen. Nord-Württemberg wird Anfang 1946 30 Prozent mehr Menschen beherbergen als 1939. Denn es sind noch 400.000 Bombenflüchtlinge aus dem Rheinland und Westfalen im Lande und können den Rückweg nicht finden. Woher die Ernährung nehmen für diesen neuen Zuwachs? Die ankommenden Familien bestehen meistens nur aus Frauen und Kindern. Die bisher Angekommenen gehören noch zu den geschonten Deutschen, so schlimm ihr Schicksal ist. Es sind dies die Schlesier, die im letzten Herbst vor den anrückenden Russen nach Österreich geflohen sind, von dort jetzt ausgewiesen werden, jedoch den ganzen Weg mit der Eisenbahn zurücklegen können. Die übrigen müssen Hunderte von Kilometern zu Fuß gehen, bis sie eine Eisenbahnstation erreichen - wenn sie nicht vorher den Strapazen erliegen. Auf dem Bahnhof in Schwäb. Gmünd werden bis Januar 1946 nicht weniger als 185.000 Menschen erwartet für die sieben Kreise der Umgebung. Unser Staatsapparat ist wieder soweit organisiert, daß wenigstens das Allernotwendigste vorbereitet werden kann. Die Welt nimmt an den Deutschen fürchterliche Rache. Unmenschliche Antwort auf vorhergegangene Unmenschlichkeit. Ist das der richtige Weg? Das zweite der Übel ist die große Unsicherheit auf dem Lande, aber auch in der Stadt, hervorgerufen durch die schlechten Elemente innerhalb der Displaced persons, meistens Polen, die, mit Waffen versehen, die Einzelhöfe, aber auch Häuser in den Städten überfallen und oft völlig ausrauben. Im Kreis Aalen allein sind 41 solcher Überfälle vorgekommen. Nicht selten gibt es dabei Tote. Erst gestern wurde in Markgröningen eine ganze Familie, sechs Personen, ermordet. Langsam wird jetzt die deutsche Polizei wieder mit Waffen versehen, und in einzelnen Kreisen sieht man sie schon mit amerikanischen Karabinern. Dieses Thema war der Hauptinhalt einer langen Besprechung, die ich neulich mit Generalleutnant Keyes, Oberbefehlshaber der 7. Armee, führte und einer kurzen mit Generalmajor Adcock. Es ist wohl gleich schwierig, wenige Monate nach der vollständigen Entwaffnung Deutschlands für eine Wiederbewaffnung einzutreten und, umgekehrt, sie zuzulassen. Die Anordnungen verändern sich oft überraschend, weil die Verhältnisse sich eben ändern. Die Amerikaner treffen vielfach irgend eine Maßnahme und führen sie längere Zeit stur wie die Preußen durch. Plötzlich geben sie diese dann doch auf, weil sie merken, daß es so nicht geht. Sie begründen ihre veränderte Stellungnahme jeweils mit den Worten: „Es ist nicht amerikanische Art, daß ..." Diese Wendung vernehme ich jeweils gerne, denn wenn sie ausgesprochen ist, fällt oft eine ganze Serie von Hindernissen. Ihnen solche Unmöglichkeiten klar zu machen, immer wieder klar zu machen, ist unsere Aufgabe. Eine Geduldsprobe für uns, anscheinend eine noch größere für das ungeduldige deutsche Volk.

Doch zurück zum schlechten Wetter und zum Winteranfang. Wir in Württemberg kommen besser darüber hinüber. Die ganze Bevölkerung sorgt vor und hat schon vorgesorgt. Dieser sorgliche Sinn hierzulande wird uns viel erleichtern. Die höheren amerikanischen Offiziere, die hie und da nach Frankfurt und Berlin kommen, berichten Entsetzliches über die Leiden der Bevölkerung in Berlin, die Kindersterblichkeit dort. Auch in Frankfurt muß es sehr schlecht sein: „Wir sind jedesmal wieder froh, wenn wir in Stuttgart sind. Hier sieht man doch noch Menschen, welche lachen." Am Freitagabend ging ich nach langer, langer Zeit zum erstenmal wieder aus. Ich war zu einer Familie eingeladen, bei welcher der Offizier für economics, also der württembergische Wirtschaftsminister auf der amerikanischen Seite, verkehrt. Dieser hatte zu verstehen gegeben, daß er mich gerne persönlich kennenlernen würde. Der Abend fing um 6 Uhr an, und wir kamen bald in eine gute Stimmung. Die Amerikaner machen in der deutschen Sprache Fortschritte. Die Unterhaltung wurde in Deutsch, Englisch und Französisch geführt. Man benützt eben die Worte, die einem gerade einfallen. Das Thema „Rückkehr von Mrs. Maier" wurde eingehend behandelt. Man kam auf die Waage-Menschen zu sprechen, und es ergab sich, daß Colonel K. am 21. Oktober Geburtstag hat, womit die Überleitung auf Deine

Person sich leicht ergab. (...) Und mehr als Einer und Einem wurden die Augen naß, als ich aus Deinem Brief vom 27.9. vorlas: „Am Montag, dem 24. September 9 Uhr 30 am Radio, als wir, anläßlich Eurer Vereidigung, *Deine* Stimme hörten, Deine Stimme, nach mehr als sechs Jahren - das war einfach ungeheuer! Es fiel mir unser Besuch bei Deiner Mutter ein, am 21. Januar 1930, mit der winzigen Magda und Dir als neugebackenem Wirtschaftsminister. Sie nahm das Kind auf den Arm und sah Dich so glücklich an und sagte, daß das Kind sie aber doch noch mehr freue als der Minister! Und so geht mir's jetzt. Ich habe *Deine* Stimme wieder gehört, *Deine* Stimme, und könnte heulen vor Freude!"
Die Stimmung rückte vor. Bei den Damen rascher, weil sie Eiercognac tranken, bei den Männern ergaben sich graduelle und temporäre Unterschiede, denn der Amerikaner trinkt gern einen Kirsch und einen Cognac, während der Hausherr und ich beim einheimischen Rotenberger Trollinger verblieben. Ich stellte die Frage: „Herr Oberst, kennen Sie den Grund, warum die Rede von General Adcock am letzten Dienstag, dem 6. November, durch das Radio übertragen wurde?" „Nein, Doktor Maier." Meine Antwort: „Das geschah nur deshalb, weil meine Tochter Magda am anderen Tag ihren sechzehnten Geburtstag feierte." (...) Da ich nicht wußte, ob nicht durch irgend einen Zufall die Rede des 6. November ausfallen würde, meldete ich bei Radio Stuttgart für den 7. November eine Rede über die Denazifikation an, Rückkehr zum Rechtsstaat, und beide Reden gingen von Stapel. Das Wort von Solon, das ich zitierte, war eigens für das Geburtstagskind. „Was ist der beste Staat?" wurde der weise Gesetzgeber gefragt. „Wo die Nichtbetroffenen über ein Unrecht ebenso empört sind wie die Betroffenen."
Doch, meine lieben Drei drüben, wir wollen uns vor der Ungerechtigkeit des verletzten Gefühls hüten. Den meisten Nichtbetroffenen in Deutschland war es zwar lange Zeit völlig gleichgültig, was den damals Betroffenen zustieß - wir haben's erlebt und mitgemacht -, aber wir kennen auch die Menschen, die anders gefühlt haben, aber schlechterdings nicht handeln und helfen konnten.

Wie gesagt, der Abend war in drei Sprachen sehr gemütlich. (...) Es wurde 12 Uhr, bis wir uns unter gewaltigen Shakehands und auf baldiges Wiedersehen verabschiedeten. Da Konrad abends mit „unserem“ Wagen nach Gmünd gefahren war, hatte er mir eine Taxe für die Heimfahrt bestellt. Als ich ins Freie hinaustrat, war draußen tiefste Finsternis, und es schneite. Auch in der Taxe war es kuhnacht. Nachdem ich in ihr Platz genommen hatte, ertönte vom Führersitz eine Stimme: „Guten Abend, Herr Doktor!“ Ich war seit vielen Monaten in Stuttgart ein Fremder geworden und damit auch den Taxichauffeuren; aber so fremd doch nicht, daß ich, ohne mich zu besinnen, die Stimme nicht sofort erkannte: „Ah, Sie sind's, Herr R. [Rau]!“ Mein einstiger Nachbar, als ich noch in der Lenzhalde wohnte. Die erste Frage aller dieser alten Bekannten ist: „Wann kommt Frau Doktor und wann kommen die Kinder? Daß dies nicht möglich ist!“
So verlief mein erster Abend außerhalb der vier Wände. Ein eigentliches Privatleben gibt es zur Zeit für mich nicht. Der Sonntagnachmittag ist nun vorgerückt, es ist schon Abend geworden. Radio Stuttgart tönt auf: Die Rückkehr Friedrich Schillers auf den Schillerplatz gestern, Samstag, ist der Inhalt der Übertragung. Was für ein Glück, daß er wieder da ist! Und was würde das deutsche Volk glücklich sein, wenn er tatsächlich mit seines Geistes Allgewalt wieder in die Herzen einkehren und hohe Taten erzeugen würde! Doch es sieht nicht danach aus. Der Nihilismus scheint vorläufig der Beherrscher zu sein. Die Mehrheit glaubt nichts mehr. Wenn ich in den Kreis jener alten, bislang so hoffnungsstarken Freunde trete, die über ein Jahrzehnt standhaft der gleichen Gesinnung blieben, so muß ich jetzt ihre öde Schimpferei auf die Zeit mit den Worten abschneiden: „Glaubet nicht, was Ihr saget!“ Und wenn sie sinnieren und nichts sagen, so spreche ich sie an: „Glaubet nicht, was Ihr denket!“

Sonntag, den 18. November 1945

An die Frau

Mein Sonntagvormittag-Spaziergang Lenzhalde-Doggenburg-Kräherwald liegt hinter mir. Am Blindenheim, halbzerstört, halb erhalten, kehrte ich wieder um an der Stelle, an der ich jeweils früher der kleinen Magda ein Geldstück zugesteckt habe, das sie mit großer Freude in die Opferbüchse am Tor des Heims einwarf. Gestern war es sonnig, aber kalt und windig. Heute ist der Himmel verhängt, und leichter Dunst liegt über der Stadt und den Höhen. Ein echter Novembertag. Im Hause ist es mucksmäuschenstill. Überhaupt ein sehr ruhiges Haus. Konrad und Elisabeth fuhren gestern, Samstag, nach Gmünd und überließen mich mir selbst. Seit der vergangenen Woche prangt ein Kachelofen im Eßzimmer und verbreitet wohlige Wärme.

Langsam bekomme ich wieder Fühlung mit Stuttgart. Seit der Übernahme des Amts im September hatte sich mein Aufenthalt in Stuttgart eigentlich auf die Häuser Olgastraße 7 (Staatsministerium) und Olgastraße 11 und 13 (Militärregierung Württemberg-Baden) beschränkt. Olgastraße 7 ist ein sehr einfaches Amtsgebäude. Im Vergleich zu der einstigen Pracht der Villa Reitzenstein, die erhalten ist, aber den Amerikanern als Kasino dient, sieht man, wie wir heruntergekommen sind. Das Gebäude und die Räume sind mehr als bescheiden. Aber ich bin froh, daß ich meinen Kopf gegen Wünsche nach größerer Repräsentation durchgesetzt habe. Bei den beinahe täglichen Beanspruchungen durch Beamte der Militärregierung erweist sich meine Wahl als praktisch und zeit- und kraftsparend. Es kommt jetzt nicht darauf an, wie es in den Ämtern aussieht, sondern daß darin gearbeitet wird. (...)

In dieser Woche machte ich einen kleinen Erkundungsgang, und zwar zunächst vor zur Olgaecke. Dieser Teil der Olgastraße bildet ein durchaus internationales Bild: amerikanische Soldaten, Ordonnanzen, Dolmetscher und Dolmetscherinnen; die Autos stauen sich. Nachher geht es die Charlottenstraße hinunter, die im wesentlichen erhalten und zu einer der Hauptgeschäftsstraßen

geworden ist. Man sucht einen Eindruck von den Stuttgartern zu bekommen. Natürlich eine große Verschlechterung in der Kleidung, besonders im Schuhwerk. Vor allem passen die Kleidungsstücke nicht mehr zusammen. Die Strümpfe nicht zum Kleid, die Kopfbedeckung nicht zum Mantel. Eine noch elegante Pelzjacke wird von einer Dame getragen, die mit Rock, Strümpfen und Schuhen dieser Pracht nicht mehr nachkommt. Vorzeitig gealterte Frauen und Männer, beinahe ausnahmslos mager, Falten über Falten im Gesicht, versorgt und abgehärmt; aber überall ist das Bestreben erkennbar, sich nicht zu tief hinabdrücken zu lassen. Die jüngeren Männer sind vielfach kriegsversehrt und kommen, wenn nicht an Krücken, am Stock daher. Diese Schilderung gilt für Stuttgart. Draußen auf dem Land und in den Landstädten, wo der Bombenkrieg nicht hingekommen ist, ist es, der Kleidung nach, noch anders. Mindestens an Sonn- und Feiertagen kommen die Menschen dort noch gut angezogen daher.
Beim Waisenhaus beginnen die Trümmer, der Schutt ist weggeräumt und links und rechts der Straße aufgetürmt. Ganze Schuttberge flankieren die Straße, die sauber gekehrt ist. Rechter Hand reitet Kaiser Wilhelm I. ganz unangefochten auf seinem Roß. Und bald tritt man zum Schillerplatz hinaus. Um und um Trümmer: das Alte Schloß, das Kanzleigebäude, der Prinzenbau, der hohe Giebel des Fruchtkastens, die Stiftskirche samt den beiden Türmen. Und mitten in diesen hochragenden grotesk-skurrilen Ruinengebilden steht, wie ich schon schrieb, seit einigen Tagen wieder die Thorwaldsen'sche Schillerstatue.

Montag, den 19. November 1945
10 Uhr vormittags

An die Frau

Heute ist der Groschen gefallen. Ich war soeben bei Oberst Dawson, und am Schluß einer halbstündigen Besprechung, die sich auf eine andere Angelegenheit bezog, gab er mir den Inhalt des Schreibens des Combined Travel Security Board [Vereinigte Reise- und Sicherheitsbehörde der US-Militärregierung] vom 10. November 1945 bekannt. Frau Gerta Maier darf nach Deutschland einreisen! Das ist nun der Anfang des Gegenstücks zu dem Permit, das Dir an jenem Samstag im Mai 1939 zugesandt wurde und das uns zu jenem Abschiedsspaziergang mit den Kindern am darauffolgenden Sonntag von der Station Lichtenstein zur Karlshöhle veranlaßte. Eine sorgenvolle Frühjahrsalbwanderung damals. Heute die umgekehrte Eröffnung, der erste Schritt Deiner Rückreise. Jetzt mußt Du noch den Strauß mit dem Home Office [britisches Innenministerium] ausfechten. Leider kann ich Dir dabei nicht helfen. Was meinst Du, war es für das bisher Erreichte vielleicht doch notwendig, einmal Ministerpräsident zu werden?! Merke Dir meine Telefonnummer 915 80 Stuttgart. Es ist jetzt Zeit, daß wir uns auf das Wiedersehen ernsthaft einrichten. Oberst Dawson sagte neulich in der gemeinschaftlichen Sitzung, die Militärregierung könne jetzt mit Berlin telefonieren, er habe in der vergangenen Nacht in einer halben Stunde die Verbindung gehabt. Ich erwiderte, uns sei diese Mitteilung ebenfalls zugegangen. „Wir haben aber dort keine Stelle, mit der wir etwas zu telefonieren haben." Diese Bemerkung rief Heiterkeit hervor, und doch ist sie bitter ernst. Nichts beleuchtet die staatsrechtliche Lage Deutschlands mehr als diese Tatsache.

Den 22. November 1945

An die Frau

Es ist heute der Thanksgiving Day und Feiertag bei den Amerikanern. Doch man merkte wenig davon. Den ganzen Morgen hatte ich Besuch von amerikanischen Offizieren, welche frugen und nochmals frugen. Um 11 Uhr 30 wurde ich zu dem Finanzdirektor der amerikanischen Zone, Joseph M. Dodge, bestellt, der mir den neuen deutschen Bankenplan überreichte. Zerschlagung der Großbanken, Bank von Bayern, Bank von Württemberg-Baden, Bank von Groß-Hessen und über diesen the Council of Banks, der Bankenrat der drei Länder. Dodge ist auch der Urheber des Geldreformplans.

Gestern war bei uns der Buß- und Bettag, also wohl der Tag, an dem sich unser damaliger Ausflug nach W. [Westhausen] zum

zehnten Mal jährte. Der Buß- und Bettag ist preußischer Herkunft. Unter Staatsaufsicht mußten die Preußen Buße tun. Dieser Feiertag wurde der württembergischen evangelischen Landeskirche in der Zeit des Nationalsozialismus aufgenötigt. Er wird dieses Jahr nicht mehr gefeiert, er ist von der Kirche abgeschafft. Er wurde als nationalsozialistische Einrichtung empfunden. So konnten wir die fünfte Landrätetagung [in Schnait] abhalten, ohne irgendwo anzustoßen. Diese Tagungen sind sozusagen meine Erfindung und haben sich zu einer Art württembergischem Vorparlament entwickelt. Die erste war am 20. Juni in Murrhardt; am 11. Juli folgte eine in Gmünd; die dritte war im August in Ludwigsburg, die vierte in Bad Boll. Nach der Tagung in Boll sagte Major Bingham, der alle Tagungen bis dahin mitgemacht hatte: „Jetzt geht es auf Ihren Tagungen genau so demokratisch zu wie bei uns im Staat Connecticut."
Es kamen gestern in Schnait ungefähr 120 Männer zusammen. Ohne Unterbrechung wurde fünf Stunden lang über die Unterbringung der Flüchtlinge aus dem Osten und über die Ernährung in diesem Winter diskutiert. Ernst ist das Flüchtlingsproblem. Die Ernährung macht uns vorläufig nicht so große Sorgen, weil die Amerikaner mit Mehllieferungen nachhelfen.
Kleine Städte und Dörfer werden als Tagungsort gewählt, weil in Stuttgart keine ausreichenden Versammlungslokale zu finden sind. Aber auch auf dem Land draußen ist dies nicht einfach. Die geeigneten Räume sind meistens beschlagnahmt. Selbst bei solchen Kleinigkeiten erleben wir die heillose Zwangs- und Notlage.
Colonel Dawson, der von Anfang an diese Tagungen gefördert hat, war persönlich erschienen. Er hielt folgende Ansprache:

„I am very glad to greet this informal council on the occasion of their 5th meeting. I am aware that this is not an elective assembly and therefore cannot be called a Parliament in the democratic sense. However, such bodies, even though they are informally called together, represent a necessary antecedent to a real Parliament. The American States were in their darkest period immediately following the revolution in the history of the United States. We speak of this period as being the 'critical period'. During this time a group of leaders were called together by George

Washington. They met informally at Annapolis in the State of Maryland in a small room like this. And here one of the most important decisions was reached, namely to call into formal session a constitutional convention which culminated in the United States' constitution in 1789. Likewise, this group meeting also informally, can be of tremendous service in solving the current problems of this region.
I am glad to meet with you for another reason. You have included in your discussions representatives of the churches, of labour unions, chambers of commerce and representatives of the farmers. This will give a broader representation of the people of Württemberg, whom you are really representing.
I hope your discussions will be conducted in an orderly manner in accordance with your best traditions. I can assure you that the Military Government in considering your recommendations, which will reach us through the Ministry, will give you a sympathetic consideration.
I wish you, gentlemen, a full success. "

Mit der Rede war es ihm ernst. Man konnte es als beinahe rührend empfinden, wie dieser amerikanische Offizier in dem verrauchten niederen Wirtschaftssaal mitsorgend unter uns zumeist recht bedrückten, mutlosen Deutschen stand. Er findet immer freundliche Formulierungen. Offensichtlich will er dem verbliebenen Häufchen demokratischer Männer, das oft verzweifelt vor kaum lösbaren Aufgaben steht, Zuversicht einflößen. Der Vergleich zwischen Schnait im Remstal und Annapolis im Staat Maryland war ihm vorbehalten.
Der Tag war auch sonst ein eigenartiges Erlebnis. Wie oft bin ich früher mit Dir zusammen und später allein durch das Remstal und über die Höhen des Schurwalds gewandert, von Jahr zu Jahr einsamer, kaum mehr von jemandem erkannt, gegrüßt oder begrüßt. Dieses Mal mußte ich hundert Menschen die Hand schütteln, mit Dutzenden sprechen. „Zur Landtagstagung“ stand etwas verfrüht auf einem Wegweiser für die Automobile.

Sonntag, den 2. Dezember 1945

An die Frau

Diese Woche verging im Fluge. *Das* bewegende Ereignis war der Besuch von Frau Jella L. [Lepmann]. Das Wort „Überraschung" reicht für die Empfindungen nicht hin, die dieser Besuch auslöste. Was hat alles sich ereignen müssen, bis diese seltsame Begegnung möglich wurde! Eine geborene Stuttgarterin in englischer Heeresuniform, jedoch mit den Abzeichen der U.S. Army. Sie hat eine wichtige Stellung bei Information Control beim Hauptquartier in Homburg vor der Höhe inne, [zuständig für] alle Pressefragen, die sich auf die Frauen beziehen. Bis ins Jahr 1941 hatte ich ihrer Schwester, die mit der sehr alten Mutter hier geblieben war, zur Seite gestanden. Ihre Mutter starb bei ihrer Ausreise in San Sebastian und ihre Schwester nach ihrer Übersiedlung in New York. Am Mittwochabend war Frau L. [Lepmann] unser Gast, und es gab viel zu erzählen. Wir verweilten auch scherzend bei den einstigen Kämpfen mit meinen Widersacherinnen innerhalb der Frauengruppe der Deutschen Demokratischen Partei. An jenem denkwürdigen 5. August 1933, an welchem ich mit der dreidreiviertel Jahre alten Magda den Weg von der „Zuflucht" über den Schliffkopf zum Ruhestein machte, war Frau L. [Lepmann] mit einer Dame aus diesem Kreis ebenfalls unterwegs, und zwar machten sie denselben Weg gerade umgekehrt, so daß wir im Schliffkopf-Gedächtnishaus zusammentrafen. Als ich dort für Magda ein Tageszimmer nahm, sie auszog und ins Bett legte, waren sie so beeindruckt von meiner Ritterlichkeit gegen eine kleine Dame, war meine angebliche Frauenfeindschaft so völlig widerlegt, daß sie - so erzählten sie mir später - innerlich Abbitte taten. Ja, sie halfen mir, als es daran ging, die erwachte Magda anzukleiden und ihr die Haare zu kämmen. Mit Frau L. [Lepmann], die ja Erfahrungen genug gesammelt hat, besprach ich auch Deine Aussichten auf Erlangung eines Ausreisevisums durch die Engländer. Es erscheint dies durchaus nicht einfach zu sein, doch hoffen wir zuversichtlich, daß es uns gelingt.

Nun noch etwas aus der Politik. Bei Hechingen hat sich ein gewisser N. als „Reichslenker" aufgetan und hat eine Reichsregierung gebildet. Mich selbst hat er zum oberen Volkskommissar und Minister des Äußeren ernannt und bombardiert mich mit Briefen. Doch bisher beschränkt dieser Mann sich auf brieflichen Verkehr. Neulich besuchte uns eine andere „Spinte". Zu seiner Einführung sagte er, er komme nicht wegen etwas „speziell Besonderem", er habe ganze Beigen von Gedichten gemacht. „Doch d'Leut' fürchte sich vor meine Gedicht'." Dann kam er zur Hauptsache: „Ich gehöre zu den ständig Unterdrückten. Zuerst wurde ich von Wilhelm dem Zweiten unterdrückt, dann von Wilhelm Blos (dem ersten württ. Staatspräsidenten 1919), dann von Wilhelm Bazille (dem dritten württ. Staatspräsidenten 1924), dann von Wilhelm Murr (Reichsstatthalter seit 1933) und jetzt von Wilhelm Dawson." Konrad sagte ihm: „Da hat Dr. Maier Glück gehabt, daß ihm seine Eltern den Namen Reinhold gegeben haben."

Die Stille des gestrigen Abends wurde noch unterbrochen. Die Frau unseres Freundes und Bundesbruders Dr. B. [Bühler], welcher viele gute Taten verrichtet hat (so z.B. in zäher Arbeit Marianne S.-H. [Seligmann-Heilner], ihren Mann und Sohn vor der Deportation nach Auschwitz rettete), erschien und berichtete, daß ihr Mann seiner leitenden Stellung in einer Stuttgarter Rüstungsfirma wegen verhaftet worden sei.* Die Frau ist Dänin. Wir haben alle miteinander seit Mai diese Verhaftung befürchtet. Vieles haben wir für ihn unternommen und doch nicht verhindern können, was jetzt eingetreten ist. Er gehört zu der „Kategorie", die, ohne Ansehen der Person, der Gesinnung und Einstellung, zu verhaften ist. Solches Vorgehen nach Schema F war im allerersten Anfang der Besetzung vielleicht erklärlich, nach bald einem halben Jahr ist es unbegreiflich.

---

* *Bühler war als Abwehrbeauftragter der Firma Robert Bosch der Sicherheitspolizei unterstellt gewesen. An der Widerstandstätigkeit des Bosch-Kreises war er nicht direkt beteiligt, schirmte diesen jedoch ab.*

Um 5 Uhr abends fuhr ich von Schwäb. Gmünd zurück. Die hinteren Sitze des Autos waren übervoll beladen mit Hab und Gut, das wir zurückevakuierten. Zwischen Hebsack und Geradstetten hatten wir ein aufregendes Erlebnis. Ein amerikanischer Jeep, in welchem sich Soldaten und zwei zweifelhafte Frauen befanden, stellte sich quer vor unser Auto, so daß wir halten mußten. Ein betrunkener Soldat, ein ganz brutaler Kerl, stieg mit Gewehr aus, fuchtelte und schrie, schlug den Fahrer mit dem Gewehrkolben und zertrümmerte die Scheinwerfer des Autos, so daß wir ohne Licht auf der Landstraße standen. Die Zusammenhänge dieses überfallartigen Vorgangs sind völlig ungeklärt. (…) Mit einem Notlicht und im Lichtschein eines uns vorausfahrenden Autos kamen wir schließlich nach Hause.

Freitag, den 7. Dezember 1945

An die Familie

Es ist wieder sehr früh. Um 7 Uhr 45 wird mich der Wagen abholen: Fahrt nach Ravensburg, wo ich Freitag, Samstag bleiben, am Sonntag wieder zurückfahren werde. Leider ein schlechter Tag. Die Wettervorhersage von Radio Beromünster verkündet: Bewölkt, noch etwas Schneefall, Nordwind.

Gestern, Donnerstag, erschien ein Enkel des Kommerzienrats Philipp W. [Wieland], einst demokratischer Reichstagsabgeordneter [der DDP], der jetzt, weit über 80 Jahre alt, in Thun (Schweiz) lebt. Diesem gab ich einen dicken Brief an Euch mit, der hoffentlich gut ankommt.* Der 4. Dezember, der Tag der dritten Länderratssitzung, war denkwürdig. Um 8 Uhr war ich auf dem Amt. Ein ganzer Stoß Protokolle lag neu auf dem Schreibtisch. Sie bergen den Hauptinhalt der Tagung: Ernährung und Landwirtschaft, d.h.: Wie sollen wir bis zur nächsten Ernte langen?

---

* *Anmerkung der Erstausgabe: Der Bote wurde in Singen am Hohentwiel von den Franzosen etwa 14 Tage eingesperrt, dieser Brief ihm abgenommen.*

Die beiden Ministerpräsidenten-Kollegen von Wiesbaden (Hessen) und München treffen ein. In zwei Minuten pflichten sie meinem Vorschlag bei, als neuen Generalsekretär des Länderrats Herrn Erich Roßmann [ehemaliger Reichtagsabgeordneter der SPD] zu bestimmen. Dann beginnt in den prunkvoller werdenden Räumen der Militärregierung in Olgastraße 11 die Sitzung. Zuerst verhandeln die Deutschen unter sich. Kurz vor 11 Uhr erscheinen die hohen amerikanischen Offiziere. An der Spitze der Nachfolger Eisenhowers [als Oberbefehlshaber der Besatzungstruppen und Militärgouverneur], General McNarney. Von Kopf bis Fuß Soldat, Offizier. Er saß oben am Kopfende des langen Tisches, neben ihm zu seiner Linken Generalleutnant Lucius D. Clay, zu seiner Rechten am ersten Platz der Breitseite der langen Tafel Generalmajor Adcock und neben diesem ich. Sofort erhob sich der Oberkommandierende, General Joseph T. McNarney, und hielt eine Ansprache. Er wirkt als echter Soldat und Kriegsmann und gewinnt dadurch Sympathien. Eine Umorientierung der amerikanischen Politik in Deutschland klang, allerdings noch kaum hörbar, aus den Worten dieses Mannes - ein General, der Deutschland zum ersten Mal betreten und seine Finger in der Politik „against Germany" noch nicht verbrannt hat. Mein lieber Georg und meine liebe Magda, wenn Ihr - Du, liebe Magda, als Suffragette - je einmal in die Politik kommt, was ich Euch nicht wünschen möchte, so merkt Euch das Eine: Wenn in einem Kriege der andere Teil so verliert, daß der Sieger ein fremdes Land ganz besetzen muß, so bedeutet dies für den Sieger eine verlorene Schlacht. Denn dieser Sieger muß dann Aufgaben übernehmen, denen er nicht gewachsen ist. Aber, wenn ich tief hineinblicke und weit voraussehe, so sind hoffentlich die USA im Begriff, diese ihrer Natur nach schlechthin verlorene Schlacht doch zu gewinnen - auf großen Umwegen und schließlich doch zu unserem Wohl.
Generalleutnant Lucius D. Clay, der bei der Gründung des Länderrats am 17. Oktober sehr bestimmt, ja streng auftrat, war eine Reihe von Graden konniventer; den Ausdruck „liebenswürdig" möchte ich vermeiden, denn diesem Mann aus West Point würde man hiermit nicht gerecht. Es mag ein schlechter Vergleich sein,

und doch ist es so: Er wirkt wie einer der ausgezeichneten Typen, welche der deutsche Generalstab in seinen besten unantastbaren Persönlichkeiten immer wieder hervorgebracht hat, keineswegs der Haudegentyp einer früheren Zeit, sondern kultiviert, straff, für gewöhnlich eher wortkarg, auf seinen ureigensten Fachgebieten jedoch wortgewandt und von geschliffener Klarheit. Es wurde eindeutig klar, daß nicht der Militärgouverneur, sondern der stellvertretende Militärgouverneur der Akteur, der maßgebende Mann ist. Der Hauptinhalt seiner Rede bestand in einer handfesten Zusage auf laufende Lieferung ganz beträchtlicher Nahrungsmittelmengen an Deutschland. Wir atmeten auf; denn eine schwere Hungersnot ist unausbleiblich, wenn wir keine Lebensmittel von auswärts bekommen. Die Bevölkerung ist sich dieser äußersten Gefahr nicht ganz bewußt, wenn sie auch schon jahrelang hungert. Wir sagten unter uns: Wenn der stellvertretende Militärgouverneur von Sitzung zu Sitzung jedesmal um denselben Grad hilfreicher wird, so wird die uns anvertraute Bevölkerung bald spürbar diese Hilfe erfahren.

Es ist im allgemeinen nicht leicht, mit den Amerikanern zu kutschieren. Die Heeresbürokratie ist als gegeben hinzunehmen, und für alles ist eine besondere Zuständigkeit vorhanden, die auch eingehalten wird. Ein Vorzug besteht: Man darf ihnen alles sagen, auch Unangenehmes. Man darf es in voller Offenheit sagen. Es wird beachtet. Eines ist aber unentbehrlich. Das, was man sagt, muß beweisbar sein, es muß einer Nachprüfung standhalten. Ist dies der Fall, so sind die Chancen dessen, der so verhandelt, nicht schlecht. (...) Nicht allzuhäufig hat man die Möglichkeit, in ein Gespräch mit wirklich maßgeblichen Männern der Besatzungsmacht zu kommen. Oft werde ich nervös, wenn solche Gelegenheiten dann vergeudet werden mit reinem Schwätzen.

(...) Die drei Ministerpräsidenten waren Mittagessensgäste von Oberst Dawson in dessen Privatwohnung, die in unmittelbarer Nähe des Palais Reitzenstein liegt. Beginn 12 Uhr 30. Wir wurden in der Diele empfangen und zunächst von den Offizieren in den Rängen vom Obersten abwärts begrüßt. (...)

Wir wurden in den Salon geführt und dort den in einer Reihe aufgestellten zwei Generalen McNarney und Clay sowie Botschafter Murphy und einem anderen Diplomaten vorgestellt. Es kam zunächst ein Gespräch zwischen Mr. Murphy und mir in Fluß. Die Stimmung war im Vergleich zu sonstigen Empfängen dieser Art fühlbar gelöst. Auch bei Tisch herrschte eine lebhafte Unterhaltung. (...) General [McNarney], der kein Wort Deutsch spricht, wollte viel wissen. „Ich bin noch nie in Deutschland gewesen, sagen Sie mir ungeschminkt: Wie benimmt sich der amerikanische Soldat? Was sind Ihre größten Sorgen? Wie steht es mit der Presse?" Und noch andere Fragen. Mr. Murphy machte bei Tisch den Dolmetscher und später beim Kaffee außen im Salon noch Dr. Pollock. Bei Tisch setzte Mr. Murphy dem General auch Deine und meine Sorgen wegen Deiner Rückreise und unser und der Kinder Schicksal auseinander. General McNarney ließ mich wissen: „Sagen Sie Dr. Maier, daß ich mit ihm ein großes Mitgefühl habe, denn ich bemitleide mich selbst, daß ich meine eigene Frau seit zweieinhalb Jahren nicht gesehen habe und sie so gerne hier hätte. Mrs. Maier muß bald hierher kommen." Ich sprach davon, wie schwierig es sei, die englische Ausreisebewilligung zu erhalten. Mr. Murphy sagte ganz bestimmt: „Wir bringen Ihre Frau herein." Du wirst zugeben, zu einer höheren Instanz kann ich nicht gehen. Um 2 Uhr begannen die Verhandlungen wieder. Es wurde lebhaft diskutiert. Ministerpräsident Dr. Högner ließ den bayerischen Löwen oft und viel im Saal herumspazieren. Er erinnerte mich in seinem Bestreben, die völlige Selbständigkeit Bayerns zu erlangen, und in seiner scharfen Ablehnung Berlins an Herrn Spazzo in Scheffels „Ekkehard", wie er bei seinem Gelage mit den Mönchen des Klosters Reichenau diesen die Worte entgegenschleudert: „Die landesherrlichen Rechte sollen durch klösterliche Anmaßung keine Beeinträchtigung erfahren." Er verteidigt die Souveränität Bayerns, ehe eine solche überhaupt besteht. Unser Souverän ist der Kontrollrat, sind die Generäle, denen wir heute gegenübersaßen. Und es ist die Hauptaufgabe aller deutschen Regierungsstellen, die sich jetzt bilden, durch überlegtes Vorgehen Stück für Stück die Selbständigkeit für Deutschland zurück-

zugewinnen. Um 5 Uhr abends konnte ich die Konferenz schließen, nachdem wir eine volle Einigung über alle Punkte erzielt hatten. Dieser Tag war nach langer Zeit ein Lichtblick.
Oberst Dawson ließ mich neulich kommen. Er eröffnete mir, daß große Mengen Baumwolle in Bremen angekommen seien. Württemberg-Baden kann 3.000 Tonnen im Wert von 10 Millionen Dollar haben, Bezahlung erfolgt durch den Exporterlös der aus dieser Baumwolle hergestellten Fertigwaren. Der Verarbeitungslohn und der Zwischengewinn wird dem Land in Devisen zur Anschaffung von Nahrungsmitteln und Rohstoffen gutgeschrieben. Ich war so perplex über dieses Angebot, daß ich nicht sofort zusagte. Schließlich bin ich kein Baumwollhändler. Nach einer Viertelstunde schickte ich Konrad mit der schriftlichen Annahme des Angebots hinüber: „Sage zu. Es darf aber nicht der Eindruck entstehen, als ob ich dich zuerst hätte fragen müssen.“ Tatsächlich das erstemal, in welchem ich den Herren eine sofortige Antwort schuldig blieb. - Erinnerst Du Dich noch meiner früheren Kämpfe um den Export im württ. Landtag mit den Nationalsozialisten? Nun muß man miterleben, wie die primitivsten Anfänge für einen neuen Export gemacht werden.

Donnerstag, den 13. Dezember 1945

An die Frau

Kommt da schon am Montag, dem 10. Dezember, ein Brief von Dir an, datiert vom 3. Dezember, also nach einer knappen Woche, und berichtet mir, daß Du in London warst, Fortschritte in der Ausreisebewilligung erzielt hast und vielleicht bald, sehr bald kommst. (...) Ich schreibe einmal weiter darauf los. Heute früh wurde ich schon an die Kinder erinnert. Ich stieg ins Bad, kein alltäglicher Genuß in der gas- und kohlenlosen Zeit; aus dem Wäscheschrank entnahm ich ein großes Badetuch, bläulich-grünlich. Ich sehe heute noch die Kinder darin eingewickelt, nur der Haarschopf guckte noch heraus.
Ein kurzer Bericht über Ravensburg: Die vierstündige Hinfahrt durch das verschneite und neblige Land verlief programmgemäß. Von meinen vielen Besuchen her während des ganzen Krieges

trage ich einen Hausschlüssel der Apotheke am Schlüsselbund. Doch es bedurfte dieses Schlüssels nicht, denn Tante Selma hatte ihre Horchposten ausgestellt und erwartete mich an der Haustüre. Es war gegenseitig große Freude über das Wiedersehen. Ich habe meistens die Festtage und viele Sonntage bei ihr verbracht. In der übrigen Zeit waren wir regelmäßig durch das Telefon verbunden. Seit Februar gab's keine Besuche und keine Telefongespräche mehr. Und telefonisch miteinander sprechen können wir noch immer nicht, da Ravensburg in der französischen Zone liegt. Auch Wolf fand sich bald ein, und es gab ein großes Erzählen. Meinem Aufenthalt fehlte zwar völlig der idyllische Charakter, der früher solchen Besuchen in der Apotheke meist eigen war; denn der größere Teil des Samstags war einer Aufsichtsratssitzung gewidmet. Die Sitzung fand in dem altertümlichen Rathaus in Ravensburg statt. Die Stadt wimmelt von französischen Soldaten. Gemeinsames Mittagessen mit Ansprachen der Schwaben des Nordens und Südens mit dem Grundtenor: Up ewig ungedeelt. Wir sind ein einig Volk von Brüdern! Kein geringer Unterschied übrigens in den beiden Zonen. Der Franzose lebt von dem Land, das ärmer und ärmer wird. Der Amerikaner lebt aus seinen Beständen und gibt noch ab. In der letzten Novemberwoche hing die Ausgabe der Brotration in Karlsruhe von der Bereitwilligkeit der Amerikaner ab. Die Armee sprang sofort ein. (...)
Auch das wirkliche Privatleben kam zu seinem Recht. Zunächst war ich Augenzeuge des Zusammenlebens zwischen Tante Selma und ihrem Neffen Wolf, der die rauhen Sitten des Frontsoldaten nur langsam ablegt. Wiedersehen mit sonstigen alten Freunden, mit denen man jahrelang zusammensaß und das unaufhaltsam herannahende bittere Ende erörterte, d.h. im Hinblick auf ihre Verschwiegenheit und Zuverlässigkeit erörtern *konnte*. Wiedersehen auch mit Frau E. [Elsbeth Joerschke]. Ihrem Mann ist es gelungen, von der Kurlandfront im Schlauchboot an die westliche Küste der Ostsee zu gelangen. Er befindet sich in englischer Kriegsgefangenschaft. Die Frau muß, auf sich selbst gestellt, mit Nichts ganz neu anfangen.

Am Sonntag kurz vor 12 Uhr fuhr ich wieder ab. Es war fühlbar kalt geworden, das Thermometer zeigte 10 Grad Kälte und mehr. Doch ich saß wohleingehüllt im Wagen. Es wurde ein schöner Wintertag und die Fahrt über die Münsinger Alb ein Genuß. Ich nahm von den Hainbuchen dort droben die Parade ab und von den Wacholderbäumen. Langsam und vorsichtig fuhren wir die vereiste Steige zum Seeburger Tal hinunter. In dem „Löwen" von Seeburg hatte ich einst ein Erlebnis. Im Sommer 1929 machte ich eine Fußtour von Zwiefalten über die Wimsener Höhle, Hayhingen, über das große Lautertal und kam über Buttenhausen schließlich nach Seeburg, wo ich auf das Postauto wartete und im Löwen mich mit einer Schinkenwurst und einem Glas Bier stärkte. Ich hatte es mir angewöhnt, auf solchen Sonntagswanderungen armen Schluckern, die des Wegs daherkamen, sonderlich Handwerksburschen, eine Mark zu schenken, um ihnen eine Sonntagsfreude zu bereiten. Zu diesem Zwecke steckte ich am Morgen stets einige silberne Markstücke lose in die rechte Rocktasche. In demselben Gasthaus kehrte ein solcher Handwerksbursche ein, den ich kurz zuvor beschenkt hatte. Es war ein altersgrauer, bärtiger Geselle, ein richtiger Stromer, wie sie früher auf den Landstraßen anzutreffen waren. Er bemerkte mich nicht. Bei meinem Aufbruch sagte ihm aber die Kellnerin, daß ich seine Zeche bereits bezahlt hätte. Er bedankte sich und sagte mir über den Tisch herüber einige Komplimente. Als ich zur Türe schritt, rief er mir nach: „Sie sind ein guter Herr, Sie werden einmal Ministerpräsident." Mein Begleiter und ich lachten, und als ich kurz darauf Wirtschaftsminister wurde, lachten wir noch mehr über diese Prophezeiung, die so halb und halb in Erfüllung gegangen war. Beim Vorbeifahren am Gasthaus Zum Löwen in Seeburg erstand plötzlich diese längst vergessene alte Geschichte in meiner Erinnerung, und ich schüttelte den Kopf. Wir alle vier müssen ja den Kopf schütteln, wenn wir über den Gang unseres Schicksals nachdenken.

Um 4 Uhr war ich in Stuttgart. Hinter Metzingen passierte ich die Zonengrenze, wo eine genaue Untersuchung des Wageninhalts durch französische Soldaten stattfand. Ich hatte noch einen ruhigen, stillen Sonntagabend für mich. Um 19 Uhr 30 hörte ich mich selbst im Radio Stuttgart, eine Rede, die ich schon vor dem Antritt meiner Reise auf eine Wachsplatte gesprochen hatte. Es war ein Aufruf für die Nothilfe mit dem Schlußwort: „Einen fröhlichen Geber hat Gott lieb."

Sonntag, den 16. Dezember 1945

An die Frau

Meine Spannung wächst täglich. Morgen in acht Tagen ist Heiliger Abend. Reicht es noch oder wird es nicht mehr reichen? Die schönste Freud' fällt ins Wasser. Dieses Sprichworts bin ich eingedenk, und deshalb freue ich mich nur ganz heimlich. Wenn's telefoniert, merke ich, wie sehr es mich allmählich umtreibt.
Die Kälte ist wieder vorüber. Schönes sonniges Wetter und die Temperatur so um Null Grad herum. Dies kann neuerdings mit gewohnter Zuverlässigkeit festgestellt werden durch die Anschaffung eines Außenthermometers, einer Rarität heute, die ich als guter alter Kunde in unserem Stammgeschäft erhielt. Als ich um 7 Uhr aufstand, blinkten noch die Sterne. Bei strahlendem Himmel zog ich los und genoß die frische Luft und von der Solitude aus den weiten Blick ins Land hinaus. Die Wege sind leicht beschneit und gefroren, und oft kam man nur mit großer Behutsamkeit weiter. Um ½ 1 Uhr war ich zurück. Seit gestern, Samstagmittag, um 12 Uhr habe ich die Läden dicht gemacht. Für die Stuttgarter bin ich in Gmünd und für die Gmünder in Stuttgart; so erfreute ich mich ungestörter Ruhe für eineinhalb Tage.
Die Woche war bewegt. Aber am Freitagmittag hatte ich einen guten Gedanken. Ich ging einer Sitzung, die ohne meine Mitwirkung ebensogut vonstatten gehen konnte, aus dem Wege und verfügte mich 15 Uhr 30 ins Große Haus: Figaros Hochzeit. Die schönen Logen von einst stehen uns nicht mehr zur Verfügung, der ganze erste Rang ist dem amerikanischen Militär vorbehalten. Er war jedoch völlig leer, nur zwei Stiefelsohlen lugten aus einer der Logen hervor. Ich habe in der zweiten Reihe des Orchestersessels einen Platz zu meiner Verfügung. Er ist allerdings von mir

selbst bis vorgestern nicht belegt worden. Er wartet auf Dich! Die Aufführung war vortrefflich. Das Publikum ist einem völlig fremd. Ich kannte keinen einzigen Menschen. So sehr hat sich die „Gesellschaft" geändert, während des Dritten Reichs schon und jetzt nochmals. Abends war eine Einladung bei Oberbürgermeister Dr. Klett, bei der auch Oberst Dawson und Oberstleutnant Jackson, der Ortskommandant von Stuttgart, sich einfanden, ein gelungener Abend mit flüssiger Unterhaltung. Kurz vor 10 Uhr brach Oberst Dawson auf, sprach etwas von einem coloured film und daß hierzu Dr. Klett und ich mitgehen sollten. Ich kam auf diese Weise an jenem Tag zweimal ins Landestheater. Aber es gab nicht etwa einen Farbfilm zu sehen, sondern wir wurden farbgefilmt. Ein erster deutscher Farbfilm-Spezialist hatte hinter den Kulissen des Großen Hauses sein Studio aufgeschlagen. Zuerst wurden die amerikanischen Offiziere, arbeitend, telefonierend, Unterschriften leistend usw. aufgenommen, dann in einer Gruppe rauchend, trinkend, plaudernd, lachend. Dem Oberbürgermeister und mir war eine andere Szene zugedacht. An einem Schreibtisch sitzt Oberst Dawson in der Mitte und wir beide um ihn herum. Er erklärt uns ein Schriftstück und wir gestikulieren, dann tritt ein amerikanischer Soldat als Ordonnanz ein, meldet zwei Damen. Diese, wegen des Farbfilms besonders bunt gekleidet, imported from the USA, rötesten Lippen, überblonden Haaren, treten ein, der Oberst begrüßt sie aufs Höflichste. Wir haben uns auch erhoben und werden vorgestellt. Händedruck, Lachen. „Mrs. Hauser" - so heißt die eine - „Sie müssen jetzt Dr. Maier ansehen, und Sie müssen ihn anlachen, aber nicht in den Apparat sehen", sagt der Regisseur. Das Ganze wird ein paarmal geübt; dann steigt die Aufnahme. Vor der eigentlichen Aufnahme bemerkte Oberst Dawson, der mich beruhigen wollte: „Dr. Maier, this film will not be shown in Stuttgart." Das wäre auch das Ende meiner Reputation im Lande und damit vielleicht mein großes Glück. Doch er konnte es nicht unterlassen, mich gleichzeitig zu necken: „But perhaps Mrs. Maier will see the film!"

Stuttgart, den 24. Dezember 1945

An die Frau

An diesem Heiligen Abend bin ich zwar immer noch allein, aber es ist ein Heiliger Abend, der nun doch auch seine irdische Hoffnung hat.

Die Verbindung mit Dir und den Kindern war in der letzten Zeit wieder schwieriger. Die anfänglichen Lücken in der Überwachung der deutschen Grenzen schließen sich. Der Vorhang ist wieder ähnlich dicht um Deutschland herum heruntergelassen wie einst; früher von den Nazis von innen her. Jetzt erfolgt die Abschnürung von außen. Am vergangenen Samstag, dem 22., kam ich todmüde vom Amt heim und war nur zu sehr bereit, den Weihnachtsfrieden beginnen zu lassen. Ich hatte auch schon begonnen, mich ihm hinzugeben, als ganz verzweifelt ein Beamter eines wichtigen Staatsamts erschien: „Vor zwei Stunden wurde mein Chef verhaftet." „Durch wen?" war meine Frage. „Durch die deutsche Kriminalpolizei."

Es ist auf der deutschen Seite eine unglückselige Lage entstanden. Mißtrauen, Feindseligkeit ist ihr Kennzeichen. Und wir sollten doch zusammenhalten! Die Amerikaner haben eine fulminante Idee geboren. Sie argumentieren so: Im Dritten Reich bestand eine staatlich gelenkte Presse. Wir müssen die Deutschen mit dem geraden Gegenteil beglücken. Sie setzen für die wenigen Zeitungen, die erscheinen, Lizenzträger ein. Ihnen und ihren Redakteuren schärfen sie ein: Kritisiert die deutschen Regierungen so scharf ihr immer könnt. Die öffentliche Meinung muß stärker sein als die Regierungen. Nur so kommt Ihr zur Demokratie. Die Bürger müssen immer stärker sein als ihr Staat. Diese demokratische Heilslehre mag richtig sein, in USA auch praktisch angewandt werden. Für die Verhältnisse im zertrümmerten Deutschland, für ein Gemeinwesen, das noch gar kein Staat ist, ist sie die reine Theorie. Ein Tohuwabohu sondergleichen ist zunächst die Folge. Die Presse sucht und sucht nach Möglichkeiten der Kritik. Was ist aber an einer solchen deutschen Regierung, die kaum mit ihrer Arbeit begonnen hat, schon viel zu kritisieren? Den Journalisten fehlt vielfach eine langjährige Berufserfahrung. Sie nehmen die Belehrungen der Information Control Division mit Feuereifer auf. Sie stürzen sich auf sichtbar werdendc offene Wunden, ja sogar auf die noch geschlossenen. Das Ergebnis sind Übertreibungen und Unsachlichkeiten. Die Bevölkerung wird nicht etwa in ihrem Urteilsvermögen gestärkt, sondern in Verwirrung gebracht.

Vielfach lassen sich die Leute, welche die öffentliche Meinung auf deutscher Seite vertreten wollen, von obenhin gemachten Bemerkungen untergeordneter Stellen der Militärregierung zu sehr imponieren. Interessant ist die Stellung der weit links ausgerichteten Deutschen zu der amerikanischen Besatzungsmacht. Es sind dies nicht die eigentlichen Kommunisten, die organisierten Leute der KPD. Es sind dies solche Politiker, welche zaudern, sich festzulegen. Sie sagen: Wir stehen zwischen der Sozialdemokratie und den Kommunisten. Gefährlicher Treibsand, welcher erst in einer Krise (oder besser *nach* einer!) sich ablagert. Bei gewissen Abteilungen sind diese Leute lieb Kind. Sie liefern ihnen nämlich wichtiges Material, z.B. an Information Control, Public Safety usw. Sie werden dort benützt und bilden sich ein, sie verfügen über besondere Beziehungen. Die Militärregierung in ihrer Spitze steht aber solchen Elementen sehr kühl gegenüber. Doch, wie gesagt, die fraglichen Deutschen überschätzen solche mehr persönlichen Beziehungen und damit sich selbst. Manchmal machen sie auch im Verein mit einigen Amerikanern, die aus der Reihe tanzen, deutsche Innenpolitik. Ein solcher Amerikaner, dem die ganze Richtung nicht paßt, sagte verbürgt neulich: In Stuttgart müssen drei Männer weg: Dr. Heuss, Dr. Maier und Colonel Dawson. Es gibt in diesen Abteilungen der Militärregierung eben Herren, denen unser ganzes Gebaren zu ausgewogen, solid, bestimmt ist. Es gefällt ihnen nicht, daß sich nicht alle Augenblicke eine Sensation ereignet. „Diese verfluchte Einstimmigkeit!" schimpfen sie. Bei einem solchen Vorfall muß man sich diesen Gesamthintergrund des derzeitigen öffentlichen Lebens vergegenwärtigen. Da es sonst an Möglichkeiten für eine zugkräftige Kritik fehlt, wird diese Verhaftung zum Mittelpunkt gefährlicher Übertreibungen.

Am Sonntagvormittag untersucht Oberst Dawson, ein Jurist von hohen Graden, den Fall höchstpersönlich sehr gründlich. Er läßt erkennen, daß er darin übereinstimmt, daß ein polizeilicher Übergriff vorliegt. „Ich bin nicht für das Verhaften, besonders nicht zur Weihnachtszeit." Doch ein Eingreifen kommt für ihn nicht in Betracht. Die Deutschen haben einen Deutschen verhaftet. Seine Freilassung ist a German matter. Die Deutschen hatten aber gerade deshalb zugegriffen, um den Mann einmal über Weihnachten hinter Schloß und Riegel zu bringen. Ich war erleichtert, als der Beamte heute vormittag frei wurde. Eine ziemlich bösartige Intrige war gescheitert.
So hatte ich mir den Heiligen Abend wirklich noch einmal verdient. Ich habe das Gefühl, daß ich Dich bald wiedersehen werde und daß Du heute eine Art Abschiedsweihnachten mit den Kindern begehst. Weihnachten 1946 werden wir dann wohl alle vier miteinander feiern!
Ehe ich das Amt verließ, erlebte ich eine große Freude. Ein Brief Deiner Eltern mit Datum vom 31. Oktober 1945. Ein weiter Weg von San Francisco hierher und doch gerade recht auf den Weihnachtstag.

31. Januar 1946

An die Kinder

Eure Mutter hat Euch ein richtiges Buch geschrieben über ihre Reise von England hierher und ihre Ankunft [7.1.1946]. Anbei mein Bericht über die Rückkunft der lieben Mama. Am Samstag, dem 5. Januar, vormittags 10 Uhr, erreichte mich ein Telegramm, das mich aufhorchen ließ: Mama reist Freitagabend und hofft, Samstagnacht in Frankfurt zu sein. Am Samstagabend ein neues: Sie kommt nicht vor Sonntagnacht nach Frankfurt. Wie kommt ein solches Telegramm von England nach Deutschland, obwohl es nicht kommen darf? Das erste ging nach Zürich. Von Zürich mit Boten in die französische Zone, von dort telefonisch nach Tübingen, von dort mit Boten nach Stuttgart. Also sozusagen Stafette! Trotzdem nur zwei Tage unterwegs. Der Reiseweg des

zweiten Telegramms war noch eleganter. Telegramm London-Zürich. Telefon Zürich-Reichsbahn Konstanz-Kreuzlingen, Weiterbeförderung durch Reichsbahntelegraf (Basa) zur Reichsbahndirektion Stuttgart und von dort an mich. Beförderungszeit 18 Stunden! Wie in einer Art stiller Verschwörung helfen unbekannte Personen und Stellen zusammen, um zur Rückkehr Eurer Mama einen Beitrag zu leisten.
Erinnert Ihr Euch noch unserer Spiele: Es hat einer der Mitspielenden etwas zu suchen, und man schickt ihn hin und her: Heiß, warm, kalt. Allmählich kam ich in die Region des „Heißen". Der nachfolgende Sonntag war der Dreikönigstag. Es ist eine alte Überlieferung der schwäbischen Demokraten, daß sie an diesem Tag zusammenkommen. Während ich meine große Rede hielt, blickte ich immer von Zeit zu Zeit nach den Saaltüren, ob nicht die Mama doch noch einträte. Also der Sonntag, der 6., er ging vorüber. Wir besannen uns; wie kann überhaupt jemand von England nach Deutschland reisen? Wir telefonierten an die Auskunft nach Frankfurt am Main, Hauptbahnhof. „Der letzte Abendzug aus dieser Richtung trifft 18 Uhr 26 in Frankfurt ein; er ist meistens sehr voll, er kommt übrigens nur von Rüdesheim." Also eine dürftige Antwort. Des Rätsels Lösung über den eventuellen Reiseweg der lieben Mama brachte am Montagmorgen eine Frage an den zuständigen amerikanischen Obersten, der mich in anderer Sache besuchte: „Es gibt amerikanische Militärzüge von England über Paris nach Frankfurt; mit einem solchen wird Ihre Frau sehr wahrscheinlich kommen."
Also liebe Kinder, Ihr versteht, es wurde heißer und immer heißer: Am übernächsten Tag, Dienstag, war Council of the Ministerpresidents, und ich war President of the Council. Ich mußte mich mit den dicken Akten vertraut machen. So zog ich mich an jenem Montagnachmittag in meine Wohnung zurück. Es telefoniert: „Hier Postamt Kornwestheim, einen Augenblick." Ich hörte weiter: „Reinhold, ich bin auf dem Bahnhof in Kornwestheim, hole mich ab." Ob die Mama Kornwestheim oder Kornweschtheim sagte, Kinder, ich weiß es nicht ganz genau. Meine Antwort: „Ich bin in einer Viertelstunde bei dir." Das Auto stand bereit, und ich fuhr

los. Feuerbach, Zuffenhausen und bald Kornwestheim. Nun machte ich meine Augen ganz weit auf. Rasch entdeckte ich die liebe Mama, sie stand gegenüber dem Bahnhof, auf dem Gehsteig vor dem Postamt, inmitten von zwei Eisenbahnbeamten. Diese in alten Eisenbahnermänteln und, da es Montag war, unrasiert. Sie machen sich dieses Geschäft nicht täglich, sondern die Samstagsrasur muß über den Sonntag und den Anfang der Woche halten. Sie waren im eifrigen Gespräch mit Mama und sie mit ihnen. In den Jahren vor Eurer Auswanderung haben wir oft zueinander gesagt: Am besten ist es mit einfachen Menschen, sie sind die zuverlässigsten. Einer der beiden hatte sich Mamas Gepäck angenommen, als sie den Militärzug Paris-Wien verlassen hatte und auf dem Bahnsteig stand. Der Zug hält in Kornwestheim, weil er zwar nach Stuttgart-Hauptbahnhof hereinfahren könnte, nicht aber aus ihm Richtung Cannstatt hinaus, weil nämlich die Eisenbahnbrücke hinter dem Tunnel im Neckar liegt. Sie war mit dem Eisenbahner ins Gespräch gekommen, er hatte auch die Gebühr für das Telefongespräch ausgelegt, denn Mama besaß ja keinen Pfennig deutsches Geld: „Wie kommet Se als Zivilreisende mit *dem* Zug?“ Das waren die ersten schwäbischen Heimatlaute, die sie vernahm. So wurde ihr Herz weich, und sie erzählte ihre story: „Jo, jo, den Herrn Ministerpräsident hent mer geschtern obend em Radio ghört. Hot uns guat gfalle.“ Der andere Mann, der dabei stand, hatte von der Sensation gehört, und beide wollten die weitere Entwicklung, das Happy-End, sich mit ansehen und wichen nicht vom Platz.

Also, ich erblickte die Mama in ihrem alten schwarzen Hütchen, ihrem Wintermantel von unzerstörbarer Qualität, ihren festen Stiefeln. „Dort steht sie bei den beiden Schaffnern“, sagte ich zu meinem Fahrer Strehle, und dieser hielt akkurat so, daß ich, als ich den Wagenschlag öffnete, meine Hand gerade zur Mama hinausstrecken konnte. Erinnert Ihr Euch noch an den 25. August 1939 auf dem Bahnhof Cornavin in Genf 9 Uhr 25 abends. Schnellzug Paris? Eure drei Hände in meiner Hand. Die lang unterbrochene Kette schloß sich wieder, wenigstens mit einer der drei Hände. Mamas Hand durch die Autotüre wieder in meiner

Hand. Und wann, liebe Kinder, folgen Eure beiden? Das gibt einen Doppelpatsch.

Dann nahm die liebe Mama in meinem Wagen Platz. Zuerst konnten wir beide nicht viel sprechen. Aber dann begann der Bericht über Euch und das Ausrichten Eurer vielen Grüße. Ich zog der lieben Mama die Handschuhe ab, nahm aus meiner Manteltasche ein geheimnisvolles Etui und schob ihr einen goldenen Ring um den Ringfinger der linken Hand. Ein Goldschmiedmeister in Schwäb. Gmünd hat ihn gefertigt. Auf dem Ring ist der Prophet Jeremia nach der Rückkehr aus der babylonischen Gefangenschaft abgebildet. Er steht zwischen zwei Säulen, einer eingestürzten, das ist die Vergangenheit, und einer aufrechtstehenden, das ist die Zukunft, der Neubeginn, und vor ihm liegen ein zerbrochenes Schwert und eine weggeworfene Maske. Oben an der Breitseite sind eingraviert die drei Hirschhörner des württembergischen Wappens und unten das Haus Dillmannstraße 16 vor seiner Zerstörung. Auf der Schmalseite die Stadtwappen von Stuttgart (Mamas Geburtsort) und von Schorndorf (meine Geburtsstadt). In der Zwischenzeit waren wir in der Wohnung angekommen, wo die liebe Mama, von den Hausgenossen stürmisch begrüßt, gleich in ein Bad gesteckt wurde. Im Wohnzimmer war ein großer Tisch aufgebaut worden. Sieben Weihnachten waren nachzuholen. Und so kam ein ganzes Zimmer voll Gaben zusammen. Ein großes Kerzenlicht wurde angezündet. Ich läutete mit dem bronzenen Weihnachtsglöcklein, das durch Brand und Zerstörung herübergerettet worden ist. Es war sehr feierlich. Dann packte Mama ihre Mitbringsel aus. Es war alles so schön; nur Ihr beide habt gefehlt. Aber beim nächsten Mal seid Ihr dabei.

Mamas schwarzes Hütchen, es erschien uns so altbacken und unmodern, daß gleich nach einem anderen gesehen werden mußte. In 36 Stunden besaß die Mama einen neuen Hut, und das alte Hütchen wurde modernisiert. Aber es fiel überschick aus, so daß eine Schleife und eine Feder wieder entfernt werden mußten, denn sonst wäre sie zu keck durch die Straßen der Stadt gewandelt. Mit einem einzigen Koffer kam sie an. Die anderen, die sie von Stroud nach London mitgenommen hatte, ließ sie dort zurück (...), und es galt, die liebe Mama neu einzukleiden. (...)

Mama wurde von Besuchern gestürmt. Sie brauchen alle irgendwie Hilfe. Ich riet ihr folgendes Verfahren: Dividiere die Zahl der Tage, an welchen vor Deiner Auswanderung die Leute Dich nicht besucht und nicht gekannt haben, durch die Zahl einhundert und warte die sich dann ergebende Zahl von Tagen ab, bis Du die Leute nach Deiner Rückkunft wiedersiehst; dann handelst Du nicht ungerecht. Ihr kennt ihr gutes Herz. Sie tat das genaue Gegenteil!

An einem Abend fuhren wir nach dem Dorf Rotenberg und machten den schönen Weg zum Kapellberg. Auch mit Euch beiden waren wir früher öfters dort. Sicher habt Ihr dies alles vergessen! Also wir wanderten auf der Höhe hinüber. Die liebe Mama erzählte mir Eure ersten Abenteuer in Kimsbury Farm und vieles andere. Wir bewunderten den Blick auf Stuttgart im Abendsonnenschein, und als wir den Blick nach Norden richteten, rief Mama voll Bewunderung: „Endlich einmal wieder die geliebte Schwäbische Alb!" Ich mußte sie darauf aufmerksam machen, daß ihr Blick auf den Asperg und das untere Neckartal gerichtet sei und daß die Alb haarscharf 180 Grad südlich liege. Also hat auch die liebe Mama alles vergessen. Oder ist das ein angeborener Mangel an Geographie, wie er manchmal bei der Frauenwelt anzutreffen ist?

An unserem ersten Sonntag, den wir wieder gemeinsam verbrachten, machten wir einen kleinen Bummel im Kräherwald, der durch das Holzfällen für Brennzwecke zwar licht, aber noch keineswegs kahl geworden ist, bis zum Blindenheim. Dann gingen wir über die Gauß- und Zeppelinstraße zur Dillmannstraße, zum Friedhof Dillmannstraße 16. Außentreppe und Garage sehr gut, aber oben ist's fürchterlich. Der hochragende Giebel ist jetzt eingestürzt. Mama und ich trösteten uns: Ihr seid zwar weit weg und die Großeltern noch weiter, an den Gestaden des Pazifik, aber Ihr lebt alle, die bösen Mächte verschlangen Euch nicht.

Am Mittwoch darauf, am 16. Januar, war aus Anlaß der Eröffnung der Vorläufigen Volksvertretung eine große Feier. Sie begann mit einem Gottesdienst in der Schloßkirche. Innerhalb der Ruinen des Alten Schlosses ist sie im Wesentlichen unbeschädigt erhalten geblieben. Wir waren einst, nämlich am 6. Februar 1929, dort von Stadtpfarrer Esenwein getraut worden. Zufällig war dieser 16. Januar 1946 so ziemlich der kälteste Tag des ganzen Winters 1945/46, aber verglichen mit unserem Hochzeitstag, an welchem es 25 Grad Kälte hatte, befanden wir uns in einem milden Klima. Bei 25 Grad Kälte geheizt ist immer noch besser als bei 5 Grad ungeheizt. Die liebe Mama hatte nachts plötzlich Halsweh bekommen, und ich mußte daher Landesbischof T. Wurm ohne sie anhören. Er predigte zu Ehren der neuen Volksvertretung wirklich gewaltig. Aber nachher im Landestheater war Mama dabei, und ich konnte sie von der Bühne, wo ich Platz genommen hatte, unter den Zuschauern entdecken. Sie war mit allem einverstanden, was ich sagte, und offenkundig noch viele andere, die dabei waren. Oben und unten froren jedoch die meisten.

Am Samstag darauf fuhren wir zum Eßlinger Jägerhaus, und auf altgewohnten Wald- und Feldwegen strebten wir Aichelberg zu, zum Besuch eines Kriegskameraden. Es war große Wiedersehensfreude, und mein Freund Ernst R. [Ritter] griff tief in seine Vorräte. Er stellte ein Krüglein 1944er und Bauernbrot auf den Tisch und dazu etwas von der letzten Hausschlachtung. Beschwingt schritten wir die Straße nach Schnait hinunter, wo wir in der Post mit einigen Freunden zusammentrafen. [Reinhold und Gerta Maier feierten hier ihre erneute Vermählung vom Vortag, dem 18.1. Trauzeugen waren die Eheleute Wittwer gewesen.]

An dem übernächsten Sonntag, 27. Januar, hatte ich dienstlich in Schwäb. Gmünd zu tun. Ich fuhr einen Umweg: über Göppingen, Weißenstein nach Böhmenkirch. (...) Wir hatten einen Prachtstag, 5 Grad Kälte, 10 cm Schnee, Rauhreif, Sonne und blauester Himmel. Wir machten die Tour nicht in der gewohnten Richtung, also nicht vom Furtlepaß über den Bernhardus und Jägerhaus nach Böhmenkirch, sondern umgekehrt. Im Juli 1939 hatte ich in der anderen Richtung mit der lieben Mama den Weg über die Alb abzurückgelegt. Wir hatten damals diesen geliebten Weg als Abschiedsspaziergang ausgewählt. Sommer lag über der Landschaft, und der Holunder blühte. Jetzt machten wir in umgekehrter Richtung den Spaziergang zur Feier der Rückkehr.

In unseren Gedanken und in unseren Gesprächen drang es immer wieder durch, was sich alles ereignen mußte, bis wir diesen damaligen Abschiedsweg vereint wieder machen konnten. Ich erinnerte mich an die kleinen Tännchen, die bei einem Spaziergang mit Dir, liebe Magda, ihr Köpfchen durch den Schnee streckten. Du hast sie damals in Vergleich zu Deinem einhalbjährigen Bruder gesetzt und „Geörgle" geheißen. Doch darüber sind ein Dutzend Jahre vergangen, und die damaligen Tannen-Geörgle sind gewachsen und gewachsen. Jetzt sind sie viel größer als ich selbst. Seid Ihr mir vielleicht auch über den Kopf gewachsen? Mama und ich schritten weiter, und wir gelangten zu dem alten Lindenbaum an dem großen Wegkreuz am Sträßlein von Weißenstein nach Bartholomä. Allein bin ich so manches Mal in den letzten sechs Jahren an ihm vorbeigeschritten. Sechshundert Jahre hat diese Linde auf dem Buckel. Ebenso lange Zeit sind Menschen mit tausenderlei Schicksalen in den wechselvollen Zeitläuften an ihr vorbeigezogen. Wir brachten der Linde eine herzliche Wiedersehensovation dar, wir strahlten sie in der Wintersonne an und sie uns. Dann ging es wieder hinein in die Wälder des Albuchs, die sich so weithin erstrecken wie die ewigen Wälder bei Ekeby in Selma Lagerlöfs „Gösta Berling". Es kam die Stelle, wo die vierjährige Magda mit Lodenmäntelchen, Rucksäckchen, brauner Baskenmütze, großem weißen Zopfband, umstrahlt von Sonne in die Geschichte unserer Hausphotographie eingegangen ist. An vielen Holzbeigen kamen wir vorbei. Überall wird Brennholz für die Städter gestapelt. Und schließlich langten wir auf dem Bernhardus an, und nach einer Stunde trafen wir unten im Tal wieder unser Auto. Mama holte aus einer Tasche eine Thermosflasche mit Kaffee und sonstige Stärkungen heraus, und wir lobten den Tag.

In den Dörfern standen die Männer und Frauen vor den Rathäusern und wählten seit dreizehn Jahren zum ersten Mal wieder nach dem guten alten Recht. [Am 27.1.1945 fanden Gemeinderatswahlen in den Gemeinden unter 20.000 Einwohnern statt.] Zuerst wird in den kleineren Gemeinden gewählt, dann in den größeren und schließlich in den Großstädten. Das ganze Jahr

1946 werden Wahlen aller Art sein. Man will uns langsam und vorsichtig an die Demokratie heranführen. Mit einem Schein von Recht!
In der Bocksgasse war große Begrüßung. Von allen Seiten stürmten die Freunde herbei. Es war Wiedersehensfreude und gleichzeitig neues Kennenlernen. Die Mama sah sich meine Behausung, die ich in der Zeit der Verbannung von Stuttgart innehatte, von oben bis unten an. Auf der Heimfahrt warfen wir noch einen Blick in unsere Wohnung in Schorndorf. Es sind Liliputzimmerchen, aber trotzdem wollen sie nicht fertig werden.
Wir besannen uns auf einen Sinnspruch für das neuerstehende kleine Heim. Wir rieten hin und her. Schließlich fiel uns das Häuschen am unteren Schwelliseeweg in Arosa ein, das einer leidgeprüften Familie aus Basel gehört und an welchem wir alle miteinander sommers und winters oft vorbeigegangen sind; dort steht der Hausspruch, den wir übernehmen wollen:

Verschlungene Pfade
Durch Nacht zum Licht, -
Alles nur Gnade,
Fürchte dich nicht.

Ja, wir freuen uns, daß wir wieder ein eigenes Heim haben werden. In solcher Geborgenheit wird uns dann das „Fürchte dich nicht!“ noch leichter fallen. - Und, liebe Kinder, ihr seid jetzt lange genug in der Fremde gewesen, bei Freunden zwar, aber nicht daheim. Wir beschlossen heute, alles einzuleiten, um Euch bald hier zu haben. Einverstanden?

[Die Kinder kehrten am 22.8.1946 zurück.]

Anhang

Unmittelbar nach Kriegsende berichtete Gerta Maier ihren Eltern in den USA von den ersten Nachrichten, die sie von Reinhold Maier erreicht hatten.

Rudge Hill Cottage
Edge nr. Stroud
Glos.
17.5.45

Meine liebsten Eltern,
diesen Brief schicke ich an Rudolfs [Goldschmidt] Adresse [Berkeley, Kalifornien] u. stelle mir vor, Ihr werdet ihn bald nach Eurer Ankunft dort vorfinden. Was für eine wunderbare Sache habt Ihr vor, die Reise durch den ganzen Continent! Es klingt unendlich verlockend, u. ich freue mich schon mächtig auf Euren Bericht! Hoffentlich bedeutet es keinen zu argen Schlauch, aber das fahrende Wohnzimmer [Zugabteil] klingt nach jeglichem erdenklichem Comfort u. dazu wie der „fliegende Teppich", nur bedeutend bequemer. Ich werde vom 28. bis zum 2.6. viel und mit allen guten Wünschen an Euch denken. Ich kann mir so gut vorstellen, wie gut u. richtig Eure Reise von jedermanns Standpunkt aus ist. Am Allerbesten für Euch, einen Vorrat an Erlebnissen in Euch aufzunehmen, mit Rudolf u. allen guten großen u. kleinen Leuten dort zusammen zu sein u. das Leben dort kennen zu lernen, die Landschaft u. üppige Vegetation zu sehen, wie die ersten Berichte der Eltern Straus waren [Schwiegereltern von Rudolf Goldschmidt, emigrierten in den 1930er Jahren aus Karlsruhe], „schöner als die Riviera"! Von Mamas Aquarellen, die dort entstehen werden, hoffe ich Beispiele geschickt zu kriegen - falls ich ganz brav bin - für Geburtstag oder so! Ich bitte um ausführliche Berichte. (...) Heute morgen kam Mamas Brief und Willis [Ehrich] Scheck, herzlichen Dank! Es ist mir sehr leid, daß ich das Geld bekomme, das Maise [Ehrich] zum Halten einer hilfreichen Maid dringend brauchen könnte. Ich bin tief dankbar für das Opfer, das die Guten für mich bringen u. hoffe, ich werde es nicht mehr zu lange beanspruchen müssen.

Gestern war unser ganz großer Tag, auf den ich lange u. oft mit großer Sorge gewartet habe: Gleich 2 Briefe von Reinhold auf einmal! Einer aus Paris u. einer von einem medical captain geschickt, beide Anfang Mai geschrieben. Er ist wohl u. hat alles gut überstanden u. hofft, bald u. oft wieder zu schreiben. Im Oktober ist das Dillmannstr.-Haus gebombt worden u. ist ganz ausgebrannt u. R. hat alles „without a bruise" überstanden! Dann ist er mit Konrad nach Gmünd, wo beide gut untergebracht sind u. ihre Büros haben. Am 23. Januar wurde Staatspräsident Bolz in Stuttgart hingerichtet, u. wenige Tage darauf bekam Reinhold eine Vorladung zur Gestapo nach Stuttgart, woraufhin er zu den Freunden May floh, die ihn auf ihrer einsamen Farm versteckt hielten, so daß ihn die Polizei nicht finden konnte. Was muß er alles durchgemacht haben u. wie tief verpflichtet sind wir den treuen Freunden!
Seine Adresse gibt er auch an als Gmünd, Bocksgasse 32. Ich habe meine Antwort an den freundlichen Übersender geschickt, damit R. so bald als möglich von mir hört u. hoffe, es dauert nicht zu lange, bis der direkte Verkehr geregelt ist. Die Kinder sind außer sich vor Freude, u. ich bin durchaus ein anderer Mensch ohne die Sorge um ihn - es war sehr lange, daß ich nichts von ihm gehört hatte. - Ihr könnt euch nicht vorstellen, was es bedeutet hat, seine Handschrift wieder zu sehen u. zu wissen, er ist wohl!

Wir sind alle wohl, genießen die warmen Tage nach der plötzlichen Kälte, die leider viel Frucht verdorben hat. Der Garten ist trotzdem eine große Freude, voller Blumen u. die Gemüse u. Salate sind gut im Stand. Georg wächst z.Zt. mit den Pflanzen um die Wette, ist vergnügt, macht Fortschritte in der Schule u. hat ein Radio gebastelt, crystal-set, das tut! So platzt er vor Stolz u. Freude u. kriegt in den nächsten Tagen eine Antenne u. wird mit seinen Kopfhörern, ohne ein Ärgernis für die Umwelt zu sein, hören können. - Magda macht ein schönes Schulheft nach dem andern, das Kunstgeschichtsheft mit feinen Zeichnungen ist wohl das beste.

Trotz bestem Willen kam ich am VE-Day [Victory in Europe] nicht zum Schreiben. Wir sind ja so dankbar und froh, daß es so weit ist! Gefeiert haben wir's mit einem Festmahl, wozu die Dose kalifornischer Fruchtsalat geöffnet wurde, die seit 1941 auf dieses Ereignis gewartet hat u. unwahrscheinlich gut geschmeckt hat. Dazu eine Flasche cider, Apfelmost, die wie Champagner aussah u. von uns als solcher angesehen wurde. M.O.'s [Margaret Ogle, die mit Gerta und den Kindern einen gemeinsamen Haushalt führte] toast „the speedy reunion of all loving hearts" mag nun für uns nicht mehr zu lang dauern! - Die Kinder haben ein langes Stück Schrankpapier zu einer blau-weiß-roten Fahne gemacht, das am Eingang die Stufen rechts und links schmückte, in der Haustür von Magda gemalte Fähnchen der Alliierten, u. einige normale Union Jacks vervollkommneten den Schmuck. Wir waren den Tag fast unausgesetzt am Radio, Magda u. ich zu kurzem Dankgottesdienst in unserer kleinen Kirche. (...)
Ich muß für heute schließen, damit noch ein Brief an Rudolf fertig wird, ehe der Bus von Stroud heimfährt - ich bin eben auf der Post.

In herzlicher Liebe Eure so glückliche, alte Gerta.

Reinhold Maier (1889-1971)

von Paul Sauer

Reinhold Maier entstammte einer im oberen Remstal und im Welzheimer Wald bodenständigen Familie. Er erblickte am 16. Oktober 1889 in der damaligen württembergischen Oberamtsstadt Schorndorf das Licht der Welt. Seine Eltern, Stadtbaumeister Gottlieb Maier und Anna Sofie geborene Kornbrust, gehörten zu den angesehenen Bürgern der Stadt. Im Kreis von vier Geschwistern, einem Bruder und drei Schwestern, erlebte der aufgeweckte Junge eine unbeschwerte Kindheit. Nach dem Besuch der Schorndorfer Lateinschule legte er 1907 am Stuttgarter Dillmann-Realgymnasium die Reifeprüfung ab. Die Berufswahl fiel ihm nicht schwer. Begabung und Neigung folgend, entschied er sich für das Studium der Rechtswissenschaft. Um seine Kenntnisse in der französischen Sprache zu vervollkommnen und einen tieferen Einblick in die Kultur und das Geistesleben des Nachbarvolkes zu bekommen, begann er sein Studium an der Universität Grenoble, deren Juristische Fakultät einen ausgezeichneten Ruf besaß. Das Semester und der ihm vorausgegangene viermonatige Ferienkurs in Grenoble brachte Reinhold Maier dank des vielfältigen Bildungsangebots, das er an dieser Universität nutzen konnte, einen reichen Ertrag. 1908 setzte er sein Studium an der württembergischen Landesuniversität Tübingen fort.

Nach dem erfolgreichen Ablegen der Ersten Juristischen Staatsprüfung wurde er mit Jahresbeginn 1913 als Referendar zunächst dem Amtsgericht Schorndorf, ein Jahr später dem Landgericht Ravensburg zugewiesen. In Ravensburg lernte der aus dem protestantisch-pietistischen Altwürttemberg kommende junge Jurist die Mentalität des überwiegend katholischen Oberschwaben mit seiner größeren Weltoffenheit kennen und schätzen. Seit 1912 der linksliberalen Volkspartei angehörend, trat er jetzt erstmals aus seiner parteipolitischen Passivität heraus, ohne sich allerdings vorderhand stärker zu engagieren.

Beim Ausbruch des Ersten Weltkriegs im August 1914 meldete sich Reinhold Maier freiwillig zum Wehrdienst. Er wurde dem hohenzollerischen Fußartillerieregiment Nr.13, einer preußischen Einheit, in Ulm zugewiesen. Mehr als vier Jahre, seit 1917 als Leutnant der Reserve, stand er an der Front: in Frankreich, in Polen, in Serbien und schließlich wieder in Frankreich. Nach Abschluss des Waffenstillstands im November 1918 setzte er seine durch den Krieg unterbrochene Referendarausbildung in Ravensburg fort. Im Sommer 1919 überwand er mit der Zweiten Juristischen Staatsprüfung vor dem Oberlandesgericht Stuttgart ohne große Mühe die letzte Hürde auf dem Weg zu einer erfolgreichen Berufslaufbahn.

Der Erste Weltkrieg, der mit der Niederlage Deutschlands und dem revolutionären Umsturz der bisherigen Staats- und Gesellschaftsordnung endete, hatte Reinhold Maier tief aufgewühlt. Er wollte nicht abseits bleiben, sondern einen aktiven Part beim Aufbau eines demokratischen Staats übernehmen. Als nunmehriges Mitglied der Deutschen Demokratischen Partei, der DDP, begann er öffentlich für deren politische Ziele zu werben. In Stuttgart wurden die führenden Männer der DDP, Konrad Haußmann, Friedrich Payer und Johannes Hieber, auf den jungen Mann aufmerksam. Sie betrauten ihn im Juni 1919 mit der Leitung des neu errichteten hauptamtlichen Sekretariats ihrer Partei für Oberschwaben. Reinhold Maier leistete gute Arbeit. Doch nach der Niederlage der DDP bei der Landtagswahl am 6. Juni 1920 legte er sein Parteiamt nieder, übersiedelte nach Stuttgart und trat in die angesehene Anwaltskanzlei von Dr. Rudolf Löwenstein und Dr. Wilhelm Kiefe ein. Während der zehn Jahre, in denen er dieser Kanzlei angehörte, gewann er als Rechtsanwalt insbesondere in den Kreisen der mittelständischen Wirtschaft, mit der er viel zu tun hatte, hohes Ansehen.

Auch wenn er sich in der ersten Zeit in Stuttgart schon aus beruflichen Gründen große parteipolitische Zurückhaltung auferlegte, galt der Festigung des demokratischen Staates dennoch weiterhin sein vorrangiges Interesse. Dies bewies die Dissertation, für die ihm die Juristische Fakultät der Universität Heidelberg Anfang

1922 den Dr. jur. zuerkannte: „Der Reichsrat auf Grund der Reichsverfassung vom 11. August 1919". Sein Doktorvater war übrigens der bekannte Verfassungsrechtler Gerhard Anschütz, wie er Mitglied der DDP.
1924 hatte er beruflich sicher Fuß gefasst. Einem stärkeren politischen Engagement stand jetzt nichts mehr im Weg. Am 26. Mai 1924 wurde er zum Vorsitzenden der DDP für Großstuttgart gewählt und zu Beginn des Jahres 1929 in den Landesvorstand seiner Partei berufen. Zum letzteren Zeitpunkt stand die DDP vor einer schwierigen Entscheidung. Die das Land regierende Rechtskoalition aus Zentrum sowie der Fraktionsgemeinschaft von Bürgerpartei (Deutschnationaler Volkspartei) und Bauern- und Weingärtnerbund hatte seit der Landtagswahl vom 20. Mai 1928 lediglich noch eine parlamentarische Minderheit hinter sich. Staatspräsident Eugen Bolz (Zentrum) warb um die DDP und deren liberale Schwesterpartei, die DVP (Deutsche Volkspartei), und machte beiden Parteien für den Fall eines Eintritts in die Regierung verlockende Angebote. In der DDP hielten sich Befürworter und Gegner des Eintritts in die Regierung beinahe die Waage. Schließlich setzten sich die Befürworter, zu denen Reinhold Maier zählte, mit knapper Mehrheit durch. Ihr Argument: Angesichts der katastrophale Ausmaße annehmenden Weltwirtschaftskrise durfte sich die DDP der Regierungsverantwortung nicht länger entziehen.
Maier übernahm im Kabinett Bolz das Wirtschaftsressort. Er war sich bewusst, dass er damit einen der schwierigsten Geschäftsbereiche zu leiten hatte. Doch er zeigte sich zuversichtlich. Sein Bestreben in dem neuen Amt, für das er hervorragende Voraussetzungen mitbrachte, war darauf gerichtet, nicht nur die wirtschaftliche Basis des Landes zu erhalten, sondern diese möglichst noch zu verbessern, um eine günstige Ausgangsposition für den in nicht allzu ferner Zeit zu erwartenden Aufschwung zu schaffen. Im Auge hatte er hierbei vor allem infrastrukturelle Maßnahmen, so den Ausbau und die Modernisierung des Schienen-, Straßen- und auch des noch in den Kinderschuhen steckenden Luftverkehrs, ferner Hilfe für strukturschwache Gebiete und die Erhaltung

eines leistungsfähigen Mittelstands. Da die wirtschaftliche Lage Württembergs insgesamt günstiger als die der meisten anderen deutschen Länder war, vermochte der engagierte Politiker ein recht erfolgreiches Krisenmanagement zu betreiben.

Die in den Jahren 1930 bis 1932 Deutschland immer stärker in ihren Würgegriff nehmende Weltwirtschaftskrise nutzte die rechtsradikale Nationalsozialistische Bewegung in übelster demagogischer Weise für ihre Zwecke. Ihr Führer Adolf Hitler verfolgte nur ein Ziel, nämlich dieses: den noch wenig gefestigten demokratischen Staat zu zerstören und das Deutsche Reich seiner totalitären Herrschaft zu unterwerfen. Durch spektakuläre Wahlsiege gelang es ihm, das parlamentarische Regierungssystem im Reich bereits 1930 und in Württemberg 1932 auszuhebeln. Seit April 1932 gab es in Stuttgart nur noch eine geschäftsführende Regierung, die indes mit Erfolg bemüht war, Ruhe und Ordnung im Land aufrechtzuerhalten und die württembergische Wirtschaft möglichst unbeschadet durch die Krise hindurchzusteuern. Allein, sie kämpfte auf verlorenem Posten.

Am 30. Januar 1933 berief Reichspräsident von Hindenburg Hitler zum Reichskanzler. Damit gab er Deutschland einem verbrecherischen Demagogen preis, der es innerhalb weniger Wochen schaffte, seine totalitäre Herrschaft im Reich und in den Ländern aufzurichten. Unmittelbar nach der Reichstagswahl vom 5. März 1933, die die Hitler-Partei bereits stark manipuliert hatte, musste auch das Kabinett Bolz der Gewalt weichen. Reinhold Maier verlor nach dem Ministeramt sein Landtagsmandat und schließlich auch sein Reichstagsmandat. Dass er am 23. März 1933 wie die anderen vier Reichstagsabgeordneten seiner Partei, die auf Reichsebene unter Deutsche Staatspartei firmierte, und ebenso wie die Mandatsträger der anderen bürgerlichen Parteien dem von Hitler eingebrachten sogenannten Ermächtigungsgesetz zustimmte, ist ihm nach dem Untergang des NS-Regimes sehr angekreidet worden. Als entschiedener Gegner des Nationalsozialismus, der noch im Reichstagswahlkampf im Februar und Anfang März 1933 mit der Hitler-Partei hart ins Gericht ging, tat er sich nach der Verdrängung aus der Politik schwer, als Rechtsanwalt wieder beruflich Fuß zu fassen. Doch es gelang ihm, zumal er sich auf dem Spezialgebiet „Steuern und Devisen“ einen ausgezeichneten Ruf erwarb. Gesellschaftlich hatte er unter wachsender Diskriminierung und Bedrückung zu leiden, und dies auch deshalb, weil er seit Februar 1929 mit Gerta Goldschmidt verheiratet war, einer Stuttgarterin, die nach den ominösen Nürnberger Rassengesetzen von 1935 als sogenannte Volljüdin galt. Die Eskalation der Verfolgung der Juden durch das NS-Regime zwang ihn nach der sogenannten Reichskristallnacht im November 1938, für seine Frau und seine beiden Kinder Magda und Georg (geboren 1929 und 1933) Zufluchtsmöglichkeiten im Ausland zu erkunden. Ende August 1939, unmittelbar vor Kriegsausbruch, gelang Gerta Maier und den Kindern dank der Hilfe anthroposophischer Freunde die Emigration nach England. Reinhold Maier blieb in Deutschland zurück. Die briefliche Verbindung zwischen den beiden Ehegatten gestaltete sich zunehmend schwieriger, sie konnte schließlich nur noch über Schweizer Freunde notdürftig aufrechterhalten werden. Im Frühsommer 1943, als die meisten der noch in Deutschland verbliebenen Juden längst in die Konzentrations- und Vernichtungslager des Ostens deportiert worden waren, sahen sich die „Jüdisch Versippten“ in zunehmendem Maß dem Druck des Regimes ausgesetzt. Soweit sie sich noch in gehobenen Berufen betätigten, mussten sie mit Berufsverboten oder noch Schlimmerem rechnen. Reinhold Maier rang sich, um Freunde und Bekannte nicht zu gefährden, die seither die Hand schützend über ihn gehalten hatten, zu einer pro forma Ehescheidung durch. Frau und Kindern war ein solcher Schritt, solange der Krieg andauerte, nicht nachteilig, und nach Kriegsende ließ er sich wieder rückgängig machen.

Im Juli 1944 wurde das Haus der Familie Maier in Stuttgart, Dillmannstraße 16, bei einem Fliegerangriff erheblich beschädigt. Reinhold Maier konnte es notdürftig wieder instand setzten, ehe es zwei Monate später durch Bomben in Schutt und Asche gelegt wurde. Im Haus seines Freundes Dr. Otto May, Inhaber der Metallwerke in Westhausen (Ostalbkreis), in Schwäbisch Gmünd fand er eine vorläufige Unterkunft. Im Zuge des vom Hitler-

Regime propagierten totalen Krieges wurde dem NS-Gegner Reinhold Maier im Spätherbst 1944 eine weitere Betätigung als Rechtsanwalt untersagt. Stattdessen war er laut Anordnung des Reichsbeauftragten für den Arbeitseinsatz, Gauleiter Fritz Sauckel, „dem vollen Kriegseinsatz zuzuführen", d.h. er sollte als zwangsverpflichteter Hilfsarbeiter einem Rüstungsbetrieb zugewiesen werden. Doch sein Freund Otto May griff helfend ein. Er sorgte dafür, dass Reinhold Maier in seinen in die Schwäbische Alb eingebauten unterirdischen Rüstungsbetrieb kam. Dort beschäftigte er ihn allerdings nicht als Hilfsarbeiter, sondern übertrug ihm die Bearbeitung arbeitsrechtlicher Angelegenheiten und je nach Bedarf auch andere juristische Aufgaben in der Schwäbisch Gmünder Verwaltungszentrale seines Unternehmens.

Zu Beginn des Jahres 1945 war die Agonie des NS-Regimes offenkundig. Feindliche Truppen drangen von Osten und Westen immer tiefer in das Reichsgebiet ein. Die deutschen Städte waren den amerikanischen und britischen Luftarmaden fast schutzlos preisgegeben. Reinhold Maier wusste, dass er sich als Gegner des Nationalsozialismus in größter Gefahr befand, und dies, obwohl er sich in den zurückliegenden zwölf Jahren bei politischen Äußerungen größte Zurückhaltung auferlegt hatte. Er musste jederzeit damit rechnen, verhaftet und möglicherweise in letzter Stunde noch ermordet zu werden. Eine Aufforderung der Geheimen Staatspolizei vom 28. März 1945, sich in Stuttgart, Heusteigstraße 45, zu melden, ließ er unbeachtet. Er zog sich in die Faulenmühle bei Westhausen zurück, um dort das bevorstehende Kriegsende abzuwarten. Am 22. April 1945 nahmen amerikanische Kampfverbände seinen Zufluchtsort in Besitz.

Die neu etablierte US-Militärregierung, deren Zuständigkeit sich zunächst auf die von amerikanischen Streitkräften besetzten Gebietsteile Nordwürttembergs beschränkte, bald aber auch auf Nordbaden ausgedehnt wurde, benötigte politisch unbelastete deutsche Persönlichkeiten, die befähigt und willens waren, beim Aufbau einer demokratischen Staats- und Gesellschaftsordnung in Deutschland entscheidend mitzuwirken. Der frühere württembergische Wirtschaftsminister Reinhold Maier schien den

US-Offizieren hierfür besonders geeignet. Maier hatte sich sofort nach der Besetzung ebenso wie sein Freund, der Verlagsbuchhändler Konrad Wittwer (1903-1973), dem von den Amerikanern in Schwäbisch Gmünd eingesetzten Landrat Konrad Burkhardt als ehrenamtlicher Mitarbeiter zur Verfügung gestellt. Der US-Militärgouverneur für Württemberg Oberst William W. Dawson, im Gegensatz zum Großteil der US-Besatzungsoffiziere bereits in der unmittelbaren Nachkriegszeit ohne Vorbehalte gegenüber den Deutschen, wurde auf den demokratischen Politiker Maier aufmerksam. Schon die ersten Gespräche, die er mit ihm führte, beeindruckten ihn. Maier besaß in seinen Augen nicht nur eine hohe politische Sachkompetenz, sondern auch einen untadeligen Charakter und ein ausgeprägtes Verantwortungsbewusstsein. Ihm, Reinhold Maier, ging es darum, das Seine dazu beizutragen, dass Not und Elend eines verlorenen Krieges in gemeinsamer Anstrengung allmählich überwunden und dass solide Grundlagen für ein demokratisches Staatswesen in Deutschland geschaffen wurden. Rasch wurde Reinhold Maier für den Militärgouverneur ein unentbehrlicher Ratgeber, und dieser ließ sich von dem deutschen Politiker auch unangenehme Wahrheiten sagen.
Bereits im August 1945 boten die Amerikaner Maier den Chefposten in der Regierung des von ihnen erst noch zu schaffenden Besatzungslandes Nordwürttemberg-Nordbaden an. Nach einigem Zögern erklärte sich Reinhold Maier zur Übernahme dieses wahrlich nicht leichten Amtes bereit. Am 14. September 1945 bestätigte General Dwight D. Eisenhower, der US-Militärgouverneur für Deutschland, das inzwischen von Maier zustande gebrachte Kabinett, und fünf Tage darauf proklamierte er die Errichtung der drei amerikanischen Besatzungsländer Bayern, (Groß-)Hessen und Württemberg-Baden (Nordwürttemberg-Nordbaden). Die Einbeziehung Nordbadens in das künstliche Staatsgebilde Württemberg-Baden, das die amerikanisch besetzten Gebietsteile der traditionsreichen Länder Baden und Württemberg einschließlich der Hauptstädte Karlsruhe und Stuttgart umfasste, bereitete zunächst kaum zu bewältigende Schwierigkeiten. Reinhold Maier, inzwischen Mitbegründer der in der großen liberalen Tradition

des deutschen Südwestens stehenden Demokratischen Volkspartei, der DVP (der heutigen FDP), zeigte viel Verständnis für die einer politischen Eingliederung ihres Landesteils widerstrebenden badischen Politiker. Entgegen der Intention der Besatzungsmacht gestand er eine weitgehende Selbstverwaltung des badischen Landesteils zu. So gelang es ihm, unerläßliche Voraussetzungen für eine Konsolidierung des neuen Landes zu schaffen.
Freilich, die wirtschaftliche Situation Württemberg-Badens war und blieb desolat. Hunderttausende von Flüchtlingen mussten aufgenommen, die schlimmsten Kriegszerstörungen vor allem im Verkehrsbereich vorrangig beseitigt werden. Hunger und Not wuchsen zunächst sogar noch an. Reinhold Maier und die ihm zur Seite stehenden Politiker sahen sich fortwährend zu unpopulären Maßnahmen gezwungen, sie hatten den Befehlen der Besatzungsmacht nachzukommen und andererseits dieser gegenüber die Interessen der Bevölkerung zu vertreten, und sie hatten, allen Widerständen zum Trotz, der Demokratisierung des öffentlichen Lebens den Boden zu bereiten. Obwohl oder vielleicht gerade deshalb, weil Reinhold Maier seinen Landsleuten unbequeme Wahrheiten sagte, so die, dass sie auch weiterhin große Entbehrungen auf sich zu nehmen hatten, er sich aber gleichzeitig auch der Besatzungsmacht gegenüber derselben freimütigen Sprache bediente, erlangte er das Vertrauen der Bevölkerung. Nicht zuletzt sein Verdienst war es, dass die zunächst gänzlich vom Wohlwollen der Amerikaner abhängige Landesregierung, der übrigens Konrad Wittwer als Staatsrat angehörte, zunehmend an politischem Eigengewicht gewann und, obschon sie zwangsläufig Erfüllungsgehilfin bei der Durchsetzung der Ziele der Besatzungsmacht war, dennoch in höherem Maß die Sachwalterin der Interessen der in Württemberg-Baden lebenden Menschen wurde.
Eine bedeutsame Rolle spielte Reinhold Maier auch in dem seit Oktober 1945 bestehenden Länderrat der US-Zone, dem ersten länderübergreifenden politischen Gremium nach dem Ende des Zweiten Weltkriegs. Leider bemühte er sich vergeblich, die Amerikaner von ihrer an formalen Kriterien orientierten Entnazifizierung abzubringen und eine politische Säuberung durchzuführen,

die die tatsächliche Mittäterschaft an den NS-Verbrechen zum Maßstab hatte. Hier kam es zwischen ihm und der Militärregierung wiederholt zu scharfen Spannungen.
Anfang 1946 kehrte Gerta Maier nach der Überwindung einer Vielzahl von bürokratischen Hemmnissen aus England nach Deutschland zurück. Wenige Tage nach ihrer Ankunft in Stuttgart heirateten die Ehegatten einander ein zweites Mal. Mit der Rückkehr der beiden Kinder im Sommer 1946 war die Familie nach siebenjähriger Trennung wieder vereint.
Im Lauf des Jahres 1946 wurde, ausgehend von den Gemeinden und Landkreisen, Württemberg-Baden ein festes demokratisches Fundament gegeben. Erstmals seit 1933 fanden wieder freie Wahlen statt. Die Vorläufige Volksvertretung und die sie ablösende Verfassunggebende Landesversammlung erarbeiteten eine Verfassung, die nach der Zustimmung durch die Militärregierung am 24. November 1946 von der Bevölkerung mit großer Mehrheit gebilligt wurde. Drei Wochen später wählte der erste Württemberg-Badische Landtag auf seiner zweiten Sitzung Reinhold Maier zum Ministerpräsidenten. Maier präsentierte sofort sein Kabinett, eine Allparteienregierung. Die Bestätigung des von der Besatzungsmacht im Vorjahr eingesetzten Regierungschefs durch das neu gewählte Parlament war ohne Zweifel ein großer persönlicher Erfolg Reinhold Maiers und ein Beweis für das hohe Ansehen, das er sich in allen Volkskreisen erworben hatte. Maier war übrigens der einzige der von den Amerikanern ernannten Ministerpräsidenten, der sich in seinem Amt behaupten konnte. Sein bayerischer und sein hessischer Kollege wurden abgewählt.
Die Jahre 1946 und 1947 konfrontierten die Regierung mit kaum zu bewältigenden Herausforderungen. Not und Elend drohten zeitweilig gänzlich außer Kontrolle zu geraten. Aber Reinhold Maier und seine politischen Mitstreiter ließen sich nicht entmutigen. Mit Hilfe der Besatzungsmacht, die zunehmend mehr Verständnis für die Belange des besiegten Volkes zeigte, schafften sie es, die drängendsten Probleme in den Griff zu bekommen und den Menschen neue Zuversicht zu vermitteln.

Mit der Einbeziehung der amerikanischen, der britischen und der französischen Zone in das Wiederaufbauprogramm des Marshall-Plans im Frühjahr 1948 und der Währungsreform im Juni jenes Jahres war die Talsohle der wirtschaftlichen Misere der Nachkriegszeit durchschritten. Ein stürmischer Wiederaufbau setzte ein. Freilich, das Regieren war nicht leichter geworden. Neue Probleme türmten sich auf.

Der an Schärfe stetig anwachsende Ost-West-Konflikt, der Kalte Krieg zwischen den einstigen Westalliierten und der Sowjetunion, hatte für Deutschland fatale Auswirkungen: Bildung zweier Teilstaaten auf deutschem Boden. Am 1. Juli 1948 forderten die Militärgouverneure der USA, Frankreichs und Großbritanniens die elf Ministerpräsidenten ihrer Besatzungszonen auf, binnen zwei Monaten eine Verfassunggebende Versammlung zur Ausarbeitung einer Verfassung für einen westdeutschen Staat einzuberufen. Die Ministerpräsidenten befanden sich in einer schwierigen Lage. Sie sahen sich plötzlich in die Rolle von Mitschöpfern eines neuen deutschen Staates hineingedrängt, allerdings nicht, wie sie es wünschten, eines deutschen Gesamtstaats, sondern eines Teilstaats. Reinhold Maier sprach von einer „schauderhaften Gewissensqual“, und er fügte erläuternd hinzu: „Jeder begriff, die Staatsgründung war unvermeidlich, unaufschiebbar, zwangsläufig, und sie musste gemacht werden. Jeder schreckte aber vor einer verlängerten, vielleicht ewigen Teilung zurück.“ In zum Teil harten Verhandlungen einigten sich die Ministerpräsidenten mit den Militärgouverneuren dahingehend, dem zu schaffenden Staatsgebilde den Charakter eines Provisoriums unmissverständlich beizulegen. Am 23. Mai 1949 erlangte das Grundgesetz für die Bundesrepublik Deutschland Rechtskraft, und im September desselben Jahres endete, nachdem sich der Bundestag konstituiert und die erste Bundesregierung ihre Tätigkeit aufgenommen hatte, für Westdeutschland die viereinhalbjährige Militärregierungszeit. In Stuttgart war von jetzt an die Besatzungsmacht durch einen Landkommissar vertreten. Die Landesregierung konnte nunmehr freier agieren. Indes verhielt sich der im Vergleich zum seitherigen Militärgouverneur mit stark eingeschränkten Aufsichts- und Überwachungskompetenzen ausgestattete Landkommissar General Charles P. Gross selbstbewusst und besserwisserisch, ließ nur sein amerikanisches Demokratieverständnis gelten. Zwischen ihm und Reinhold Maier kam es daher wiederholt zu Spannungen und wenig erfreulichen, in der Öffentlichkeit ausgetragenen Meinungsverschiedenheiten.

Den Ausbruch des Koreakriegs im Juni 1950 nahm Bundeskanzler Dr. Konrad Adenauer zum Anlass, um den Gedanken eines deutschen Wehrbeitrags ins Gespräch zu bringen. Reinhold Maier war einer der entschiedensten Gegner einer Remilitarisierung Westdeutschlands. Seiner Ansicht nach vertiefte eine einseitige politische Bindung der Bundesrepublik an den Westen die Spaltung Deutschlands und machte sie möglicherweise irreparabel. Er geriet damit in schroffen Gegensatz zu Adenauer, zumal er durch scharfe Worte und Formulierungen seinem Standpunkt Nachdruck verlieh. Die CDU warf ihm vor, er habe seine Stellung als Ministerpräsident missbraucht, um die Sicherheitspolitik der Bundesrepublik zu diskreditieren. Mit einem von ihr im Landtag eingebrachten Misstrauensvotum hatte sie jedoch keinen Erfolg. Maier blieb bei seinem strikten Nein zur deutschen Wiederbewaffnung. Hierbei focht ihn auch nicht an, dass er sein Verhältnis zu US-Hochkommissar John MC Cloy belastete, der bei einem offiziellen Besuch in Stuttgart im Dezember 1951 nachdrücklich einer militärischen Westintegration der Bundesrepublik das Wort redete.

Nach der Wahl zum zweiten Württemberg-Badischen Landtag, bei der die CDU eine Niederlage erlitt, bildete Reinhold Maier nach einigem Taktieren - er persönlich hätte einer Allparteienregierung den Vorzug gegeben - eine Regierungskoalition aus SPD und DVP. Inzwischen war der Kampf um eine staatliche Neuordnung des seit 1945 in eine französische und eine amerikanische Besatzungszone und in drei Länder (das amerikanische Besatzungsland Württemberg-Baden mit der Hauptstadt Stuttgart und die beiden französischen Besatzungsländer (Süd-)Baden und (Süd-)Württemberg-Hohenzollern mit den Hauptstädten Freiburg und Tübingen) aufgeteilten deutschen Südwestens voll entbrannt. Reinhold Maier und der Staatspräsident von Württemberg-

Hohenzollern Dr. Gebhard Müller sowie die Landtage von Württemberg-Baden und Württemberg-Hohenzollern traten für die Schaffung eines südwestdeutschen Gesamtstaats, der Staatspräsident von Baden Leo Wohleb und der Landtag dieses Landes für eine Wiederherstellung der beiden Vorkriegsländer Baden und Württemberg ein. In der Bevölkerung standen sich gleichfalls Südweststaatbefürworter und -gegner gegenüber. Von den beiden Besatzungsmächten favorisierten die Franzosen eine Wiederherstellung der alten Länder Baden und Württemberg. Die Amerikaner dagegen hielten sich mehr zurück, wollten aber keinesfalls ihr mit großem finanziellem Aufwand ausgebautes militärisches Hauptquartier in Heidelberg und den verkehrsmäßig gut erschlossenen, stark industrialisierten nordbadischen Raum aufgeben. Trotz langwieriger intensiv geführter Verhandlungen und öffentlich ausgetragener Auseinandersetzungen vermochten sich die drei Länder indes nicht auf eine staatliche Neuordnung zu einigen. Erst mit Hilfe des Bundes gelang der Durchbruch. Das vom Bundestag beschlossene Zweite Neugliederungsgesetz vom 25. April 1951 schrieb einen Volksentscheid vor. Dieser fand am 9. Dezember desselben Jahres statt und ergab nach dem im Gesetz festgelegten Auszählungsmodus der abgegebenen gültigen Stimmen eine Mehrheit für die Bildung eines südwestdeutschen Gesamtstaats. Am 25. April 1952 wählte die Verfassunggebende Landesversammlung Reinhold Maier zum Ministerpräsidenten, und Maier präsentierte sogleich sein Koalitionskabinett aus DVP, SPD und BHE (Bund der Heimatvertriebenen und Entrechteten). Damit war im staatsrechtlichen Sinn das neue südwestdeutsche Bundesland ins Leben getreten. Dass Reinhold Maier die CDU, die stärkste politische Kraft, in die Opposition verwiesen hatte, wurde in der Öffentlichkeit überwiegend kritisch beurteilt und angesichts der starken Gegnerschaft vor allem im badischen Landesteil gegen die Südweststaatlösung als eine nur schwer abzutragende Hypothek für den neuen Staat empfunden. Indes konnte sich Reinhold Maier mit seiner Kleinen Koalition, ungeachtet der guten Arbeit, die sie leistete, nur knapp anderthalb Jahre behaupten. Nach dem spektakulären Wahlsieg der CDU bei der Wahl zum Zweiten

Deutschen Bundestag im September 1953 trat Reinhold Maier zurück und machte den Weg für eine Große Koalition unter Ministerpräsident Gebhard Müller frei.

Dem Landtag von Baden-Württemberg gehörte Reinhold Maier weiterhin bis 1964 an. Auch während dieser elf Jahre gebärdete er sich in keiner Weise als Hinterbänkler oder Politrentner. Er engagierte sich auch jetzt im parlamentarischen Geschäft in vorbildlicher Weise. Von 1956 bis 1960 leitete er den Ausschuss für Wirtschaft, Wasser und Verkehr, von 1960 bis 1964 den Ausschuss für Verwaltung und Wohnungsbau. Seine profunde Sachkenntnis und seine langjährige politische Erfahrung kamen der parlamentarischen Arbeit sehr zugute. Mehrere Jahre, von 1953 bis 1956 und von 1957 bis 1959, saß er für die FDP im Bundestag. 1957 wählte ihn die FDP zu ihrem Bundesvorsitzenden. Diesem wichtigen Amt stand er bis 1960 vor. Sein Nachfolger wurde Erich Mende. Die FDP ernannte ihn zum Ehrenvorsitzenden.

Dem hoch verdienten Staatsmann und Baumeister Baden-Württembergs, der namentlich in der Zeit der Weltwirtschaftskrise und in den schlimmen Jahren nach dem Untergang des NS-Regimes für seine geliebte Heimat Großes geleistet hat, wurden zahlreiche herausragende Ehrungen zuteil. Am meisten freute ihn die Verleihung des Ehrenbürgerrechts seiner Heimatstadt Schorndorf 1949, das der Stadt Welzheim 1955 und das der Landeshauptstadt Stuttgart 1969. Er starb am 19. August 1971 in Stuttgart. Auf dem Alten Friedhof in Schorndorf fand er seine letzte Ruhestätte.

BILDNACHWEIS

Haus der Geschichte Baden-Württemberg, Stuttgart:
16, 17, 20, 21, 23, 31, 50.

Herausgeber (Armin Schulte):
18, 19, 22, 24-27, 42, 45-48, 54, 64.

Hauptstaatsarchiv Stuttgart:
35 (Q 1/8 Bü 7), 55.

Landesmedienzentrum Stuttgart:
43, 52, 56.

Landtag von Baden-Württemberg:
57, 58, 59-61 (Nachlaß Ulrich Stock), 62, 63.

National Archives Washington:
32 (Nr. 111-SC-211477), 33 (Nr. 111-SC-210678), 51 (Nr. 111-SC-209685).

Privatbesitz :
1-15, 28, 29, 34, 36 - 41, 49, 53, 65.

Stadtarchiv Heilbronn:
30.

Stuttgardia, Tübingen:
44.